KB189747

철학을 만나는 지름길,
철학의 뒷계단

DIE PHILOSOPHISCHE HINTERTREPPE
by WILHELM WEISCHEDEL

철학을 만나는 지름길, 철학의 뒷계단

1판 1쇄 인쇄 2024. 9. 11.
1판 1쇄 발행 2024. 9. 30.

지은이 빌헬름 바이셰델
옮긴이 안인희

발행인 박강휘
편집 강영특 디자인 이경희 마케팅 고은미 홍보 박은경
발행처 김영사
등록 1979년 5월 17일(제406-2003-036호)
주소 경기도 파주시 문발로 197(문발동) 우편번호 10881
전화 마케팅부 031)955-3100, 편집부 031)955-3200 | 팩스 031)955-3111

값은 뒤표지에 있습니다.
ISBN 979-11-94330-05-9 03160

홈페이지 www.gimmyoung.com   블로그 blog.naver.com/gybook
인스타그램 instagram.com/gimmyoung   이메일 bestbook@gimmyoung.com

좋은 독자가 좋은 책을 만듭니다.
김영사는 독자 여러분의 의견에 항상 귀 기울이고 있습니다.

철학을 만나는 지름길,

철학의 뒷계단

탈레스에서 비트겐슈타인까지,
위대한 철학자 34인의 생애와 사상

Die Philosophische Hintertreppe

빌헬름 바이셰델 | 안인희 옮김

김영사

차례

일러두기

- 본문의 도판과 소제목은 원서에는 없으나 독자의 이해를 돕기 위해 한국어판에서 추가한 것이다. 가독성을 위해 인용문은 별도의 문단으로 처리하기도 했다.
- '[ ]' 안의 설명과 각주는 옮긴이의 것이다.
- 아울러 그간 철학계에서 일반적으로 사용해온 용어 일부를 우리말 낱말로 바꾸어 번역했다(예: 존재 → 있음, 진리 → 참, 존재자 → 있는것, 현존/현존재 → 여기있음, 만유 → 모든것, 자아 → 나). 중요한 용어에 대해서는 그렇게 번역한 이유를 각주에서 설명했다.

프롤로그
혹은 철학의 두 계단

뒷계단은 보통은 집으로 들어가는 입구가 아니다. 앞계단처럼 밝고 깨끗하고 화려하게 치장되지 않는다. 장식 없이 텅 비어 있고, 약간 무심하게 방치되어 있다. 대신 이리로 들어가기 위해서는 말쑥한 옷차림을 하지 않아도 된다. 그냥 생긴 대로 등장해 생긴 대로 보여줄 수 있다. 그러면서도 앞계단을 통한 것과 같은 목표를 달성할 수도 있다. 그러니까 뒷계단을 통해서도 이 집의 거주인에게 갈 수가 있는 것이다.

　우리는 잘 손질된 양탄자가 놓인 층계를 딛고 반짝반짝하게 닦인 난간을 잡고서 정중한 방식으로 철학자들에게 접근할 수 있다. 하지만 철학에도 뒷계단이 있다. 사상가를 방문할 때도 "생긴 대로 등장해 생긴 대로 보여주는" 방법도 있는 것이다. 게다가 마침 운 좋게도 철학자가 앞계단 맨 위에 서서 손님을 맞아들이고 있을 때가 아니라면 있는 그대로의 그들을 만날 수도 있다. 뒷계단을 통해 올라간다면 화려한 허식이나 고귀한 척하는 과장이 없는 그들을 만나게 된다. 어쩌면 그들의 본래 인간적인 모습을 볼 수도 있다. 그들의 인간됨, 또 인간적인 것을 넘어서려고 애쓰는 위대하고도 약간 감동적인 노력도 보게 된다. 그렇게 되기만 한다면 뒷계단으로 올라온 무례함은 없어지고 오히려 철학자들과 진지한 대화를 할 수도 있다.

이런 노력을 엄중히 비난하면서 "철학의 고귀한 말투"를 고수하라고 주장할 사람들도 적지 않을 것이다. 이런 식으로 인식을 얻는 것이 자신의 품위에 어울리지 않는 일이라고 생각하는 사람들이라면 말이다. 물론 철학을 위해 앞계단을 이용하는 건 그들 마음이다. 필자도 지금까지의 출판물에서는 실제로 그렇게 했다. 그러나 이번에 뒷계단을 이용하는 것은, 여기서는 앞계단으로 올라갈 때 나타날 수 있는 몇 가지 위험이 사라지기 때문이다. 그러니까 철학자의 집 안으로 들어가는 대신, 실수로 건물의 바깥 현관이나 현관홀 또는 계단을 장식한 화려한 샹들리에, 남자나 여자 모양의 기둥들[그리스식 기둥]에 얼을 뺏기지는 않는다는 말이다. 뒷계단은 장식이 없으니 사람의 마음을 홀릴 것도 없다. 그래서 이따금 더욱더 확실하게 목적지로 안내해준다.

탈레스
혹은 철학의 탄생

1

기원전 640경-기원전 546경

THALES

나이가 들어 삶의 종말이 다가오는 것을 느끼는 사람이라면 자기 삶의 시작 부분을 돌아보는 고요한 순간이 있을 것이다. 철학에도 그런 일이 생긴다. 철학은 2500살이나 되었으니 말이다. 오늘날 적지 않은 사람들이 철학은 곧 죽어버릴 것이라고 예언한다. 그리고 철학을 하는 사람들은 자기가 다루는 학문이 지치고 낡아서 약간 덜그럭거린다는 느낌을 자주 받는다. 이런 느낌으로 인해 과거로 돌아가 철학이 아직 신선하고 젊은 힘으로 존재하던 그 시작의 시간을 한번 알아보고 싶다는 욕구가 생겨난다.

하지만 그 탄생의 시간을 알아내려는 사람은 당혹감에 빠지게 된다. 정신적 사건을 관장하는 관청 같은 것이 없으니 철학이 탄생한 날짜를 아무도 기록해두지 않았다. 철학이 언제 시작되었느냐에 대해서는 그 누구도 확실하게 알지 못한다. 그냥 옛 시대의 어둠 속에 파묻혀 있다.

탈레스, 2500년 전에 철학을 시작하다

오랜 전통에 따르면 철학은 고대 그리스에 속한 소아시아 지역[오늘날 튀르키예]의 상업도시인 밀레토스 출신의 영리한 남자 탈레스와 더불어 시작되었다고 한다. 기원전 6세기에 밀레토스에 살았던 이 사람이 모든 인간들 중 처음으로 철학을 했다는 것이다. 그러나 이런 주장에 대해 학자들이 모두 한목소리만 내는 것은 아니다. 일부 사람들은 그보다 더 일찍 활동한 그리스 시인들에게서도 이미 철학적 사유를 찾아낼 수 있다고 주장한다. 그래서 헤시오도스나 심지어는 호메로스까지도 철학의 시조로 삼는다. 또 다른 사람들은 그보다 더 거슬러 올라가 그리스 민족이 아직 역사에 등장하기 이전 동방의 민족들 사이에 이미 일종의 철학이 존재했었다고 주장한다.

그러나 18세기의 베를린 학술원 회원인 야콥 브루커, 혹은 시대의 유행을 좇아 라틴어로 야코부스 브루케루스라는 이름을 썼던 사람은 그보다 더 과격한 주장을 펼친다. 그는 《철학의 비판적 역사, 세계의 요람부터 현대까지》라는 제목의 두툼한 라틴어 저술을 남겼다. 이 학자의 말을 따르면 철학이 시작된 시간은 인류의 시작이나 요람시대, 혹은 라틴어를 그대로 번역하자면 인류가 기저귀 차던 시대로 거슬러 올라간다.

제1권의 표제지에는 선사시대의 풍경이 있고, 그곳에 원시시대의 곰 한 마리가 주저앉아서 자신의 왼쪽 발톱을 씹고 있다. 그 위에는 라틴어로 "입세 알리멘타 시비ipse alimenta sibi"라는 구절이 쓰여 있는데, 그것은 "그가 저 자신의 먹이"라는 뜻이다. 이 말은 철학이란 다른 자양분을 필요로 하지 않는다, 곧 그 이전의 다른 학문이나 기술을 필요로 하지 않고 자기 자신만으로 충분하다는 뜻이다. 다시 말하면 철학은 스스로 생겨났다, 그것도 인류가 아직 기저귀를 차던 시절에 저절로 생겨났다는 뜻이다.

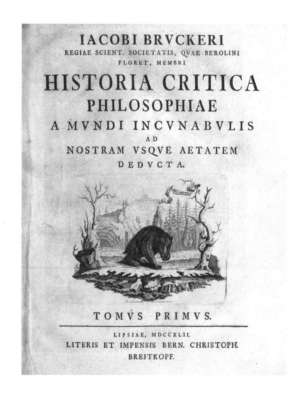

그래서 야코부스 브루케루스는 철학의 기원을 찾으러 한없이 거슬러 올라가야 했다. 그리스 사람들을 넘고 이집트와 바빌론 사람들을 지나, 심지어는 노아의 홍수를 건너서 인류가 처음으로 걸음마를 배우던 아담과 노아 사이의 시대까지 거슬러 올라간다. 두툼한 그의 작품 첫 부분은 그래서 '노아의 홍수 이전 철학'이 된다.

하지만 브루케루스는 여기서도 멈추지 않는다. 그는 심지어 인류가 시작되기 이전 천사들과 다이몬[정령]들 사이에도 철학자가 있지 않았을까 질문한다. 여기서 그는 예리하게 탐색한 다음 천사들이나 다이몬들은 철학자가 아니라는 결론을 내린다. 그가 정밀하게 관찰한 결과로는 아담과 그 아들들과 손자들도 의심스럽다. 그들에게서 철학적 반성의 흔적을 찾아볼 수는 있지만 이것만으로 철학자라는 명칭을 부여하기엔 충분치가 못하다는 것이다. 그가 보기에 아담은 철학적 성찰을 할 시간이 없었다. 하루 종일 육체의 필요를 위해 일해야 하는 사람, 성서의 표현대로 땀 흘리며 열심히 노동해서 밥벌이를 해야 하는 사람은 저녁에 깊은 성찰을 할 여유가 없기 때문이다.

처음으로 철학의 역사를 서술한 저 위대한 아리스토텔레스도 그와 비슷하게 생각했다. 학문과 철학은 외부의 필요가 어느 정도 충족되고 사람들이 그 밖의 일에 관심을 돌릴 여유가 생겼을 때 비로소 시작될 수 있다는 것이다. 그 옛날 이집트의 사제들이 여기 해당한다. 그래서 이들은 수학과 천문학을 만들어냈다. 그러나 본래 의미의 철학은 그리스 사람들과 더불어 저 부유한 도시 밀레토스의 큰 상인이 누릴 수 있는 여유에서 시작되었다. 그렇게 해서 아리스토텔레스는 그 이후로 사람들이 철학의 시작이라고 여기는 인물에 도달한다. 밀레토스의 철학자 탈레스가 그 사람이다.

지혜로운 사람, 세계의 근원을 묻다

탈레스의 삶과 성품에 대해서는 별로 알려진 것이 없다. 아리스토텔레스는 그를 영리한, 아니 거의 닳아빠진 상인이라고 부를 만한 인물로 서술한다. 어느 날 그는 그해 올리브가 특별히 풍작이 될 것을 알았다. 그래서 기름 짜는 기계를 모조리 사들였다가 나중에 비싼 임대료를 받고 빌려주었다고 한다. 물론 이 이야기가 맞는지는 확실하지 않다. 그에 반해 탈레스가 정치적 사건에 관심이 많고 수학과 천문학에 몰두했던 것만은 꽤 확실한 일이다. 이 분야에서 그는 명성을 얻었다. 일식이 일어날 날짜를 정확하게 계산했는데 하늘이 그에게 은총을 베풀어 그가 예언한 날짜에 정말로 태양이 어두워지는 일이 일어났던 것이다.

현대의 역사가 한 사람은 이 사실을 토대로 철학이 탄생한 시간을 정확하게 제시했다. "그리스 사람들의 철학은 기원전 585년 5월 28일에 시작되었다." 이것이 바로 탈레스가 예언한 일식이 일어난 날짜이기 때문이다. 물론 철학이 태양이 어두워지는 것과 대체 무슨 상관이 있단 말인가, 하고 묻지 않을 수 없다. 철학의 역사가, 밝아지는 것[계몽]의 결과가 아니라 어두워지는 것[일식]의 결과라면 또 모르지만 말이다.

모든 추측에 따르면 탈레스는 정말 지혜로운 사람이었다. 그러니까 깊이 사색했을 뿐만 아니라 삶과 삶의 괴상함을 아는 사람이었다. 고대의 증인들은 이 사실을 멋진 일화로 들려준다. 어머니가 결혼하라고 독촉하자 그는 "아직 결혼할 때가 아닙니다"라고 대답했다. 그가 점점 나이 들어가자 어머니는 더욱더 결혼을 재촉했는데 그는 이렇게 대답했다. "이젠 결혼할 때가 지났습니다." 또 다른 이야기는 이보다 더 심오하다. 어째서 자식을 두려고 하지 않느냐는 질문에 그는 이렇게 대답했다. "자식을 사랑하니까."

결혼과 아버지가 되는 일에서 보인 이런 신중한 태도를 찬양할 만한 일이라고 생각할 수도 있다. 하지만 그것만으로 한 사람이 철학자가 되는 것은 아니다. 그러나 플라톤이 전해주는 이야기는 정말로 철학적이다. "탈레스가 별을 관찰하느라 위를 쳐다보다 우물에 빠지자, 재치 있고 영리한 트라키아 출신 하녀가 탈레스는 하늘에서 무슨 일이 일어나는지를 알려고 하면서 제 발치에 있는 것은 알지 못한다고 비웃었다고 한다." 우물 속의 철학자가 상당히 진귀한 현상이기는 하다. 하지만 플라톤은 이 이야기에 진지한 설명을 덧붙인다.

"동일한 비웃음이 철학에 빠져 사는 모든 사람에게 들어맞는다. 이런 사람에게는 가장 가까운 이웃 사람이 정말로 알 수가 없는 존재인데, 그 이웃 사람이 무엇을 하는가를 모를 뿐만 아니라 그 이웃이 인간인지 아니면 다른 생명체인지도 확실하게 모르는 것이다. … 철학자가 법정이나 다른 곳에서 자신의 발치나 혹은 눈앞에서 무슨 일이 벌어지는지를 말해야 하는 경우 그는 사람들의 비웃음을 얻는다. 트라키아 여자들뿐만 아니라 다른 사람들까지도 웃게 만든다. 경험이 없기에 그는 우물에 빠지고 또 온갖 당혹스러운 상황에 빠진다. 그의 미숙함은 두려울 정도이고, 단순하다는 인상을 만들어낸다."

그다음에 결정적인 말이 나타난다.

"그러나 철학자는 인간이란 무엇이냐, 다른 존재와 달리 인간은 무엇을 행하고 또 겪는 것이 합당하냐 하는 것을 탐색하고, 또 그것을 알아내기 위해 노력하는 사람이다."

이제 사태가 뒤집힌다. 플라톤은 이렇게 말하고자 하는 것이다. 올바름의 본질, 또는 다른 본질적인 물음들이 문제가 될 경우, 다른 사람들은 전혀 아무것도 알지 못하고 스스로를 웃음거리로 만든다. 그러나 이제야말로 철학자들의 시간이다.

이제 우리는 플라톤과 아리스토텔레스, 그리고 그 이후 사람들이 밀레토스 출신의 탈레스를 최초의 철학자라고 부른 이유를 이해할 수 있게 된다. 그는 사물das Ding*이 아니라 사물의 본질을 문제로 삼았던 것이다. 그는 이 세계에 아주 다양한 형태로 나타

● 사물 事物은 원래 '일과 물건' 혹은 '사건과 목적물'을 나타내는 것으로, 물건과 함께 추상적인 다른 것을 나타낸다. 철학의 처음에 나타나는 물음은 세계에 있는 물적 대상들의 본바탕이 무엇이냐 하는 것이다. 칸트의 '물 자체'도 같은 대상을 다룬다. 즉 '사건' 부분이 아닌 어떤 '물적 대상'을 나타내는 낱말이다. 다만 여기서 사물은 사람이나 동물 등의 생명체, 산, 별, 강 등 세계 속에 있는 모든 것을 포괄적으로 가리킨다.

나고 있는 모든 것이 정말로는 무엇인지를 탐색하려고 했다. 그러니까 산, 짐승, 식물, 바람, 별, 인간, 인간의 행동과 사유 등의 형태로 나타나는 것들이 실은 무엇인가 하는 문제다. '이 모든 것의 본질은 무엇인가?' 하고 탈레스는 묻는다. 나아가 '그 모든 것은 어디서 생겨난 것인가? 무엇이 이 모든 것의 기원인가? 이 모든 것을 각기 그것이 되도록 만들고 있는 그 하나, 모든 것을 포괄하는 그것, 그 원리는 대체 무엇인가?'를 물었다.

그 자신이 그렇게 표현하지는 않았지만 이런 물음들이 탈레스의 핵심 질문이었다. 그리고 그가 처음으로 이런 질문을 한 사람이기 때문에 그가 철학을 시작한 사람이라고 여겨진다. 본질과 바탕에 대한 질문이 그 이후로 오늘날까지 철학의 핵심 관심이기 때문이다.

물론 탈레스가 이 물음에 대해 내놓은 답변은 아주 이상하다. 이 모든 것의 기원이 물이라고 주장한 것이다. 뭐라고? 우리 눈앞에 온갖 다양한 형태로 펼쳐진 이 모든 것, 산과 별과 짐승과 우리 자신과 우리 속에 깃들어 있는 정신 등 모든 것이 물에서 나왔다고? 가장 깊은 본질은 물에 지나지 않는다고? 시작의 순간에 보이는 철학이란 정말로 이상하기 짝이 없구나.

이런 그의 핵심적인 사유를 놓고 보면 우리는 탈레스를 물질주의자(유물론자)로 보지 않을 수 없다. 물질인 물이 모든 것의 기원이라고 보니까 말이다. 그러니까 이 철학자는 모든 것을 물질에서 이끌어낸다. 실제로 많은 철학사 교과서에 이런 내용이 실려 있다. 물론 탈레스가 상당히 초보적인 물질주의자라는 말을 덧붙여야 할 것이다. 세계의 근원적인 본질에 대한 과학 분야의 탐구가 그의 주장을 뒷받침하지 않기 때문이다. 세계의 근원적인 구성 성분에 대한 물음은, "물이 근본원리"라는 단순한 가설로 답변할 수 있는 것보다는 훨씬 더 복잡한 물음이다. 그러니까 탈레스는 물질주의자인데 그의 가설이 이미 시효가 지나버렸으니 이제 그를 진지하게 여길 필요가 없다는 말이 된다.

그러나 이런 생각 속에 들어 있는, 철학의 시작에 대한 경멸은 다시 생각해볼 필요가 있다. 모든 것이 물에서 생겨났다는 이 명제를 단순히 철학적 물질주의의 표현이라고 해석한다면 올바르게 이해한 것인가? 이에 덧붙여 탈레스가 물질주의적 해석에 전혀 어울리지 않는 두 번째 명제도 남기고 있다는 사실을 생각해보면 이런 의혹은 더욱 커진다.

그의 두 번째 명제는 다음과 같다. "모든 것은 신들로 가득 차 있다." 이 명제가 하나의 근원적 물질로부터 모든 현실을 설명하는 말이 아님은 분명하다. 그보다는 오히려 우리가 눈으로 보는 것, 눈에 보이는 세계 전체가 신들의 현존 장소라는 말이다. 주변에서 보이는 것들을 그냥 사물이라고 여긴다면 인간은 이 세계를 올바르게 파악하지 못한 것이다. 이 모든 것들 속에서 신적인 것이 지배한다는 점이야말로 사물들의 본질이기 때문이다.

그렇다면 탈레스는 물이라는 명제와 신들이라는 명제를 통해 서로 대립하는 두 가지 주장을 한 것일까? 이 두 명제는 명백하게 서로 대립하기 때문이다. 세계는 단순히 물질이거나, 아니면 신적인göttlich 생명으로 충만한 것이거나 둘 중 하나다. 여기서 단순히 이것 아니면 저것이라는 사고방식이 지배한다면, 어느 편이 참이란 말인가? 이 물음은 세계해석의 근원을 건드리는 것이고, 오늘날까지도 완전히 해결하지 못한 물음이기도 하다. 오늘날에도 철학 논쟁에서는 세계를 단순히 물질적 법칙에 의해 이해해야 하느냐, 아니면 사물은 더욱 깊은 어떤 것의 상징이냐, 즉 세계는 그 안에서 지배하는 신적인 원리의 표현, 심지어는 창조하는 신의 피조물이냐 하는 것이 매우 핵심적인 문제가 되고 있기 때문이다.

그렇다면 이 점에서 최초의 철학자 탈레스는 어떤 생각인가? 지금까지의 관찰에서 드러난 것처럼 그는 정말로 서로 대립하는 것들을 나란히 늘어놓고 그 모순을 알아채지도 못한 채 서로 화해할 수 없는 모순을 가르쳤단 말인가? 아니면 "모든 것의 기원은 물"이라는 그의 주장은 "모든 것이 신들로 가득 차 있다"라는 또 다른 주장과 어떤 연관성을 가지는가?

현대 자연과학의 눈으로 "모든 것의 기원은 물"이라는 그의 주장을 물이 근원 물질이라는 뜻으로 가정하고, 그의 시대에 어울리는 진짜 의미를 이해하지 못했기 때문에 이런 모순이 생겨난 것은 아닐까? 오늘날 자연과학의 이론이 기원전 6세기 사람들이 가지고 있던 세계관과 잘 맞느냐 하는 것은 정말로 의문이기 때문이다. 따라서 탈레스가 "모든 것의 기원은 물"이라고 주장했다면 그것이 대체 무슨 뜻인지 한번 더 생각할 필요가 있다.

아리스토텔레스의 설명이 도움이 된다. 그도 철학의 아버지 탈레스가 원래 무슨 뜻으로 그런 말을 했던 것인지 정확히는 알지 못했다. 탈레스의 시대부터 그의 시대까지는 이미 거의 300년이

나 세월이 흘렀기 때문이다. 하지만 아리스토텔레스는 물에 대한 주장을 풀이하면서, 탈레스가 아마도 오케아노스를 생각했을 것이라고 본다.

고대의 신화에 따르면 오케아노스는 지구를 둘러싸고 흐르는 근원의 강으로, 모든 것이 그로부터 생겨나는 아버지로 여겨졌다. 어쩌면 옛날부터 전해 내려온 또 다른 이야기가 탈레스의 기억에 남아 있었을지도 모른다. 신들이 맹세할 때면, 살아 있는 사람들의 세계를 그림자 세계와 분리해주는, 죽은 자들의 강 스틱스의 이름을 불렀으며, 아리스토텔레스에 따르면 이 맹세가 가장 성스러운 맹세였다고 한다. 그러니까 아리스토텔레스는 탈레스의 명제를 해석하면서 아주 오래된 신화 지식을 동원한 것이다. 즉, 신화에 등장하는 근원의 강인 오케아노스와 스틱스를 생각하고, 또한 맹세가 지닌 마법적인 성스러움을 생각하고 있다. 아리스토텔레스가 어디를 지향하는지가 이제 분명해진다. 탈레스는 물을 이야기하면서 모든 것의 근원이 물질이라고 생각한 것이 아니라, 근원적인 것의 신화적 힘, 곧 근원의 신성神性을 생각했다는 것이다.

이런 해석과 탈레스의 두 번째 명제, 곧 '모든 것은 신들로 가득 차 있다'라는 명제는 무리 없이 잘 들어맞는다. 이 명제는 여기에 아폴론, 저기에 제우스가 있다는 뜻이 아니다. 이 말의 뜻은 존재하는 모든 것 속에 신적인 힘이 스며들어 있다는 말이다. 철학을 하면서 우리는 이 세계가 그저 나란히 놓인 사물들로 가득 찬 것이라 여겨서는 안 된다. 어떤 강력하고 신적인 것, 곧 세계를 통합하는 원리가 이 세계 안에서 지배하고 있으며, 존재하는 모든 것은 이런 원리에서 생겨났고 또 그것으로 이루어져 있다.

신화가 힘을 잃으면서 철학이 시작되다

그렇다면 탈레스는 모든 것의 근원을 이루는 신성을 어째서 물이라고 보았던 것일까? 아리스토텔레스가 짐작하는 바에 따르면, 이 세상에 살아 있는 모든 것은 물을 통해 생명을 얻고 유지하기 때문이며, 또 모든 것 안에 물이 스며들어 있기 때문이다. 물이 사물들 안에서 생명을 만들어내는 것처럼 신적인 근원도 마찬가지 일을 한다. 그것은 모든 것 안에 스며들어서 모든 것을 살아나게 한다. 따라서 모든 것이 물에서 생겨났다는 탈레스의 명제는 이런 뜻이다. 신적인 작용력이 현실의 모든 것 속에서 지배한다. 그것은 신화에 나오는 근원의 강물처럼 근원적인 힘을 가진 것이고, 생명을 유지해주는 물처럼 모든 것 속에 스며들어 있다.

　우리는 이제 처음 시작되던 단계의 철학의 본질을 이해하기 위해 결정적인 관점을 얻었다. 철학은 원시적 자연과학의 문제 제기나 과학 이론으로 시작된 게 아니다. 신화의 힘이 차츰 약해지기 시작하던 시기에, 철학은 근원적인 것과 신적인 것에 대한 명료한 질문이라는 새로운 형식으로 신화에 포함되어 있던 지식을 보존하려고 한 것이다.

　그렇다면 처음 시작할 때 철학은 신화에서 무엇을 넘겨받았을까? 탈레스가 수수께끼 같은 말로 표현하고자 했던 것은 바로 세계가 깊이를 지닌다는 점이다. 고대 그리스 신화를 신神이라 불리는 우화적 인물들이 등장하는 재미있는 이야기라고만 생각한다면 너무나 표피적인 이해다. 그리스 사람들이 자기들의 신에 관해 이야기하는 것은 현실의 배후에 감추어진 깊이를 뜻하는 것이었다. 세계의 모든 영역을 휩쓸고 지나가는 투쟁의 현실을 체험하고 그들은 거기에 '아레스Ares'[전쟁의 신]라는 이름을 붙였다. 한낮의 마적魔的인 고요함을 체험하고 거기에 '판Pan'[정오의 신]이라는 이름을 붙였다. 이로써 그들은 다음과 같이 말하고자 하는 것이다. 현실의 모든 것은 신적인 것에 바탕을 두고 있으니, 신적인 것이 이 자리에 있음이야말로 현실에서 본래 현실적인 것이다.

　최초의 철학은 이것과 연결된다. 철학은 신화처럼 직설적으로 이 내용을 넘겨받을 수는 없었다. 철학은 종교의 표상들이 의심스러워지면서 인간이 스스로 묻고 스스로 답해야 한다는 사실을 깨달은 시간에 시작되었다. 그러면서도 철학은 신화와 종교의 지식 안에서 본래 참된 것이라 여겨지던 것을 잃어버리지 않으려고 노력했다. 그 과정에서 철학은, 현실의 모든 것이 앞면만 지닌 것이 아니라 배후의 더욱 깊은 것의 지배를 받는다는 사실이야말로 전해 내려오는 참Wahrheit＊임을 발견했다.

　그 이후로 배후에 숨어 있는 더욱 깊은 원칙을 탐색하는 것이

● 흔히 '진리'라고 번역되지만 여기서는 '참'으로 옮긴다. '진리'라는 말에는 우리가 잡기 어렵고, 실체를 알기 어려운 불확실함의 느낌이 들어 있다. '참'은 '거짓'에 대비되는 말이다. 흔히 '진실 게임'이라고 말할 때의 '진실'과 같은 말이다. 예를 들어 도이치 말의 'Wahrheitsbeweis'는 법정 용어로서, '진술이 참임을 증명'한다는 뜻이다.

야말로 철학적 물음의 정열이 되었다. 오늘날에도 철학은 처음과 다름없는 상황에 놓여 있다. 오늘날에도 철학은 여전히 종교의 지식을 비판적으로 탐색한다. 오늘날에도 그리고 특히 오늘날에 철학은, 종교를 거부함으로써 물질적인 사물들만이 존재한다는, 순수하게 현세적인 세계해석이 될 위험에 직면해 있다. 그러나 만일 그렇게 한다면 철학은 최초에 가졌던 특성, 곧 깊이와 근원으로 탐색해 들어간다는 특성을 잃어버릴 것이다. 이런 특성을 보존하고, 그러면서도 단순히 믿음에 자신을 맡기지 않고 물음을 통해 근원을 탐색하는 태도를 유지하는 일은 오늘날에도 여전히 과제다.

이는 물론 위대하고 힘든 과제다. 왜냐하면 언뜻 보면 세계는 신적인 것에서 나왔다는 기원을 전혀 보여주지 않기 때문이다. 우리가 맨 먼저 관찰하는 것은 탄생과 죽음, 생겨남(생성)과 스러짐(소멸)이라는 비참한 대립이다. 이렇게 찢긴 현실이 어떻게 신적인 것에 바탕을 둔다고 생각할 수가 있다는 말인가? 우리는 신적인 것이란 생겨남과 스러짐에서 벗어나 영원하다고 여기는데 말이다. 어떻게 영원한 것이 무상하게 스러지는 것의 바탕이 될 수 있는가?

철학적 물음은 여기서 출발한다. 맨 처음에 벌써 그랬다. 아무리 아름답다 해도 현실의 것은 언제나 죽음과 허무의 위협 아래 놓여 있다는 점은 그리스 사람들의 기본 체험이자 깊은 고통이었다. 그러나 그리스 정신은 이런 세계의 모습 앞에 맥없이 체념하지는 않았다. 그리스 정신은 무상한 세계라는 으스스한 관찰을 신적인 것이라는 관점 아래서 더욱 깊이 파악하고자 열정적으로 노력했다.

　그리스의 처음 철학하기에서도 그런 일이 일어났다. 탈레스가 물이 세계의 신적인 기원이라고 생각했다면, 그는 어떻게 영원한 것에서 무상한 것이 나오는가 하는 질문에 답을 하려고 한 것이다. 물은 언제나 그 자신으로, 곧 물로 남아 있지만 항상 다른 모습으로 나타난다. 수증기로, 얼음과 눈으로, 시내와 바다로 나타난다. 나타나는 방식으로 보면 끊임없이 변하지만, 그래도 물이라는 점만은 언제나 똑같다. 신적인 것도 그와 같다. 언제나 자기 자신으로 남아 영원하지만 끊임없이 모습을 바꾼다. 그렇기 때문에 항상 생겨나고 스러지는 것, 즉 현실 세계의 기원이 될 수 있다.

났다가 스러지는 무상한 것들의 여기있음에 대하여

탈레스의 훌륭한 제자인 아낙시만드로스는 이 문제에 대해 더욱 열심히 생각했다. 그에 관해 전해지는 얼마 안 되는 정보로 추측해보면 생겨남과 스러짐이 이 철학자의 출발점이었다. 하나의 사물이 '여기있음'Dasein[현존재, 생명체의 경우는 삶]으로 들어왔다가 다시 사라지는 것, 우리 자신이 생겨났다가 없어지는 것, 온 세계가 탄생과 죽음의 무대라는 것 등이 그의 사색의 출발점이었다. 우리는 그것을 어떻게 생각해야 하고, 또한 그것을 통해 어떻게 현실적인 것이 영원하고 신적인 것에 바탕을 둔다는 사실을 확인할 수가 있는가?

아낙시만드로스는 계속해서 그 문제를 생각해서 현실에 대한 하나의 위대한 해석에 도달한다. 하나의 사물이 없어지는 것은 그저 우연한 일이 아니다. 그것은 잘못에 대한 형벌이며 속죄다. 죽음이란 잘못을 보상함이다. 그렇다면 이때 잘못이란 대체 무엇인가? 각각의 사물이 제게 주어진 정도를 넘어 여기있음에 머물려는 열망을 갖는 것이 바로 잘못이다. 그로써 다른 사물에게 잘못하는 것이다. 왜냐하면 이런 열망은 다른 것들에게서 공간을 가로막고 그들이 여기있음 안으로 들어올 가능성을 빼앗는 것이기 때문이다. 아낙시만드로스의 관점에 따르면 온 세계는 있음_{Sein}(존재)을 얻기 위해 다투는 거대한 전쟁이다. 그 자리에 남아 있는 것은 앞으로 올 것이 여기있음 안으로 들어오는 것을 방해한다. 그로써 앞으로 올 것에게 잘못을 범하는 것이므로, 거대한 필연성이 그 자리에 머물러 있는 것을 몰락시키고 새로운 것들이 등장할 공간을 만들어낸다.

세계의 사정은 이와 같다. 그러나 아낙시만드로스에게는 한 가지 더욱 깊은 관점이 있다. 궁극적으로는 하나의 사물이 다른 사물에게 범하는 잘못이 문제가 아니라, 무상함이 신적인 근원에 맞선다는 것이 문제다. 현실의 모든 것이 신적인 근원 덕분에 생겨난 것이라면, 이 근원은 끊임없이 창조하는 생명의 법칙이라고 이해될 수 있다. 아낙시만드로스의 표현에 따르면, 그것은 경계가 없는 것, 혹은 무한한 것이다. 이제 사물들이 여기있음 안에 계속 머물면서 다른 사물들이 들어오는 것을 방해한다면 무한한 것이 있을 수가 없다. 무한한 것이란 자기 자신으로부터 언제나 새로운 것을 만들어내는 창조적인 생명성인데, 그것이 굳어지고 죽어 있게 된다. 그러므로 사물들이 붕괴하는 것은 신적인 것의 관점에서 보면 올바른 일이다. 무한한 것이 그 생명성을 보존하기 위해서는, 그 자리에 오래 머물러 딱딱해진 사물들은 죽어야 한다.

인간에게도 철학에도 거대한 수수께끼인 무상함은 신적인 생명성이 영원하다는 것에서 그 의미를 얻는다. 이것이 아낙시만드로스의 깊은 사상이다. 그의 작품 중에 비교적 큰 유일한 단편에서 그는 이것을 다음과 같이 표현한다. "무한한 것이 사물의 기원이다. 그러나 사물이 생겨남을 얻은 그 기원으로부터 그들에게는 필연적으로 몰락이 일어난다. 왜냐하면 그들은 시간의 질서에 따라 자신이 범한 잘못에 대해 속죄하기 때문이다."

물론 철학의 역사가 계속되면서 탈레스와 아낙시만드로스가 제시한 해석들만이 유일하게 타당한 답변이라고 여겨지지는 않았다. 철학은 다양한 방식으로 이 문제를 해결하려고 시도했다. 그러나 물음 자체는 그대로 남았다. 역사상 결정적인 전환점에 이르면 철학은 언제나 다시 그 처음을 기억하고, 현실의 절대적 바탕, 즉 스러지지 않는 것에서 스러지는 것이 나온 바탕을 다시 직접 문제로 삼았다. 그것이야말로 모든 철학의 거대한 근본 물음이기 때문이다. 철학은 세계와 사물들과 인간을 관찰한다. 그러나 철학이 최종적으로 묻는 것은 세계의 깊이에 관한 것이다.

최초의 형이상학자인 탈레스 이후로 철학자들의 사유가 언제나 모든 것의 근원을 문제로 삼았다는 점을 생각해보면, 이런 사람들이 현실 세계의 일들에 충분히 주목하지 못했다는 게 별로 이상하지 않다. 그래서 탈레스에게 일어난 일이 그들에게도 일어난다. 자기 눈앞의 구덩이를 보지 못하고 그리 빠지는 것이다. 어쩌면 세계의 깊이를 탐구하는 사람은 반드시 자기 발밑의 토대를 잃어버려야 하는 것인지도 모른다. 트라키아 하녀들이야 그걸 비웃으라지. 하지만 더 깊고 더 확실한 기반을 얻겠다는 무모한 희망을 품고서 자기가 서 있는 기반을 잃어버리는 모험을 감행하지 못하는 사람이라면, 철학이 시작된 이후로 철학하기가 대체 무엇을 뜻하는 것인지 절대로 알지 못할 것이다.

파르메니데스와 헤라클레이토스

혹은 대립하는 쌍둥이

2

파르메니데스
기원전 515경-?

헤라클레이토스
기원전 540경-기원전 480경

PARMENIDES
HERACLEITOS

DIE PHILOSOPHISCHE HINTERTREPPE

사람들은 철학사의 시작 부분에서 이미 하나의 거대한 대립을 본다. 이후 철학의 전개 전체를 지배하는 것이라 일컬어지는, 있음과 생성의 대립이 그것이다. 후세 사람들은 이 대립을 초기의 두 사상가, 곧 파르메니데스와 헤라클레이토스의 이름으로 나눈다. 앞의 사람은 영원한 있음Sein•을, 뒤의 사람은 영원한 생성Werden••을

• 서양 형이상학의 영원한 주제이자 표제어. 흔히 '존재'라고 옮겨지고 있다. 그러나 그렇게 아주 간단하지는 않다. 그리스어로 'εἶναι'[=be(영), sein(독)]라는 동사를 파르메니데스가 작품에서 명사로 붙잡아서 사유의 주제로 삼았다. 그리스어에서 동사가 명사로 쓰이는 것은 흔한 일이다. 이 낱말은 이후 자주 명사로 쓰이지만, 동사의 기능도 지니고 있다. 그래서 실제 문장에서 복잡하게 작용한다. 파르메니데스와 플라톤 이후로도 중세 기독교 철학의 신神 증명과 하이데거에 이르는 형이상학에서도 거듭 등장하는 낱말이다.
  서양 언어에서 'sein' 계열 동사는 '있다'라는 의미를 가질 경우와, 주어와 술어를 연결해주는 문법적 기능만 가지는 경우의 두 가지로 크게 나뉜다. 우리말에는 이 말에 정확하게 대응하는 낱말이 없다. 그런 탓에 서양 형이상학이 우리에게는 매우 신비롭게 느껴지지만, 실제로는 낱말의 기원을 따져보면 그렇게까지 신비스런 개념은 아니다. 다만 우리말에 정확한

가르쳤다고 말이다. 그러나 이 두 철학자를 그토록 엄격하게 나누어야 할까? 철학은 정말 그런 표제어로 시작되는가?

이 두 철학자는 대체 어떤 사람들인가? 그들에 관해 알려진 것은 별로 많지 않다. 특히 파르메니데스는 거의 알려져 있지 않다. 그의 스승으로 여겨지는 크세노파네스는 나이가 많이 들 때까지 권력자들의 집에서 철학적인 노래를 불러주던 떠돌이 시인이었다. 그것 말고는 파르메니데스가 기원전 6세기에 남부 이탈리

대응 낱말이 없어서 이해하기가 아주 쉽지 않을 뿐이다.

우리 책에서는 'Sein'을 '있음'으로 옮긴다. '시간의 흐름과 무관하게 영원히 그대로 있음'의 의미가 강하다. 그리고 이것과 함께 짚고 넘어가야 할 용어 몇 가지: 'Dasein'은 '여기있음'으로, 쇼펜하우어에 나오는 'Sosein'은 '그렇게있음'으로 옮긴다. '여기있음'은 인간과 연관된 맥락에서는 '삶'이라는 의미로 자주 쓰인다. 이와 나란히 쓰이는 'Existenz'는 보통 '존재'로 옮기지만 실존주의 개념에 가까울 때는 '실존'으로 옮긴다. 'Sein'은 보통 'Dasein'이다. 있음이란 결국 여기있음이기 때문이다. 특수한 맥락에서만 'Sein'은 'Dasein'의 영역을 벗어난다. 그러므로 이 둘이 자주 함께 섞여 쓰여도 그다지 신경 쓸 필요는 없다. 여기서 이 단어들의 기본적인 차이가 있기는 하지만 원래의 저자도 이들을 자주 섞어 쓴다. 예를 들어 'Sein'과 'Existenz'가 섞이거나 'Sein'과 'Dasein'이 함께 쓰이는 것을 볼 수 있다. 생겨남과 스러짐의 순환을 넘어 '항구적으로 있음'이라는 의미로 쓰이는 것은 따로 기억해두어야 한다. 다만 옮긴이는 가능하면 원문 텍스트의 단어에 충실하려고 노력했다.

그 밖에도 파르메니데스는 다음과 같이 말했다. 탐구의 길에서 한 가지는 '있다, 그리고 있음이 필연적이다'라는 것이고 이것이야말로 분명한 신념의 길이다. 그리고 다른 한 가지인 '있지 않다, 그리고 있지-않음이 필연적이다'라는 생각은 우리가 따라갈 수 없는 길이라는 것이다. '있지 않음(μη ειναι; Nicht-Sein)과, 있지 않은 것(το μη εον; das Nicht-Seiende)에 대해서는 인식할 수도 없고 밝혀 보여줄 수도 없다'고 했다. 이것은 우리말로는 '없음'과 '없는 것'이 된다. 서양 언어에는 나타나지 않는 '없다'라는 낱말이 우리에는 있어서 우리말로 '없음' 계열 표현은 매우 자유롭다. 특히 파르메니데스가 말하는 'μηδεν'[=Nichts]을 다룰 때는 '있음'과는 전혀 다른 대응 전략이 나타난다. "있음이 있고, 없음은 있지 않다(없다)(εστι γαρ ειναι, μηδεν ουκ εστι)."

●● 나고 된다는 의미. 'Sein'과는 대조적으로 시간에 따른 변화를 포함하는 개념. '있음'에 대해 '됨'으로 써야 하겠지만 문맥에서 말썽을 일으켜서 일단은 포기했다. 이 책에서는 '생성'이라는 단어를 주로 선택하고, 그 밖에는 문맥에 따라 알맞은 낱말을 선택했다.

아의 엘레아에서 살았고 아마도 그곳에서 죽었으리라는 것만이 확실하다. 그는 부유한 가문 출신이었지만 고대의 어떤 증인이 화해하듯 덧붙인 말에 따르면 "가난하지만 매우 고귀한 남자"와 친구였다고 한다. 파르메니데스가 입법자이며 정치가였다고도 하지만 그에 대한 정확한 정보는 없다. 그가 논리학과 천문학을 배우기 위해 이집트에 갔었다는 주장은 정말인지 확인할 길이 없다. 그가 아테네에 간 적이 있다는 말이 훨씬 더 그럴싸하다. 플라톤이 알려주는 바에 따르면 아테네에서 그는 젊은 소크라테스와 논쟁을 벌였다고 한다. 그에게 쓸모 있는 제자들이 있었다는 것만큼은 상당히 분명하다. 이게 전부다. 그러나 전기傳記 기록이 이렇게 없다는 것은, 앞으로 보게 되겠지만 순수한 '있음' 아래서 현실이 스러져버리는 이 철학자에게는 잘 어울리는 일이다. 이 사람이 뒷날의 철학을 위해 가지는 중요성은 바로 그가 이렇듯 과격하게 순수한 있음을 강조했다는 점에 있다. 플라톤은 그를 가리켜 "위대한 사람"이고 "전적으로 근원적인 깊이"를 지닌 사상가라고 불렀다.

또 다른 철학자인 헤라클레이토스에 대해서는 조금 더 많은 사실이 알려져 있다. 파르메니데스보다 약간 나이가 아래인 그는 소아시아의 에페소스에서 살았으며, 분명한 정치적 입장을 표현했다. 심지어 페르시아 왕 다리우스와도 편지 왕래를 했다고 한다. 그는 출신이나 성향이 모두 고귀한 남자였다. 자기 집안에 세습되던 제사장이라는 지위를 없애버리기는 했지만, 귀족주의 관점을 계속 유지했고, 특히 정치적 친구인 헤르모도로스가 에페소스시에서 쫓겨난 이후로는 더욱 그랬다. 민주주의에 대한 거부감은 맹

렬했다. 잘못된 정치 상황에 대해 효능이 입증된 수단이라며, 동료 시민들에게 목매달아 자살하라고 권고하기도 했다. 그러니 그가 민주주의 국가에서 정치에 관여하기보다는 아르테미스 신전에서 사내아이들과의 주사위 놀이를 더 좋아했다는 것도 논리적으로 맞는 일이다.

마지막에 그는 인간들에게 넌더리가 나서 산속으로 물러나 그곳에서 풀과 열매로 살았다고 한다. 물론 그 결과 건강이 나빠져 수종水腫을 얻었다. 의사들이 손을 쓸 수 없게 되었을 때 그는 자신만의 방법으로 이 병을 치료하려고 했다. 소똥을 이용한 방법이었다고 하는데 여기서부터 전해 내려오는 이야기들이 몇 갈래로 나뉜다. 어떤 이야기에 따르면 그는 소똥에 덮인 채 햇빛 속에 누워 비참하게 죽어갔다고 한다. 또 다른 이야기는 이보다 더 이상하다. 아무것도 모르는 개들이 그가 그렇게 소똥에 덮인 채 누워 있는 것을 보고 이미 죽은 줄 알고 그의 몸을 뜯어먹었다고 한다. 하지만 이 모든 것은 분명하지가 않다. 분명한 것은 헤라클레이토스가 약 60세에 죽었다는 것뿐이다. 그 밖에도 고대의 증인들은 같은 이름의 직업 어릿광대와 이 사람을 혼동하지 말라고 분명히 강조한다.

파르메니데스: 있음이 있고, 없음은 없다

다시 파르메니데스로 돌아가자. 그는 원래 시인이었다. 적어도 그는 철학적 생각들을 시로 써서 남겼다. 또한 정말로 시와 철학의 환상들을 지녔다. 그의 위대한 교훈시는 "지식을 가진 남자" 이야기로 시작된다. 그 남자는 "밤의 집"에서 나가 "사람들이 많이 다니는 길을 벗어나" "태양소녀들"이 이끄는 마차를 타고 간다. 정의의 여신 디케가 열쇠를 가진 "낮과 밤의 길들의 성문"이 그의 앞에서 열린다. 마지막에는 한 "여신"에게 이르렀는데, 그 여신은 무엇이 참이고 무엇이 헛것(가상)인지 알려준다.

이 작품에서 시 형식과 시적 환상으로 표현된 내용은 분명히 철학하는 사람의 이야기다. 그는 무지의 밤에서 나와 사람들 사이에서 고독하게 자기만의 길을 가고, 닫힌 성문이 만들어내는 여러 어려움을 극복한다. 그리고 그 자신이 참을 만들어내지 않고 신의 입에서 그것을 듣는다. 이것은 철학에 대한 그리스 사람들의 근본 체험이다. 인간은 힘들여 파헤친다 해도 참을 찾아낼 수 없다. 참은 그 스스로 나타나며 고유한 광채 속에 등장하는 것으로, 사람이 할 일은 그것을 찾아 나서서 보고 듣는 가운데 그것을 받아들이는 것이다.

그렇다면 이런 철학에서 참이란 무엇인가? 파르메니데스는 "의견"에 마주 세워서 참을 보여준다. 의견이란 인간이 일반적으로 생각하는 현실, 혹은 널리 알려진 세계관이다. 인간은 첫째로, 각각의 특수성을 드러내는 개별 사물이 진짜 현실의 것이라는 의견을 갖고, 개별 사물들을 그 안에 포함하는 전체에는 주목하지 않는다. 둘째로, 세계가 서로 대립하는 것들의 싸움이라는 의견을 갖고서, 모든 싸움에는 하나의 통일성이 존재하며 이 통일성이라는 바탕에서는 온갖 대립들이 사라진다는 사실을 잊는다. 그 밖에도 파르메니데스는—"의견"이라는 맥락에서—세계의 현실에 나타난 온갖 대립들을 단 하나의 근본적 대립으로 되돌린다. 즉 불과 밤의 대립, 혹은 빛과 어둠의 대립인데, 여기서 그는 불과 빛을 여성의 속성, 밤을 남성의 속성으로 만들고 있다. 뒷날 엠페도클레스는 빛을 남성의 속성으로 만들어야 한다고 수정했는데, 이 점에서 여성에 대한 예의가 모자랐다. 셋째, 일상의 의견은 생겨났다 스러지는 무상한 것을 본래 '있는것'*으로 여기고, '없음'이 그 무상한 것에 들어 있다는 점을 알아채지 못한다.

없음이 뒤섞이는 이런 현상은 세 관점 모두에서 나타난다. 어디서나 사람들이 실제 있는 것이라 여기는 것은 있음과 없음의 결합이다. 개별적인 것은, 오로지 그것이 다른 개별적인 것이 아니기 때문에 그것으로 있다. 사물들은 싸우면서 서로를 부정한다. 무상한 것이란, 옛날에 없었고 [지금은 있어도] 앞으로 도로 없게 될 어떤 것이다. 그렇게 일상의 의견은 있음과 없음을 바라볼 때 자체 안에서 찢기고 나뉜다. 그래서 일상의 의견이 있는것이라고 부르는 것은 진짜 현실이 아닌 헛것이다. 철학자는 이런 헛것을 꿰뚫어 보고 현실의 참을 찾아내려고 노력해야 한다.

그 과정에서 철학자는 헤라클레스처럼 갈림길에 서는데, 여기서 그의 앞에 세 가지 길이 열린다. 첫 번째 길은 지금까지와 똑

---

* 있는것 das Seiende: 있음 Sein의 동사 형태인 'sein(=be)'의 현재분사(seiend)가 형용사로 쓰인 것에 다시 정관사를 붙여 명사로 만든 것. 기존 철학서에서 흔히 '존재자'로 번역됨. 이 책에서는 '있는것'으로 번역한다.

같이 찢긴 의견을 참이라고 여기는 방향으로 간다. 이것은 "아무것도 모르는 인간들이 비틀거리며 가는" 길이다. 그러나 철학자는 있음과 없음 사이의 대립을 못 보고 지나쳐서는 안 된다. 그는 부분적으로는 없는 어떤 것을 참된 있음이라고 인정할 수는 없다. 그래서 파르메니데스는 이런 출발을 경고한다. "이런 탐색의 길에서 생각을 멀리하라. 경험으로 터득한 습관이 너를 이 길로 억지로 이끌어가게 해서는 안 된다. 볼 줄 모르는 눈과 요란하게 울리는 귀와 혀가 너를 지배하게 해서는 안 된다." 이 경고를 따르는 사람은 있음과 없음 사이의 대립을 넘어서게 되고, 그에게는 "생겨남이 없어지고 스러짐도 없어진다."

두 번째 길은 있음과 없음의 대립에서 없음의 편에 서는, 그러니까 없는것이 있다고 주장하는 방향으로 이끌어간다. 뒷날의 사상가들은 이 방향을 취하게 된다. 그에 반해 파르메니데스는 그것이 불가능하다고 여겼다. 없음은 인식할 수 없고, 그에 대해 말할 수 없으며, 따라서 참이 아니다. 여기서 그는 이렇게 경고한다. "이런 탐색의 길에서 너의 정신을 멀리하라."

처음 두 가지 길을 거부함으로써 생각 깊은 철학을 하기 위해서는 오로지 세 번째 길만 남는다. 곧 있음을 탐색하는 길이다. "있음이 있다는 길에 대한 지식만 남는다." 따라서 파르메니데스의 본질적인 철학적 진술은 "있음이 있다"이다. 물론 이 말은 형식논리로만 들린다. 하지만 그것은 그 이상의 뜻을 갖는다. 두 가지 의미로 있는 것[없다가 있다가 도로 없어지는 것]들, 다시 말해 사물이 모두 사라지고 나서도 남는 것만이 있음의 개념이 된다. 일상의 의견이

기대고 있는, 본래 있음이 아닌 것이 스러지고 나서도 본래로 존립하는 것이 있음이다. 그것이 바로 유일하고 참된 현실이다.

이제 파르메니데스는 이런 있음, 오로지 참으로 있는 있음을 구분하여 그 "특징"을 일러준다. 있음이란 유한하게 있는 것이나 개별적인 것들로 갈라져 있는 것이 아니라, 제 안에 모두를 포괄하는 "하나"다. 또한 있음은 대립이나 싸움을 알지 못한다. 있음은 전체, 나뉠 수 없음, 동일함 등이다. 마지막으로 있음은 무상함이나 꾸준한 움직임을 특징으로 하지 않고, 움직이지 않음, 영원함 등이 고유한 특성이다.

이로써 파르메니데스는 이후의 철학사 전체에 묵직한 결실을 가져오는 발전을 위한 길을 닦았다. 이제 아주 뚜렷하게 다음의 내용이 진술되었기 때문이다. "참으로 있는 것이란 무엇이냐"를 묻는 사람은, 우리를 둘러싼 현실에 매달려서는 안 되고 거기 머물러서도 안 된다. 무상한 사물에 붙들려서도 안 된다. 모든 현실을 넘어 영원한 것, 항상 있는 것에 주목해야 하고, 우리의 온갖 현실에서 유일하게 진짜인 현실에 주목해야 한다. 파르메니데스가 이런 생각을 단호히 진술했다는 것은 이 초기 사상가의 독특한 위대성을 이루는 부분이다.

헤라클레이토스: 같은 강물에 두 번 들어갈 수 없다

물론 이런 철학적 관점의 위대한 일방성이 계속 유지될 수는 없었다. 강력한 한 방으로 배제된, 순수한 있음을 위해 없음의 구덩이로 던져진 구체적 현실이 도로 제 권리를 회복한다. 세계를 잃어버리는 것이 철학의 최종 진술이 될 수는 없다. 파르메니데스와 같은 시대에 살았던 위대한 인물 헤라클레이토스에게서 벌써 그것이 나타난다.

고대에 이미 헤라클레이토스는 "어두운 사람"이라 불렸다. 비극 시인 에우리피데스에게서 그의 책을 빌렸던 소크라테스는 이것을 이해하기 위해서는 델로스의 잠수부가 필요하다고 말했다[델로스의 문제란 '풀 수 없는 문제'라는 뜻. 델로스의 잠수부는 이런 문제를 풀 수 있는 사람]. 그의 저술 가운데 오늘날까지 전해지고 있는 단편적인 글은 해석하기가 어렵지만, 그런데도 무시할 수 없는 영향을 남겼다. 헤겔은 "생각 깊은 헤라클레이토스"가 "철학의 완전한 시작을 가져왔다"라고 주장한다. 니체도 거기에 동의했다. "헤라클레이토스는 절대로 낡아지지 않는다."

파르메니데스처럼 헤라클레이토스도 사람들 사이에 널리 통하고 있던 "의견"에 반대했다. 그것에 사로잡힌 사람들은 "들을 줄도 말할 줄도 모른다." "누군가가 그들을 가르치면 그들은 이해하지 못하면서 이해한 줄로 여긴다." 철학자는 널리 퍼져 있는 이런 세계관을 넘어선다. 철학자는 사물이 실로 어떠한지 아는 사람이다. 그는 로고스, 곧 깨달음을 얻은 사람이다.

헤라클레이토스에게서 '일상적 의견'에 맞서는 싸움은 구체적인 자기 시대에 대한 비판으로 변한다. 그는 헤시오도스, 피타고라스, 크세노파네스 등에 대해 그들은 이해하지도 못하면서 많이

만 알고 있다고 비난했다. 하지만 "많이 안다고 해서 참된 통찰력을 지녔다는 건 아니다." "가장 유명한 사람들조차도 헛것을 보존하고 있다." 심지어는 호메로스에 대해서도 일화 형식으로 그 무지함을 비난한다. "사람들은 아주 명백한 것을 통찰하는 일에서 잘못을 범한다. 모든 그리스 사람보다 더 지혜로운 사람이던 호메로스도 그렇다. 이를 잡아 죽이던 소년들이 다음과 같이 말해서 그를 속였으니 말이다. '우리가 보고 붙잡은 것들을 우리는 놓아버린다. 그러나 보지 못하고 붙잡지 못한 것은 지니고 다닌다.'"●
지식에 대해 타당한 것은 종교적 깨달음에서도 타당하다. "그들은 마치 누군가가 집들과 이야기를 나누듯이 신의 형상들에게 기도를 올린다. 그들은 신들과 영웅들의 본래 모습은 알지도 못한다."
짧게 말하자면 어디서나 깨달음, 곧 로고스가 부족하다.

물론 대다수 대중도 참된 깨달음을 가질 수가 있다. 로고스는

● 이 이야기는 헤라클레이토스가 만들어낸 호메로스의 죽음에 얽힌 일종의 수수께끼 우화로서, 깊은 철학적 의미를 지닌다. 눈먼 호메로스가 생애 마지막에 잘 아는 땅과 미지의 바다 사이 해변을 걷고 있을 때, (이를 잡던) 몇몇 어부의 아이들이 특별한 방법으로 놀이를 즐기는 것을 느꼈다. 그가 아이들에게 뭘 하느냐고 묻자, 그들은 불친절한 태도로 그에게 위에 말한 수수께끼를 내주었다. 호메로스는 아이들의 물음이 퍼뜨린 안개를 향해 내면의 눈길을 돌렸으나, 이 대담한 도전에 맞서 승리를 거두게 해줄 그 어떤 형태도 얼굴도 이름도 나타나지 않았다. 호메로스는 지팡이에 의지한 채 서 있다가 젖은 모래 위로 주저앉으며 흰머리를 두 손으로 감쌌다. 항복의 표시를 알아본 소년들은 그에게 수수께끼의 답을 일러주었다. 그것은 딸꾹질 몇 번이었다. 그리스인들에게 리듬을 가르친 위대한 스승은 이렇게 자신의 어둠 속에 갇힌 채 무너졌다. 그들은 그가 죽었다고 말했다. 여기서 아이들이(또는 신이) 내놓은 수수께끼는, 이가 아니라 인식의 대상과 주체를 가리킨다. 우리가 보고 붙잡은 것들은 우리의 지각과 경험과 앎의 대상들, 곧 객체다. 우리가 보지도 못하고 붙잡지도 못한 것은 그 모든 일을 행하는 주체, 곧 우리 자신이다. 지식을 지닌 주체를 우리는 알지 못하고 속에 지니고 있다가 때때로 그것을 드러낼 수 있을 뿐이다.

이상한 방식으로 흩어져서 대중 속에서도 살기 때문이다. "그들은 늘 만나는 로고스를 갖고서도 서로 갈등하며 산다." 그러니까 사람들은 잠자는 사람과 같다. 그들을 깨우는 것이 철학자의 의무다.

"로고스는 영혼에 속한다"라는 그의 명제와 더불어 철학은 처음으로 인간의 내면을 주목한다. 헤라클레이토스는 이런 맥락에서 다음과 같이 말한다. "나는 나 자신을 샅샅이 탐색했다." 물론 이 말은 그리스식으로 생각된 것이다. 즉, 심리적인 자기분석이라는 현대의 호기심이나, 아우구스티누스에게서 나타나는 것처럼, 가장 비밀스런 영혼의 움직임을 쫓아 근심에 잠겨 내면을 탐색한다는 뜻이 아니다. 여기서는 인간 안에서 참된 현실이해를 찾을 수 있다는 뜻이다.

내면은 밖으로도 향한다. 그러나 더욱 깊은 차원도 있다. 헤라클레이토스는 눈길을 내면으로 향하고 자신에 대해 질문하면서 끝이 보이지 않는 광대함에 부딪친다. "네가 밖으로 나가 어느 길을 헤매어도 영혼의 경계를 찾아낼 수는 없을 것이다. 영혼은 그렇듯 깊은 로고스를 지닌다." 철학의 역사에서 처음으로 헤라클레이토스에게서 정신이 저 자신에 대해 놀라고 경탄한 것이 표현된다.

그렇다 해도 헤라클레이토스는 그런 일에 정신이 팔려서 자기 시대의 철학적인 주요 과제를 놓치지는 않는다. 곧 있음의 참된 본질을 탐색하는 일 말이다. 그는 피시스Physis, 곧 자연을 모든 있는것 안에서 활동하는 본질이라고 보았다. 그러면서 놀라운 말을 한다. "피시스는 자신을 숨기기를 좋아한다." 모든 것을 지배하는 자연은 겉으로 드러나 있지 않다는 말이다. 그것은 몸을 감추고 있으며 철학하기의 압력을 받고서야 비로소 감추어진 상태에서 벗어난다는 것이다. 그렇다면 자연은 자기 모습을 어디에다 감추는 것일까? 현실적인 것 속에 감춘다. 그래서 현실적인 것은 오로지 감추어진 상태로만 그 참된 본질이 인식된다. 헤라클레이토스에게서도 현실적인 것은 두 가지 의미를 지닌다. 그것은 자기 속에서 지배하는 것을 드러내면서도 동시에 감춘다. 현실의 이런 이중성은 대체 어떻게 된 것인가?

헤라클레이토스도 파르메니데스와 마찬가지로 현실이 제 안에서 대립한다고 본다. 그는 세계 안에 있는 대립들을 지치지 않고 드러냈다. "낮과 밤, 겨울과 여름, 전쟁과 평화, 남아도는 것과 굶주림", "죽어야 할 이[인간]와 죽지 않는 이[신]". 개별적으로 있는 것들에서도 이런 대립을 찾아볼 수 있다. "바닷물은 가장 깨끗하고도 가장 더럽다. 물고기들에게 그것은 마실 수 있고 또 병을 낫게 해주는 것이지만, 사람들에게는 마실 수 없고 몸을 망치는 것이다." 무엇보다도 강이 이런 대립을 상징한다. "같은 강으로 들어가는 사람에게 언제나 다른 강물이 흐른다." "우리는 같은 강에 들어가면서도 동시에 그러지 못한다. 우리는 여기에 있지만 여기에 있지 않다." 사람도 이렇게 나뉘어 있고 자체적으로 모순된다.

헤라클레이토스는 현실의 모든 것에 드러나는 이런 내적인 대립을 전쟁이라는 표제어로 표현한다. "전쟁은 모든 것의 아버지이며 모든 것의 왕이다. 전쟁은 어떤 존재들을 신으로 드러내고 또 다른 존재들을 인간으로 드러낸다. 전쟁은 어떤 이들을 노예로 만들고 다른 이들을 자유인으로 만든다." 다시 말해 세계는 찢긴 세계다.

파르메니데스는 현실에 대한 비슷한 관찰을 통해 세계를 단순한 헛것이라고 여겨 밀쳐내 버렸다. 그와는 달리 헤라클레이토스는 세계에 꼭 달라붙는다. 그 모든 대립과 모순을 지닌 세계를 단순히 건너뛰어서는 안 된다. 그 세계가 바로 인간이 살고 있는 현실이기 때문이다. 그렇기는 해도 철학자는 이런 모습을 오로지 일시적인 것이라고 여길 수 있다. 대립하는 특성을 더욱 깊이 해석할 필요가 있다. 현실에서 궁극적으로 지배하는 것에 도달하기까지 말이다.

헤라클레이토스가 이런 방향을 잡고 찾아낸 길은 다음과 같다. 대립이 최종적인 것이 아님은 분명하다. 오히려 대립의 갈래들은 서로 관계를 맺고 있다. 그래서 삶과 죽음은 속에서 서로 닿아 있다. 인간에 대해서는 다음과 같은 말이 나온다. "살아서 인간은 죽은 이를 건드리고, 깨어서는 자는 이를 건드린다." 이런 의미에서 고대의 어떤 증인은 헤라클레이토스가 모든 사물이 "대립 관계를 통해 서로 짜 맞추어져 있다"라고 가르쳤다고 전한다. 대립들이 서로 뒤엉켜 있다는 관찰도 나타난다. "찬 것은 따뜻해지고 따뜻한 것은 식는다. 축축한 것은 마르고 마른 것은 축축해진다."

그리고 이제 깊은 의미를 지닌 다음의 진술이 나타난다. "죽지 않는 이는 죽게 되고, 죽어야 할 이는 죽지 않게 된다. 그들은 서로 상대의 죽음을 살고, 상대의 삶을 죽는다." 이렇듯 전체 세계는 온갖 변화들의 순환일 뿐이다. "영혼에게 죽음은 물이 되는 일이다. 그러나 물에게 죽음은 흙이 되는 일이다. 그러나 흙은 물이 되고 물은 영혼이 된다." 헤라클레이토스는 마침내 끊임없이 변하는 것들에 대한 핵심 상징을 찾아냈다. 온 세계는 불타올랐다가 꺼지고, 다시 불타올랐다가 꺼지고, 이것을 영원히 계속하는 불이다.

그러나 이것이 헤라클레이토스의 마지막 말은 아니다. 대립들의 상호연관에서 더욱 깊은 것, 지속적인 통일성이 우리 눈에 보이게 된다는 사실을 그는 밝혀냈다. 그러니까 전통적으로 알려진 것처럼 그는 단순히 있음의 철학자인 파르메니데스에 맞서는 생성과 변화의 철학자인 것만은 아니다. 그도 또한 생성과 변화의 차원을 뒤로하고 있음의 차원으로 되돌아간다. 그는 찢긴 현실을 바라보며 이렇게 말한다. "보이지 않는 조화가 보이는 조화보다 더 강하다." 혹은 "서로 대결하는 것들은 하나가 된다. 서로 다름에서 가장 아름다운 조화가 생겨난다." 이런 사상은 다음과 같은 짧은 명제로 요약된다. "모든 것은 하나다." 이로써 헤라클레이토스는 놀라울 정도로 파르메니데스에게 가까이 다가간다.

그런데도 둘 사이의 차이는 그대로 남는다. 헤라클레이토스가 통일성에 주목한다고 해도, 파르메니데스처럼 다양성을 본질 없는 헛것이라고 치워버리지 않기 때문이다. "모두는 하나가 되고, 하나는 모두가 된다." 그래서 헤라클레이토스는 모든 변화 속에서 눈에 보이게 되는 하나에 대해 마침내 다음과 같이 말할 수가 있다. "그것은 변하면서 멈추어 있다." 이것은 살아서 자신을 펼쳤다가 제 안으로 도로 불러들이는 통일성이다. 통일성이야말로 분열된 세계에서 더 깊은 현실이다.

여기서 이 장章의 제목으로 다시 돌아가 보면 파르메니데스와 헤라클레이토스가 정말로 정신의 쌍둥이라는 사실을 알게 된다. 두 사람은 하나이고 전체인 '참된 있음'을 문제로 삼았기 때문이다. 그런데도 대립의 찌꺼기가 남는다. 그들이 서로 적으로 맞섰다는 말은 아니다. 파르메니데스는 순수한 있음을 위해 풍성한 세계를 잃어버리는 일을 받아들였다. 그리고 헤라클레이토스는 대립으로 가득한 현실을, 살아 있는 것으로 이해한 '하나(통일성)' 속으로 받아들여 구원했다. 이로써 이 두 명의 초기 철학자들은 형이상학의 두 가지 기본 가능성을 일구었고, 이 가능성들은 뒷날 철학의 역사에서 끝없는 변주로 되풀이된다. 절대성을 찾아 가라앉아 사라진 눈길(파르메니데스)과 이런 절대성으로부터 수수께끼의 현실을 해석하려는 시도(헤라클레이토스) 말이다.

소크라테스
혹은 짜증 나는 질문

3

기원전 470경 - 기원전 399경

SOCRATES

철학의 뒷계단을 통해 소크라테스에게로 올라간 사람에게 문을 열어주는 사람은 소크라테스가 아니라 그의 아내 크산티페일 가능성이 크다. 이것은 매우 그럴싸한 일인데, 어차피 소크라테스는 대개 외출 중이기 때문이다. 그리고 본래 맥락으로 보아도 이것은 의미가 있다. 소크라테스가 철학자들 중에서 유명한 만큼 크산티페도 철학자 아내들 중에서 유명하다. 사람들은 아마 그녀가 유명한 남편 덕분에 유명하다고 말할 것이다. 분명 그렇다. 하지만 그건 뒤집어도 어느 정도는 맞다. 크산티페를 아내로 두지 않았다면 소크라테스도 소크라테스가 아닐 것이다. 어쨌든 인간 심리에 대한 감각이 뛰어난 철학자 니체는 이렇게 말한다. "소크라테스는 제게 꼭 필요한 아내를 얻었다. … 크산티페는 정말이지 그가 점점 더 자신의 직업을 행하도록 내몰았다."

크산티페

이게 맞는 말일까? 고대의 보고들을 믿어도 좋다면 크산티페는 정확히 반대로 행동했다. 그녀는 남편의 철학 활동을 못하게 하려고 할 수 있는 모든 일을 했다. 집을 끔찍한 지옥으로 만들고, 지겨워진 그가 친구들을 만나 철학적인 대화를 하려고 하면, 그것도 못마땅해했다. 이따금 창문에서 남편의 머리 위로 더러운 물을 쏟아붓거나 남편의 뒤를 따라와 사람 많은 시장에서 외투를 벗겨갔다.

친구들은 그것을 보고 화를 내며 크산티페가 과거에 존재한, 그리고 미래에 존재할 가장 참기 힘든 여자라고 불렀다. 그러나 소크라테스는 이와 같은 집안의 비바람과 바깥의 비바람을 철학적인 냉정함으로 받아들였다. 머리 위로 물이 쏟아져 내렸을 때 그는 이렇게 말했을 뿐이다. "크산티페가 천둥을 울리면 비도 내리게 한다고 내가 말하지 않았던가?" 신동 제자 알키비아데스가 한번은 이렇게 말했다. "욕을 퍼붓는 크산티페를 정말로 참을 수 없습니다." 그러자 소크라테스가 대답했다. "그렇지만 자네도 거위가 꽥꽥거리는 소리는 참지 않는가." 그 밖에도 그는 고집 센 여자를 상대하는 것도 좋은 점이 있다고 말했다. 크산티페를 다룰 수 있게 되면 다른 사람도 잘 다룰 수 있기 때문이란다.

뒷날의 전기 작가들은 소크라테스에 대해서 그 자신이 느꼈던 것보다 더욱 큰 동정심을 보였다. 그에게도 사랑의 행복을 주기 위해 그들은 멋진 이야기를 하나 꾸며냈다. 그에 따르면 아테네 사람들이 전쟁에 패배한 이후 주민 숫자가 차츰 줄어들자 모든 시민은 두 여자에게서 자식을 얻어도 된다고 결정했다고 한다. 그래서 소크라테스도 법을 준수하여 또 다른 여자와 결혼했다. 미르토라는 멋진 이름을 가진 소녀였다. 그러나 이 이야기는 전혀 그럴싸하지 않다. 어떤 사람이 결혼해야 할지 말아야 할지 그에게 물었을 때 소크라테스는 이렇게 대답했다. "어떻게 행동하든 후회하게 될 거야." 그는 자신의 두 번째 결혼에 대해서도 같은 말을 했을 것이다.

다시 크산티페 이야기로 돌아가자면, 그렇게 남편에게 온갖 비난을 퍼부어서 그녀는 무엇을 얻었을까? 소크라테스는 그럴수록 더욱 기꺼이 못마땅한 집을 떠나 더욱 열심히 철학적인 토론을 벌였다. 그로써 비로소 소크라테스는 소크라테스가 된다. 그는 아테네 사람이었고 당시 이 아테네라는 도시에서는 공공장소에 등장하는 사람만이 공적인 삶을 누릴 수가 있었기 때문이다. 만일 소크라테스가 자신의 서재에 틀어박혀 있었다면 그는 절대로 그 유명한 소크라테스가 되지 못했을 것이다. 그러니까 크산티페의 의도는 정확히 반대로 작용한 것이다. 그녀의 행동을 헤겔의 정신으로 해석해도 좋다면, 이런 행동에는 분명히 "이념의 간계"가 작용했다. 이 철학자에게서 철학하기를 방해하려고 한 일은 그를 더욱 깊이 철학하도록 만들었을 뿐이다. 크산티페가 천둥과 물 쏟아붓기 작전으로 그를 놀라 물러나게 할 수 있다고 생각했다면 잘못 생각한 것이다. 니체는 이 점에서도 옳았다. "크산티페는 집을 집 같지 않게 만들어서 그가 점점 더 자신의 직업에 충실하도록 내몰았다."

하지만 소크라테스가 집 밖으로 나갔다면 그는 대체 무엇을 했단 말인가? 겉으로만 보면 그는 시장과 운동장으로 싸돌아다니면서 사람들하고 수다 떠는 일밖에는 하지 않았다. 그러니까 그는 진짜로 빈둥거리는 사람이었다. 크산티페가 그렇게 화를 낸 것도 바로 그 때문이었다. 집과 아내와 자식들을 보살피지 않고, 또 아버지에게서 물려받은 석공이라는 직업 활동도 하지 않고서, 그러니까 정상적인 시민의 생계 활동을 하지 않고 대신 이리저리 돌아다니면서 온갖 사람들하고 쓸데없는 잡담이나 한 것이다. 전해지는 말처럼, 그가 이따금 길거리에서 돈을 주워, 흔한 방식은 아니지만 그걸 살림살이에 보탰다고 하더라도, 그것은 정직한 일을 해서 가족을 먹여 살리는 일과는 다른 일이었다.

그는 신발 살 돈도 없었다. 그래서 희극작가 아리스토파네스는 자기 작품에서 소크라테스를 맨발로 무대에 등장하게 만들고 있다. 그 자신만 따지자면 그런 사치를 멀리할 수도 있었을 것이다. 그러나 그의 아내를 생각해본다면, 도시 안에서 그 온갖 유혹적인 상품을 보면서도 그것을 살 돈이 한 푼도 없는 그 아내가, 소크라테스와 똑같은 침착성으로 "내게는 필요하지 않은 물건이 얼마나 많은가!"라는 태도를 가질 거라고 생각할 수 있을까. 그리고 크산티페가 그가 남긴 또 다른 진술의 철학적인 높이에 도달하기를 기대할 수가 있을까? "가장 조금만 필요로 하는 사람이 신들에게 가장 가까이 있는 사람이다."

건강한 남자 소크라테스

소크라테스의 행동에서 정말로 화를 돋우는 부분은 그가 천성적으로 게으름뱅이 유형이 전혀 아니었다는 점이다. 그는 운동을 열심히 했고 심지어는 춤도 잘 추었다. 물론 전해지는 바에 따르면 단순히 건강을 위해 그런 일을 했다. 어떤 증인은 그의 "탁월한 신체적 상태"를 칭찬한다. 짧게 말하자면 소크라테스는 진짜 남자다운 활동을 하도록 만들어진 남자였다.

그는 일반 병사로 출전한 전쟁터에서 그 사실을 잘 증명했다. 여러 가지 힘든 일들을 참아낸 강인함에 대해 기적 같은 이야기들이 전해진다. 다른 사람들이 추위에 몸을 꽁꽁 감싸고 있을 때도 그는 맨발로 얼음 위를 걸어갔다고 한다. 또 한번은 주변의 모든 사람이 다 도망을 치는데도 혼자서 장군을 따라 성큼성큼 걸어갔단다. "태연히 아군과 적군을 살펴보면서" 말이다.

물론 병사로서도 소크라테스는 특별함으로 사람들 눈에 띄었다. 알키비아데스는 그와 함께 전쟁터에 나갔던 경험에서 이런 이야기를 들려준다.

"그는 무언가에 빠져 아침부터 같은 자리에서 계속 생각에 잠겼다. 그것이 잘 진척되지 않으나 그만두지 않고 그 자리에 머물러 계속 탐색했다. 점심때가 되자 사람들이 차츰 그것을 알아채게 되었고, 소크라테스가 아침부터 저기 서서 무언가 생각하고 있다고 수군댔다. 저녁이 되자 몇몇 이오니아 사람들이 저녁을 먹고 담요를 들고 밖으로 나왔다. 여름이었기에 시원한 데서 잠자기 위해서이기도 했고, 또한 그가 밤에도 그대로 서 있을지 구경하기 위해서이기도 했다. 하지만 그는 아침 먼동이 트고 태양이 떠오를 때까지도 그 자리에 서 있었다. 해가 떠오르자 그는 태양에게 경배하는 기도를 드리고 그 자리를 떠났다."

소크라테스는 전쟁터에서 이렇게 행동했다. 그러나 평화로울 때 그의 용감함과 남자다움은 전혀 눈에 보이지 않았다. 어쨌든 크산티페의 눈에 소크라테스는 단순히 싸돌아다니는 사람이고 수다쟁이이고 영원한 토론자였다.

물론 그 자신은 그렇게 하는 것이 철학을 직업으로 행할 유일한 가능성이라고 여겼다. 길거리에서 누군가를 보기만 하면 얼른 그쪽으로 쫓아가 이야기를 시작했다. 상대가 정치가이거나 구두장이이거나 장군이거나 노새 몰이꾼이거나 전혀 상관하지 않았다. 그는 자기가 말하고자 하는 것은 누구한테나 중요한 일이라고 생각하고 있었던 게 분명하다. 그러나 그가 말하고자 하는 것이란, 제대로 생각하는 것이 중요하고, 오로지 그것만이 중요하다는 강력한 암시였다. 제대로 생각한다는 것은 자기가 하는 말이 무슨 말인지 스스로 이해한다는 뜻이고, 또한 자기 자신에 대해 정확히 알고 밝힌다는 뜻이기도 했다. 소크라테스는 자기 자신을 아는 것이야말로 인간의 일이라고 진짜로 확신하고 있었기 때문이다.

플라톤의 보고에서 존경받는 장군 니키아스는, 소크라테스가 사용한 방법을 아주 생생하게 전해준다. "누구든 소크라테스에게

다가가 그와 이야기를 시작했다가는 어떤 일이 벌어지는지 당신은 모르는 것 같다. 그가 처음에 어떤 이야기를 시작하든지 상관없이 그런 대화를 통해서 소크라테스는 상대방이 지금 어떻게 살고 있으며, 지금까지의 삶을 어떻게 살았는지 밝히지 않을 수 없는 단계로 기어이 넘어가고야 만다."

소크라테스는 니키아스뿐만 아니라 온 세상을 향해 같은 일을 했다. 신에 대한 경건함을 말하는 사람, 언제나 "용감함"이라는 말을 입에 달고 사는 사람, 또 국가의 본질에 대해 잘 안다고 생각하는 사람, 남을 설득하는 언변의 기술을 터득한 사람 등 누구를 만나든지 그는 상대방에게 지금 그가 무슨 말을 하고 있는지도 아느냐고 묻는다. 이런 사람들이 한 번이라도 소크라테스와 이야기를 시작했다가는 금방 패배하고 만다. 일단 이야기가 시작되면 소크라테스는 아이러니와 여러 가지 변증법적 기술들을 이용해서, 그들이 스스로 자명한 것으로 여기고 말하는 것에 관해 실은 아무것도 모르고, 또한 저 자신에 대해서는 더욱더 모른다는 사실을 보여주기 때문이다.

아테네가 부담스러워한 남자

이해할 수 있는 일이지만 질문을 당한 사람에게 이런 일은 절대로 유쾌한 일이 아니었다. 괴테와 실러는 공동작품 〈크세니엔〉에 나오는 2행시에서 소크라테스에 대한 델포이 신탁을 다음과 같이 표현하고 있다.

"퓌티아[아폴론 신전의 여사제]는 그대가 가장 지혜로운 그리스 사람이
라고 했지.
그렇군! 가장 지혜로운 사람이란 보통은 가장 부담스런 사람이군."

정말로 아테네 사람들은 소크라테스를 자주 경멸하거나 비웃
고, 이따금 모질게 표현하고 비방하기도 했다. 누군들 자신의 무지
를 드러내고 싶겠으며, 그것도 모든 사람이 지켜보는 시장에서 그
런 일을 당하고 싶겠는가? 오로지 젊은 귀족 몇 명, 그야말로 한가
한 젊은이들 몇 명만이 그의 편이 되어 그가 도시를 이리저리 돌
아다니는 대로 쉬지 않고 따라다녔다. 그러나 명예를 귀하게 여기
는 다른 시민들은 그와 전혀 상관하고 싶어 하지 않았다. 시인들
도 시민들의 편이 되어서 소크라테스를 가리켜 "세계를 개혁하는
수다쟁이", "꼬치꼬치 캐는 웅변술을 만들어낸 놈", "나쁜 냄새를
맡는 놈", "헛소리하는 놈" 등이라 불렀고, 또한 그의 "오지랖 빈말"
과 "꼼꼼한 말짓거리"와 "투덜거림" 따위를 조롱했다.
　그러나 그들이 알지 못하고 아테네 사람들 대부분이 보지 못
한 것은, 니체의 표현대로 "대단히 심술궂은 사람"이던 소크라테
스가 정말로 문제 삼은 것은 말싸움이 아니라는 점, 공격과 반격
으로 이루어진 변증법 결투에서 자신이 옳다고 입증하려는 것이
아니었다는 점이다. 소크라테스가 언제나 구한 것은 참이었다. 그
는 참에 대한 물음에 사로잡힌 사람이었다. 죽기 직전에도 친구

크리톤에게 이렇게 말했다.

"많은 사람이 우리에 대해 무어라고 말하는지 생각할 필요는 전혀 없네. 오로지 올바름과 올바르지 못함을 제대로 이해하는 그 한 가지, 곧 참이 무어라고 말하는지에 대해서만 우리는 생각해야 한다네."

그는 세상의 모든 것을 걸고 인간과 그의 장래 운명이 참으로 어떻게 될 것인가 알아내려고 했다. 사람들이 이것을 안다는 것이 가장 중요한 일이라고 생각했기 때문이다. 그래서 아테네 법정에서 자신을 변론할 때 그는 다음과 같이 고백한다.

"내가 숨을 쉬고 있고 숨 쉴 힘이 있는 한, 나는 철학을 그만두지 않을 것이며, 또한 내가 당신들 중 누구를 만나든지 그 사람에게 경고하고 그를 폭로하기를 그만두지 않을 것이다. 그리고 지금까지 그래왔던 것처럼 계속해서 다음과 같이 말할 것이다. '지혜와 권력에서 가장 명망 높은 가장 위대한 도시 출신인 그대 아테네 사람이여, 그대는 돈과 명예와 명성을 얻기 위해서는 가능한 한 모든 노력을 하면서도 깨달음과 참을 위해, 또 그대의 영혼이 가능한 만큼 잘되기를 위해서는 아무런 노력도 하지 않는다니 부끄럽지도 않은가?'"

이어서 다음과 같이 말한다.

"매일 미덕에 대해 말하는 것은 인간에게 가장 좋은 것이다. 그리고 내가 대화에서 나 자신과 다른 사람을 자세히 검토할 때 당신들이 듣는 다른 말도 모두 그렇다. 검토하지 않는 삶은 인간에게는 살 만한 가치가 없는 것이니 말이다."

이것이 철학자 소크라테스의 정열이었다. 친구들만이 그것을 어느 정도 이해했다. 글 쓰는 장군인 크세노폰은 다음과 같이 보고한다.

"그는 언제나 인간의 일들에 대해 이야기를 나누었고, 경건하다는 것은 무엇이고 신을 모른다는 것은 무엇인가, 아름다움은 무엇이고 치욕이란 무엇인가, 올바름은 무엇이고 옳지 않음은 무엇인가, 사려 깊음은 무엇이고 광증이란 무엇인가, 용감함은 무엇이고 비겁함은 무엇인가, 국가는 무엇이고 정치인은 무엇인가, 인간에 대한 지배는 무엇이고 또한 지배자란 무엇인가, 등을 탐색했다. 그는 또한 자기가 생각하기에 이걸 제대로 알아야 올바르고 좋은 사람이 된다고 믿는 다른 것들에 대해서도 질문했다."

알키비아데스는 그보다 더욱 인상적으로 서술한다.

"어떤 사람이 소크라테스의 말을 들으려 하면 처음에는 아주 우습게 들릴 것이다. 소크라테스의 말들은 지나치게 용감한 사티로스의 몸을 덮은 털가죽처럼 우스꽝스런 명사와 동사들로 감싸여 있다. 그는 짐 싣는 나귀에 대해 말하고, 대장장이, 구두 만드는 사람, 가죽 무두

질하는 사람 등에 대해 말하며, 언제나 같은 것을 통해 같은 말을 하는 사람처럼 보인다. 그래서 경험 없고 이해력이 부족한 사람은 누구든지 그의 말을 듣고 비웃는다. 그러나 누구든 이런 말들의 뜻이 열리는 것을 본다면, 이 사람이 그 뜻을 들여다본다면 그제야 비로소, 온갖 말들 중에서 오로지 그의 말만이 의미가 있다는 사실을 깨닫게 된다. 그의 말이 온전히 신적이고 다른 무엇보다 더 많이 미덕의 모습들을 품고 있으며, 또한 그런 말들은 아름답고 선하게 되고자 하는 자가 관찰해야 할 대부분의 영역, 아니 차라리 모든 영역으로 뻗어 있다는 사실을 깨닫게 되는 것이다."

그렇다면 소크라테스는 이렇게 부담스런 질문을 던져서 무엇을 하고자 했던가? 그는 사람들이 참으로 인간이 되기 위해서는 어떻게 행동해야 하는가를 이해하게 만들려고 했다. 올바르게 생각하면 올바르게 행동하게 된다. 소크라테스에게 이것은 다른 어떤 시대보다 자기 시대에 꼭 필요한 것으로 보였다. 그는 당시 그리스 사람들의 생활에 나타난 타락과 붕괴의 징후들을 두려움을 품고 바라보았다. 자기 시대가 이미 갈피를 잃었다는 것과, 그리스 정신에 심각한 위기가 닥쳐오는 것을 보았다. 그는 제자들과 친구들이 그 사실에 눈을 뜨도록 만들었다. 그래서 플라톤은 소크라테스의 영향에 온전히 사로잡힌 채 한 편지에 다음과 같이 썼다. "우리 국가는 더는 조상들의 관습과 제도에 따라 통치되지 않는다. … 현재의 모든 국가들은 잘못 통치되고 있다. 이들 국가에서 법의 영역이 거의 치유될 수 없는 상태에 있기 때문이다."

소크라테스는 그것을 깨달았기에 사람들이 다시 정직하게 묻기 시작하는 것을 무엇보다도 중요하게 여겼다. 묻는다는 것은, 망상을 통해 졸음 상태로 빠져들지 않는다는 뜻이다. 묻는다는 것은, 비록 쓰라린 것이라 해도 진실을 감당할 용기를 갖는다는 뜻이다. 이렇게 논리적으로 과격한 물음, 시대의 곤궁에 대한 이런 통찰, 인간이 되기 위해 필요한 진짜 요구들을 깨달음, 이런 것이 바로 소크라테스가 제자들에게서 열정적인 사랑을 받은 이유였다. 이에 대해서는 플라톤이 〈향연〉에서 들려주는 알키비아데스의 웅변보다 더 분명한 예가 없다. 알키비아데스는 소크라테스를 전설적인 피리 연주자이며 반신半神인 마르시아스와 비교한다.•

"이 사람[마르시아스]은 악기를 통해 입의 힘으로 사람들을 매혹했다. … 하지만 당신은 악기도 없이 벌거벗은 말들만 가지고 사람들을 매혹한다는 점에서 그와 다르다. … 여자가 됐든 남자가 됐든 아이가 됐든 누구든 당신 말을 직접 듣거나, 아니면 당신의 말을 옮기는 다른 사람의 말을 들으면, 이렇게 옮기는 사람이 전혀 중요하지 않은 사람이라 해도, 완전히 넋을 잃고 정신을 빼앗기게 된다. 여기 있는 남자들아, 내가 완전히 술에 취한 것으로 보이지 않는다면 말인데, 적어도 내 경우에 그의 말을 들으며 어떤 일을 겪었는지, 또 지금도

겪고 있는지 당신들에게 맹세로 들려줄 수 있다. 그의 말을 듣고 있으면 내 심장은 퀴벨레 축제에서 광포한 춤을 추는 춤꾼들의 심장보다 더 강하게 뛰고, 그의 말을 듣다 보면 눈물이 흘러내린다. 아주 많은 다른 사람들도 그런 일을 겪는 것을 나는 보았다. … 이 마르시아스[소크라테스를 가리킴]의 말을 들으며 나는 자주, 내가 지금과 똑같은 상태에 머물러 있을 것이라면 살 가치가 없는 사람이라는 느낌에 빠져들곤 했다. … 왜냐하면 그는, 내가 많은 것이 부족하고, 또 그 밖에도 내가 아테네 사람들이 중히 여기는 다른 일들을 보느라 나 자신을 소홀히 하고 있다고 고백하지 않을 수 없게 만들기 때문이다.

내가 늙을 때까지 그의 곁에만 머물지 않으려면 나는 세이렌[노래로 사람들을 홀려 죽음으로 이끄는 존재]들의 소리에 귀를 막듯이 그의 말에 귀를 막고 억지로 도망쳐야만 한다. 사람들 중에서 오직 그의 곁에 있을 때만 아무도 짐작하지 못할 일이 내게 일어난다. 나는 어떤 사람 앞에서도 부끄럽지 않은데 그 앞에서만은 부끄럽다. 그가 요구하는 일을 안 해도 된다고 그에게 답변할 수 없음을 알기 때문이다. … 그래서 나는 그를 피해 도망치고, 또 그를 만나면 내가 고백하지 않을 수 없는 그것으로 인해 부끄럽다. 그래서 나는 그가 사람들 사이에서 없어졌으면 하고 자주 바란다. 그렇지만 정말로 그런 일이 일어난다면 그것은 훨씬 더 슬픈 일이 될 것이다. 그래서 나는 이 사람을 도대체 어떻게 대하면 좋을지 스스로 알 수가 없다.”

소크라테스는 알키비아데스 같은 젊은이에게 이런 영향을 미쳤고, 또 알키비아데스 한 사람만 매혹했던 것이 아니다. 이런 매혹의 이유는 아직도 수수께끼다. 소크라테스는 제자들에게 그들이 기대할 만한 것을 주지 않았기 때문이다. 즉, 그는 그들의 내면을 움직인 물음, 또 자기가 그들에게 요구한 물음들에 대해 분명한 답변을 주지 않았다. 오히려 반대로 제자들을 미로와 같은 문제의 한가운데로 이끌어 들이면 즉시 대화를 중단하고 그들을 그대로 버려두었다.

자신의 대화 상대자들과 다를 바가 없이 그 자신도 자기가 묻고 있는 그것, 곧 선과 올바름에 대해서, 인간과 올바른 행동에 대해서 답변할 수가 없었다. 그를 추궁하면 그는 아주 진지한 태도로 자신의 무지를 명백하게 고백했다. 법정에서도 다음과 같이 말한다.

"그곳을 떠나면서 나는 내가 상대방보다 더 잘 안다는 것에 대해 깊이 생각해보았다. 왜냐하면 우리 두 사람 모두 선과 올바름에 대해 모른다고 생각되었기 때문이다. 그러나 상대방은 안다고 생각하면서 모른다. 나는 알지 못하고, 또 안다고 여기지도 않는다. 그래서 내가 그보다는 조금 더 아는 것으로 생각된다. 나는 내가 모르는 것을 안다고 생각하지 않기 때문이다."

자신의 무지를 알고 있다는 점, 그것을 이처럼 솔직하게 고백한다는 점이야말로 소크라테스가 젊은이들을 그토록 매혹한 진정한 비밀이었다. 자기 자신을 공개적으로 인간적인 상황에 두었기 때문이다. 그것은 무지의 막막함 속에서 길을 잃고 문제투성이 상황에 붙잡힐 수도 있는 위험이었다. 소크라테스는 제자들에게도 동일한 용기를 가지라고 격려함으로써 그들의 존경과 사랑을 받았다.

모름을 아는 사람

그럴수록 그는 다른 사람들에게는 더욱더 불쾌한 존재가 되었다. 그들은 다음과 같이 물었다. 이 남자는 이토록 부담스럽게 우리의 무지를 찾아내고는 어떻게 마지막에는 자기 자신도 아무것도 모른다고 고백할 수가 있단 말인가? 이것은 뻔뻔스런 기만이 아닌가? 그리고 소크라테스가, 분명하게 알려진 그 모든 것을 의심스럽게 만들고 있다면, 그것은 삶의 기반과 국가의 확고함이 뿌리박은 전통에 대한 반란이 아닌가? 모든 것을 망가뜨리는 이런 질문으로 그는 이미 위험에 빠진 종교를 완전히 무너뜨리는 것 아닌가? 긍정적인 것을 말할 줄 모르는 이런 사람이 저렇게 매혹된 제자들로 둘러싸여 있다면, 그가 젊은이들을 망가뜨리는 위험한 사람이라고 보아야 하지 않겠는가? 그래서 아테네 사람들은 이 수상한 시민을 제거하려고 갖은 노력을 다하게 되었다. 그들은 마침내, 그가 신을 믿지 않으며 젊은이들을 잘못된 길로 이끈다는 두 가지 죄목으로 법정에 고발했다.

이 사실은 철학하기의 본질을 건드리는 진지한 질문을 보여준다. 철학하기란 질문을 내놓는다는 뜻이고, 한 철학자가 철학적일수록 그는 더욱더 과격하게 질문한다. 하지만 그것은 기존 질서를 의문스럽게 만들어서 기존 질서를 더욱 위험에 처하게 한다. 그러므로 기존 질서를 옹호하는 사람들이 이 철학자와, 또 사회불안을 만들어내는 그의 질문을 잠재우기 위해 온갖 수단을 동원하는 것을 정말로 나쁘게 생각할 수 있을까? 그렇지만 소크라테스의 시대처럼 기존 질서가 심하게 안으로 무너지는 경우라면, 그에 대해 눈을 감는다고 해도 아무런 도움도 되지 않는다. 이 경우 과격한 진실을 향한 용기만이 도움이 된다. 아테네 사람들이 이런 용기를 갖지 못했고, 또 소크라테스가 질문의 과격함을 통해 미래를 위한 토대를 마련하는 사람이라는 사실을 알아보지 못했다는 것은 역사에서 그들의 잘못이다.

소크라테스에 대한 고발이 성공했다고 해도 놀라운 일은 아니다. 소크라테스는 판관들이 자기에게 유리한 투표를 하게 만들려는 시도를 완전히 포기했다. 그는 자신의 변론을 통해 오히려 그들을 자극했다. 불쾌하게 질문한다는 비난을 받자 사과는커녕 자기가 하는 일이 아폴론 신의 명령을 받아 이루어진 것이라는 대담한 주장을 펼쳤다. 게다가 이렇게 덧붙였다.

"이 도시에서 신을 위한 나의 봉사보다 더 좋은 일이 당신들에게는 없다고 나는 믿는다. 내가 하는 일이란 이리저리 돌아다니면서 젊은 이들과 나이 든 사람들에게 육체나 돈을 염려할 것이 아니라 영혼이 좋게 되도록 영혼을 염려하라고 경고하는 것이기 때문이다. … 당신들이 나를 죽이면 이런 종류의 인간을 쉽게 다시 얻을 수는 없게 된다. 우습게 들리겠지만 이 사람은, 너무 커서 굼뜨고 그래서 등에가 깨물어야 겨우 깨어나는 크고 고귀한 말馬과도 같은 이 도시에 신이 선물해준 사람이다. 당신들 각자를 깨워 일으키고 설득하고 비난하는 것을 그만두지 않을 등에와 같은 사람으로 신이 나를 이 도시에 선물해주었다."

이렇게 뻔뻔한 피고의 말을 듣고 판관들이 얼마나 분노했을지 짐작이 된다. 게다가 그는 아테네 시민들이 자기에게 형벌 말고 당시 아테네에서 최고 명예이던, 의회 건물에서 식사 대접 받을 권한을 주어야 할 거라고 제안했다. 그렇기에 법정은 그에게 유죄판결을 내리지 않을 수 없게 된다.

내면의 목소리: 심정의 확실성

사형판결이 나왔을 때 이 남자가 철학을 위해 공헌할 힘을 어디서 얻었는지도 나타났다. 사람들은 그에게 도망치라고 충고하고 친구들은 그가 도망칠 준비를 다 해두었다. 그러나 그는 거부했다. 국가가 베풀어주는 온갖 혜택을 평생 다 누리고 나서 사정이 불리하게 돌아가자 법에 복종하기를 그만둔다는 것은 옳지 않은 일이라고 그는 말한다. 법을 어기는 행동은 품위가 없으며 수치스러운 일이라는 것을 자기는 확실히 안다. 이런 원칙에 따라 자기는 평생 [시민 법정의] 판결에 참가했다. 옛날에 정부가 정치적 적을 넘기라고 요구했을 때 자기는 이런 부당한 요구를 거부했다. 또 바다에서 있었던 전투가 끝난 다음 아테네 법정이 법을 어기면서 사령관들을 사형에 처하려고 했을 때도 자기 혼자만 반대표를 던졌다. 그러므로 지금도 자신의 사형판결을 놓고 분명하게 다음과 같이 말할 수 있다.

"조금이라도 쓸모가 있는 남자라면 삶과 죽음을 가르는 위험에 대해 신중하게 생각할 것이다. 그러나 그보다는 오히려 행동할 때 자기가 올바르게 행하는지 아니면 올바르지 않게 행하는지, 또 자신의 행동이 좋은 사람의 것인지 나쁜 사람의 것인지를 더 많이 생각해야 할 것이다."

알면서도 모르는 사람인 소크라테스는 옳지 못한 일을 하면 안 된다는 것이 어째서 그렇게 절대적으로 확실한가에 대해 아무 입증도 할 수 없었다. 그러나 근본적으로는 입증이 필요치 않았다. 그것은 잘 만들어진 온갖 이론적인 확실성보다 더욱 뿌리 깊이 자리 잡은 확실성이다. 후세는 그것을 가리켜 '심정의 확실성'이라 불렀다[루소, 이 책 305쪽]. 소크라테스는 바로 그것에 근거하고 있으며, 또한 그가 남긴 영향력의 비밀도 그것에 근거한다. 그럼으로써 그는 니체가 표현한 대로 "이른바 세계사에서 전환점이자 소용돌이"가 된 것이다.

인간의 역사에 되풀이 등장하는 일이지만, 확실성이 무너지는 순간에도 여전히 하나의 확실성이 남는다. 심정의 밑바닥에 파괴될 수 없이 자리 잡은 것, 곧 올바르게 행동해야 한다는 절대적 의무다. 이것은 소크라테스의 위대한 발견이었다. 그는 죽음의 순간까지 이 의무에 충실했으며 그 의무를 위해 자신의 운명을 피하지 않았다. 그리고 긴 세월에 걸쳐 오늘날에 이르기까지 소크라테스라는 인물을 철학의 모범으로 만든 것도 바로 이것이다.

그가 이런 심정의 계율에 대한 자신의 지식을 신의 덕분으로 돌린 것도 옳은 일인 것 같다. 어쨌든 그는, 도덕적인 행동뿐만 아니라 일상적인 행동에 대해서도 자기가 지닌 모든 확실성은 내면의 목소리에서 나온다고 말한다. 그에게 그 목소리는 분명한 경고였다. 그는 이 목소리를 "다이몬(선한 정령)"이라 부르고 그로써 신의 영역을 암시했다. 그에게 다이몬들은 신들과 사람들 사이의 중개자였다. 그가 자신의 본질적인 과제라고 여긴 것은 다른 사람들에게 질문하는 것, 그리고 그들이 안다고 생각하지만 실제로는 모른다는 것을 폭로하는 일이었다. 이런 과제를 그는 신의 지시에 대한 복종이라고 해석했다. 그는 또한 죽음도 이렇게 이해했다.

"어떤 사람이 이것이 최선이라는 확신을 품고 보초 서는 자리에 세워진다면 그는 어떤 위험을 무릅쓰고라도 그것을 견뎌야 하고, 수치심 말고 죽음이나 다른 어떤 것도 생각해서는 안 된다. 아테네 남자들아, 신이 나를 세웠다고 내가 믿는 곳, 곧 철학을 하며 살고 나 자신과 다른 사람들을 검토하라고 신이 나를 세운 이 자리를, 죽음에 대한 두려움이나 그 밖의 다른 어떤 이유에서 내 자리를 벗어난다면 나는 이상하게 행동하는 게 될 것이다."

자신의 운명을 신의 손에 맡긴다는 확신을 품고 소크라테스
는 독이 든 잔을 받았다. 자신의 변론 마지막에서 그가 표현한 정
신은 다음과 같다.

"이제는 가야 할 시간이다. 나는 죽음으로, 당신들은 삶으로. 우리 중
누가 더 나은 상태를 맞게 될지는 신 말고는 아무도 모른다."

기원전 429?~347?

플라톤
혹은 철학 사랑

4

PLATON

오늘날 일상의 대화에서 플라톤의 이름이 나올 때는 대개 "플라톤 식 사랑(플라토닉 러브)"에 대해 말할 때다. 이 말은 육체의 욕망이 아 니라 상대에 대한 존경심을 바탕으로 하는 영적인 애정이라는 의 미로 이해된다. 그러나 어째서 이런 종류의 애정이 플라톤의 이름 을 달고 있는지 물으면 보통은 대답이 쉽게 나오지 않는다.

"플라톤식 사랑"이라는 말은 부당하게 이 철학자의 이름을 인 용하고 있는 것처럼 보인다. 플라톤의 작품을 아무리 찾아봐도 그 어디서도 여성에 대한 특별한 존경심의 흔적을 찾아볼 수 없으니 말이다. 오히려 플라톤은 여자가 남자보다 미덕에서 훨씬 뒤지고, 또한 더 허약한 성性이며, 남자보다 더 음험하고 교활하다고 여긴 다. 또한 여자는 표피적이고 쉽게 흥분하고 쉽게 화를 내며 욕하 는 경향이 있고 게다가 소심하고 미신적이라고 한다. 나아가 플라톤은 여자가 된다는 것은 신들의 저주라고까지 주장한다. 살면서 자기를 통제할 줄 모르고 비겁하고 옳지 못한 일을 한 남자들이 그 형벌로 죽은 다음에 여자로 다시 태어난다고 여기기 때문이다.

여자를 이렇게 생각하는 사람이 섬세하고 영적인 감정을 결혼에 부여할 여지는 별로 없다. 실제로 플라톤은 결혼이란 두 사람이 애정과 공통된 관심을 가지고 함께 삶을 만들어가는 것이라 여기지 않고, 단순히 아이들을 낳아 기른다는 측면에서만 생각한다. 남자와 여자 사이의 공감이 아니라 가능하면 쓸모 있게 잘 키운 후손을 만들기 위해 결합하는 것이 결혼이라고 본다. 따라서 적절한 파트너들이 서로 결합하도록 노력하는 것은 국가의 일이 된다. 여자들은 남자들이 전쟁에서 용감하게 행동한 대가로 주어지는 존재이거나, 아니면 더욱 과격하게 그냥 남자들의 공통 소유물로 간주된다. 그러니까 플라톤이 남자와 여자의 사랑에 대해 영적인 어떤 관계를 생각했다고 말할 수는 없다.

물론 당시 그리스에는 남자와 여자의 관계와는 다른 종류의 사랑, 더욱 섬세한 에로틱한 감정이 있었다. 그것은 나이가 위인 남자가 소년에 대해 가지는 관계로, 오늘날에는 회의적인 시선으로 바라보는 종류의 것이다. 하지만 플라톤 시대 그리스 사람들에게는 정치가나 장군이 아름다운 소년들에게 관심을 가졌다는 말은 거의 좋은 뜻으로 생각되었다.

플라톤도 존경하는 스승 소크라테스에 대해 비슷한 보고를 한다. 소크라테스는 끊임없이 아름다운 소년들과 교류하기를 원했고, 한번은 자기가 두 가지에 홀딱 반했다고 고백했다. 당시 아테네의 신동인 젊은 알키비아데스와 철학에 반했단다. 또 한번은 아테네 젊은이들 가운데 논란의 여지 없이 가장 아름다운 젊은이인 카르미데스가 그의 옆에 앉자 소크라테스는 이렇게 고백했다. "나는 지금 몹시 당황하고 있다. 전에는 그와 이야기하는 게 내겐 쉬운 일일 거라고 큰소리쳤지만, 이제 보니 그게 다 헛소리였다."

플라토닉 러브의 비밀

그러나 젊은이들에 대한 소크라테스의 관계는 통상적인 사랑의 관계가 아니었다. 이에 대해 플라톤이 보고하는 내용이 "플라톤식 사랑"이란 무슨 뜻인지를 보여준다. 플라톤은 〈향연〉에서 젊은 알키비아데스가 소크라테스에 대해 말하는 장면에서 이것을 가장 아름답게 표현했다. 아테네 정신을 이끌어가는 사람들이 모여, 자기들 중 한 명이 방금 비극 경연대회에서 승리한 것을 축하하며 벌이는 잔치 자리였다. 그들은 벌써 한참이나 에로스 신을 찬양하는 말을 서로 주고받았다. 그때 술에 취해 피리 부는 여자 악사의 어깨에 기대서 들어온 알키비아데스가 소크라테스의 이야기를 시작한다. 이 특별한 순간의 분위기에 휩싸여 그는 보통 때라면 비밀로 간직했을 이야기를 꺼내놓는다. "당신들은 소크라테스가 아름다운 젊은이들에게 반해 있으며 또한 언제나 그들과 어울리고 그들에게 이끌린다는 것을 잘 안다." 그러나 실제로는 "어떤 사람이 아름답거나 … 부자이거나, 아니면 대중이 칭찬하는 어떤 이점을 가졌거나 등에 그는 전혀 관심이 없다. 그는 이 모든 좋은 점들을 전혀 가치 없는 것이라 여기고, 심지어 우리 젊은이들마저 대단치 않게 여긴다. 내가 분명히 말하거니와 그는 사람들에 대한 아이러니와 조롱으로 평생을 보내고 있다." 그리고 나서 알키비아데스는 자기가 겪은 일을 이야기한다.

"나는 그가 나의 젊은 아름다움을 얻으려 한다고 생각하고, 내게도 그것은 생각지도 못한 이익이자 놀라운 행운이라 여겼다. 내가 소크라테스에게 자신을 바친다면 그가 알고 있는 것을 모조리 들을 수 있을 테니 말이다. 나는 내 젊은 육체의 아름다움이 대단한 일을 해냈다고 멋대로 믿었다. 이 점을 곰곰이 생각하고, 전에는 하인 없이 그와 단둘이만 있었던 적이 없었기에 한번은 하인을 내보내고 그와 단둘이만 있었다. … 그러면 그가 곧장 애인들끼리만 있을 때 이야기하는 방식으로 나하고 이야기하겠지, 생각하고 또 기대했다. 그러나 그런 일은 일어나지 않았다. 그는 평상시와 똑같은 방법으로 나와 이야기하며 하루를 보내고 난 다음 집으로 돌아갔다. 다음번에 나는 그에게 함께 운동 연습을 하자고 부추겼는데 그것은 무언가를 얻으려는 속셈을 품은 제안이었다. 다른 사람은 아무도 없는 가운데 그는 나와 함께 운동 연습을 하고 여러 번이나 나와 몸을 부딪치며 경기했다. 하지만 그것도 아무 소용이 없었다. 이런 식으로는 아무것도 이루지 못했으나 나는 더욱 적극적으로 이 남자에게 매달리고, 또 이왕 시작한 일이니 그냥 물러날 수는 없다고 여겼다. 이제는 대체 무엇이 문제인지 알아내지 않으면 안 된다고 생각했다. 그래서 그에게 나와 함께 식사하자고 요청하고, 애인들이 하는 것처럼 식탁을 꾸몄다. 그러나 그는 내 초대를 받아들이지 않았다. 한참이 지나서야 나는 겨우 그를 설득할 수 있었다. 그는 오기는 했으나 식사가 끝나자 돌아가려고 했다. 나는 부끄러운 마음에 그가 가도록 그냥 두었다. 그런 다음 나는 다시 그를 식사에 초대했고 식사가 끝난 다음에도 그와 함께 밤이 깊도록 이야기를 계속했다. 마침내 그가 가려고 했을 때 나는 시간이 늦었다는 핑계로 그대로 머물고 가라고 억지로 붙잡았다. 그래서 그는 식사 때와 마찬가지로 바로 내 옆자리에서 잠을 자려고 몸을 눕혔다. 그 방에는 우리 두 사람 말고 다른 사람은 없었다. … 램프 불을 끄고 하인들이 밖으로 물러난 다음 나는 더 이상 얌전빼지 않고 내 생각을 솔직하게 털어놓았다. 그를 쿡 찌르면서 이렇게 말했다. '소크라테스, 자고 있어?' '아니.' 그가 대답했다. '내가 무슨 생각을 하는지 알아?' '대체 무슨 생각인데?' 하고 그가 말했다. 내가 대답했다. '당신만이 내게 어울리는 애인이 될 수 있을 것 같아서. 당신은 내게 구애하기를 망설이는 것처럼 보이지만 나는 이런 점에서 당신의 뜻을 따르지 않을 이유가 없다고 생각하는데… 가능한 범위에서 훌륭한 사람이 되는 것보다 내게 더 중요한 일은 없어. 그리고 그것을 위해 당신처럼 훌륭하게 도움을 줄 수 있는 사람은 없다고 생각해. 그러니까 내가 그런 사람의 뜻을 따르지 않는다면 나는 부끄러울 거야…' 내 말을 듣더니 그는 평소 방식대로 대단한 아이러니로 이렇게 올바르게 대답했다. '내가 사랑하는 알키비아데스, 네가 나에 대해 말한 것이 옳고, 또 내 안에 너를 더욱 훌륭하게 만들 어떤 힘이 있다는 말도 맞다면 넌 정말로 내게는 나쁘지 않은 사람 같다. 그렇다면 넌 내게서 너의 아름다움과는 전혀 다른, 측량할 수 없는 어떤 아름다움을 찾아낸 것 같다. 하지만 네가 그것을 깨닫고 나와 짝을 이루어 아름다움의 대가로 아름다움을 얻으려 하는 것이라면 너는 내게서 상당히 큰 부당 이익을 얻으려 하는 거다. 아름다운 겉모습을 내놓고 아름다움에 대한 참을 얻으려 하는 것이니, 곧 청동을 내놓고 황금을 얻으려 하는 것이지. 하지만 내 가장 좋은 친구야, 더 자세히 살펴보아라, 내게 있는 그 어느 것도 놓치지 않도록…' 나는 그 말을 듣고 이렇게 말했다. '나 자신에 관해서는 이미 말했어. 나는 생각하는 걸 그대로 말했을 뿐이야. 이제 당신이 당신과 내게 가장 좋다고 생각되는 일을 결정해.' 그가 이렇게 대답했다. '그 말 참 잘했다. 앞으로 우리는 이 일에서나 또 다른 모든 일에서 우리에게 가장 좋다고 생각되는 것을 결정하고 행동하자.' 나는 그 말을 듣고, 흔히 하는 말로 내 [사랑의] 화살을 이미 다 쏘아 보냈으니 그가 분명 상처를 입었겠지, 하고 믿었다. 나는 일어나서 그가 더 이상 말할 수 없게 만들었다. 내 외투로 그의 몸을 덮어주고─겨울이었으니까─그의 외투 아래로 기어들어가 두 팔로 신과도 같은 놀라운 이 남자를 꼭 끌어안은 채 온 밤을 보냈다. … 하지만 내가 이렇게 했는데도 불구하고 그는 꿈쩍도 않고 그대로 남아 내 청춘의 아름다움을 무시하고 비웃었다. … 남신들과 여신들을 걸고 맹세하거니와 당신들은 이것을 알아야 한다. 소크라테스 곁에서 그렇게 잠을 잤지만 나는 내 아버지나 형 곁에서 잠을 잤을 때와 다름없는 상태로 다음 날 깨어났다."

이 이야기가 단순히 소크라테스라는 사람의 특이함만을 알려주는 것이라면 굳이 여기서 기억해낼 가치가 없을 것이다. 그러나 애인을 향한 특별한 태도, 매우 강렬하게 상대방을 향하면서도 동시에 삼가는 이 사랑, 그러니까 "플라톤식 사랑"은 철학자로서의 소크라테스가 어떻게 존재하는가 하는 것과 매우 밀접하게 관련되어 있다. 또한 소크라테스의 예를 통해 플라톤 자신이 철학의 본질을 어떻게 파악하느냐 하는 것과도 깊은 관계가 있다. 플라톤이 생각한 철학, 그리고 그 이후로 어느 정도 플라톤의 이름에 기대어 일반적으로 철학이라고 생각되고 있는 것은 본질적으로 에로스, 곧 사랑이기 때문이다.

알키비아데스가 소크라테스와 더불어 얻은 경험은 철학적 에로스란 육체적 사랑이 아니라는 점을 알려준다. 물론 여기서 육체적 사랑을 비난하는 것은 아니다. 다만 에로틱한 관계는 또 다른 종류의 사랑을 위한 출발점에 지나지 않는다. 플라톤이 철학하기의 본질이라 여긴 것은 도약인데, 에로틱한 관계는 바로 그런 도약의 출발점이다. 도약이 시작되려면 육체적 사랑이 그 자체 안에 머물러 있거나 혹은 굳어져서 방탕함이 되어서는 안 된다. 육체적 사랑은 극복되어 더 높은 단계로 올라가야만 한다.

철학 사랑 ― 아름다움의 이데아를 향한 열망

육체의 사랑에서 철학 사랑으로 올라가는 도약의 길은 플라톤이

〈향연〉에서 소크라테스의 입을 통해 제시한 내용에 알기 쉽게 드러나 있다. 여기서 소크라테스는 만티네아의 여자 예언자 디오티마에게서 들었다는 비법을 들려준다. 그녀는 에로스의 진짜 본질이 무엇인지 그에게 일러준다. 그것은 곧 아름다움에 대한 동경, 혹은 더 정확하게 말하면 아름다움 안에서 낳고자(생산하고자) 하는 열망이다. 디오티마 말로는 이런 열망은 인간 속에 들어 있는 영원하고도 죽지 않는 요소다. 아름다움을 열망하는 사람은 그것을 영원히 소유하려 하기 때문이다. 그래서 사랑에 빠진 사람이 지속성과 죽지 않음을 추구하는 것도 사랑에 어울리는 일이다. 영원히 죽지 않음을 향한 이런 의지는, 무상한 아름다움의 단계에서 아름다움의 영원한 원형을 향해 차츰 올라가는 도약의 단계들을 통해 실현된다.*

"(모든 인간은) 영원히 죽지 않음을 사랑한다. 육체적으로 아기를 낳을 수 있는 사람은 여자들에게로 가서 사랑 행위를 한다. 그렇게 아이를 낳음으로써 영원히 죽지 않음과, 기억과, 미래의 행복을 만들어낸다고 여긴다. 그러나 영혼으로 아기를 낳을 수 있는 사람들 …

• 고대 그리스어는 현대의 어떤 언어에도 없는 몇 가지 특별한 문법적 장치들을 갖고 있다. 그런 문법 체계와 고대 그리스인 특유의 논리적 힘이 결합해 경탄을 자아내는 사유의 유연성이 나타난다. 플라톤 문장의 특별한 매력이자 동시에 번역하기 힘든 점이다. 아래 나오는 텍스트에서는 구체적 현실에서 출발해서 극단적으로 추상적인 개념에 이르는 사유 과정이 그의 위대한 언어의 형성력으로 요약되어 있다. 다만 이것이 추상抽象의 과정임을 기억할 것. 일상의 언어와 상당히 다른 독특한 느낌은 그리스어 자체와 플라톤의 취향 탓이다. 추상에 익숙하지 않은 사람은 큰 틀만 잡아 읽으면 좋을 것 같다.

그들은 어떨까? … 그들 중 어떤 사람이 젊은 날부터, 그러니까 소년 시절과 성숙하기 시작할 때부터 이미 영혼으로 생산성이 있다면, 그리고 그가 그러한 생산성에 따라 자식을 낳고자 한다면, 그는 이리 저리 돌아다니며 아름다움을 찾아내서 그 안에 자식을 낳으려고 할 것이다. 추함 속에 자식을 낳고 싶지는 않을 것이기 때문이다. 그가 자식을 낳을 수 있다면 추한 육체보다는 아름다운 육체에 더 끌린다. 그러나 만일 그가 아름다운 육체 안에서 아름답고 고귀하고 잘 가꾸어진 영혼을 찾아낸다면, 그는 아름다운 육체와 아름다운 영혼 두 가지 모두에 완전히 끌리게 된다. 이 사람을 위해 즉시 온갖 미덕에 대한 풍부한 말들을 찾아내고, 또 선한 인간이란 어떤 것이며 무엇을 지향해야 하는가 등에 대한 말들도 찾아내며, 또한 이 사람을 가르치려고 한다. 그는 아름다움을 건드리고 아름다움과 교제하여 이전부터 자신의 생산능력이 지향하고 있던 바로 그것을 낳는다. 그 자리에 있을 때나 없을 때나 항상 그것만 생각하고, 그 사람과 함께 만들어낸 그것을 함께 키운다. 따라서 그들은 [보통의] 자식들을 통해서보다 훨씬 더 내적인 공동체를 이루고 더욱더 확고한 우정을 맺는다. 그들은 더 아름답고 더 죽지 않는 자식들을 통해 결속되었기 때문이다."

이제야 플라톤은 에로스의 철학적 비밀을 밝히기 시작한다. 디오티마는 다음과 같이 말을 계속한다.

"소크라테스, 이제 그대는 사랑의 신비를 알게 되었다. 그러나 올바르게 서술하면 지금까지 일어난 모든 일들의 목표가 되는, 그 최고의 찬미와 헌신을 위한 능력도 그대에게 있는지는 잘 모르겠다. 나는 그것을 그대에게 말해주고자 하며, 부족하지 않게 충분히 설명해줄 준비도 되어 있다. 할 수 있다면 이 말을 한번 이해해보아라. 올바른 방법으로 그것을 지향하는 사람은 젊은 시절에 이미 아름다운 육체에 이끌리기 시작한다. 그다음에는 올바른 안내를 받아 단 하나의 육체만을 사랑하고 그로써 아름다운 말들을 낳아야 한다.

그다음엔 한 육체의 아름다움은 다른 육체의 아름다움과 연결된 것임을 깨달아야 한다. 나아가 본질적으로 아름다움이 무엇인가를 계속 추적하고자 한다면, 모든 육체에 있는 아름다움이 동일한 하나임을 알지 못한다면 거대한 무지라는 사실을 깨닫게 된다. 그것을 깨달았다면 이 사람은 모든 아름다운 육체를[육체에 드러난 아름다움을] 사랑하는 사람이 된다. 그래서 단 하나의 육체에만 지나치게 빠져드는 것을 경멸하며 하찮게 여긴다.

이어서 그는 영혼에 있는 아름다움을 육체에 있는 아름다움보다 더욱 가치 있는 것으로 여긴다. 그 영혼만 훌륭하다면 청춘의 아름다움을 거의 못 가진 사람이라도 그에게는 충분하다. 그런 사람도 사랑하고 받아들여 젊은이들을 더 훌륭하게 만들 말들을 만들어내고 찾아낸다. 이런 일을 통해서 그는 생명의 존속과 법칙들 속에 있는 아름다움에 주목하고, 또한 이런 것들이 모두 서로 연관되어 있음을 보고 육체에 속한 아름다움을 하찮게 여겨도 된다는 것을 알게 된다. 그는 생명의 존속에 뒤이어 인식들을 향하며 그 아름다움을 보지 않을 수 없다.

그는 이렇듯 다양한 모습의 아름다움을 보면서 이제 더는 단 하나의 아름다움에만 봉사하지 않는다. … 그는 아름다움의 먼바다를 향해 나아가 바다를 바라보면서, 지혜를 향한 사랑에 잠겨 수많은 아름답고도 위대한 말들과 사상들을 낳는다. 그럼으로써 그는 점점 강해지고 점점 자라나서 아름다움 자체를 지향하는 유일한 인식을 본다. … 이제 사랑이라는 일에서 목적지에 도달한 그는 갑자기 기적적이고 천성적으로 아름다운 것을 본다.

소크라테스, 지금까지 그 이전의 모든 노력들은 바로 이것을 위해 이루어진 것이다. 이제 처음으로 이것은 생겨나지도 소멸하지도 않고, 자라지도 줄어들지도 않은 채 언제까지나 있는 것이다. 이것은 때로는 아름다웠다가 때로는 추해지는 그런 것이 아니다. … 그것은 그 자신과 더불어 유일한 본질이 되는 방식으로 영원히 있다. 모든 다른 아름다움은 어떤 특정한 방식으로 이 아름다움에 동참한다. … 그러므로 어떤 사람이 앞에 묘사된 모든 것 중에서 소년을 향한 올바른 사랑을 통해 위로 올라가기 시작한다면 그는 벌써 이 영원한 아름다움을 보기 시작하는 것이고, 그로써 거의 목표 지점에 도달한 것이다. 그것은 올바른 방식으로 사랑의 일들을 향해 나아가거나, 아니면 다른 사람의 안내를 받아 그리로 향한다는 뜻이기 때문이다. 그렇게 되면 단 하나의 아름다움에서 출발해서 아름다움 자체를 향해 점점 더 높은 단계로 올라가기 시작한다. 아름다운 육체에서 두 육체로, 두 육체에서 모든 육체로, 모든 아름다운 육체에서 아름다운 생명존속으로, 생명존속에서 아름다운 인식으로, 마지막에 아름다운 인식에서 아름다움 자체를 지향하는 인식으로…

인간에게 삶을 살 만한 곳이 어딘가에 있다면 여기가 바로 그곳이다. 그는 이제 아름다움 자체만을 바라보기 때문이다."

이로써 "플라톤식 사랑"의 깊은 의미가 뚜렷해졌다. 그것은 육체의 욕망을 단순히 물리치는 것이 아니다. 오히려 육체의 사랑에도 제한적인 정당성을 부여하지만, 다시 그것을 뛰어넘어 더 높은 형식으로 올라서야 한다. 육체의 아름다움, 영혼의 아름다움, 삶을 이어감의 아름다움, 인식의 아름다움의 단계들을 넘어 아름다움 자체로 향한다. 플라톤이 이해하는 에로스는, 모든 아름다움이 여기 동참하는, 아름다움의 원형을 향한 열망, 곧 아름다움의 이데아를 향한 열망이다. 이렇게 해서 "플라톤식 사랑"은 플라톤의 위대한 사상적 업적으로서 서양 정신의 의식 안으로 들어온 "이데아"와 연결된다.

플라톤이 이데아론에 도달하는 길은 철학적인 도약이 아니라 사방에서 국가의 붕괴를 드러내던 자기 시대 정치 상황에 대한 실망감에서 비롯되었다. 귀족 출신인 그는 젊은 시절 석공인 소크라테스를 만나 자기가 쓴 비극작품을 태워버리고, 올바름이란 무엇인가라는 질문에 당황하여 정열적으로 정치를 지향했다. 그러나 사방에서 온통 불공정과 부패가 판을 치는 현실을 보았다. 오로지 미덕과 올바름만을 추구한 소크라테스가 유죄판결을 받고 처형당하는 것을 보았을 때, 그것은 극히 분명하게 그의 눈앞에 드러났다. 그는 가장 높은 책임감을 가진 인간마저도 국가가 붕괴할 때 함께 몰락하지 않을 수 없다면 국가가 뿌리부터 정상이 아니라는 결론을 내린다. 그에게는 국가의 근간, 곧 올바름의 본질에 대한 근원적 사유 말고는 다른 아무런 대책도 없었다.

이런 깨달음을 품고 플라톤은 철학자가 되었다. 그는 올바름이란 그 자체로 무엇인가, 또한 그것은 다른 방식의 올바른 태도와 어떤 관계를 맺고 있는가, 즉 용감함, 사려 깊음, 경건함, 지혜 등과 어떤 관계에 있는가를 물었다. 이것을 깊이 생각하는 과정에서 플라톤은 다음과 같은 것을 알아냈다. 인간은 올바름이란 무엇인가, 또 다른 미덕들은 무엇인가를 본래 알고 있다. 그는 이 모든 행동들의 원형을 영혼 속에 지니고 있다. 이런 원형들이 그의 행동을 결정할 수 있고 또 결정해야 한다.

생각을 계속하자 그에게 도움을 주는 두 번째 관찰도 나타났다. 하나의 행동이 올바르고 다른 행동은 올바르지 못하다는 것, 나아가 어떤 행동이 다른 행동보다 더 올바르다는 것을 우리는 올바름의 원형에서 알게 된다. 그러나 현실과 이데아의 이런 연관성은 인간 행동의 영역에만 국한되는 것이 아니다. 나무가 무엇인가 하는 것은 우리가 이미 우리 안에 나무의 원형을 지니고 있는 한에서만 알게 된다. 전체 현실의 인식은 인간이 자기 영혼 속에 모든 것들의 원형을 지니고 있다는 사실을 통해서만 가능해진다. 이들 원형들을 염두에 두고 인간은, 이것은 나무다, 저것은 짐승이다, 이것은 범죄다, 저것은 선한 행동이다, 하고 말할 수 있다.

하지만 나아가 이것은 다음과 같은 뜻이다. 존재하는 모든 현실은 그 원형에 동참하고 있으며 또한 원형과 비슷해지려고 노력한다. 나무는 가능한 한 나무가 되려고 하며, 인간은 가능한 한 인간이 되려고 하고, 올바름은 가능한 한 올바름이 되려고 한다. 모든 것은 자신의 여기있음을 통해 자신에게 고유한 이데아를 실현하려고 한다. 그래서 플라톤은 세계가 끊임없이 완전성을 향해 노력하는 장소, 이데아를 향한 에로스의 장소라는 매우 생생한 그림을 얻게 된다.

세계는 이데아를 향한 에로스의 장소

만일 그렇다면 본래 있는 것은 사물이 아니라 사물의 원형이라고 플라톤은 결론짓는다. 사물은 그 원형에 동참한다는 사실을 통해서만 사물이다. 그래서 원형과 이데아가 근원적 현실이다. 사물은 이데아를 단순히 본뜬 모습으로, 현실성이 더 적다. 현실적인 것에서 본래 현실적인 것은 현실의 깊이다.

　또 다른 생각도 여기 덧붙여졌다. 사물들이 무상하다는 것, 생겨나고 변하고 스러져간다는 것은 사물의 있음에 속한다. 그러나 이데아들은 그렇지 않다. 올바름의 이데아는 언제까지나 그대로다. 나무의 이데아도 마찬가지다. 그래서 디오티마는 이렇게 말한다. 아름다움 자체, 아름다움의 원형은 "생겨나지도 소멸하지도 않고, 자라지도 줄어들지도 않은 채 언제까지나 있는 것이다." 따라서 무상한 모든 것에는 근원적 현실이 없다. 다만 세계 전체 안에서 온갖 노력, 온갖 에로스는 무상한 존재에게도 타당하다. 무상한 것은 영원한 것을 그리워한다. 플라톤에게는 이것이 현실의 비밀이다.

　이런 생각으로부터 플라톤은 인간의 본질에 대한 통찰도 얻을 수 있었다. 인간이 현실을 인식한다면 그가 언제나 눈앞에 지닌 이런 원형들은 대체 어디서 온 것일까, 하고 묻지 않을 수가 없다. 인간은 스스로 그것을 만들어내거나 창안하지 않았다. 그렇다고 시간 속에 존재한 경험에서 얻은 것도 아니다. 올바른 행동을 올바른 것으로, 나무를 나무로 체험하기도 전에 그는 이미 올바름이 무엇인가, 나무는 본질적으로 무엇인가를 알고 있는 게 분명하고, 따라서 올바름과 나무의 원형들을 미리 알고 있었다고 해야 한다. 그렇다면 이런 앎은 대체 어디서 온 것일까?

　플라톤은 이렇게 대답한다. 그것은 인간이 시간 속에 생겨나기 이전에 이미 그에게 주어진다. 다시 말해 그가 탄생하기 전에 그의 존재 안에 주어졌다. 그러므로 그가 어떤 사물을 알아본다면, 그리고 이를 통해 사물의 원형이 드러난다면, 그것은 다음과 같은 뜻이 된다. 그는 시간 속에 있기 전에 이런 원형을 보았던 것을 기억해내는 거라고. 안다는 것은 다시 알아본다는 것이다. 그래서 이데아라는 생각은 필연적으로, 영혼이 '미리 존재함'이라는 생각에 도달하고, 다시 그로부터 영혼이 죽지 않는다는 확신에 도달하게 된다.

　인간이 시간 속에 존재하기 전에 이데아들을 볼 때의 상태에 대해 플라톤은 무시무시한 이미지로 들려준다. 대화편 〈파이드로스〉에서, 영혼들이 신들을 따라 천궁天穹의 위쪽으로 올라가서 우리의 현실에 나타나는 모든 것의 원형들을 보는 광경을 설명한다.

"하늘에 계신 위대한 영주 제우스 신이 날개 달린 마차를 끌고 가장 앞서 나간다. 그는 모든 것의 질서를 잡고 모든 것을 보살핀다. 신들과 정령들이 그의 뒤를 따른다."

말 두 마리가 끄는, 마부 딸린 마차의 모습으로 사람들의 영혼도 그 뒤를 따라간다. 그들은 "높은 곳에 도달하여 천궁의 바깥으로 나아가 하늘의 등으로 나아간다. 그들이 멈추어 서면 그들 주변에서 회전이 일어나고 그들은 하늘 바깥에 있는 것들을 본다."

"각각의 영혼이 받아들이고자 하는, 그 영혼에 어울리는 정신은 이렇게 해서 이따금 '있음'을 본다. 정신은 여기서 보는 '참된것'을 사랑하며 바라보고 그것을 먹고 즐긴다. 마침내 회전이 원래의 자리로 되돌아올 때까지 그렇게 한다. 이렇게 도는 동안에 정신은 올바름 자체를 보고, 또 사려 깊음을 보고, 인식과 … 그 밖에도 참으로 '있는것'을 보고 그것을 먹는다. 그런 다음 영혼은 다시 천궁 아래편의 집으로 돌아온다. 집에 도착하면 마부가 말들을 구유로 데려가서 그들에게 신들의 음식인 암브로시아를 던져주고 또한 신들의 음료인 넥타르를 먹인다."

존재 이전의 상태에서 인간이 보았던 이런 광경이 평생 그리움으로 남게 된다. 그는 자기가 나온 근원의 나라로 돌아가기를 갈망한다. 이런 갈망으로부터 감각적 욕망에 속박된 상태에서 벗어나 자유를 얻으려는 노력이 생겨나는 것이며, 또한 사물을 바라볼 때도 그 현실의 모습에서 그것의 이데아를 바라보려는 노력이 생겨난다. 여기서 아름다움은 특별한 의미를 지닌다. 플라톤은 〈파이드로스〉에서 그에 대해 다음과 같이 이야기한다.

"어떤 사람이 여기서 아름다움을 보고 또 그 참을 기억하면 그는 날개를 얻는다. 그는 이렇게 날개를 달고 저 위로 올라가기를 갈망하지만 그럴 수 없다. 그래서 그는 새처럼 위만 바라보고 아래쪽에 있는 것을 신경 쓰지 않는다. 그러면 사람들은 그가 미쳤다고 비난한다. 그러나 이것은 모든 열광 중에서 최고의 것이다."

이런 열광은 모든 인간의 영혼이 근원의 나라에서 참된 있음을 보았던 것에서 온다.

"그러나 이런 사물들을 보고 다시 그것을 기억해내는 것이 모든 영혼에게 쉬운 일은 아니다. 당시 그곳에서 (원형의 모습을) 아주 잠깐만 보았던 영혼들에게도 쉽지 않고, 당시 아래로 추락하는 사고를 겪은 나머지 지금은 올바르지 않음에 빠져들어 하늘에서 본 신적인 것을 잊어버린 영혼들에게도 쉽지 않다. 오직 극소수의 사람들만 그것을 충분히 기억한다. 그러나 이 사람들은 그곳에서 보았던 것과 비슷한 것을 보기만 하면 제정신을 잃고 더는 자신을 통제하지 못한다."

인간이 지상에 존재하면서도 본질적인 것을 다시 순수하게 바라보는 경지에 도달할 수 있게 해주는 이런 열광의 길이 플라톤에게는 철학의 길이다. 그래서 그는 철학을 바라보면서 "죽어야 할 종족에게 신들의 선물로 이미 주어진, 혹은 앞으로 주어질 것 중에서 이보다 큰 보물은 없다"고 말한다. 그것은 이데아를 향한 사랑의 최고 완성단계이다. 그것은 인간을 일상의 존재 바깥으로 이끌어내서 원형들에게로 데려가는데, 그럼으로써 광기와도 비슷한 것이다.

그러나 이런 종류의 광기에 대해 플라톤은 그것이 그 어떤 신중한 분별심보다도 더 훌륭한 것이라고 말한다. 왜냐하면 분별력은 인간에게서 나오지만, 이데아를 사랑하는 에로스의 광기는 신들의 작품이기 때문이다. 그렇다, 플라톤은 마지막에 에로스(사랑) 자체가 본질적으로 철학자라고 주장한다. 철학은 지혜에 대한 사랑이기 때문이다. 그러나 지혜란 가장 아름다운 것들에 속한다. 아름다움을 추구하는 것이 에로스라면, 지혜가 본질적인 대상이 아닐 수 없다. 그러므로 에로스는 필연적으로 지혜를 사랑하고, 다시 말해서 철학(지혜 사랑)을 한다.

이렇게 해서 플라톤이 〈국가〉에서 말하는 대로 철학자에 대한 다음의 말이 타당하게 된다.

"그는 천성적으로 '있음'을 지향한다. 그는 사람들이 '있는것'이라 여기는 수많은 개별적인 것에 머물 수가 없다. 그는 더욱더 앞으로 나아가서, 모든 개별적인 것의 본성을 파악할 때까지 용기를 잃지 않고 에로스에게서 떨어지지도 않는다. … 그가 이제 진짜로 있는것을 향해 다가가 그것과 결합하고 그렇게 해서 이성과 참을 낳았다면 그는 인식에 도달한 것이다. 그러면 그는 참으로 살고 성장하고 그럼으로써 (아기를 낳는) 진통에서 벗어난다."

이것이 "플라톤식 사랑"으로 행하는 일이다. 이 사랑은 철학하는 사람의 정열이고, 그것 없이는 진정으로 영원한 것을 구하는 일도 없을 것이다. 그래서 플라톤의 철학은, 사랑에 빠진 사람들을 위한 진짜 철학이라고 한 루소의 말이 옳다고 해야 할 것이다.

아리스토텔레스
혹은 세계의
인간으로서의 철학자

5

기원전 384/383- 기원전 322

ARISTOTELES

DIE PHILOSOPHISCHE HINTERTREPPE

아리스토텔레스는 그리스 철학자들 중에서 플라톤과 나란히 가장 위대한 철학자이다. 저 유명한 문헌학자 빌라모비츠가 말한 대로 "학자들은 존경하지만, 학자가 되려는 사람들은 메마른 개론서에서 그의 체계를 외우면서 저주하는" 사람인 아리스토텔레스는 기원전 384년 혹은 383년에 스타게이라에서 태어났다. 그래서 사람들은 그를 "스타게이라 사람"이라 부르곤 한다. 이것은 각각의 출신지 이름을 따서 셸링을 "레온베르크 사람"이라 부르고 니체를 "뢰켄 사람"이라 부르고 피히테를 "람메나우 사람"이라 부르는 것과 대략 비슷한 일이다. 그리고 위대한 람메나우 사람이 베를린에서 그의 유명한 '도이치 민족에 고하는 연설'을 했다고 말하는 것과 비슷하다.

아리스토텔레스에 관해서는 그가 스타게이라 출신이라는 사실이 그렇게 의미가 없는 것은 아니다. 이 도시는 이 철학자 말고는 특별히 이렇다 할 만한 것을 세상에 내놓지 못했다. 그러나 스타게이라가 멀리 떨어진 시골 트라키아의 어느 곳에 있다는 것, 그러니까 아리스토텔레스가 위대한 스승 플라톤과는 달리 당시 그리스의 정신적 수도인 아테네 시민이 아닌 시골 사람이었다는 점은 상당히 의미가 있다.

그가 귀족계층이 아니었다는 점도 플라톤과 다르다. 그렇다고 이름 없는 집안 출신은 아니고 상당히 훌륭한 시민계층 사람으로, 마케도니아 왕의 주치의라는 직함을 지닌 의사의 아들이었다. 아리스토텔레스가 아버지의 직업을 물려받는다는 것보다 더 먼저 떠오르는 생각은 없다. 고대 그리스 사람들 사이에서는 "약제사"일도 의사의 직업에 속했다. 그러나 아리스토텔레스는 그보다는 아테네로 가기를 원했다. 가족도 그를 떠나보냈는데 거기서 그가 무엇을 하면 좋을지 먼저 신탁에 물어보았다. 신의 대답은 그가 철학을 공부하는 것이 좋다는 것이었다. 만약 이 신탁이 다르게 대답했더라면 서양 정신사가 어떤 식으로 발전했을지 생각하기 어려운 일이다.

부자 아버지는 아들의 공부를 위해 경비를 넉넉히 마련해주었으며, 아리스토텔레스는 평생 편안한 생활방식과 넉넉한 하인들과 견고한 살림살이와 좋은 음식을 중히 여겼다. 철학자가 되어서도 마찬가지였다. 그와 동시대 사람으로 집 대신 통에서 살았던 디오게네스는 아리스토텔레스에게는 전혀 모범이 되지 못했다. 왜냐하면 뒷날 아리스토텔레스는 사람이 이 세계의 재물을 넉넉하게 지니는 것도 행복에 속하는 일이라고 썼기 때문이다. 그는 훌륭한 옷을 입고 손가락에 반지를 끼고 머리 손질을 받았다고 한다. 이렇게 훌륭하게 치장했지만, 그에 알맞은 훌륭한 몸집을 갖지는 못했던 것 같다. 어떤 증인은 이렇게 덧붙인다. "그는 다리가 약하고 눈이 작았다. 말할 때는 혀가 이빨에 부딪혀서 덜떨어진 소리가 났다."

세계의 방랑자

이 남자는 스타게이라에서 아테네로 오면서 철학에 자신을 바치기로 결심했다. 당시 이것은 보잘것없는 학문을 하고 기묘한 생각에 잠기는 사람이 된다는 뜻은 아니었다. 아리스토텔레스 시대에 철학은 상당히 폭넓은 분야였다. 근본적으로 모든 지식과 학문이 여기에 속했다. 정치가나 장군이나 교육자가 되고자 하는 사람은 우선 철학을 공부하는 것이 쓸모가 있었다.

당시 아테네가 철학을 위해 제공한 큰 기회는 플라톤이었다. 이 사람은 성스러운 아카데모스 숲에 있는 자신의 아카데메이아에서 학생들 무리에 둘러싸여 그들과 더불어 철학을 했다. 당시 열일곱 살이던 아리스토텔레스도 이 모임에 들어가서 스무 해 동안이나 거기 머물면서 배우고 토론하고 무엇보다도 열심히 책을 읽었다. 플라톤이 그에게 붙여준 별명은 "책 읽는 사람"이었다고 한다. 그는 스승에 대한 존경심으로 가득 차 있었고 평생 이런 마음을 유지했다. 나이가 들어서도 플라톤을 두고 나쁜 사람들이 함부로 칭찬해서는 안 되는 사람이라고 말하고, 나아가 플라톤이 신이라고까지 말했다.

물론 아리스토텔레스처럼 재능이 많은 두뇌가 자신만의 철학적 사유에 도달하고, 늙어가는 플라톤이 가르치는 모든 것에 동의하지 않았다는 것은 피할 수 없는 일이다. 플라톤은 조용히 체념하여 이것을 바라보았다. "아리스토텔레스는 망아지 새끼들이 제 어미에게 하듯이 내게 발길질을 했다."

이런 갈등은 플라톤이 죽은 다음에야 비로소 공공연히 드러났다. 아리스토텔레스가 아니라 그보다 훨씬 덜 중요한 다른 사람이 아카데메이아의 새로운 대표로 임명된 것이다. 아리스토텔레스는 화가 나서 아테네를 떠나 소아시아의 왕에게서 새로운 피난처를 얻었다. 이 왕은 플라톤의 정신대로 마음에서 우러나 철학을 좋아했고 죽을 때까지 철학적인 태도를 유지했다. 페르시아의 공격을 받아 십자가 처형을 받게 되었을 때도 그는 감옥에서 친구들에게 자신은 마지막까지 철학에 어울리지 않는 어떤 행동도 하지 않았다고 말했다.

아리스토텔레스는 그 일이 일어나기 전에 이 왕의 궁전을 떠나 생애 두 번째로 중요한 만남에 이르게 된다. 아테네에서 당시 가장 위대한 철학자와 만났다면 이번에는 마케도니아에서 자기 시대 가장 위대한 군사적, 정치적 천재인 알렉산드로스 대왕을 만난 것이다. 물론 당시만 해도 아직 대왕이 아닌 그냥 열세 살의 소년이었다. 그리고 아리스토텔레스는 그의 고문이 아니고 교육자였다. 이 철학자의 교육 기술이 장차 정치가이며 장군이 될 소년의 발전에 어떤 영향을 주었는지 우리는 거의 아무것도 모른다. 그래도 인류의 최고 경지에 이르는 권력과 정신이 몇 해 동안 함께 살았다는 것을 생각하면 이상한 느낌이 든다. 미래의 세계 정복자와 우주적 의미에서 정신의 우주를 정복한 사람의 만남이기 때문이다.

물론 아리스토텔레스가 맡은 직책이 전혀 위험하지 않은 일은 아니었다. 그의 뒤를 이어 왕자의 교육을 맡은 사람은—그것이 정당한 일이었는지 아닌지 정확히 알 수는 없지만—반역죄로 체포되어 아무 보살핌도 받지 못하고 이가 들끓는 쇠우리에 갇혀 이리저리 끌려다니다가 마지막에는 사자 먹이로 주어졌기 때문이다. 고대인들의 수다도 만만치가 않아서, 이 우울한 사건을 계기로 아리스토텔레스가 알렉산드로스를 독살하려 했다는 소문을 만들어냈다. 이런 소문에 참말은 하나도 없었을 것이다. 그러나 설사 이 말이 맞다 하더라도 철학자는 그 결과를 놓고 근심할 이유는 없었다. 그사이에 벌써 그는 왕궁을 떠나 자유도시 아테네로 돌아갔기 때문이다.

아테네에서 한 무리의 학생들이 그의 주변에 몰려들었다. 그들은 기둥이 늘어선 홀에서 만나 이리저리 걸어 다니며 토론을 벌였다. 아테네 사람들은 이것을 특이하게 여기고 아리스토텔레스와 학생들에게 "이리저리 걸어 다니는 사람들"이라는 별명을 붙여 주었다. 철학의 역사도 여기 합세하여 아리스토텔레스와 그 제자들을 "소요학파die Peripatetiker"라고 칭한다. 아주 멋들어진 소리로 들리지만 실제로는 "이리저리 걸어 다니는 사람들"이라는 뜻일 뿐이다.

오늘날이나 옛날이나 학생들은 스승의 이상한 점에 특별히 주목한다. 정말로 그들은 아리스토텔레스에게서 몇 가지 이상한 버릇을 찾아냈다. 학생들이 언제나 그렇듯이 심술궂게도 선생이 잠자고 있을 때 그를 관찰하여 그가 언제나 뜨거운 기름이 들어 있는 가죽 부대를 배 위에 올려놓고 잠을 잔다는 것을 알았다. 아마도 그는 그럴 필요가 있었을 것이다. 보고가 맞다면 아리스토텔레스는 위장병으로 죽었기 때문이다. 하지만 스승이 잠을 줄이고, 가능하면 빨리 도로 깨어나 생각하는 상태로 되돌아가는 방법을 그들은 더욱 이상하게 여겼다. 그들의 말에 따르면 그는 휴식을 취할 때 손에 쇠공을 쥐고 아래쪽에 주발을 하나 놓아두었다고 한다. 잠이 들어서 쇠공이 그릇으로 떨어지면 그 소리에 놀라 잠에서 깨어나 다시 철학을 계속하곤 했다는 것이다.

물론 학생들의 협조가 이런 이야기들로 끝나는 것은 아니다. 그 반대로 아리스토텔레스는 그들이 자신의 연구에 협조하도록 강력하게 이끌었다. 그래서 서양 정신사에서 처음으로 조직적인 연구 공동체가 만들어졌다.

물론 이런 아카데미의 평화가 오래 계속되지는 못했다. 알렉산드로스 대왕이 죽으면서 아테네의 정치적 상황이 변했다. 도시는 이제 마케도니아의 영향에서 벗어났고, 마케도니아 사람들과 관계를 맺은 사람은 누구나 그쪽에 협조했다는 의심을 받았다. 아리스토텔레스를 정치적 범죄행위로 고발하기에는 물질적 증거가 충분치 못했다. 그래서 그를 비난할 다른 구실을 찾아내서는 신을 모독했다는 죄를 덮어씌웠다. 그러나 아리스토텔레스는 도망쳐서 고발당하는 일을 피했다. 전설에 따르면 아테네 사람들이 소크라테스에 뒤이어 두 번째로 철학에 죄짓는 일을 막으려 했을 뿐이라고 비꼬는 말을 남겼다고 한다. 얼마 지나지 않아 그는 예순세 살의 나이로 망명지에서 죽었다. 죽기 전에 노예들과 애인까지 배려한 상세한 유언장을 남겼다.

서양 학문의 토대를 놓은 사람

이것이 위대한 아리스토텔레스의 생애다. 수없이 장소를 바꾸었던 것, 여러 왕궁에서 활동한 일, 수많은 장소에서 학생들을 가르친 일, 수많은 위험을 겪고 적대감을 얻었던 것 등 평생 그가 겪은 일들을 생각해보면 그가 그렇게 태연하게 철학적인 문제들에 몰두했다는 것을 이상하게 여기지 않을 수 없다. 그런데도 여전히 고대의 철학자 가운데 그는 다른 누구보다도 지속적으로 평온하게 작업했다는 인상을 남긴다. 주변의 일과 개인적인 운명에 무심한 태도로 그는 탐구에 몰두했다. 그래서 한번은 자신에 대한 비방의 말을 듣고 "내가 없는 자리에서는 내게 채찍질을 해도 괜찮다"라고 말했다는 것도 이런 태도에 잘 어울린다.

그는 자신에게 관심을 돌리지 않고 그럴수록 더욱더 세계에 주목했다. 그래서 학자로서의 그를 세계의 인간이라고 말할 수 있다. 그의 관심은 다양한 현상으로 드러나는 현실을 향했다. 그는 동물의 형태와 행동을 탐구하고, 행성들과 국가 체제와 시문학과 수사학을 탐구했다. 그러나 무엇보다도 인간에 대해 묻는다. 인간은 어떻게 생각하고 행동하는가, 또 어떻게 생각하고 행동해야 옳은가 하는 것이었다. 그러나 이 모든 것은 단순히 많이 안다는 표면적 현상으로 머물지 않았다. 이 모든 것에서 아리스토텔레스는 철학자였다. 다시 말해 그는 사물의 본질에 대해 묻고, 모든 현실이 어디에 바탕을 두고 있는가, 어디서 생겨났으며 무엇을 지향하는가 등을 물었다는 뜻이다.

아리스토텔레스는 탐구의 결과로 엄청난 분량의 저술을 남겼다. 고대의 어떤 증인은 그것이 400권에 이른다고 하고, 다른 사람은 1000권이라고도 하고, 진짜 학자인 또 다른 사람은 수고스럽게도 아리스토텔레스가 쓴 책의 행수를 헤아려서는 모두 44만 5270행에 이른다고 전한다. 이 어마어마한 저술로 아리스토텔레스는 서양의 학문에 토대를 놓은 사람이 된다.

그가 자연과학 저술에 적어놓은 결과들이 반드시 학문의 토대가 된다고 할 수는 없다. 자연과학 분야에서 대부분의 내용은 낡아서 쓸모가 없다. 그는 학생들과 힘을 합쳐서 아주 꼼꼼하게 많은 것을 기록하여 남겼다. 동물에 대해서 사람들이 알고 있는 것과 또 엄밀하게 조사하여 확인할 수 있었던 것을 기록했다. 동물들은 어떤 부분들로 이루어져 있는가, 어떻게 걸으며, 어떻게 번식하고, 어떤 질병을 앓는가 따위였다. 그러나 이 과정에서 그는 자주 상당히 괴상한 결론에 도달하곤 한다. 진흙과 모래에서 일종의 자연발생으로 생겨난 동물들이 있다는 이야기나, 쥐는 단순히 소금을 핥기만 해도 새끼를 밴다는 이야기, 아니면 자고새는 인간에게서 나온 가스로 임신한다는 이야기 같은 것들이다.

계속해서 인간에게 관심을 돌려 해부학적 관점에서 인간을 탐색하면서 몇 가지 기묘한 말을 남기고 있다. 이를테면 뇌가 부수적인 기관이라는 주장 같은 것이다. 인간의 정신적 능력은 심장에 자리 잡고 있단다. 그에 반해 뇌는 단순히 피를 식혀주는 기관이라는 것이다. "그것은 열과 심장이 끓어오르는 것을 조절한다"라고 되어 있다. 그러나 이런 온갖 괴상한 소리를 통해서도 여전히 후세를 위해 극히 결실이 풍부한 위대한 사상이 드러난다. 생명체는 단순히 부분들이 모여서 이루어진 것, 혹은 단순히 기계적인 장치라고 이해해서는 안 된다. 생명체는 유기체다. 다시 말해서 각 부분들에 의미를 부여해주는 하나의 전체라는 것이다.

유기체의 목적 ― 너 자신의 가능성을 완전히 펼쳐라

아리스토텔레스의 탐구는 생명의 영역을 넘어 세계 전체로 확대된다. 하늘로, 행성들로, 지구로 확대되는 것이다. 이 모든 것보다도 더 중요한 것은 자연의 본질을 파악하고자 하는 시도였다. 그래서 후세, 특히 중세와 또한 근대의 학문에도 결정적인 영향을 남기는 발견들을 했다. 아리스토텔레스는 유기체의 본질에 대한 연구에 관여했다. 유기체는 하나의 목표와 목적을 가진다는 점을 통해 하나로 뭉쳐져 이끌리는 독특한 전체다. 그러나 목표와 목적은 밖으로부터 유기체에게 주어지는 것이 아니라 유기체가 본래 제 안에 지닌 것이다.

그렇다면 유기체의 목적은 무엇인가? 자신이 지닌 모든 가능성을 완전히 펼치려 한다는 것이다. 식물의 본질은 그것이 제게 가능한 모든 영역에서 완전히 식물이 되고자 열망한다는 점에 있다. 즉 봉오리, 꽃, 열매 등을 모두 완전히 구현하려 한다는 것이다. 이를 위해 아리스토텔레스는 엔텔레케이아 ἐντελέχεια 라는 개념을 사용한다. 엔텔레케이아란 개념으로 그는, 모든 생명체가 자기 안에 목표와 목적을 지니고 있으며, 자신의 내적인 목적 지향성에 맞게 저 자신을 완전히 펼친다고 말한다.

아리스토텔레스는 개별적인 유기체에 나타나는 것을 자연 전체로 확대했다. 존재하는 모든 것은 제 소질이 지향하는 가능성들을 완전히 펼치기 위해 노력한다. 온 세계는 그 본래의 완전함을 향해 나아간다. 자연의 생동성과 자연의 아름다움이 바로 여기에 있다. 세계는 완전함을 향한 충동으로 가득 차 있고, 자연은 바로 이런 완전함을 향한 충동이다. 자연이란 자기실현과 자기완성의 엄청난 사건이다. 이런 우주적인 목적론이 아리스토텔레스의 세계상에서 중요한 기본 사상이다.

그것은 인간에게도 매우 타당하다. 이제 아리스토텔레스는 그리스 정신이 오랫동안 몰두했던 물음을 붙잡는다. 인간은 사생활과 공적 생활에서 어떻게 행동해야 하며 인간 존재에서 무엇이 중요한 것인가 하는 물음이다. 자연 전체와 마찬가지로 여기서도 자기실현이 가장 중요하다고 그는 대답한다. 다른 모든 생명체와 마찬가지로 인간도 근원적인 열망, 곧 자신에게 좋은 것, 그리고 자신의 행복을 위해 필요하다고 여기는 그것을 향한 열망을 지닌다는 것이 특징이다. 그러나 인간에게 좋은 것이란 대체 무엇인가? 무엇이 그에게 진짜로 좋은 것인가? 아리스토텔레스는 이렇게 대답한다. 자신의 본질을 가능한 한 펼치고 완성하는 일이다. 인간은 진실로 인간이 되어야 한다는 것, 그것이 바로 인간 본래의 규정이다.

이런 생각으로 아리스토텔레스는, "본래의 너 자신이 되어라" 라는 원칙을 지닌 모든 휴머니즘의 아버지가 된다. 물론 이런 윤리는 인간이 근본적으로 자기 자신과 아무런 문제를 갖지 않고, 또 단절 없이 전체 세계 안으로 흡수된다는 의식을 가지던 시대에만 가능한 것이다. 고대 말기, 특히 기독교가 시작되면서 심각한 상실의 의식이 인류 안으로 들어오게 되었다. 그러나 그 이전 시대에 살았던 아리스토텔레스는 아직 다음과 같이 말할 수 있었다. 인간은 그 본질의 바탕으로부터 선하다. 따라서 인간의 도덕적 과제는 그 본질이 지닌 근원적인 선을 실현하는 일이다.

물론 이런 규정은 아직은 형식적이다. 인간이 본질적으로 무엇이며, 그에 따라 그가 무엇이 되어야 하느냐는 것이 여전히 의문이기 때문이다. 그것을 알아내기 위해 아리스토텔레스는 인간과 동물의 차이를 관찰했다. 그리고 인간이 동물과 달리 뛰어난 점은 정신과 이성, 곧 로고스에 있다는 결론에 이르렀다. 그리고 자연은 의미가 없는 것을 만들어내지 않는데 다른 생명체 말고도 인간을 만들어냈다면, 오직 인간에게서만 실현될 수 있는 그것, 곧 정신, 이성, 로고스를 실현하기 위해서라는 결론을 얻었다. 그래서 인간이 자신에게 고유한 이성의 능력을 갈고닦는 것, 그가 본래의 존재, 곧 이성적 생명체가 되는 것이야말로 인간 존재의 의미가 된다.

아리스토텔레스가 로고스를 인간의 참된 본질로 보았다면, 그가 이런 로고스를 밝히기 위해 끊임없이 노력했다는 것이 전혀 이상할 게 없다. 아리스토텔레스가 서양 논리학의 아버지가 된 것은 그 어떤 우연한 학문적인 관심 때문이 아니었다. 인간이 자신의 본질인 로고스를 올바른 방식으로 펼치는 일이 중요하고, 그렇기 때문에 로고스에 대해 아는 일이 중요하기 때문이었다.

그러나 단순히 로고스를 끌어들이는 것만으로 인간의 본질이 충분히 규정되는 것은 아니다. 아리스토텔레스가 로고스를 무엇이라고 이해했는가를 더욱 정밀하게 파악해야 한다. 세계와 인간에 대한 그리스 사람들의 생각으로부터만 오직 그 답을 얻을 수 있다. 그리스 사람들에게 로고스는 사물을 인식하고, 그것을 현상으로 드러내는 능력, 세계를 해명하는 능력을 뜻한다. 아리스토텔레스가 인간은 로고스를 가진 존재*라고 말했다면, 그것은 곧 세계를 인식하는 것이 인간의 본질적 규정이라는 의미다. 그러므로 근대사상에 나타나는 것 같은 세계의 정복이 아닌 세계의 인식이

---

* 흔히 "인간은 이성적 동물이다"라고 번역되는 명제. 여기서는 원래 용어인 로고스를 그대로 인용하면서 고대 그리스 사람의 관점에서 그 의미를 검토하고 있다.

아리스토텔레스와 그리스 사상에서 인간 존재의 의미가 된다.

아리스토텔레스가 인간의 삶의 최고형식은 행동하는 사람의 그것이 아니라 인식하는 사람의 그것이라고 말했다면, 이는 단순히 학자의 건방짐이 아니라 인간에 대한 깊은 사색의 결과로 나온 말이다. 그에게 인식과 깨달음은 인간의 모든 가능성보다 위에 있다. 현시대가 아직 학문과 순수한 인식을 높이 평가하는 어떤 요소를 지닌다면, 그것은 주로 이런 아리스토텔레스 사상의 영향에 힘입은 것이다.

행동의 영역에서조차 인식의 중요성을 볼 수 있다. 여기서도 이성이 지배해야 한다. 맹목으로 정열에서 나온 행동이 아니라, 인간이 이성을 통해 사려 깊게 자신의 삶을 형성하는 행동만이 윤리적이다. 가장 정열적인 민족의 아들인 아리스토텔레스는 이렇게 말한다. 윤리적 행동은 인간이 자기 자신을 파괴하지 않도록 보장해준다고 말이다. 통찰력만이 올바른 척도를 제시해준다.

최초의 원인이며 최종 목적인 신

그러나 사물과 인간과 그 행동에 대한 인식을 얻는 것만으로 아리스토텔레스의 노력이 그 목표에 도달한 것은 아니다. 철학자로서 그는 최종적인 물음을 내놓는다. 이토록 남아돌아갈 만큼 풍성하게 눈앞에서 벌어지는 이 모든 일은 대체 무엇에 기반하는 것인가? 세계와 인간은 어디에 기원을 두고 있는가? 이렇게 해서 아리스토텔레스는 그리스 정신이 철학을 시작한 그 물음, 즉 현실의 더욱 깊은 바탕에 대한 물음에 부딪힌다.

그가 현실의 영역 어디서나 찾아낸 기본 특성, 곧 모든 것에 스며들어 있는 열망Streben(열성, 노력)이 중요한 의미를 얻는다. 온 세상을 지배하는, 거대하고 포괄적인 이런 움직임은 어디서 온 것일까? 무엇이 이 세계를 끊임없이 움직이도록 하는가? 이 모든 움직임이 시작되도록 한 것, 최초의 움직임을 만들어내는 어떤 것이 분명히 있지 않겠는가? 세계는 최초의 움직임을 만들어낸 그것에 근거한다고 생각할 수밖에 없다고 아리스토텔레스는 대답한다. 최초의 움직임을 만들어낸 존재 자신은 다른 것에 의해 움직여진 것이어서는 안 된다. 그러지 않으면 우리는 다시 그것이 무엇에 의해 움직여졌느냐를 묻지 않을 수 없고, 따라서 그것은 최초의 움직임을 만들어낸 존재라고 할 수 없기 때문이다.

이렇게 자신은 다른 것에 의해 움직여지지 않은 채 처음으로 움직임을 시작하게 만든 그것에 대해 더욱 정확하게 알고자 한다면, 그것에 의해 만들어져 나온 것이 무엇이냐를 관찰하면 된다. 거기서 만들어져 나온 것은 끊임없는 열망이다. 그렇다면 이런 열망은 무엇을 통해 불려 나올 수 있는가? 열망이 지향하는 대상을 통해서만 생겨난다. 사랑이 사랑의 대상에 의해 생겨나는 것과 같은 이치다. 아리스토텔레스는 이런 방식으로 자신은 다른 것에 의해 움직여지지 않고 처음으로 움직임을 시작한 그것을 생각해야 한다고 말한다. 그것은 세계의 모든 열망이 궁극적으로 열망하는 목적이다.

아리스토텔레스는 여기에 몇 가지 다른 규정들을 덧붙였다. 세계의 모든 열망은 자기실현을 목적으로 한다. 그러므로 궁극적인 목적은 현실에서 가장 현실적인 것, 순수한 현실이어야 한다. 세계의 모든 열망은 완전함을 지향한다. 그러니까 최종 목적은 가장 완성된 것, 가장 완전한 것이어야 한다. 그렇다면 가장 현실적인 것, 가장 완전한 것은 대체 무엇인가? 아리스토텔레스는 대답한다. '신적 특성'이라고. 그러니까 현실의 기본 특성, 실현과 완성을 향한 끊임없는 충동은 최초의 움직임의 원인인 신적 특성에 근거를 두고 또한 거기서 나온 것이다. "자연의 모든 것은 제 안에 신적인 요소를 지닌다."

사물들에 대한 냉철한 탐구자이며 세계의 인간인 아리스토텔레스에게서 마지막 말은 세계가 아닌 신이다. 물론 밖에 서서 세계를 존재하도록 만든, 기독교적 의미에서의 창조주 신은 아니다. 아리스토텔레스의 신은 세계 안에 존재하며, 모든 열망의 최종 목적이 되는 신이다. 이 개념이 기독교 신의 개념과 거리가 멀다는 것을 루터는 분명히 알아보았다. 그래서 그는 아리스토텔레스를 "우화 작가", 혹은 "맛이 상한 철학자"라고 불렀다. 그러나 아리스토텔레스의 이런 신 개념은, 중세 기독교 철학이 그를 인용할 수 있는 방향이었다. 중세 기독교 철학은 심지어 그를 가리켜 "자연 분야에서 그리스도의 길을 닦은 사람"이라 불렀다.

아리스토텔레스는 최종 목적인 신을 어떻게 생각해야 할지를 더욱 정밀하게 사색했기 때문이다. 그리고 다음과 같은 답변을 내놓는다. 인간이 오로지 완전하지 못한 방식으로만 로고스, 이성이라면, 세계에서 가장 높은 존재인 신은 완전한 방식의 로고스, 이성이다. 아리스토텔레스는 명백하게 다음과 같이 말한다. "신은 정신이지만 정신을 넘어서 있다."

그러나 신이 사색하는 정신이고 그 본질이 인식이라면, 신이 무엇을 인식하느냐 하는 물음이 남는다. 그 인식의 대상은 세계가 아니다. 만일 그렇다면 최종 목적은 다시 그 대상인 세계에 종속되고, 따라서 최종 목적이 아닐 것이기 때문이다. 신이 세계를 인식하는 게 아니라면, 그 인식의 대상은 대체 무엇인가? 아리스토텔레스는 대답한다. 자기 자신이다. 신은 자기 자신에 대한 순수한 사색이며, 깊이 가라앉아 자신의 본질을 바라보는 방식이다. 이런 깨달음으로 그리스의 정신은 현실의 기원에 대한 사색의 절정에 도달한다.

이렇게 해서 세계에 자신을 바친 냉철한 사람 아리스토텔레스의 생각은 최종적으로는 종교적인 기원을 지닌다. 현실의 인식을 얻기 위해 끊임없이 노력한 자신을 돌아보면서 삶의 마지막에 그는 이상한 말을 한다. "내가 나 자신에게 도로 던져져 고독할수록, 나는 뮈토스를 사랑하는 사람이 된다." 세계를 실컷 관찰한 사람은 마지막에 신에 대한 지식에서 만족을 얻는다. 그것이 모든 인간의 의무라고 아리스토텔레스는 말한다.《윤리학》마지막에서 그는 심지어 이렇게 말한다. "인간은 오직 인간적인 것에 대해서만 생각하고, 죽어야 할 존재는 오로지 죽어야 할 것에 대해서만 생각해야 한다고 말하는 사람들의 경고에 귀를 기울여서는 안 된다. 우리는 가능한 한 죽지 않는 존재가 되도록 애써야 한다."

에피쿠로스와
제논
혹은 의무 없는 행복과
행복 없는 의무

6

에피쿠로스
기원전 341~기원전 270

Paolo Monti – wikimedia commons

제논
기원전 335~기원전 263?

EPICOUROS
ZENON

에피쿠로스와 제논은 후기 그리스 철학의 사상가들로, 에피쿠로스 세계관과 스토아 세계관을 만들어낸 사람들이다. 이들은 서로 대척 지점, 즉 지구 반대편에 서 있다. 이 말은 그들이 서로 반대 방향의 땅바닥에 발을 딛고 있으니, 그들의 머리도 당연히 정반대 방향으로 생각한다는 뜻이다.

단 한 가지 점에서만 그들은 공통점을 지닌다. 이는 고대 그리스 말기의 특징인데, 두 사람 모두 순수한 철학적 인식을 얻으려 했던 것이 아니라 점점 더 의문스러워지는 세계에서 인간, 특히 철학자의 올바른 위치를 찾아내고자 했다는 점이다. 물론 이 문제를 놓고도 그들은 정반대의 결론에 도달했다.

절제하는 쾌락주의자 에피쿠로스

우선 에피쿠로스로 말하자면 그는 고대에 가장 많이 욕을 먹은 철학자의 한 사람이다. 사람들은 그가 먹고 마시는 것을 지나치게 밝혔다고 흉본다. 위장이 너무 가득 채워져 있어서 하루에도 여러 번씩이나 토했다고 한다. 밤의 연회에서 정신을 모조리 소모하고, 게다가 사랑의 향락을 지나치게 좋아했다고 한다. 창녀들과도 활발하게 편지 교환을 했으며, 그중 일부는 아직도 단편으로 남아 있는데, 여기서 그가 이런 여성들에게 매우 상냥하게 말했다고 비난받는다. 그가 이런 여자 한 명과 함께 살았다는 것은 특히 욕먹는 일이다. 또한 자기 동생을 중매 섰다는 것도 나쁜 일로 여겨진다. 어떤 악의적인 적대자는 열 통 이상의 음란 편지를 그가 쓴 것이라고 떠넘겼다. 이런 온갖 짓들을 하느라 그가 진지한 연구를 소홀히 했다고도 한다. 줄여 말하자면 에피쿠로스에 대해서는 하나도 좋은 소리를 들을 수 없다. 로마 시대의 엄격한 스토아 철학자인 에픽테토스는 그를 한마디로 "방탕한 사람"이라고 불렀다. 후세의 다른 사람들은 그와 그의 학파를 "에피쿠로스 돼지들"이라고 한다.

당연한 일이지만 그의 당대의 제자들과 후세의 제자들은 스승에게 덮어씌워진 이런 이미지에 저항하면서 에피쿠로스의 절제를 찬양했다. 학파의 모임에서는 오로지 이따금 포도주를 마실 뿐이고 보통은 물로 만족했다고 한다. 형편이 어려울 때는 단순한 콩 요리만 먹었다. 제자 한 사람은 이렇게 썼다. "에피쿠로스의 삶을 다른 사람들의 그것과 비교하면 그 온건함과 자족적 특성 때문에 그것을 꾸며낸 이야기라고 여길 지경이다."

에피쿠로스의 말을 빌리자면 그는 육체적 사랑도 대단히 절제했다. "사랑의 향락은 아무런 이익도 가져다주지 않는다. 그런 향락이 해만 끼치지 않아도 기뻐할 정도다." 그 밖에도 이 철학자는─유언장도 이 점을 증언하지만─가족과 친구들을 세심하게 배려했다고 한다. 노예들에게도 인간적으로 대했으며, 그들도 철학 토론에 참가하는 걸 허락했다고 한다. 유언장에는 그들을 자유롭게 풀어주라고 되어 있다.

학문 연구에 대한 그 자신의 보고에 따르면, 에피쿠로스는 열네 살에 철학에 관심을 가졌고 평생 이런 열성을 잃지 않았다고 한다. 그의 작별 편지는 이것을 인상적으로 전해준다.

"높이 찬양받은 삶의 낮을 한 번 더 축하하고 동시에 그것을 마치면서 나는 너희에게 이 글을 쓴다. 오줌소태와 이질이 더할 수 없이 극심한 통증을 가져왔다. 하지만 내 영혼의 기쁨은 그 모든 것을 견디며, 우리의 철학 대화들을 추억한다."*

비난하는 쪽이나 변호하는 쪽 모두 공통의 배경을 지니고 있으니, 바로 에피쿠로스가 시대의 위기를 견뎌낸 방식이다. 그리스 시대 말기 인간이 삶의 의미에 대해 갈피를 잃은 상황에서, 그는

---

* 죽음을 눈앞에 두고 극단적인 신체적 고통에 시달리면서도 영혼의 기쁨을 말하고 있다.

행복을 삶의 본질로 여긴다. 무엇보다도 고통을 피하는 것이 행복이고, 적극적으로는 쾌락이 행복이다. 그래서 에피쿠로스는 이렇게 말한다. "쾌락이 행복한 삶의 기원이며 목적이다." 쾌락이란 육체적 향락이라는 의미로만 이해되어서는 안 된다. 물론 육체적 향락도 거부하지 않은 것으로 보이지만, 그보다는 더욱 섬세한 정신적 환희를 향해 방향을 잡는다. 즉 대화, 음악 듣기, 미술품 감상하기, 특히 철학하기 등이다.

에피쿠로스에게는 영혼의 고요한 균형이야말로 참된 쾌락이고 참된 행복이다. "영혼의 회오리바람"을 만들어내는 두려움, 열망, 고통 등의 격정을 잠재워야만 비로소 그런 균형을 얻을 수 있다. 이렇게 격정을 진정시킬 수 있다면 "우리 영혼에서 온갖 소란함이 사라진다." 여기서 철학은 고귀한 과제를 얻는다. 에피쿠로스가 이해한 것, 곧 삶의 실천이 되는 것이다. "어떤 격정을 치유하지 못하고, 영혼에서 모든 격정을 몰아내지 못하는 철학자의 말은 공허하다." 그러나 격정을 몰아낼 수 있다면 본래의 철학적 태도가 나타나는 것이니, 정신의 "흔들리지 않음", 영혼의 "바람 없음", "바다의 평온" 등이다.

그렇다면 철학은 어떻게 그와 같은 "영혼의 치료제"가 될 수 있는가? 영혼이 격정의 영역을 벗어나 이성의 평지로 들어감으로써 가능하다. 그렇다고 해서 쾌락의 영역을 떠나는 것은 아니다. 오히려 반대로 이성에서 최고의 쾌락이 생겨난다. "동시에 이성적으로 되지 않고는 쾌락의 삶을 살 수 없다. 또한 반대로 쾌락적으로 살지 않으면서 이성적으로 될 수 없다." 이렇게 해서 철학은 깨달음이자 삶의 실천으로 이해되고, 또한 인간의 삶의 정점이 된다. "명료한 사유만이 우리에게 기쁨에 가득 찬 삶을 만들어준다." "이성은 우리가 지닌 최고 선이다."

영혼의 기쁨을 방해하는 것을 피해 숨어 살아라!

영혼의 기쁨을 방해할 수도 있는 모든 것이 극복되면, 에피쿠로스가 말하는 철학자는 자족함과 정신의 행복한 자유로움 속에 살게 된다. "자족함의 최고 열매는 자유"이기 때문이다. 그러나 인간은 주변 세계에 종속되지 않아야만 자족함을 얻을 수 있다. 그래서 에피쿠로스주의자들의 좌우명은 "숨어 살아라!"이다. 숨어 살 수만 있다면 철학하는 사람은 "인간들 사이에서 신처럼" 산다.

　이렇게 사적인 상태로 물러나려는 태도는 철학자가 공적인 요구, 특히 정치적 삶의 요구를 가능하면 피하게 만들었다. 부, 명예, 영향력 등이 그에게는 아무 유혹도 되지 못한다. 그는 세상의 큰 흐름을 개의치 않는다. 할 수만 있으면 공적인 의무를 피한다. 이런 일들은 영혼에 오로지 혼란만을 만들어내기 때문이다. "인간은 사업과 정치라는 감옥에서 벗어나야 한다."

　그런데도 에피쿠로스 방식의 삶이 은둔자의 삶은 아니다. 공적인 활동 대신 우정이 중요하다. 에피쿠로스는 친구들의 모임 장소인 "정원"에서 이런 우정을 즐겼으며, 뒷날 모든 에피쿠로스주의자들도 이것을 실천했다. "우정을 얻는 능력은 지혜가 행복을 얻게 해주는 일 중에서 다른 무엇보다도 가장 중요한 일이다." "자연은 우리가 우정을 맺도록 만들어냈다." 보통은 매우 무미건조한 에피쿠로스의 말도 이 부분에서는 찬가의 음조를 띤다. "우정은 지구를 둘러싸고 춤추면서 우리 모두에게 깨어나 행복을 얻으라고 말한다."

공적인 삶 말고 철학자의 이성적 평화를 깨뜨릴 수 있는 또 다른 것은 비관적인 세계관이다. 즉, 강력한 자연의 힘들이 대결하며 불안을 만들어내는 곳이 현실이라는 관점, 또는 모든 현실과 인간을 지배하는 것은 어두운 필연성이라는 관점 말이다. 그래서 에피쿠로스는 신화에 나오는, 또는 몇몇 초기 철학자들이 만들어낸 두려움을 일으키는 세계관을 허용해서는 안 된다고 생각했다. 이런 의도에서—그러니까 인식을 얻으려는 순수한 충동에서가 아니라—그는 자연철학에 몰두한다. "세계의 본성이 무엇으로 이루어져 있는지 알지 못하고 시인들이 그에 대해 만들어낸 미심쩍은 생각만을 지닌 사람은 삶의 가장 중요한 물음들과 관련하여 두려움을 벗어날 수 없다."

자연을 관찰하면서 에피쿠로스는 데모크리토스의 원자론을 받아들였다. 진실로 현실적인 것은 생겨났다가 사라지는 사물이나 또 지나치게 강력한 자연의 힘들이 아니라, 오로지 눈에 보이지 않는 작은 알갱이인 원자Atom들이다. 그들은 무한히 수가 많고 크기와 모양과 무게가 각기 다양하며, 서로 결합되고 다시 분리된다. 무한한 빈 공간에서 원자들은 끝없이 움직이면서 우연한 만남을 통해 사물들을 만들어낸다. 그들의 수가 무한히 많기 때문에 그들은 무한히 많은 세계들을 만들어낸다. 영혼도 특별히 섬세한 원자들로 이루어져 있다. 세계를 이렇게 파악한다면 그것은 더는 인간에게 위험한 장소가 아니다. 철학자는 세계를 저 자신에게 맡겨둘 수가 있고, 정신의 평화에 젖어 세계 걱정을 더 이상 하지 않아도 된다.

에피쿠로스는 이런 생각을 더욱 깊이 계속했다. 신들이 그 분노와 형벌로 혹은 선의와 보상으로 인간의 삶에 개입하는 경우에도 철학자가 자기 안에 조용히 자족하며 머무르는 것을 방해할 수 있다. 그래서 에피쿠로스에게는 신들에게서 현실을 지배하는 힘을 없애는 것이 무엇보다도 중요해졌다. 그는 그들의 존재를 부정하지는 않았다. 그러나 그들을 여기있음의 가장자리로 밀어내서 그들이 인간에게 전혀 위험이 되지 않을 거주지를 정해주었다. 그래서 신들은 세계들 사이의 중간 공간에 머물게 되었다. 그곳에서 신들은 어떤 사건에 개입할 가능성이 없어졌고, 인간은 신들을 염려할 필요가 없어진다. 에피쿠로스가 생각하는 신들은 새로 얻은 난민 수용소에서 행복한 삶을 누린다. 그것은 철학자의 삶과 비슷하지만 훨씬 더 완전한 삶이다. "신성神性은 스러지지 않는 행복한 본질이다." "신들의 생활방식은 그보다 더 행복하고 그 이상 풍부한 선을 생각할 수 없는 종류의 것이다."

그래도 여전히 계속되는 불안의 원천이 남는다. 죽음과 여기있음의 무상함 말이다. 이 두 가지는 그리스 정신의 기본 체험인데 고대 후기에 더욱 깊어졌다. 그래서 에피쿠로스는 영혼의 평화를 위해 죽음에 대한 두려움도 없애야만 했다. 죽음의 본질을 곰곰이 생각하면서 그는 죽음이 두려워할 것이 아님을 보여준다. 정확하게 관찰해보면 죽음이란 아무것도 아니다. 오로지 우리가 느끼는 것만이 우리에게 현실이기 때문이다. 하지만 우리는 죽음을 느끼지 못한다. "우리가 있는 동안에는 죽음이 없고, 죽음이 있으면 우리가 없기" 때문이다. 이런 깨달음은 본질적으로 삶의 기쁨에 도움이 된다. "죽음이 아무것도 아니라는 인식은 무상한 삶을 비로소 값진 것으로 만들어준다."

균형 잡힌 영혼의 평화에 대한 관심에서 '죽지 않음'에 대한 생각도 거부된다. 죽음과 함께 육체와 영혼을 이룬 원자들의 결합은 흩어진다. 개인은 이제 부서져 없어진다. 인간이 이 사실을 깨닫는다면 신들이 멋대로 벌주거나 보상해주는 저승에 대한 두려움도 사라진다. 미래의 운명이란 없기 때문이다. 인간이 온갖 이승의 기쁨에서 제한된 여기있음을 즐기는 것을 방해할 것은 아무것도 없다.

그러나 그것이 그토록 중요한 일이고, 정신의 사색만이 우리를 그곳으로 안내하는 것이라면, 인간에게 철학하기란 꼭 필요한 일이다. 그래서 에피쿠로스는 자신의 사색을 다음의 경고로 마무리한다.

"젊은 사람이 철학하기를 망설여서는 안 되고 늙은 사람이 철학하기를 피곤하게 여겨서는 안 된다. 영혼의 건강을 염려하는 일은 그 누구에게도 너무 이르지 않고 그 누구에게도 너무 늦은 일이 아니기 때문이다."

쾌락의 적대자이며 의무의 인간인 제논

이제 대척지점의 인물 제논을 살펴보자. 그는 에피쿠로스의 가르침과 생활방식을 극단적으로 거부했다. 에피쿠로스가 최고의 행복이라고 생각한 쾌락은 수상쩍은 것이다. 그는 쾌락을 "많은 젊은 영혼을 허약하게 하는 유혹자"라고 말한다. 쾌락 대신 이제 의무가 등장한다.

제논이 특별히 엄격하고 가혹하다는 것도 그의 사상에 잘 어울린다. 고대의 증인들은 그의 기묘한 겉모습을 지나치게 많이 알려준다. 삐삐 야위고, 장딴지만은 두툼했지만 그 밖에는 신체가 튼튼하지 않고 허약한 편이었다. 머리를 언제나 옆으로 약간 갸우뚱하고 있어서 작지 않은 키로 인해 더욱 눈에 띄었다고 한다. 재치가 풍부한 전기 작가 한 사람이 이런 서술을 한 다음 어째서 그를 이집트의 클레마티스[참으아리 나무]와 비교했는지는 분명하지가 않다.

이렇게 엄격한 겉모습 속에 극히 진지한 정신이 들어 있었다. 그의 모습에는 어떤 어두운 요소가 있었다고 한다. 그러나 그것은 분명 영적인 조잡함 탓은 아니었다. 사람들은 그가 섬세한 재능을 지닌 단정한 사람이었다고 칭찬한다. 무엇보다도 수줍어하는 그의 태도가 섬세하다는 증거인데, 그는 특히 자기를 쫓아오는 큰 무리의 사람들을 피하곤 했다. 단정하다는 증거로는 그가 창녀들과 한 번 아니면 두 번밖에 관계를 맺지 않았다는 사실이 있다. 이마저도 자신이 여자들의 적으로 보이지 않도록 하기 위해서였다고 한다.

　사랑에서처럼 그는 먹고 마시는 일에서도 극히 절도를 지켰다. 향연은 어떤 경우라도 피했다. 그가 좋아하는 음식은 초록색 무화과 열매, 빵, 꿀 등이었고, 여기에 곁들여 소량의 포도주를 마셨다고 한다. 동시대 사람들은 그의 외투가 정말로 볼품없는 것을 보았다. 그래서 극히 욕심이 없는 사람을 표현할 때 "철학자 제논보다도 더 절제한다"라는 말이 통용되기에 이르렀다. 어쨌든 이런 생활방식은 분명 건강에 매우 좋았던 모양이다. 그가 아흔두 살까지 살았으니 말이다.

　그는 별난 사람이었지만 그래도 제논의 정신은 극히 중요한 것이어서 엄청난 인파, 특히 젊은이들이 그에게 몰려들었다. 마케도니아의 왕도 아테네에 올 때면 그의 강연을 빠뜨리지 않았다고 한다. 그래서 제논은 바라지 않은 일이지만 차츰 높은 명성을 얻는다. 아테네 사람들은 그에게 도시의 열쇠를 맡김으로써 그에 대한 존경심을 표현했다. 그리고 그를 위해 황금 화환을 만들고, 그를 기리기 위해 동상을 세우고 그가 아직 살아 있을 때 벌써 묘비까지 만들었다.

　그러나 제논은 오로지 우연히 철학을 하게 된 사람이다. 원래는 성공을 거둔 상인이었다. 붉은 천을 싣고 가다가 배가 난파되는 사고가 발생해서 아테네의 서적상의 집에 머물렀는데 주인이 철학책 읽는 것을 보았다. 이것이 계기가 되어서 제논도 철학을 하게 되었는데, 그 이후로 그는 배가 난파되는 일을 "유익한 장치"라고 부르곤 했다. 철학에서는 많은 것을 성취했다. 고대의 증인한 사람은 그에 대해서 이렇게 보고한다. "그는 언제나 사물의 바탕을 파고드는 열렬한 탐구자였다."

제논과 제자들의 만남의 장소는 화가 폴리그노토스가 벽화를 그린, 기둥이 늘어선 홀이었다. 그래서 그의 학파는 "스토아"[원래 기둥이 줄지어 늘어선 건물 형태를 가리킨다]라는 이름을 얻었다. 이 또한 특징적인 일이다. 쾌락의 사도인 에피쿠로스가 정원에서 모임을 가졌다면, 쾌락의 적대자이며 의무의 사람인 제논은 엄격하고 진지한 건축물의 보호 안으로 들어갔으니 말이다.

제논의 철학적 사유를 생생하게 살펴보려 한다면 그와 가장 가까운 제자들의 일치하는 관점들도 함께 살펴보아야 한다. 고대의 증인들이 그들을 잘 분간하지 못했기 때문이다. 그에 반해 중기 스토아학파의 대표자들인 파나이티오스와 포세이도니오스, 로마 시대 스토아학파인 세네카, 에픽테토스, 마르쿠스 아우렐리우스 등은 여기서 뺄 필요가 있다. 초기 제자 중 가장 중요한 인물로는 원래 직업 권투선수 출신인 클레안테스와 달리기 선수 출신인 크리시포스가 있다. 클레안테스는 천성이 느렸고 밤에 물을 길어다 주고 또 빵반죽을 해주어 연명하는, 거지처럼 가난한 사람이었다. 크리시포스는 대단히 예리한 통찰력을 지니고 있어서 당시 사람들은 신들이 철학을 한다면 분명 크리시포스가 하는 방식으로 할 것이라고 말하곤 했다.

에피쿠로스학파와 마찬가지로 초기 스토아학파도, 불안정한 세상에 든든한 발판을 찾는 것이 중요해진 시대 상황에서 출발한다. 이들에게서 철학은 인간의 삶을 위한 직접적인 의미를 지닌다.

철학은 "삶을 살아가는 기술"이다. 그러나 스토아학파는 에피쿠로스처럼 쾌락과 향락에서 삶의 의미를 찾지 않고 자기 자신과의 일치에서 찾았다. 코스모스(질서. 혹은 우주)나 폴리스(도시국가)에서 확고한 기반을 갖지 못하게 된 인간은 이제 자기 자신 위에 서야 한다는 생각이 그 뒤에 숨어 있다. 그의 윤리적 과제는 보편적인 미덕이 아니라 개인으로서의 인간 안에 들어 있는 특별한 인간의 이념을 실현하는 것이다. 그로써 정신의 역사에서 처음으로 개성이라는 개념이 등장한다. 그것은 뒷날 기독교 사상이 스며드는 기간에, 그리고 특히 괴테 시대에 특별한 중요성에 도달하는 개념인데 여기엔 스토아학파의 영향이 컸다.

자연은 신이고, 신은 세계의 영혼이다.

그렇다면 인간은 어떻게 자기 자신과 일치될 수 있는가? 제논은 "자연과 일치하는 방식으로 살아감"으로써 그것이 가능하다고 대답한다. 자기실현은 주관적 의사에 따른 일이 아니라 법칙과 결부된다. 즉, 인간 속의 자연(본성)과 결합된 것이고, 이것은 다시 바깥에 있는 큰 자연과 조화를 이룬다. 자신과 일치되는 행동을 하는 사람, 그래서 자기 내면의 자연을 실현하는 사람은 동시에 우주의 법칙과 일치되는 행동을 하는 것이다. 이로부터 자연 이해에 대한 스토아학파의 관심이 생겨난다.

자연에 대한 관심은 순수한 지식욕에서 생겨난 것이 아니라 인간의 자기 인식을 위한 것이다. 그래도 에피쿠로스학파의 자연 탐구보다는 훨씬 진지했다. 에피쿠로스 사람들은 세계에서 오는 방해를 피할 셈으로 세계를 파악하려고 했다. 그에 반해 스토아학파 사람들은 자신의 본질에 대해 윤리적으로 깨닫기 위해 자연의 본질을 인식할 필요가 있었다. "자연 인식을 추구하는 것은 선과 악을 구분하기 위해서다."

스토아학파는 자연의 본질을 에피쿠로스학파와는 다르게 이해한다. 자연은 무의미한 우연성을 지닌 원자들의 놀이가 아니라 내적인 생명력에 의해 지배받는다. 강력한 자연 원칙이 있는데 그것은 많은 이름을 가진다. 불火이라 불리기도 하고, 삶의 숨결, 정신, 이성, 운명 등이라고도 불린다. 신이라 불리기도 하고 혹은 최고신과 동일시되기도 한다. "신과 정신과 운명과 제우스는 하나다. 그리고 또 다른 이름들도 많다."

"신이란 이성과 정신의 재능을 지닌 죽지 않는 생명체로서, 완벽하게 행복하여 사악한 존재가 접근할 수 없고, 세계와 세계 안에 있는 것을 미리 보살핀다."

따라서 에피쿠로스의 생각처럼 신들은 세계에서 멀리 떨어진 곳에 머물지 않고 세계 속에 있으면서 세계 속에서 작용한다. "세계는 신의 섭리를 통해 지배된다. 신들은 인간의 일들을 보살피는데, 전체의 일만이 아니라 개인의 일까지도 보살핀다."

강력하고 신적인 원칙은 모든 현실적인 것 안에 살아 있다.

"신은 세계 안에 포함된다. 신은 세계의 영혼이다." "세계의 창조자이며 모두의 아버지다." 그렇다, "온 지상과 온 하늘이 신의 있음이다." "하수와 회충과 범죄자들 속에도 있다." 세계는 살아 있는 전체이고, "모든 것을 포괄하는 이성적인 생명체"이다. "이성이 세계의 모든 부분에 스며들어 있기" 때문에 세계는 "이성적이고 영혼이 있고 분별력이 있다." 짧게 말하자면 스토아 방식으로 생각된 자연은 "신"이다. 신적인 원칙의 무한한 창조력 때문에 이 원칙은 스스로 유일한 세계로 될 뿐만 아니라, 서로 끊임없이 순환하는 무수히 많은 세계로도 된다.

운명이 사납게 몰아쳐도 의무를 다하라

스토아학파는 세계의 신성神性이라는 생각보다는, 인간이 특별한 방식으로 신적인 것에 의해 규정된다는 깨달음을 더 가치 있게 여겼다. 이런 내면의 신성이야말로 인간 속에 있는 자연이다. "인간의 본성도 '모든것'(만유)의 본성에서 나온 것이다." 이런 의미에서 클레안테스는 신을 염두에 두고 "우리는 당신과 같은 종족입니다"라고 말했는데, 사도 바울은 아레오파고스 언덕의 설교에서 그 말을 인용했다. "인간은 그가 지닌 이성을 통해 신과 친척이다."

인간은 이렇듯 보편적인 세계이성에 동참하기 때문에, 자기 안에서도 이성을 일깨울 수 있다. 이것이 그의 가장 고귀한 과제다. "인간의 참된 본질은 이성 안에 들어 있다." 참의 가능성도 이런 생각에 뿌리를 둔다. 인간의 내면에 있는 이성이 모든 현실을 지배하는 세계이성과 일치하는 것이기 때문에 인간은 자기가 인식하는 것이 참되다는 보증을 얻는다.

그러나 인간이 자연의 위대한 필연성에 이렇듯 깊이 뿌리박고 있다는 이념은 여러 어려움을 만들어낸다. 스토아학파 사람들도 매일 경험하는 자유는 이런 필연성과 어떻게 결합될 수 있는가? 자유의 개념을 더욱 정밀하게 규정함으로써 그 해결을 시도한다. 자유란 그냥 단순히 멋대로 구는 것이 아니라 원래의 근원으로부터 생겨난 있음이다.

"내면이 자유롭고 자신의 이성이 선택한 것을 행하는 인간만이 자유롭다."

인간이 정말로 자기 자신으로부터 행동한다면, 그는 자연적이며 이성적이고 신성한 자기Selbst로부터 행동하는 것이고, 따라서 세계를 둘러싼 필연성의 틀 안에서 자신의 자유를 실현한다. 자유란 자발적으로 신적 질서 안에 짜 맞추어지는 것이다. 그러므로 인간이 자기 내면의 이성에 귀를 기울이는 일이 극히 중요하다.

"하나의 도덕법칙이 있는데 그것은 최고이성의 계율이기도 하다. 반드시 해야 할 것을 명령하며 그냥 두어야 할 것은 금지한다." 그 법칙이란 "각 개인의 가슴에서 작용하는 다이몬이 모든것을 지배하는 이[신]의 의지와 같은 소리를 내는" 것이다. 이런 내면의 신적 원칙에 복종하는 것이 바로 미덕의 본질이다. 미덕은 "이성과 일치하는 영적인 태도"다. 또한 "이성의 본질을 완전히 펼치는 것이며 그것을 자신의 최종목적이자 행복으로 삼는 것"을 뜻한다. 그러면서도 인간은 그 어떤 보상도 기대하지 않는다. "미덕은 그 자체를 위해 추구해야 할 것이다. 그것은 어떤 보상도 요구하지 않는다."

그러니 인간은 절대로 자신의 정열에 종속되어서는 안 된다. 정열은 그를 자신의 가장 내적인 원칙에서 벗어나도록 하기 때문이다. "이성의 본질은 이성을 따르고 이성의 지시에 따라 행동하도록, 본성적으로 규정되어 있는 것임을 명심해야 한다." 그것은 충동을 제한한다. "열정적 감정은 우리가 이성에 맞는 행동을 하는 것을 방해하고 영혼의 조화를 어지럽히기" 때문이다. 그것은 "영혼의 질병"이다.

따라서 스토아학파 사람들의 삶의 이상은, 사납게 몰아치는 운명에 맞서는 "정열 없음"과 "흔들리지 않음"이다. 많은 스토아학파 사람들은 살면서 그것을 지켰다. 오늘날에도 모범이라는 효력을 지닌 스토아적 태도다. 의무의 생각이 모든 것보다 위에 놓인다. 의무란 "거기에 잘 어울리는 것"이다. 의무를 다한다는 것은 내면에 있는 신적인 목소리에 귀를 기울인다는 뜻이다.

의무가 중요하니만큼, 에피쿠로스 사람들이 좋아한 것처럼 사적인 영역으로 물러나는 것은 가능하지 않다. 누구든 공적인 과제에 자신을 내주어야 한다. "미덕이 있는 남자는 고독 속에 살지 않는다. 그는 본성적으로 사람들과 잘 어울리는 일상의 삶을 위해 만들어진 사람이기 때문이다." 그래서 "이성적 본질의 공동체 안에 편입되어, 있는 힘을 다해 이 공동체를 발전시키라는 것이 자연의 요구다." "우리는 천성적으로 하나로 결속하고 합쳐서 국가를 이루려는 성향이 있다." 그로부터 보편적인 인간 사랑이 나타난다. 그것은 "모든 인간을 인간으로 한데 결속시키는 자연적인 애착"이다. 공적인 생활에서 이런 의무 사상을 타당하게 만들었다는 것이 철학자 제논의 위대한 공적의 하나이다. 그는 그리스 마지막 시대의 진지하고 엄격한 인물이었다.

플로티노스
혹은 황홀경을 바라봄

7

205–270

PLOTINOS

자신도 높은 등급의 철학자인 포르피리오스는 기원 3세기의 가장 중요한 사상가인 스승 플로티노스의 전기를 다음과 같은 말로 시작한다. "우리 시대의 철학자인 플로티노스는 몸을 가진 것을 부끄럽게 여기는 사람 같았다." 이어서 그가 육체로 존재하는 것을 부끄럽게 여기는 몇 가지 예들을 제시한다.

플로티노스는 자신의 출신, 부모, 고향 등에 관한 이야기를 절대로 하지 않았다고 한다. 또한 영혼이 육체로 들어간 날짜인 생일을 밝히지 않았으니, 이렇게 유감스러운 사건을 축하하는 일이 벌어지지 않도록 하기 위해서였단다. 또한 사람들이 자기 초상화를 만드는 것을 참지 못했다. 그래서 제자들은 그 시대의 가장 유명한 화가를 몰래 강의에 불렀고, 이 사람은 나중에 기억을 토대로 그의 모습을 그렸다.

플로티노스의 육체에 대한 경멸은 계속된다. 그는 자주 자신을 괴롭힌 장腸의 심각한 통증을 치료하기 위한 장세척을 거부했다. 또 어떤 병이든 약 쓰기를 모조리 거절했다. 심지어는 이미 매일같이 습관이 되어 있던 마사지 받는 것마저 포기했고 그래서 병이 더 심해졌다. 먹는 것도 극히 절제했다. 자신이 마련한 한 조각 빵을 먹는 것마저 자주 잊었고 그래서 불면증으로 고생했다. 이렇게 육체를 경멸한 결과 플로티노스는 차츰 병이 들고, 나이가 들어서는 목소리가 나오지 않고 손과 발에 염증이 생겼다. 그렇게 되자 제자들과 교제하는 일도 어려워졌다. 그들과 인사할 때 포옹하는 습관이 있었기 때문이다. 포르피리오스는 그 때문에 추종자가 차츰 줄어들었다고 보고한다.

몸을 가진 것을 부끄러워하는 사람

플로티노스는 스물여덟 살에 철학자 암모니오스의 자극을 받아 철학을 시작했다. 암모니오스는 소크라테스처럼 아무런 저술도 남기지 않았고, 정원사 조수로 생계를 유지했기 때문에 "자루 나르는 사람"이라는 별명을 지닌 사람이다. 플로티노스는 처음에 알렉산드리아에서 제자들을 가르치고, 이어서 로마로 장소를 옮겨 공개 강연을 했다. 그의 공개 강연의 분위기는 상당히 활기차고 이따금 소란스럽기까지 했다. 포르피리오스는 이렇게 말한다. "수업에서는 혼란스럽게 많은 말들이 오갔다. 플로티노스가 청중에게 직접 질문하라고 자극했기 때문이다."

로마에서는 엄청난 청중이 그의 강의에 몰려들었다. 그 청중에는 학생들만이 아니라 지배계층 사람들도 포함되어 있었으며, 상당수의 원로원 의원들과 황제와 황후도 있었다. 전기 작가에 따르면 여성들도 그의 강의에 들어오는 것이 허용되었는데, 이는 그가 특별히 열린 사람이라는 표지라고 한다.

청중이 스승의 가르침을 실천하는 방식에는 제각기 특성이 있었다고 기록되어 있다. 어떤 사람은 고귀한 원로원 의원이었는데 자신의 모든 직위를 포기하고 하인들을 내보내고 고급 별장을 떠나 세상의 모든 일을 멀리하고 금욕적인 삶을 살면서 이틀에 한 번씩만 식사를 했다고 한다. 그 결과 부수적인 효과로 통풍이 깨끗이 나았다. 또 다른 사람은 법률가였는데 절제를 잘하지 못했다. 제자들 사이에서 대단한 비난이 쏟아졌지만, 그는 고리대금 사업을 향한 열정을 통제하지 못했다고 한다. 또 다른 사람은 강한 정치적 열정을 갖고 있어서 플로티노스는 그것을 줄이려고 노력했다. 또 다른 사람은 미워하는 마음에서 마법을 이용해 스승을 해치려고 했지만, 물론 실패했다. 마법이 그 사람 자신에게 작용했기 때문이다.

그것 말고도 플로티노스는 특별히 신비로운 능력을 가졌다고 한다. 사지가 돈주머니를 닫을 때처럼 꽉 눌리는 느낌을 받음으로써 마법의 공격을 아주 생생하게 알아차렸다. 한번은 어떤 이집트의 사제가 플로티노스에게 붙어 있는 악령을 불러내려고 했다. 그러나 악령이 아니라 신이 나타났기에 그 자리에 있던 사람들이 모조리 경배하려고 엎드렸다. 일상생활에서도 그는 특별히 눈이 밝았다. 그래서 한눈에 도둑을 알아볼 수 있었고, 사람들의 내면과 주변 사람의 장래 운명까지도 단숨에 꿰뚫어 보았다.

제자들은 플로티노스의 죽음을 다시 육체에 대한 적대감이라는 관점에서 해석했다. 죽음이란 육체를 버리는 일이며, 죽지 않는 영혼의 해방이라고 이해한 것이다. 플로티노스의 목숨이 끊어지는 순간에 뱀 한 마리가 벽의 틈 사이로 사라졌다는 사실을 그 표지로 든다. 플로티노스의 마지막 말도 이런 맥락에 들어 있다. "이제 나는 내 안에 있는 신적인 것이 만물 속에 있는 신적인 것으로 들어가게 할 참이다."

육체와 감각성에 대한 경멸은 플로티노스에게서 시작되었으며, 이것은 그의 철학이 기원한 기본 성향에서 나온다. 곧, 세계에 등을 돌리려는 그의 열망은 지상의 일에 대한 넌더리에서 생겨났다. 이 세계에서 사는 것은 "추방이며 저주"다. 이렇게 세계에 등 돌림은 이론적 차원에서만이 아니라 무엇보다도 특정한 경험들에서도 이루어진다. 포르피리오스는 플로티노스와 교제하는 6년 동안, 플로티노스가 네 번이나 망아忘我 경지를 체험했다고 말한다. 그것은 그의 가장 깊은 내면이 세계를 뛰어넘어 도약함을 뜻한다. 그럴 때면 그에게 "모양도 형태도 없는, 정신과 모든 정신적 세계를 지배하는 신"이 나타났다고 한다.

플로티노스는 자기가 본 것을 이야기하려고 할 때면 특별한 어려움에 빠지곤 했다. 인간의 모든 언어는 세계와의 만남에서 나온 것이다. 이런 언어는 세계를 넘어서 있는 것을 제대로 표현할 수가 없다. 신은 "진정 말로 표현할 수 없는 것"이다. 신이 있다는 것조차도 인간의 언어로는 제대로 설명할 수 없다. 신은 있음에 대한 인간의 모든 개념을 넘어서 있기 때문이다. 그렇다고 신을 정신이라고 표현할 수도 없다. 정신이라는 개념도 인간 자신의 유한한 자기 체험에서 나온 것이기 때문이다. 줄여 말하면 신은 "신의 형상을 따르는 모든 것과 다르다."

그런데도 플로티노스는 도약의 순간에 체험한 것을 알려주기를 포기하려 하지 않았다. 그는 가장 비슷하게 전달할 수 있는 방법을 찾아냈으니, 곧 부정_{否定}의 방법이다. 신에 대해서 우리는 "그 특성이 아닌 것만을 말할 수 있고 그 특성은 올바르게 말할 수가 없다." 그렇다고 부정의 방법을 통해 신적인 특성이 부정되는 것은 아니다. 신적이지 않은 특성이 부정될 뿐이다. 곧, 세계에 속한 것, 유한한 것, 시간적 존재 등이 부정될 뿐이다. 이런 유한성에 속하는 모든 것을 제거하고 나면 이 모든 유한성 위로 솟아오른 그것을 대략 짐작할 수 있게 된다.

그래서 플로티노스는 신을 체험하는 일과 관련해서 다음과 같은 충고를 해줄 수가 있다.

"신을 진술하거나 인식하려고 할 때는 다른 모든 것을 떼어내라. 모든 것을 떼어내고 오직 신만 남게 되면 거기에 네가 무언가 덧붙일 것을 찾지 말고 너의 생각 속에서 신에게서 떼어내야 할 어떤 것을 혹시 아직 떼어내지 않았는지 찾아보아라."

부정을 통해 순수한 '하나'를 얻다

플로티노스는 이런 부정의 방법을 통해 신적 특성에 몇 가지 부정적 술어를 붙일 수 있다는 사실을 알게 되었다. 신은 끝이 없고, 제한이 없고, 나뉘어 있지 않고, 공간적이지 않고, 시간적이지 않으며, 움직임이 없고, 쉼도 없고, 형태도 없고, 이승의 요소가 없고, 크기가 없고, 특성이 없고, 사유가 없고, 의지가 없고, 욕구도 없다.

그러나 이것만으로 플로티노스가 자신의 본질적인 신神 개념에 도달한 것은 아니다. 육체적인 것이거나 정신적인 것이거나 상관없이 유한한 현실은 항상 여러 모습으로 다양하게 나타난다는 사실을 인식해야만 그의 신 개념이 나온다. 플로티노스에게는 유한한 현실의 기본 특성은 그것이 여러 모습으로 나타난다는 것이다. 이 많음을 부정함으로써 그는 자신의 고유한 신 개념을 얻는다.

유한한 현실이 많음이라면 신은 통일성, 혹은 하나(일자一者, 유일자唯一者)이다. 그래서 플로티노스는 신을 "순수한 하나"라고 표현한다. 이는 온갖 유한한 현실적인 것을 넘어서 있고, 심지어는 있음과 정신을 넘어서 있다. 이것이 이 사상가가 내놓은 최고의 신 개념인데, 이는 물론 확정적인 이름이 아니라 단순히 암시만 주는 것이다. "하나"라고 불린 것은 아직도 근본적으로는 이름이 없는 것이기 때문이다. "그것은 우리가 말할 수 있는 것 이상이고, 그보다 더 큰 것이다."

플로티노스는 가장 힘든 사유 과정을 거쳐 거기 포함된 문제점을 진술한다. 유한한 많음을 독립적으로 있는 것이라 여기고,

"하나"가 여기 대립한다고 생각하는 한, "하나"는 아직 진짜 "하나"가 아니다. "하나"는 아주 단순한 방식으로 "여럿(많음)"을 자기 안에 포함하는 것이어야만 한다.

"'여럿'보다 앞서 '하나'가 있고, 이 '하나'로부터 '여럿'도 있게 된다."
"'여럿'은 '하나'에서 유래하고 또 '하나' 안에 있는데, '하나'가 없다면 '여럿'도 있을 수가 없다."

그래서 신을 뜻하는 "하나"는 공허한 수학적인 하나(1)와 같은 것이 아니다. 그것은 끝도 없이 많은 모두를 자기 안에 포함하는 단순한 하나이다. 철학하는 사람은 도약의 순간에 그것이 "모든 것 전체가 그 안에서 파악되는 기원"임을 체험한다.

그에 따라 인간이 자기를 떠나, 이 "하나"와 하나가 되는 순간에 그는 "여럿"의 세계를 벗어난다. 그는 이 세계를 잊는다. 그러면서도 몸을 지니고 사는 한 이런 합일의 상태 안에 언제까지나 머물 수는 없다. 그래서 "여럿"의 세계로 돌아오면 다시금 자기 안에서 싸우고 있는 찢긴 현실이 그를 맞아들인다. 그러나 이미 "하나"를 보고 난 이후에 그는 "하나"의 관점에서 이런 현실을 보지 않을 수 없다. "있는것은 모두 '하나'를 통해 있음"을 알기 때문이다.

그러나 그로써 모순이 생겨나는 것처럼 보인다. 결국은 모두가 "하나"라면, 정확하게 관찰하면 "여럿"의 세계는 전혀 존재할 수가 없기 때문이다. 이런 딜레마로 인해 플로티노스는 과제 하나를 떠안게 되었다. 곧 어떻게 "하나"로부터 "여럿"이 가능한가, 그러니까 어떻게 "하나"가 펼쳐져서 "여럿"이 되는가를 보여주어야 했다. 그는 "모두의 기원"인 하나를 탐구해야만 했다. 여기서 문제점은 "하나"는 어느 경우라도 자기에게서 독립된 '있는것'을 내놓아서는 안 된다는 것이다. 그렇지 않으면 그것은 모든 것을 포함하는 "하나"가 될 수 없기 때문이다. 그러면서도 세계의 원인이 되어야 한다.

플로티노스는 개념을 통한 파악의 가능성들이 이 점에 걸려서 모조리 실패한다는 사실을 보았다. 그는 "하나"에서 현실이 탄생하는 것을 오로지 그림[비유]으로만 보여준다. 그래서 그는 "하나"가 넘쳐흐르면서도 절대로 줄지 않는 샘, 혹은 빛을 내보내면서도 광채가 줄어들지 않는 태양이라고 말한다. 혹은 "하나"가 펼쳐지는 모습을, 한 대상이 거울에 비치면서도 그런 비침을 통해 자신의 본질을 잃어버리지 않는 일과 비교한다. 플로티노스가 본 것은 이런 이미지를 통해 표현되었다.

세계는 그노시스파*의 생각처럼 본래 독자적인 것도 아니고, 기독교 사상에 나타나는 것처럼 상대적인 독립성을 지닌 것도 아니다. 세계는 직접 신성神性(신)에서 나온 것이며 동시에 신 안에 머물러 있다. 세계는 "하나"에서 흘러나왔지만, 여전히 그 안에 하나로 포함되어 있다. 기원에서 흘러나오기는 하지만, 기원에서 떨어져 나온 것은 아니다. "하나"는 "여럿" 안에 "있으면서 동시에 그것

● 영지주의靈知主義. 1세기 유대교와 초기 기독교 종파들 사이에서 나타난 종교적 체계로서, 개인이 지닌 영적 지식을 전형적인 정교正敎의 가르침이나 종교적 권위보다 더 우위에 두었으며 영혼과 육체, 정신과 물질이 근원적으로 대립한다는 이원론적 세계관을 설파했다.

과 분리되어 있다."

하나가 펼쳐져서 세계가 되다 ─ 4단계

그렇다면 어째서 신은 자신 안에 머물러 있을 수가 없는가? 어째서 펼쳐져서 세계가 되어야 하나? 철학하는 사람도 세계를 현실로 체험하며, 다른 한편 온 세계를 넘어선 "하나"의 체험을 부정할 수도 없으니, 이는 아주 분명한 일이다. 그 때문에 그는 두 가지를 결합하려는 시도를 하지 않을 수 없다. 이것이 "하나"가 펼쳐진다는 생각의 기원이다.

하지만 이렇게 주관적인 근거 제시만으로 이 문제는 풀리지 않는다. "하나"[신성]에서 세계가 펼쳐져 나오는 과정은 "하나"로부터 일어나는 일로 관찰되지 않으면 안 되기 때문이다. 그러니까 어째서 "하나"는 자신으로부터 나와 세계가 되는가 하는 점도 물어야 한다. 플로티노스는 이렇게 대답한다. "하나"가 세계가 되어야 할 어떤 필요성을 느끼기 때문은 아니다. 필요성이란 결핍의 표지이니 말이다. 자신 안에서 완전한 "하나"는 부족함이 없다. 또한 기독교 신앙이 설명하는 것처럼 신의 사랑에서 세계가 생겼다고 할 수도 없다. 플로티노스는 사랑을 동경이라고 해석하는데, 여기에는 무엇인가를 갖지 못함, 곧 결핍의 느낌이 숨어 있다. 그렇다면 세계는 신의 풍성함에서 생겨났다고 생각할 수밖에 없다. "하나"는 "완전히 성숙했고, 아무것도 찾지 않고, 아무것도 갖지 않고, 아무것도 필요로 하지 않는다. 그래서 그냥 넘쳐흐르게 되는데, 이렇게 흘러넘친 것이 다른 것들을 만들어냈다."

플로티노스는 "하나"가 세계로 된다는 생각을 이어가, 비시간적이며 오로지 패러독스(역설)로만 이해되는 영원한 과정을 받아들인다. 이 과정은 여러 단계들로 이루어지는데, 단계가 진행될수록 그 완전성이 점점 줄어든다. 최초의 단계는 "하나" 자체만 있는 상태로서, 그것은 자기 안에 순수하게 있다.

그러나 "하나"가 자신을 바라봄으로써 펼쳐짐의 과정이 시작된다. 그를 통해 두 번째 단계가 생겨나는데, 즉 정신과, 정신 안에 포함된 정신적 세계, 곧 이데아들의 세계가 생겨난다. 이 둘[정신과 이데아들의 세계]은 서로 밀접하게 연관된 것으로 "하나"의 모상模像들이지만, 원래의 순수성을 잃었다. 정신적 세계가 제 안에 이데아들의 풍부함을 지닐 뿐만 아니라, 정신도 모든 개별적 정신들의 총합으로서 "여럿"이 되기 때문이다. 정신과 이데아들의 세계로 나뉘면서 이미 "둘"이 되었다.

세 번째 단계는 정신이 아래를 내려다봄으로써 생겨난다. 그로써 세계영혼이 생겨난다. 세계영혼의 부분들이 개별 영혼들로 되기 때문에, 세계영혼은 거대한 다양성을 제 안에 지닌다.

세계영혼은 영원성의 영역에 속하지만, 그 세계영혼 자신도 다시 아래를 내려다보고, 그로써 코스모스가 생겨난다. 곧 유한한 감각의 세계인 사물들의 세계가 어마어마한 다양성으로 생겨나는 것이다. 이것이 네 번째 단계이다.

세계는 세계영혼에서 나온 것이기 때문에 여전히 아름답고 완전하다. 플로티노스는 기독교의 세계 경멸에 맞서 이 점을 특히 강조했다. 그러나 물질이 들어섬으로써 이 아름다움과 완전성이 손상을 입었다. 플로티노스에게 물질이란 무엇인가? 동시대 그노시스 사조에서처럼 신에 맞선 독립적인 원칙은 아니다. 그리고 기독교의 창조론에서처럼 없음에서 나온 것도 아니다. 물질은 아래를 내려다봄의 가장 바깥에 있는 영역으로, 세계영혼이 자신에게 마주 세운 가장 멀리 떨어진 경계이다. 이것은 빛이 어둠과 경계를 이루는 것과 비슷한 방식이다.

이제 이런 단계들 전체를 관찰하면 정신, 영혼, 감각적 사물들의 차원으로 나타나는 전체 현실은 플로티노스의 사유에서는 바로 "하나"의 유일한 펼쳐짐이다. 현실은 각기 다른 완전성으로 나타나는 "하나"의 모상이라는 한에서만 존재한다. 이렇게 해서 그 전체가 완전한 신의 특성이라는 관점에 도달한다. 있는 것은 모두 신 안에 있다.

그렇다면 플로티노스는 "하나"가 세계로 되는 이런 과정에서 인간의 위치를 어떻게 규정하는가? 그는 영혼이 택할 수 있고, 또 택해야 할 길을 서술함으로써 이 물음에 답한다. 영혼의 타락이라는 사실이 그 출발점을 이룬다. 영혼은 원래 영원한 영역에 속하지만, 세계영혼이 아래를 내려다보는 일에 동참한다. 자유를 가진 덕분에 영혼은 이렇게 바라보는 일에 빠져서 그만 자신을 잃어버릴 수가 있다. 영혼은 육체에 자신을 내주고 그로써 자신의 기원을 잊는다. 이것은 심지어 인간의 일상적인 여기있음이니, 그는 이리저리 돌아다니며 세상일을 본다.

이런 중에도 세속의 모든 것이 그렇듯 영혼에도 자신의 기원에 대한 기억에서 자라나는 "하나"를 향한 동경이 남아 있다. "영혼은 신에게서 나온 것이기 때문에 필연적으로 신을 그리워한다." 그로써 영혼은 세속의 여러 뒤얽힘에서 벗어나려는 성향을 지닌다. "아래로 내려오면서 입은 옷[육체]을 벗어버리고" 기원으로 돌아가고자 하는 성향이다. 영혼은 우선 영원한 것인 저 자신을 향하는데, 이것은 궁극적으로는 신을, "하나"를 향해 나아가는 길이다. 이것은 바로 철학하는 길이기도 하다.

다시 '하나'로 되돌아가는 길 — 4단계

떠나옴처럼 돌아감도 네 단계로 이루어진다. 첫째 단계는 인간이 개인적인 삶의 향락에 등을 돌리고 서로를 향한 미덕, 곧 용감함, 올바름, 사려 깊음, 지혜 등으로 돌아가는 일이다.

두 번째 단계는 육체적인 요소, 모든 정열과 충동에 완전히 등을 돌리는 것이다. 여기서 영혼은 깨끗해져서 자신에게로 돌아가고, 그럼으로써 원래 자신의 고향인 감각성 너머의 차원에 도달한다.

세 번째 단계는 단순히 나의 영혼에서 영혼의 정신적 본질로 올라서는 것이다. 여기서 이데아들을 바라보며 기쁨을 느끼는 이론적, 철학적 존재 방식이 생겨난다.

네 번째 단계는 모든 개별적인 것들, 심지어는 이데아들조차도 떠나보내고, 스스로 세계에서 멀어지고, 자신에 대한 앎이 없어지고, 마침내 "영혼의 들어갈 수 없는 영역에" 도달하는 것이다. 여기서는 인간이 정말로 신과 하나가 되는 것이 가능하다.

이 네 번째 단계가 결정적인 사건을 가져온다. 우리는 "우리의 순수한 자기와 더불어 신이 아닌 것을 모두 스쳐 지나가면서 그보다 더 위의 것만을 바라본다. 흐려지지 않고 단순하고 순수하게." 이것은 유한한 바라봄, 혹은 유한한 생각으로는 도달할 수 없다. 우리는 "눈을 감고 우리 안에 있는 다른 눈길을 깨워야 한다." 우리 자신을 단순함으로 데려가야 한다. "하나"를 바라보면서 "그것이 나타날 때까지 조용해져야" 한다. 그러면 우리는 "우리 안에 지닌 영원함으로 영원성과 영원한 존재를 볼 수" 있게 된다. 저 갑작스러운 황홀경의 순간에 바로 그런 일이 일어난다.

"완전히 우리 안에 깊이 잠겨 있으면서도 우리는 사유의 위로 떠오르며 의식이 없는 엑스터시의 상태, 단순함의 상태에서 신적인 빛으로 갑자기 가득 채워지고, 근원적인 신적 본질과 직접 하나가 되어서 그와 우리 사이의 차이가 모두 사라지면, 그제야 우리는 최고의 상태에 도달한 것이다." 그러면 우리는 "소리 없이 여기 계신 신과 하나가" 된다. 이로써 플로티노스의 가르침이 완성된다.

아우구스티누스
혹은 죄의 쓸모

8

354~430

AUGUSTINUS

DIE PHILOSOPHISCHE HINTERTREPPE

젊은 시절의 아우구스티누스를 알았던 동시대 사람이라면 이 세속적인 청년이 장차 교부敎父의 한 사람, 그것도 로마 가톨릭 최고의 교부가 되리라고는 짐작도 하지 못했을 것이다. 젊은 시절 아우구스티누스는 세속의 쾌락에 잠겨 즐거운 마음으로 이리저리 방황했다는 인상을 준다. 학교에서 그리스어 배우기를 싫어했고, 남의 과수원에서 배를 훔쳤다는 일은 그렇다 치자. 그런 거야 의문스러운 모범생 출신이 아님을 알려주는 일일 테니 말이다. 하지만 수사학 공부를 위해 카르타고에 갔을 때 그는 "혁명당"이라 자칭하는 사나운 학생들과 어울렸다. 다만 조심성이 충분해서 그들이 밤에 죄 없는 보행자들을 덮칠 때 거기 동참하지는 않았다. 그에 반해 연극작품을 쓰는 것 말고도 그는 수많은 낮과 밤을 허비하며 다양한 사랑의 행각을 벌였다.

그런 다음 아우구스티누스가 상황을 조금 더 정리해서 카르타고와 로마에서 수사학 선생 노릇을 하고, 마지막으로 밀라노에서 같은 과목의 교수로 활동할 때도 흠 없는 생활을 했던 것은 아니다. 그는 결혼하지 않고 어떤 여자와 살았다. 그 자신의 고백을 통해 알게 되는바 그가 이 여자를 상당히 사랑했다고 말하고, 또 이 관계에서 아들이 하나 태어났는데도 그는 여전히 망설였다. 그의 어머니는 뒷날 아주 유명해져서 성인^{聖人} 모니카라고 불리게 되지만, 아들의 이런 망설임을 부추겼다. 도덕적인 분노 때문이었다기보다는 아들이 신분에 맞는 혼인을 하기를 원했기 때문이다. 그래서 그와 동거하던 여자친구는—두 사람 모두 눈물깨나 쏟고는—버림을 받았다.

아우구스티누스는 자신의 삶을 정상적인 것으로 만들고 싶었고, 그래서 고귀한 가문 태생의 소녀와 결혼하기를 원했던 것이다. 하지만 약혼 기간이 너무 길어지자 그는 재빨리 새 애인을 만들었다. 줄여 말하자면 4세기 남자인 아우구스티누스는 전형적인 후기 로마 시대 사람이었다. 즉, 고대 로마 시대 미덕의 엄격함은 사라지고, 적당한 방탕함이 남자의 이상으로 여겨지던 시대의 인간이었다.

그러나 뒷날의 아우구스티누스는 얼마나 다른 모습인가. 갑작스런 참회와 더불어 정신적 작업과 육체적 쾌락 사이에서 이리저리 흔들리던 생활방식에서 완전히 벗어난다. 서른세 살에 세례를 받았으며, 밀라노에서 얻은 존경받는 직업을 버리고 고향인 아프리카로 돌아갔다. 그곳에서 일종의 평신도 수도원을 설립하고 친구들, 뜻이 맞는 사람들과 더불어 은거하면서 신학과 철학 연구를 계속할 셈이었다.

그러나 운명은 그에게 조용한 삶을 허락해주지 않았다. 이웃한 도시 히포에서 주교 보좌신부를 뽑게 되었을 때, 여기 참석한 사람들 사이에 그가 있다는 것이 알려지면서 그는 억지로 앞으로 밀려 나가 자기 의지에 반해 이 직책에 임명되었다. 나중에 그는 히포의 주교직을 맡았는데, 그것은 설교하고 교인들을 보살피는 성직자의 의무뿐만 아니라 광대한 교회 재산을 관리하는 힘든 임무도 포함하는 것이었다.

그러나 아우구스티누스는 교회 통치자로서의 이런 활동을 위해 자기 시간의 작은 일부만을 바쳤다. 그와 나란히 지치지 않고 펜을 놀려서 신학책과 철학책들을 잔뜩 쓰고, 자기 시대의 정신적, 종교적 논쟁들에도 열정적으로 끼어들었다. 그리고 일흔두 살에 공적인 활동에서 물러났다. 바로 뒤이어 병에 걸렸는데 그 때문에 완전히 고독하게 지냈다. 그리고 젊은 시절 그토록 정열적으로 좋아하던 이 세상에서 멀리 떨어져서 430년에 죽었다.

자기 자신을 들여다보고 인간을 관찰하다

아우구스티누스가 뒷날 자신의 젊은 시절을 돌아보자 그 시절의 일들이 한 줄기 죄의 사슬처럼 생각되었다. 무책임하게 벌인 사랑의 행각이나, 웅변술에서 다른 사람을 누르려는 명예욕과 같이 분명히 눈에 보이는 잘못들만을 뜻하는 것이 아니다. 언뜻 보기에 해롭지 않게 보이는 것들도 이제는 죄로 여겨졌다. 예를 들어 학생 시절에 공부보다 놀기를 더 좋아했던 일, 아니면 구구단보다는 트로이의 화재 이야기를 더 좋아한 일, 또 극장에 가기를 너무 좋아했던 것 따위다. 그는 심지어 젖먹이 시절에 젖을 달라고 너무 성급하게 소리를 질러댄 것도 죄가 아닐까 묻는다. 뒷날의 아우구스티누스는 분명히 젊은 시절 자기에게 일어났던 일이 일어나지 않았기를 소망했다.

그렇다면 지금 이 인물의 모습을 현재에 되살려내면서 우리도 그의 이런 소망에 동조해야 할까? 그가 처음부터 뒷날 회개한 다음 보여준 그런 사람이었다면, 아우구스티누스는 더 존경받을 만한, 더 거룩한 사람이었을까? 아마도 그럴 것이다. 하지만 한 가지만은 분명하다. 그는 더 인간적인 사람은 아니었을 것이다. 왜냐하면 한 인간의 인간성은 그가 방황하며 돌아다닐 수 있는, 실제로 돌아다닌 가능성들의 범위가 얼마나 넓으냐 하는 것으로도 알 수 있기 때문이다. 그렇다면 다음과 같이 주장해도 아주 틀리지는 않을 것이다. 아우구스티누스가 그토록 쓰라리게 탄식하는 젊은 시절의 거친 생활은, 안 그랬다면 그가 절대로 직접 알 수 없었을 일들을 그에게 알려주었다. 그가 인간적인 일들을 모르지 않았다는 사실이 아우구스티누스라는 인간의 위대함을 만드는 데 함께 작용한다고 말이다.

이것은 또한 사상가 아우구스티누스의 위대함을 만들어내는 데도 함께 작용한다. 이 사람이 신학과 철학 사상의 영역에서 어떤 업적을 내놓았든, 한 가지 사실이 그에게 독특한 사유의 밀도를 제공한다. 그는 이전의 누구와도 다른 생동성으로 자기 자신을 사색의 대상으로 삼았다는 점이다. 이런 뜻에서 그는 "나는 나 자신에게 의문이 되었다"라고 말한 적이 있다. 그 결과 아우구스티누스는 처음으로 진짜 자서전을 쓸 수 있었다. 자신의 생애를 전혀 아름답게 꾸미지 않고 솔직하게 적은 글 말이다. 그리고 이것이 바로 유명한 《고백록》이다. 여기서 아우구스티누스는 자기가 살면서 겪은 일들만을 보여주는 것이 아니다. 그는 자기가 서술하는 이 온갖 사건들에 나타난 자신을 자기가 어떻게 바라보고 또 어떻게 이해하는지를 분명히 보여주려고 한다.

그러나 아우구스티누스는 그것마저 넘어선다. 자기 자신에게서 발견한 모습들을 인간의 본질에 속하는 계기Moment들이라고 여긴다. 그를 철학으로 이끌어가고, 또 거기 머물도록 만든 것은 인간에 대한 물음이다. 인간은 오로지 자기 자신을 향한 눈길을 통해서만 참에 도달한다는 것이 그의 기본 신념이다. 즉, 자신을 들여다봄으로써 말이다. 아우구스티누스는 자기 내적인 삶의 생동성으로 인간의 내면성을 발견한 사람이 되었다. 그래서 그는 이렇게 쓸 수가 있다. "너의 밖으로 나가지 말고 너 자신 속으로 들어가라. 내면의 인간 속에 참이 깃들기 때문이다."

아우구스티누스가 이렇게 내면성을 향하면서 철학의 역사에서 새로운 시대가 시작된다. 그는 그리스 철학자들 모두가 생각한 것처럼 인간이 코스모스(우주)의 일부라고 여기지 않았다. 소크라테스와 그의 후예들처럼 상호 행동하는 존재들로 보지 않고, 또한 신新플라톤주의자들[플로티노스 등]처럼 인간이란 세계 안으로 흩뿌려진 신적 특성의 부분들이라고 여기지도 않았다. 아우구스티누스는 무엇보다도 자기 내면을 바라보면서 알게 된, 자기만의 본질의 규정을 지닌 인간을 주제로 삼았다. 그가 자신의 체험으로 보여준 자신과 같은 인간 말이다.*

그렇다면 아우구스티누스는 인간에게서 무엇을 찾아냈는가? 맨 먼저 인간에게 무언가가 잘못되었다는 점이었다. 젊은 시절의 방황을 돌아보면서 아우구스티누스는, 인간이 정상이 아니라는 것, 그가 뒤집힌 상태에서 살고 있음을 알았다. 동시에 인간은 이런 상태에서 벗어나고 싶어 하며, 이렇게 뒤집힌 상황에 계속 머무는 것을 참을 수 없게 여긴다. 이 두 가지, 곧 혼란과 동경으로부터 인간 본질의 특징인 불안이 생겨난다. 아우구스티누스는 자신의 사색들을 다음과 같이 짧막한 문장으로 요약한다. "우리 마음은 불안하다." 이 문장을 원래의 맥락에서 읽으면, 아우구스티누스가 말하는 모든 것의 배경이 되는 이 말의 지평이 분명해진다. "당신[신]은 우리를 당신께로 향하도록 만들었습니다. 우리 마음은 당신 안에서 쉬기 전까지는 불안합니다."

아우구스티누스가 인간에 대해 말할 때는, 철학적 진술의 방식이라 하더라도 단순한 인간주의자의 그것이 아니라 언제나 동시에 철학하는 신학자로서 말한다. 이런 점에서 그는 진정 자기

---

* 전체의 부분으로서의 인간, 또는 공적인 인간이 아니라 지극히 사적인 인간을 처음으로 탐색했다.

시대의 아들이다. 인간의 비참과 무력함을 특히 강하게 체험했고, 그래서 인간을 신적 특성 안에 감싸려고 노력한 후기 고대의 아들인 것이다.

인간에 대한 물음과 신에 대한 물음

이런 열망을 지닌 아우구스티누스는 언제나 동시에, 그리고 무엇보다도 기독교 사상가였다. 물론 처음부터 그랬던 것은 아니다. 그는 키케로의 절충주의를 통해 철학에 들어갔고, 자신이 겪은 악의 체험의 영향을 통해 마니교의 어두운 세계해석으로 빠져들어갔었다. 마니교에서 현실은 선의 원칙과 악의 원칙의 싸움으로 여겨진다. 이어서 그는 완전한 회의주의의 가장자리에 이르렀다가 신플라톤주의에 도달했다. 이편(이승) 너머에 있는 저편의 진짜 세계에 대한 신플라톤주의의 기본 사상에서 비로소 그는 자기에게 적합한 철학의 방법을 찾아냈다. 여기서 한 걸음만 내디디면 기독교 사상이다. 신플라톤주의도 기독교 인간관과 마찬가지로 인간을 완전히 신과의 관계 속에서 보기 때문이다.

그래서 아우구스티누스는 기독교로 방향을 돌린 시점에 이미 철학하는 신학자였으며, 이런 전환 자체로 서양 세계의 가장 위대한 기독교 철학자가 되었다[그리스 사유에서 기독교 사유로 철학의 방향을 옮겼으므로]. 그의 기독교 철학에서는 두 가지 물음, 곧 인간에 대한 물음과 신에 대한 물음이 하나의 거대한 문제가 된다. 그는 이 문제를 다음과 같이 요약한다. "나는 신과 영혼을 인식하고자 한다. 그 밖에는 아무것도 없나? 없다, 아무것도 없다."

신의 사유라는 관점 아래서는 아우구스티누스가 출발점으로 삼은 인간 본질의 뒤집힌 특성이 아주 뚜렷하게 드러난다. 이런 뒤집힌 특성을 신과 연관시키면 그것은 죄로 파악되지 않을 수 없다. 그래서 후기 아우구스티누스는 그토록 끊임없이 젊은 날 자신의 잘못들을 부담으로 여겼다. 그러나 인간의 이런 죄 많은 뒤집힌 특성은 인간 삶의 시작부터 나타나는 것이기에 아우구스티누스는 사도 바울의 원죄에 대한 가르침을 받아들였다. 인간은 원래 선한 존재로 창조되었지만, 아담의 죄가 근본부터 그를 망가뜨렸고, 그래서 그 이후로 인간은 죄 없이 있을 능력이 없어졌다. 인간은 보편적인 죄라는 불행한 운명 아래 놓였다.

이로써 아우구스티누스의 인간 본질에 대한 해석은 그리스 사상과는 정반대편으로 향한다. 소크라테스에게서 특히 분명하게 나타나듯이, 그리스 사유에서 인간은 천성적으로 선하다. 인간이 현실의 행동에서 선을 행하기 위해서는 자신이 본래 선하다는 생각만 하면 된다.

아우구스티누스는 인간 본질에 있는 혼란의 문제를 원죄설을 끌어들여 해결하기는 했지만, 이것은 사유에 엄청난 어려움을 만들어냈다. 원죄로 인한 죄의 특성은 벗어날 길이 없는 숙명이다. 그렇다면 인간이 뒤집힌 방식으로 행동한다고 해도 근본적으로는 어쩔 수가 없다. 그의 행동이 그 자신의 책임과 자유로 되지 않기 때문이다. 다른 한편, 죄의 개념이 완전히 의미가 빈 것이 아니라면, 죄는 잘못이라고 생각되어야 한다. 그러나 행동한 사람이 자기 행동에 대해 스스로 책임을 질 수 있어야만, 다시 말해서 자유로운 존재로 생각되어야만, 그 사람에게 잘못을 넘길 수 있다. 이로써 인간에 대한 물음에서 원죄라는 생각과 자유라는 생각이 서로 날카롭게 대립하게 되었다.

아우구스티누스는 이 문제에 대해 언제나 같은 방식으로 생각하지는 않았다. 초기에는 인간의 자유와 자기책임을 강조했다. 그러나 나중에 이런 관점을 의심스럽게 여겼다. 신의 전능함이 일관된 것이라고 생각한다면, 인간의 자유는 명백하게 아무것도 아닌 것으로 녹아 없어지게 된다. 그래서 아우구스티누스는 마지막에 신의 예정설을 받아들이기에 이르렀다. 그에 따르면 인간의 모든 행동과 운명은 처음부터 미리 정해져 있다. 알 수 없는 신의 결정에 따라 신은 어떤 사람을 구하고 다른 사람을 버린다.

후기의 아우구스티누스는, 인간에게 자유를 주고 그럼으로써 신의 명예를 줄여놓은 사람들에 맞서 온갖 정열을 다해 싸웠다. 그가 마지막에 생각한 신의 개념에 따르면, 인간의 이성에는 아무리 이해하기 어려운 것으로 보여도, 오로지 신만이 절대적 자유를 가졌음을 인정해야 한다. 이 물음에 대한 아우구스티누스의 마지막 말은, 우리는 오로지 신의 비밀 앞에 고개를 숙여야 한다는 것이다.

인간의 인식에서 신은 완전히 밝혀지지 않는다는 것이 아우구스티누스의 가장 초기의 생각들 가운데 하나였다. 그는 어느 정도는 신플라톤주의의 영향 아래서 이런 생각을 얻었고, 남은 평생

이 생각을 유지했다. 신은 "파악할 수도 볼 수도 없고", "극도로 감추어져 있다." 원칙적으로 신을 파악할 수 없다는 신념은, 아우구스티누스가 역설적인 형식으로 부정적 신학의 의미로 표현한 말에서 가장 인상적으로 드러난다. 신에 대해서 "영혼 안에는 아무 지식도 없다. 오로지 영혼이 신을 모른다는 사실을 안다는 점만 빼고는 그렇다."

그러나 이것은 단순히 철학적 사색이나 자연적 이성만으로는 신에 대한 확실한 지식에 절대 도달할 수 없다는 뜻이다. 신에 대한 지식은 오로지 계시를 통해서만 인간에게 주어지는 것이고, 인간은 믿음 안에서 이 계시를 받아들인다. 신에 대한 참을 묻는 것에서 아우구스티누스의 철학은 끝난다. 그의 철학은 이제 믿음의 신학으로 합류한다. "우리는 너무 약한 존재이기에 벌거벗은 이성으로 참을 찾아낼 수 없다. 그래서 성서의 권위가 필요하다."

아우구스티누스가 통찰 없는 믿음은 안 된다고 가르쳤다 해도, 믿음을 사유보다 위에 두었다는 점은 사라지지 않는다. 아우구스티누스가 생각한 통찰이란 믿음에 종속된 것이기 때문이다. 통찰은 믿음을 전제로 하며, 믿음 안에서 파악되는 참을 사유로 익힌다는 뜻이다. 따라서 통찰은 스스로 확실성을 지니지 않고 믿음의 은총을 통해서만 확실해진다.

이성을 신앙에 종속시키는 이런 단호한 결론을 아우구스티누스가 항상 지녔던 것은 아니다. 초기에 그는 매우 깊이 철학적 사유에 빠져 있었고, 그래서 이런 사유를 완전히 없애버릴 수는 없었다. 그래서 그는 자연적인 이성이 근본적으로 허약하지만 그래도 여전히 신을 파악할 분명한 가능성을 가진다고 보았다. 이렇게 철학적인 방식으로 신을 인식하는 것은 믿음과 비교하면 물론 대단히 불충분하다. 무엇보다도 인식은 신플라톤주의자들이 말하는 것처럼 신을 직접 보지 못한다. 아우구스티누스가 이따금 신에게로 올라가는 단계들에 대해 이야기하고, 그 가장 높은 단계에서 신을 볼 수 있다고 말하기는 하지만, 이런 생각은 퍽 드물고 또 그가 생애 마지막에 분명히 철회한 것이기도 하다. 그의 저술 전체에서 그는 인간은 직접 바라보는 것이 아니라 오로지 간접적인 방식으로만 신에 대해 이야기할 수 있다는 관점을 표명하고 있다. 자기 체험에서 출발한 그는 자기 자신과 세계 안에서 자신의 상황을 관찰하고, 인간과 세계가 신에게서 그 존재를 얻은 것이라면, 우리가 신을 어떻게 생각해야 할 것이냐를 묻는다.

아우구스티누스의 생각으로는, 이 물음의 답을 찾는 길에서 신이 존재한다는 것은 자연적인 이성에게도 분명하게 드러나는 일이다. 아우구스티누스가 시도한 신의 증명은, 후세의 토마스 아퀴나스의 경우처럼, 유한한 세계의 존재는 스스로에 근거하지 않고 따라서 창조주 신을 암시한다는 사실을 받아들이는 것을 출발점으로 삼지 않았다. 아우구스티누스는 그의 사유의 기본 성향에 알맞게 인간의 자기 체험으로부터 신을 증명한다. 인간은 자신을 들여다보고 참이 있음을 안다. 그렇다면 참에는 이성이 들어 있는가를 측정할 척도도 있어야 한다. 이성을 판단하는 척도는 이성보다 더 높은 것이 아니면 안 된다. 이성보다 높은 것은 신이다. 그러므로 참의 척도인 신이 존재한다고 아우구스티누스는 결론을 내린다.

그러나 아우구스티누스는 비록 애매한 윤곽일 뿐이라도, 신의 여기있음[신이 있을뿐더러 바로 여기에 있음]뿐만 아니라 그 본질도 인식할 수 있다고 생각한다. 여기서도 다시 자기 체험을 출발점으로 삼는다. 우리는 우리가 있다는 사실을 안다. 그것은 모든 의심을 넘어서 있는 유일한 확실성이다. 그러나 다른 모든 현실적인 것과 함께 우리를 여기있음 안으로 데려오고, 그 안에 머물게 하는 신도 있다. 그러므로 신은 최고의 있는것(존재자)이라고 이해해야 할 것이다. 나아가 우리는 우리 자신을 통해 우리가 심정의 바탕으로부터―인간의 특징인 불안에 잠겨―우리에게 좋은 것을 열망한다는 것도 안다. 마찬가지로 다른 모든 피조물도 모두 좋은 것을 열망한다. 이런 열망은 신에게서 나온다고 생각하지 않을 수 없다. 신은 열망의 최고 대상이며, 모든 동경의 목적이고, 가장 좋은 것, 곧 최고선이다.

유추를 통해 신을 증명하다

아우구스티누스는 자연스런 사유의 과정에서 신의 가장 보편적인 본질 규정들에 대한 인식을 넘어 더 나아갈 수 있다고 생각한다. 물론 그러기 위해서는 특별한 인식 방법이 필요하다. 이런 인식 방법을 그는 유추Analogie[비교 대상의 비슷한 점을 찾아 비슷한 결론을 이끌어내는 간접추리의 방법. 기독교의 신 증명에 자주 쓰임]를 통한 통찰이라고 부르고, 그것을 처음으로 상당히 큰 규모로 발전시켰다.

이런 방법에서도 그는 인간을 출발점으로 삼는다. 인간이 자신을 제대로 이해한다면 자신을 창조된 존재로 여긴다. 그것도 기독교 전통이 가르치는 대로 신의 모습과 똑같은 모습으로 창조된 존재다. 신에 대한 사유로부터 다른 모든 현실 존재도 창조된 것들이라고 이해하지 않을 수 없다. 이렇듯 창조된 것들은 창조자의 흔적들을 지닌다고 아우구스티누스는 생각했다. 그래서 모든 현실에서, 특히 인간에게서 이 모든 것을 있게 만든 그분을 알려주는 표지들을 찾아내려고 한다. 그런 흔적들이 찾아지면 인간과 세계, 즉 신의 창조 작품들로부터 이런 작품의 창조자가 있다는 결론에 이른다.

유추의 방법을 토대로 신의 본질을 간접적으로 파악하는 것은, 자연적인 통찰의 방식으로 기독교 신앙이 가르치는 삼위일체신을 파악하려고 할 때 특별히 결실이 풍부하다. 아우구스티누스는 정말로 철학적 사유가 그렇게 할 수 있다고 여겼다. 인간이 자신을 관찰하면 자신의 본질이 삼중구조로 되어 있음을 발견하게 된다. 곧 (1) 기억, (2) 의지, (3) 통찰로 이루어져 있다. 다른 모든 현실의 것들도 삼중의 구조로 되어 있다. 모든 사물은 (1) 각기 존재하고, (2) 다른 사물과 다르고, 동시에 (3) 다른 것과의 관계 속에 있다. 인간과 모든 피조물의 본질에 나타나는 이런 삼중구조를 유추의 방법으로 신의 흔적이라고 이해한다면, 여기서 적어도 기본적인 성향에 따라 삼위일체를 이루는 신을 인식할 수가 있고, 이것은 믿음에서만이 아니라 자연의 이해를 통해서도 가능한 일이다.

신에 대한 철학적 진술에 이를 수 있는 여러 가능성들을 위해서는, 인간과 나머지 모든 현실이 신에 의해 창조되었다는 생각이 그 토대가 된다. 아우구스티누스는 이것을 의심해본 적이 없다. 그래서 그는 그 근거를 제시할 필요도 없다고 생각했다. 신은 세계의 창조주이고 세계는 신의 피조물이라는 생각은 아우구스티누스의 신학적 사유뿐만 아니라 철학적 사유의 토대를 이루는 제1 전제이다.

아우구스티누스는 창조를 이전에 그리스 철학자들에게서는 나타난 적이 없는 철저한 방식으로 파악했다. 플라톤에게서 신은 세계의 질서를 잡은 존재, 카오스를 정돈해 형태로 만든 존재였다. 그러니까 카오스가 신보다 먼저 있게 된다. 아우구스티누스는 이를 통해 신의 권능이 해를 입는다고 여겼다. 그에게는 무엇보다도 신의 권능이 중요했다. 신의 권능이 제한 없다고 여긴다면, 신의 창조의 의지보다 앞서는 것은 그 무엇도 있을 수가 없고, 따라서 자체로 존재하는 카오스가 있을 리가 없다. 창조는 진정 아무것도 없는 상태에서의 창조로만 생각되어야 한다. 고대의 사유에 가장 대립하는 이런 사상에서, 신이 최고 권능을 가진 존재라는 표상이 그 절정에 도달했다. 아우구스티누스는 신에 대해 생각할 때마다 언제나 이런 표상에 도달하곤 했다.

신은 또한 역사에 대해서도 권능을 갖는다. 이것은 아우구스티누스에게 특별히 의미가 있었다. 그에게는 그리스 철학자들의 경우처럼 자연의 세계가 아니라 무엇보다도 역사의 세계가 중요했기 때문이다. 그것은 아우구스티누스의 사유가 철저히 인간을 지향한다는 것과도 관련된다. 인간은 역사 없는 이성적 존재가 아니라 역사적인 인간으로 생각된다. 이런 생각에서 출발해서 아우구스티누스는 역사의 포괄적인 해석을 전개한다. 그래서 그는 서양 최초의 위대한 역사신학자이며 역사철학자로 나타나게 된다.

그에게 인류의 역사는 신의 왕국과 세계 및 악마의 왕국 사이의 무시무시한 싸움터다. 역사의 시대들은 이런 싸움의 단계들을 나타낸다. 여기서도 아우구스티누스의 눈길은 인간의 차원을 넘어 신의 영역을 향한다. 역사는 인간과 더불어 처음으로 시작되는 것이 아니라 악한 천사의 타락과 더불어 시작된다. 역사는 그리스도의 강생으로 절정에 도달하고, 세계 심판, 악한 자들의 형벌, 신의 왕국의 완전한 실현으로 끝을 맺는다. 이 모든 과정에서 인간의 활동이 아니라 신의 의지가 결정적인 사건들을 만들어낸다. 아우구스티누스는 물론 다른 방식으로 볼 수는 없었다.

아우구스티누스의 사유는 건드리는 모든 물음들에서 언제나 인간의 영역과 신의 영역 사이로 뻗어 있다. 그것은 엄청난 노력을 통해 인간에서 출발해서 신적인 일들에 대한 통찰에 도달하는 길이다. 그 이전의 다른 누구와도 달리 그가 이 과정에서 신의 비밀을 들여다볼 수 있었던 것은 그가 이전의 다른 어떤 사상가보다도 인간의 비밀을 더욱 깊은 곳까지 꿰뚫어 보았다는 사실에 근거한다. 오직 스스로 인간인 사람, 아우구스티누스처럼 인간의 모든 인간성을 지닌 사람만이 인간의 비밀을 알아낼 수가 있다.

안셀무스
혹은 신 증명

9

1033~1109

ANSELMUS

11세기의 위대한 철학자이자 신학자인 캔터베리의 안셀무스의 생애는 계속 폭풍 같았다. 아주 일찍부터 이미 그랬다. 열다섯 살이 되었을 때 그는 수도원으로 들어가고 싶었다. 그러나 아버지가 반대했다. 아버지는 롬바르디아의 귀족으로 그에 대해 많이 알려지지는 않았지만, 절약하는 어머니와는 반대로 대단히 낭비벽이 심한 사람이었다.

젊은 안셀무스는 경건한 간계를 생각해냈다. 신에게 병이 나게 해달라고 기도했다. 수도원장의 마음을 움직여 자기 소원을 들어주게 하기 위해서였다. 안셀무스는 정말로 중병이 들었지만, 아버지의 사주를 받은 수도원장이 뜻을 굽히지 않고 거절했다. 그래서 안셀무스는 도로 건강해지는 수밖에 달리 도리가 없었다. 그리고 재빨리 도로 건강해졌다.

안셀무스는 더 나이가 들자 노르망디에 있는 베크 수도원으로 들어가서 빠른 속도로 승진해 부원장에 이어 수도원장이 되었다. 그리고 자신의 직책에서 매우 쓸모 있는 사람임을 입증했다. 동시대의 전기 작가가 전하는 바에 따르면, 그는 신에 대한 인식 덕분에 인간을 꿰뚫어 볼 수 있었기 때문이다. 다만 수도원의 학생들에게 라틴어의 명사 변화를 가르쳐야 한다는 것에 대해서만은 화를 냈다.

마지막에 그는 캔터베리의 대주교가 되었고 그로써 잉글랜드 교회의 지도자가 되었다. 이 또한 극적인 상황을 동반하고 이루어진 일이었다. 안셀무스는 이 직책을 거부했다. 그러자 성직자 친구들과 세속의 친구들이 일종의 기습작전을 꾸몄다. 그가 왕의 병상을 찾았을 때 그들은 그를 꼭 붙잡아서 억지로 그의 주먹을 열고 손에 주교 막대를 쥐여 주고는 그를 번쩍 들고 교회로 가서 테데움 곡을 노래했다. 안셀무스가 아무리 저항해도 소용이 없었다. 마지막에 그는 이런 고약한 장난에 웃으면서 대주교가 되었다.

안셀무스가 대주교 직위를 꺼릴 이유는 충분했다. 이 직책을 통해 그는 어쩔 수 없이 정치적 사건에 말려들게 되는데, 그것은 필연적으로 싸움질을 뜻하는 것이었다. 무엇보다도 왕이 주교들을 임명할 권한을 가지느냐 하는 것이 문제였다. 왕과 교황에게 똑같이 복종할 의무를 지닌 안셀무스는 이를 통해 힘든 상황에 놓였다.

그는 항상 해임의 압력을 받았으며 생애 마지막에는 한동안 잉글랜드에서 추방되기까지 했다. 대립 상황이 날카롭게 진행되면서 왕은 로마로 여행하는 안셀무스의 짐을 조사하도록 했다. 그가 돈이나 보물을 들고 외국으로 나가는 것 아닌가 하는 의심에서였다. 그전에도 절망한 안셀무스는 교황에게 보내는 편지에 이렇게 적었다. "벌써 4년 동안이나 대주교 노릇을 하면서 아무것도 이룬 것이 없습니다. 나는 아무런 쓸모도 없이 내 영혼의 무시무시한 혼란 속에서 살았기에, 잉글랜드에서 살기보다는 차라리 멀리 떨어진 곳에서 죽기를 소망하기에 이르렀습니다."

그럴수록 안셀무스가 이런 소용돌이 한가운데에서 여전히 평온함을 유지하고 중요한 책들을 쓸 시간을 냈다는 사실이 더욱 놀랍기만 하다. 이런 저술들을 통해 그는 중세의 철학과 신학을 위한 토대를 닦았고, 후세는 그를 가리켜 "스콜라 철학의 아버지"라고 부르게 된다. 그의 이런 토대 놓기는 두 가지 사유 영역에서 이루어졌다. 사유와 믿음의 관계를 밝히는 것과 신의 여기있음을 증명하는 일이었다.

믿음과 앎의 관계를 밝히다

우선 믿음과 사유의 관계에서 안셀무스는 아우구스티누스의 영향을 받아, 인간이 지닌 이 두 가지 능력의 어느 쪽도 혼자서는 참을 파악하는 데 이르지 못한다고 주장한다. 단순한 앎은 본질로 나아가지 못하니, 믿음에 뿌리를 두어야 한다. 하지만 앎과 합쳐지지 않은 단순한 믿음도 충분치가 못하다. 믿음이 스스로를 꿰뚫어 보아야 한다는 것이 결정적으로 중요하다. 그래서 안셀무스의 기본

명제는 다음과 같다. "나는 알기 위해 믿는다." 같은 뜻으로 그는 "앎을 찾는 믿음"이라는 말도 한다. 그러니까 믿음은 더 깊은 앎을 얻기 위한 충분치 않은 출발점이며, 인간은 믿음에서 반드시 앎으로 넘어가게 된다.

안셀무스는 이런 자신의 주장들에 대해 어떤 식으로 근거를 제시하는가? 우선 두 번째 주장, 곧 믿음은 저 자신을 넘어 인식을 향한다는 명제를 위해 안셀무스는 사랑의 개념에 의지한다. 사랑을 하는 사람은 제 사랑의 대상을 알고자 한다. 따라서 신을 사랑하는 사람도 신을 알고자 한다. 그래서 안셀무스는 이런 명제로 끝맺는다. "믿음에 사로잡히고 난 다음에도 우리가 믿는 그것을 이해하려는 열망을 갖지 않는다면, 그것이 내게는 게으름으로 보인다."

첫 번째 주장은 믿음이 인식보다 앞에 온다는 것이다. "올바른 질서는 먼저 기독교 신앙의 깊이를 믿고, 그다음 그것을 이성으로 탐구할 것을 요구한다." 이런 주장에 대해서도 사랑이 그 근거가 된다. 신을 인식하는 일은 중립적인 앎이 아니고 신에 대한 무한한 관심을 가진 통찰이다. 그러니 이런 인식은 신에 대한 사랑을 전제로 요구한다. 그리고 믿음이 바로 사랑이다. 그래서 안셀무스는 이렇게 말한다.

"믿지 않는다면 나는 결코 이해하지 못한다."

이런 상호관계로부터 이성과 신앙 사이에 갈등이 있을 수 없다는 사실이 나온다. 안셀무스는 이런 생각을 신학적으로 이렇게 설명한다. 신은 믿음을 만들어낸 존재이고 동시에 이성을 창조한 존재다. 그러니까 이성과 신앙 사이에는 어떤 모순도 가능하지 않다. 이성이 신의 일들을 향할 때는 이성을 완전히 신뢰해도 좋다. 안셀무스는 계시의 도움을 받지 않고 순수한 이성으로, 즉 철학의 방법으로 신의 여기있음을 증명하려고 했다. 동시대 전기 작가의 증언에 따르면, 그는 처음에 그런 일을 악마의 유혹이라고 생각했지만, 신의 은총이 그를 도와 이 과제를 무사히 해낼 수 있었다고 한다.

신의 여기있음을 증명하다

신의 여기있음을 증명하려는 시도에서 안셀무스는 처음에 온전히 아우구스티누스의 노선에 머무른다. 그래서 현실의 모든 것이 어느 정도 선하고, 어느 정도 완전하다는 점을 출발점으로 삼는다. 하지만 인간이 선과 완전성의 척도, 그것도 절대적인 척도를 갖지 않는다면 그런 것을 확정할 수는 없다. 그러므로 모든 선을 거기 맞추어 측정할 수 있는 최고선이 있음이 분명하다. 그것도 유한한 선善처럼 다른 선의 관점에서 관찰되지 않고 스스로를 통해 선하다.

나아가 우리가 선하다고 부르는 모든 것은 그것이 최고선에 동참한다는 사실을 통해 선하다는 특성을 갖는다. 그러므로 이 최고선은 창조의 원칙이기도 한데, 안셀무스는 그것을 신이라고 부른다. 마찬가지로 크기를 가진 모든 것은 절대적 크기를 전제로 하며, 모든 있는것은 절대적인 있는것을 전제로 한다. 이 또한 신이라고 불러야 마땅하다.

신의 여기있음에 대한 안셀무스의 또 다른 증명이 후대에는 훨씬 더 중요하다. 그는 진짜로 전제가 없는 출발점이 될 증명 근거를 찾는다. 그리고 순수한 신 개념 안에서 그 근거를 찾아냈다. 모든 인간은 심지어 바보나 믿지 않는 사람조차도 신을 "그보다 더 큰 것을 생각할 수 없는 어떤 것"이라고 생각한다. 그러니까 인간의 정신에는 절대적으로 가장 큰 것인 신의 이념이 존재한다. 여기서 크기는 양적인 비율이 아니라 존재 가능성 중에서 가장 큰 풍부함이라고 말할 수 있을 것이다.

이제 결론은 다음과 같다. 우리의 지성에 신이 존재한다면 현실에도 존재하는 게 분명하다. 지성에만 존재하는 것이 지성과 현실에 존재하는 것보다 분명 더 작기 때문이다. 머릿속에만 있는 신에는 완전함, 곧 있음이 결핍되어 있다. 생각할 수 있는 한 가장 큰 것인 신은 현실에도 있지 않으면 안 된다. "그보다 더 큰 것을 생각할 수 없는 어떤 것은 지성에도 현실에도 의심의 여지 없이 존재한다."

안셀무스는 어떻게 이런 생각이 자기 정신에서 생겨났는가를 인상적으로 설명한다.

"나는 자주 힘들여 그것을 생각했다. 자주 내가 찾는 것을 다 생각해 냈다고 여러 번 믿었지만, 그것은 다시 내 정신이 붙잡을 수 없게 빠져나가 버리곤 했다. 마지막에는 절망하고, 목적을 달성하는 일이 내게 불가능해 보였기에 마침내 이런 시도를 포기하려고 했다. 쓸모도 없는 활동이 내 정신을 붙잡아 그보다 더 성과가 있을지도 모르는 일을 못하게 막지 않도록 머리에서 이런 생각들을 몰아내려고 시도하자, 이번에는 원하지도 않고 또 심지어 저항하는데도 이런 생각들이 더욱더 절박하게 밀려 들어왔다. 어느 날 이렇게 격하게 밀려 들어오는 것에 저항하기에도 지쳐 있는데, 사색의 싸움 한가운데서, 열렬한 사색으로 찾아내려 애쓰다가 이미 절망해버린 그것, 그래서 일부러 몰아내려고 하던 그것이 뚜렷하게 나타났다."

안셀무스의 가장 독특한 업적인 신의 개념을 이용한 신의 증명은 그 이후로 길고도 변화 많은 역사를 갖게 된다. 토마스 아퀴나스는 그것을 거부했다. 칸트는 유명한 1백 탈러의 예를 들어 그것을 거부했다. 머릿속에서 생각해낸 1백 탈러는 실제의 1백 탈러보다 적지는 않지만 진짜 돈에는 있음이 덧붙여져 있다는 것이다. 그러나 있음이란 그것을 덧붙여서 상황을 더욱 완전하게 만들어주는, 또는 현실로 만들어주는 술어가 아니다. 다른 철학자들, 곧 데카르트, 스피노자, 라이프니츠, 특히 헤겔 등은 안셀무스의 증명을 받아들였다. 헤겔은 그것을 합리적인 증명이라고 생각하지 않고, 다만 "정신이 생각을 통해 신에게로 올라감"이라고 여겼다. 안셀무스도 바로 그런 뜻으로 말한 것이었다.

그 밖에도 안셀무스가 살아 있을 때 이미 가우닐로라는 이름의 수도사 한 사람이 안셀무스의 신 증명에 반대하는 발언을 했다. 그는 이런 증명을 허용한다면, 마지막에는 가장 완전한 섬이 반드시 존재한다고 증명할 수도 있을 것이라고 말했다. 그런 섬에 여기있음만 덧붙여진다면 그것은 완전성의 최고 정도에 이를 것이기 때문이다. 그러나 신의 증명에 대한 이런 비판으로 가우닐로는 좋은 결과를 보지 못했다. 덕분에 감옥에 갇히고 만 것이다. 그러므로 신의 여기있음에 대해 골똘히 생각한다는 것이 항상 위험이 없는 일만은 아니었음을 알 수 있다.

1225-1274

토마스 아퀴나스
혹은 세례받은 이성

10

THOMAS AQUINAS

철학자라고 하면 사람들은 보통 야위고 푹 꺼진 뺨에 시든 몸을 가진 사람을 떠올린다. 마치 그의 안에 살고 있는 정신이 그의 모든 생명력을 다 써버린 것처럼 보이는 사람 말이다. 아마도 이마누엘 칸트가 그런 모습에 어울릴 것이다. 하지만 13세기의 중요한 사상가인 토마스 아퀴나스의 겉모습을 눈앞에 그려보려면 그런 생각을 바꾸어야만 한다. 그는 크고도 풍성한 몸을 가진 남자였다. 그의 탁자는 그가 몸을 대고 앉아 공부할 수 있도록 둥글게 잘라내야만 했다. 이 위대한 남자에 대한 존경심을 해치지 않고도 이런 말을 할 수 있는 것은 토마스 자신이 이따금 자신의 거대한 몸에 대해 자조적으로 말하곤 했기 때문이다.

토마스의 행동은 세련되지 못한 그의 겉모습과 잘 어울렸다. 그는 거의 말을 하지 않았기 때문에 동창생들은 그를 말 없는 황소라고 불렀다. 그의 침묵은 그가 할 말이 없었기 때문이 아니라 어떤 경우라도 눈에 띄지 않겠다는 소망에서 나온 것이었다. 보통의 철학도 및 신학생들보다 그의 내면에 더 많은 것이 감추어져 있다는 사실은 우연한 사건을 통해 드러났다. 어떤 동급생이 이렇게 요령 없는 친구의 공부를 도와주려다가 이 사람이 자기 자신보다, 심지어는 가장 뛰어난 교수보다도 설명을 더 잘한다는 사실을 알았다. 그러나 토마스는 그에게 그 사실을 비밀에 부쳐달라고 간곡히 청했다.

이 사건에서 토마스의 특징적인 성격이 드러난다. 그는 자신을 대수롭지 않게 여겼다. 자신이 아니라 오직 일만을 중요하게 여겼다. 그래서 이따금 그가 극히 어울리지 않는 상황에서도 깊은 생각에 잠겨 주변 세계를 완전히 잊어버리는 일이 일어나곤 했다. 그에 대해서는 다음과 같은 일화가 있다. 토마스가 프랑스의 성인^{聖人} 왕 루이 9세에게서 식사 초대를 받았다. 왕의 연회석에 앉아 있던 그는 여느 때처럼 아무 말도 하지 않고 가만히 있다가 갑자기 주먹으로 탁자를 쾅 치면서 소리를 질렀다. "마니교 이교도들에게 그렇게 공박해야겠네." 깜짝 놀라 말을 잊은 신하들의 모습을 상상할 수 있다. 그러나 왕은 이런 순간에도 뒷날 성인이 될 특성을 보여주었다. 그는 곧바로 서기를 불러들여서 방금 토마스의 머리에 떠오른 마니교도들에 대한 반박 이론을 받아 적게 했다.

자신을 잊고 일에 헌신하는 모습은 젊은 날의 토마스에게도 이미 나타났다. 그는 남부 이탈리아의 귀족 가문 태생이었다. 이 가문은 호엔슈타우펜 왕가와도 친척 관계였고 그런 만큼 그에게는 화려한 미래가 활짝 열려 있었다. 그의 가문은 막내아들인 그를 성직자로 만들기로 결정했다. 그러니까 그는 최소한 부유하고 존경받는 수도원의 원장이 될 참이었다.

그러나 토마스는 탁발(구걸) 수도사가 되기로 굳게 결심하고는 당시 막 설립된 도미니크 수도회로 들어갔다. 이 수도회의 이상은 겉으로 보이는 온갖 화려함이 아니라 가난함이었다. 이미 지쳐버린 기독교 한가운데서 복음서의 가르침대로 살려고 하는, 새로운 운동의 금욕적 특성이 당시 젊은이들 가운데 가장 생동하는 두뇌들을 항거할 수 없도록 매혹했다. 그리고 그들 중에 토마스도 있었다.

탁발 수도회에 들어간다는 것은 물론 많은 자기부정이 따르는 일이었다. 토마스는 나폴리나 로마에서 여러 번이나 파리로 여행했는데, 그때마다 걸어가야만 했다. 수도회는 그가 자신의 사상을 기록할 종이조차도 충분히 대주지 못했다. 그래서 그는 자주 작은 종이쪽지에 생각들을 기록해야만 했다. 여기 덧붙여서 방금 시작된 거의 혁명적인 이 운동은 기득권 세력을 싸움판에 불러들였다. 토마스 자신도 그런 분위기를 몇 가지 맛보았다. 고귀한 파리 대학교는 그를 교수진에 받아들이기를 거부했고 또한 학생들이 그의 취임 강연에 가는 것도 금지했다.

보수 세력의 이런 적대감은 그가 도미니크 수도회에 들어가기로 결심하는 순간에도 나타났다. 가문의 명예에 대한 이런 배신 행위에 가족은 깜짝 놀랐다. 형들은 토마스를 도중에 기습해서 외떨어진 성에 가두었다. 그곳에서 그들은 그가 자신의 결심을 뒤집게 만들려고 했지만, 동생의 결심을 전혀 이해하지 못했음을 보여주는 방법을 사용했다. 아름답게 치장한 고급 매춘부를 그의 방에 들여보낸 것이다. 사랑의 밀회를 기대한 젊은 숙녀는 덩치 큰 젊은 남자가 벽난로에서 끄집어낸 불타는 나무 조각을 들고 팔을 높이 치켜든 것을 보고 아마 엄청 놀랐을 것이다.

그리스 정신과의 만남을 통해 형성된 기독교 철학

자신의 결심에 헌신하는 이런 정열은 토마스의 생애 전체를 규정한다. 외적인 삶에 대해 그는 아무 기대도 없었다. 자신에게 제공된 나폴리 대주교 자리도 거부했다. 그에게는 자신의 일에 전적으로 헌신할 수 있도록 내적인 자유를 얻는 것만이 중요했다. 그가 이렇게 자신을 바친 일이란 기독교 철학과 신학에 새로운 토대를 놓는 일이었다. 그는 단호히 이 과제에 매달렸고, 그래서 자기 시대에는 여러 가지로 싸워야 했지만, 마지막에는 대단한 권위를 얻게 되었다. 이 분야에서는 토마스 말고 약 1000년 전에 아우구스티누스가 비슷한 권위를 얻었었다.

젊은 토마스는 자기가 장차 중요해질 것을 어느 정도 짐작했다. 위대한 신학자이며 철학자인 그의 스승 알베르투스 마그누스는 매우 분명하게 그것을 알아보았다. 학생들이 조롱하는 소리에 그는 이렇게 대답했다. "너희들은 그를 말 없는 황소라고 부른다. 하지만 내 단언하지만, 이 말 없는 황소의 외침 소리가 앞으로 언젠가는 아주 커져서 온 세상을 가득 채울 것이다."

당시의 시대 상황은 극단적으로 몰두하는 이런 사상가를 요구했다. 토마스의 시대는 정신이 심각한 위기에 몰린 시대였으며, 그것도 신학과 철학의 영역에 위기가 나타났기 때문이다. 지난 몇백 년 동안 벌어진 온갖 싸움을 통해 이 분야에서도 어떤 합의가 만들어져 있었다. 기독교 철학은 그리스 정신이 기독교의 기본 체험과 만나면서 생겨나고 성장했다. 그것은 아우구스티누스의 강력하고도 과격한 사유에서 최초의 형태를 얻었고, 마지막으로 캔터베리의 안셀무스에서 완전한 효력에 도달했다. 이 기독교 철학은 자연적인 이성과 믿음을 하나로 합친 종합에 근거한다. 여기서 이성은 믿음에 종속하고, 믿음에 봉사하면서 완전히 자신을 펼칠 수 있었다.

이렇게 균형 잡힌 기독교 철학의 체계 속으로 하나의 방해 요소가 끼어들었다. 물론 그것은 토마스보다 훨씬 이전에 생겨난 것이었다. 원래 어느 정도 문제를 안고서 기독교 신앙에 접합된 아리스토텔레스 철학이 이제 훨씬 더 정밀하게 알려지게 된 것이다. 그 이전까지 아리스토텔레스 철학은 서유럽에는 그다지 많이 알려지지 않았다. 그에 반해 아랍의 철학자들은 아리스토텔레스의 지식을 잘 보존해 전수했는데, 그것이 서양의 사유 속으로도 들어오게 된 것이다. 그것은 상당히 광범위한 결과를 만들어내서 거의 정신적인 혁명이 되려 하고 있었다.

이제야 사람들은 신학의 보조수단이 되기를 거부하는 것으로 보이는, 전혀 다른 아리스토텔레스적 세계관을 알게 되었다. 이 세계관은 자체적으로 완결된 체계였다. 그것은 제 안에 사물과 인간과 신에 이르기까지 모든 현실을 포함했다. 이로부터 기독교 철학에 생겨난 위험은 아주 분명했다. 이제 신앙의 참과 나란히 순수하게 세속적인 참이 나타났으니 바로 이성理性의 참이었다. 당시에 이 둘이 대등하게 존립할 가능성도 실제로 진지하게 검토되었다. 그것도 공부 좀 한 어떤 외떨어진 괴짜가 아니라 당시 학문의 중심지이던 파리 대학교의 존경 받는 교수의 생각이었다.

토마스가 파리에서 신학교수로 일하던 같은 시기에 역시 파리 대학교 교수이던 중요한 사상가 브라반트의 시게르는 신앙의 참과 이성의 참이라는 이중 참설(이중 진리설)에 매우 가까이 다가갔다. 그러나 이렇듯 대립하는 두 관점이 모두 다 제각기 참이라고 주장하는 일이 벌어진다면, 이것은 인간 정신을 회복할 수 없도록 찢어놓는 일이 되고 말 것이다. 이것은 물론 극히 불안한 일이었다. 동시대의 위대한 사상가인 보나벤투라는 토마스와 같은 시기에 파리에서 신학교수로 일했고 그와도 가까운 사이였는데, 경고의 뜻으로 성 히에로니무스의 꿈을 지적했다. 성 히에로니무스는 자기가 키케로의 철학을 좋아했다는 이유로 최후의 심판 날에 채찍에 맞는 것을 꿈에서 보았다.

중세 기독교 철학을 완성하다

기독교 철학의 가능성뿐만 아니라 인간 정신의 통일성에도 닥쳐온 극도의 위기 상황에서 아퀴노 출신의 토마스(토마스 아퀴나스)가 싸움판에 등장한다. 그는 대립하는 두 개의 세계관을 서로 화해시키고, 그것도 두 세계관의 어느 쪽도 정당성을 잃지 않도록 화해시키는 것을 자신의 과제로 삼았다. 아리스토텔레스 사상에도 그에 알맞은 자리를 마련해주고, 믿음의 참도 보존하는 일이었다.

문제의 세부 사항에 이르기까지 지치지 않고 깊이 생각한 저술 작업을 통해 그는 시대가 요구하는 이런 종합을 이루어내는 데 성공했다. 그는 대단히 광범위한 작품을 썼는데, 그중 가장 유명한 것이 거대한 《신학 대전》이다. 이와 동일한 무게로, 그보다 더욱 철학적인 방향을 취한 《대₁이교도 대전》도 그와 나란히 등장한다. 광범위하게 기획되고, 조심스럽게 틀을 짜고, 매우 깊이 있게 사유된 이 거대한 작품들에는 가장 중요한 중세 기독교 철학의 구상이 들어 있다. 1000년 이상 지속되면서 검증된 믿음을, 1500년 이상 지속된 철학적 작업과 합쳐서 하나로 녹여내려는 노력이었다.

이성과 신앙을 합치는 이런 종합이 성공하려면 이 두 가지 모두를 각자의 범위 안에서 검토하는 일이 필요하다. 토마스는 여기서 이들 각자가 고유한 영역을 가진다는 결론에 도달한다. 신앙은 초자연적인 참과 관계한다. 세속적인 것들을 인식하는 분야에서 신앙은 직접적으로는 아무 관계도 갖지 않는다. 그에 반해 자연적인 이성은 첫째로 세계의 현실을 지향한다. 이 분야에서는 이성적으로 일이 진행되어야 한다. 여기서는 아우구스티누스 철학의 대표자들이 주장하는 것처럼 신을 통한 깨달음이 필요한 게 아니다. 세계 인식의 출발점은 누구나 접근할 수 있는 체험이며, 그 진실성의 근거는 합리적 통찰력이다.

초감각적인 것의 파악에서 자연적 이성은 온전히 배제되지 않는다. 일정한 경계 안에서 자연적 이성도 신을 인식할 능력이 있다. 다만 이 경계는 아우구스티누스와 그의 영향을 받은 중세의 사상가들이 생각하는 것만큼 크지는 않다. 인간은 계시와 신앙의 개입이 없이는 삼위일체, 원죄, 신이 인간의 육신을 입음 등을 인식할 수 없다. 그러나 신의 여기있음과 그 본질의 가장 보편적인 규정들은 자연의 방법으로도 통찰할 수 있다. 물론 인식이 세계 현실에서 출발할 경우만 그렇다.

토마스가 이성과 신앙을 구분하는 방법을 보면, 그가 이중의 참을 주장하려고 하는 것처럼 보일 수도 있다. 그러나 그는 이성과 신앙 모두가 신에게서 기원한다는 생각의 도움을 받아서 인간 정신이 찢기는 것을 피할 수가 있었다. 신은 한편으로는 신앙을 만들어내고, 다른 한편으로는 자연적 이성의 창조자이기도 하다. 그러니까 이성과 신앙 두 가지 모두가 신에게 본래 뿌리를 둔다는 점에서 서로 일치한다. 그렇기에 그들은 서로 대립할 리가 없다. 신앙은 이성에 반하는 것이 아니다. 이성은 올바르게 이해되기만 한다면 신앙에 반대되는 것을 가르치지 않는다.

물론 이런 종합에서 신앙에 어느 정도의 우선권이 주어진다. 만일 그렇지 않다면 토마스를 특별히 기독교 철학자라고 할 수는 없을 것이다. 신앙의 참은 자연적 이성의 참보다 더욱 완전하다. 자연적 이성의 참은 신앙을 향하게 되어 있으며, "신앙의 전주곡"을 포함한다. 그에 반해 신앙은 이성이 본래의 가능성에 이르도록 해준다. "은총은 자연을 중지시키는 것이 아니라 자연을 완성한다."

철학적 사상의 역사에서 결정적으로 중요한 점은, 토마스의 사유를 통해서 세계의 현실이 자연적 인식에 아주 광범위하게 열리게 되었다는 점이다. 과거를 돌아보는 우리 눈에는 그토록 전통을 지키는 사람으로 보이는 이 사상가가 자기 시대 사람들의 눈에는 대담한 혁신의 사람이었다. 그는 당시 기준이 되고 있던 아우구스티누스 철학과 신학이 허용해주는 것보다 훨씬 더 광범위하게, 이교적인 그리스 철학의 기본성향이 기독교 사유 안에서 작용할 수 있는 길을 터주었다.

그것은 토마스가 철학에 제시한 주제에서도 잘 나타난다. 아우구스티누스와 위대한 그리스 철학자들도 그렇듯이 토마스에게도 신은 철학의 가장 고귀한 대상이었다. 그러나 그에게 신 다음으로 중요한 주제는 아우구스티누스의 경우처럼 세계를 벗어나 있는 영혼이 아니라, 그리스 철학자들의 경우처럼 인간의 영혼도 부분이나마 거기 속하는 이 세계였다. 토마스는 이제 그리스 사람들이 본 것처럼 세계를 바라본다. 그것은 우리의 감각기관에 제시되는 그대로의 다양한 모습들로 가득 찬 세계다. 이것이 바로 토마스의 "세속성"이라 불리는 부분이다.

물론 다양한 모습으로 나타나는 사물들에 대한 인식에 도달하는 것만이 그에게 중요한 것은 아니었다. 철학자로서 토마스는 무엇보다도 사물들의 본질을 묻는다. 그는 이전에 아리스토텔레스가 이미 그랬던 것처럼 사물들에서 물질(질료)과 형식(형태의 원래 구조)을 나눔으로써 사물들의 본질에 다가가려고 한다. 토마스는 관찰에서 물질을 거의 배제한다. 물질은 형식들이 개별적인 형태를 취하고 겉으로 드러나는 계기로서만 중요하다. 그는 형식에서 사물들의 본질을 본다. 물론 형식을 한결같이 고정된 것으로 여긴다는 말은 아니다. 토마스에게 형식이란 아리스토텔레스의 경우와 마찬가지로, 사물들 안에서 생동하는 모습으로 자신을 펼친다는 한에서 사물들의 본질이다.

형식, 혹은 본질성은—이 점에서 토마스는 스승인 아리스토텔레스를 넘어선다—신의 정신에 들어 있는 이념들로, 즉 창조의 예비 구상으로 존재한다. 세계 인식을 과제로 삼는 철학이 현실에서 본질성을 드러낸다면, 철학은 세계를 놓고 신이 가지는 사유를 따라 사유하는 것이다. 인간은 "신의 정신에 동참하는 유사성"을 갖기 때문에 이렇게 할 수 있다. 이것은 토마스가 인간 인식의 참을 옹호하기 위해 내놓는 변론이다. 또한 인간 인식의 한계에 대한 깊은 통찰도 여기 들어 있다. 토마스는 인간이 자유롭게 자신의 세계관을 펼칠 수 있다고 보는, 중세 후기나 근대의 사상과는 거리가 멀다. 그는 인간의 인식이란 신이 이념들에 맞추어 창조하는 현실의 있음에 묶여 있다고 굳게 믿었다.

세계에 대한 신의 생각을 뒤따라가는 과정에서 토마스는 세계가 단계적 구조를 이룬 하나의 전체라고 보았다. 각 현실 영역은 거기서 형식이 물질보다 우위를 차지하는 정도에 따라 점점 더 높아진다. 그에 따르면 생명 없는 사물들이 가장 낮은 존재 단계를 이룬다. 이 영역에서 형식은 밖으로부터 물질에 각인될 뿐이다. 식물이 그보다 높이 있다. 식물은 자신 안에 식물의 영혼이라

할 만한 형식을 가진다. 그 위에 동물이 있다. 그 영혼은 식물의 능력만이 아니라 감각적 능력, 곧 인지능력도 갖는다. 그러나 동물도 상대적으로 낮은 존재 단계를 이룬다. 그의 영혼이 육체와 함께 소멸하기 때문이다.

인간은 다르다. 인간도 동물과 식물처럼 영혼 안에 식물적 능력과 감각적 능력이 있지만, 그의 영혼이 근본적으로 정신적인 것, 따라서 죽지 않는 것이라는 점에서 그들보다 뛰어나다. 이승의 삶에서 인간의 영혼은 정신적인 부분에서도 육체와 결합되어 있다. 그래서 육체가 없는 순수한 정신인 천사가 인간보다 더 높다. 그러나 천사들이 순수한 정신이기는 해도 창조된 정신이라는 점에서 아직 완전하지 않다. 이 모든 것 위에 창조되지 않은 순수한 정신, 곧 신이 있다. 이것이 토마스가 그려낸 현실의 모습인데, 그 통일성 덕에, 그러면서도 그 안에 포함된 풍부함 덕에 매혹적인 모습이다.

방금 서술한 단계적 구조는 물론 특별히 기독교적인 철학의 특징은 아니다. 아리스토텔레스도 그런 구조를 자신의 세계관의 토대로 삼았다. 다만 그에게서는 천사 대신 행성들의 정신이 등장한다. 토마스가 이런 단계적 구조를 정적靜的인 것이 아니라 동적인 것으로 생각했다는 것도 아리스토텔레스와 같다.

모든 것은 형태 없는 물질에서 벗어나 형식이 되고자 한다. 이 과정이 가능태(가능성)와 현실태(현실)라는 개념들의 도움을 받아 해석된다는 점이 매우 중요하다. 물질은 형식이 될 수 있는 순수한 가능태일 뿐이다. 형식이 많이 들어갈수록 그것은 더욱 현실태가 된다. 세계 전체에서 가능태로부터 현실태가 되고자 하는 끊임없는 노력이 이루어진다. 물질이 아닌 형식에 현실태가 있다는 이런 생각은 고대의 사유와 중세의 사유를 결합해주는 부분이고, 동시에 이런 사유를 근대의 관점과 나누어놓는다.

토마스의 신 개념

이런 점을 배경으로 토마스의 신 개념을 관찰해야 한다. 온 세계가 가능태에서 현실태로 넘어가려는 끊임없는 노력이라면, 가장 높이 갈망되는 것, 곧 가능태가 전혀 없는 순수한 현실태(현실)가 있어야 한다. 그 가장 극단적인 완성의 모습이 신이다. 여기서 신의 또 다른 본질 규정이 나온다. 즉, 신이 순수한 형식으로서 모든 물질에서 벗어나 있다면, 신은 순수한 정신으로 이해되어야 한다. 이 점에서도 토마스는 아리스토텔레스를 따른다.

아리스토텔레스와 이렇게 밀접하게 결합하면서 철학은 기독교 사상에서 멀어질 위험에 놓인다. 이로써 신이 어느 정도 세계의 사건에 포함되는 것처럼 보이기 때문이다. 세계 사건의 하나는 아니라도 모든 것이 그것을 향해 움직이는, 스스로는 움직여지지 않는 최고 원리로서 그렇게 된다. 이로부터 신 개념의 범신론적 견해가 암시된다. 실제로 토마스 시대에 아랍과 서양 철학의 일부 조류에는 그런 생각이 들어 있었다. 그러나 토마스가 그런 범신론을 받아들인다면 신이 세계에 대해 절대적 우위를 갖는다는 생각이 무너진다. 그러니까 기독교 신 개념의 본질적인 동력 하나가 사라지게 된다.

여기서 다시 토마스가 성취한 종합의 최고기술이 드러난다. 범신론적 결론을 피하기 위해 그는 창조라는 생각으로 돌아간다. 신은 아리스토텔레스가 생각한 것처럼 가장 높이 갈망되는 존재로서 세계 안의 모든 갈망을 계속 움직이게 할 뿐만 아니라, 세계의 창조주로서 모든 사건의 처음에 서 있다. 토마스는 이 점을 철학적인 방식으로는 증명할 수가 없었다. 그에게는 세계가 신에게서 기원한다는 것은 아주 분명해 보인다. 모든 현실의 것은 절대적 현실인 신에게 동참함으로써 그 있음을 얻는다. 그러나 이렇게 동참한다는 것마저도 범신론적으로 해석될 수가 있다. 그에 반해 엄격한 의미에서의 창조라는 생각은 창조주와 피조물 사이에 무한한 경계가 있다는 사실을 전제로 한다. 이것은 자연적 이성의 도움으로는 절대로 설명되지 않는다. 창조 사상은 토마스가 기독교 전통에서 받아들였고, 신앙의 방법을 통해서만 진실임을 증명할 수 있는 하나의 전제였다.

그러나 세계가 창조된 것이라는 전제가 한번 받아들여지면 이것으로부터 신의 여기있음은 자연적 이성의 방식으로 통찰될 수 있다고 토마스는 주장한다. 토마스의 유명한 신 증명은 여기서 출발한다. 그것은 아우구스티누스의 신 증명처럼 영혼의 참을 출발점으로 삼지 않고, 오히려―그리고 이것이 토마스의 특징인데―세계 현실을 출발점으로 삼는다. 이 증명은 유한한 세계가 자기 자신 안에 근거를 둔 것일 리 없으니, 세계를 창조한 신에 근거하고 있음을 보여주려고 한다. 토마스의 생각에 따르면, 예컨대 존재하는 모든 것은 그것이 존재하는 것에 대해 어떤 원인을 가진다는 것을 우리는 안다. 이 원인은 다시 더 높은 원인에서 나온다. 하지만 이런 원인의 사슬을 무한히 거슬러 올라갈 수는 없다. 그러니까 최초의 원인이 있는 것이 분명하고, 이 최초의 원인이 바로 신이라는 것이다.

그러나 토마스는 신의 여기있음뿐만 아니라 그 본질까지도 자연적인 방법으로 어느 정도 인식할 수 있다고 말한다. 여기서도 세계의 현실을 출발점으로 삼는데, 여기서 유추의 방법이 이용된다. 인간은 신에 의해 창조되었다. 그러나 창조란 피조물에게도 원래 본질의 어떤 요소가 전달되었다는 뜻이다. 그러므로 피조물에서 어느 정도는 창조주를 유추할 수 있다.

인간의 선함은 신의 선함 덕분이라고 생각할 수 있다. 토마스는 여기서 극히 조심스럽게 논리를 전개한다. 유한한 인간과 무한한 신 사이에는 하도 엄청난 거리가 존재하기에, 유한한 존재는 유추의 방법에서 부정되면서도 동시에 지나치게 높여진다. 신의 선함은 인간의 선함과 비슷하기는 하지만, 동시에 인간의 선함과는 전혀 다르고 그보다 무한히 높다. 인간은 유추의 방법으로 신의 본질의 어떤 요소를 파악하기는 하지만 희미한 윤곽으로만 겨우 알 뿐이다.

신앙만이 신을 더 완전히 인식할 수 있다. 그러나 신앙도 완벽한 통찰은 아니다. 저승에서야 비로소 인간은 신을 본래 모습 그대로 볼 수 있다. 그에 반해 모든 철학이나 신학의 인식은 그림자와도 같다. "우리가 이승의 삶에서 얻을 수 있는, 신에 대한 최고 지식은 신이 우리가 신에 대해 생각하는 모든 것보다 훨씬 위에 계시다는 사실을 아는 것이다."

토마스는 삶의 마지막에 이것을 직접 체험했다. 위대한 대작 《신학 대전》을 마치기 전에 그는 펜을 놓았다. 그의 마지막 말 하나는 다음과 같은 것이었다고 전해진다. "나는 더 이상 나아갈 수 없다. 내가 본 것에 비하면 내가 쓴 것은 모두 왕겨처럼 보인다."

1260 경-1327

에크하르트
혹은 신이 아닌 신

11

MEISTER ECKHART

철학이란 남자들을 위한 특권이라고 사람들은 오랫동안 생각했다. 그러나 벌써 650년 전에 어떤 사람이 그에 반기를 들었으니, 마이스터 에크하르트다. 그는 성직자 계층이 되려는 학생들을 놓고 라틴어 강의도 했지만, 그가 속한 수도회는 그에게 수녀원에서 그것도 도이치 말로 설교하도록 자극했다. 그러자 그는 그 자신이 다양한 방식으로 확장한 낱말들을 동원해서 착실한 수녀들에게 자기가 가진 신학과 철학의 이념들을 일러주었다. 그들은 감동적이고 소박한 시들을 써서 그에게 감사를 표했다. 한 수녀는 임종의 자리에서 에크하르트에게서 본질적인 자극을 받았노라고 고백했다. "높고도 알 수 없는 일들"을 경험했기에 자기의 이해력과 감각이 정지했다고 말이다.

그렇듯 순수하게 개인적인 일들 말고는 에크하르트의 생애에 대해서는 기본적인 것만 알려져 있다. 그는 1260년 무렵에 기사 가문에서 태어나 "호흐하임의 에크하르트"라는 이름을 얻었다. 그는 일찌감치 에르푸르트에 있는 도미니크 수도원에 들어갔다. 짐작되는 바로는 이어서 스트라스부르와 쾰른 대학에서 공부했다. 이어서 자기가 속한 수도원의 부원장이 되고, 또 파리에서 신학 공부를 계속하여 1302년에는 마기스터(석사)를 받았다. 이 학위에서 "마이스터 에크하르트"라는 명칭이 나왔다.

파리에서 돌아온 그는 새로 설립된 도미니크 수도회 작센 교구 지도자가 되었다. 이 구역은 낮은 땅[오늘날 네덜란드, 벨기에 지역]부터 라플란드까지를 포괄했다. 동시에 보헤미아 지방의 총괄 주교 대리가 되었다. 이곳에서 그는 도미니크 수도회 소속 수도원들을 개혁하는 책임을 맡았다. 한 번 더 파리로 갔다가 스트라스부르의 도미니크회 소속 대학의 책임을 맡고, 이어서 쾰른 대학교에서도 강의했다. 그는 1327년에 죽었다. 그의 무덤은 알려져 있지 않다. 그의 정신적 유산은 매우 광범위하며, 학술적인 라틴어 저술, 도이치어 논문과 설교 등으로 이루어져 있다.

마이스터 에크하르트의 생애에서 결정적인 사건은 공식 교회와의 싸움이다. 교회는 어떤 사상가든 독자적인 사상의 길을 걸어가면 그것을 참지 못했다. 누군가가 전통의 길을 지키지 않으면 교회는 곧바로 의심스럽게 여기고, 마지막에는 모든 권력을 동원해 개입했다. 에크하르트에게도 같은 일이 벌어졌다. 수많은 종교재판에서 두드러진 활약을 펼친 도미니크 수도회 지도자의 한 사람인 그가 종교재판을 받아야 했다는 것은 참으로 흥미로운 일이다.

물론 그를 향해서는 그렇게 곧장 덤벼들지 못했다. 처음에는 에크하르트의 사상에 자극받아 비슷한 생각을 말하는 평신도들을 주로 추적했다. 그들에게 부드럽게 더 나은 생각을 가르치기보다는 그들을 물에 빠뜨려 죽이거나 장작더미에 세우고 불태워 죽였다. 마침내 쾰른 대주교가 교황에게 에크하르트 자신을 고발했다. 종교재판이 열렸지만, 물론 처음에는 사면을 받았다. 그 자신은 절대로 이단의 견해를 가진 적이 없다고 공언했다. 그러나 에크하르트가 죽은 다음 교황은, 마이스터 에크하르트의 28개 명제들 일부는 이단이고, 일부는 극히 오해받기 쉬운 것이라는 선언이 담긴 교서를 발부했다.

생애 마지막의 사건들이 에크하르트를 오랫동안 거의 사라지게 했다. 오늘날에도 그의 중요성과 영향은 줄여 잡히고 또 잘못 평가되고 있다. 널리 통용되는 철학사에서 그는 정말로 애정 없이 서술된다. 이런 책에서는 주로 합리적 철학의 길만 다루기에, 직업 철학자들은 철학사 전체를 통해 지하에 감추어진 채 극히 드물게만 표면으로 드러나는, 전혀 다른 신비 철학의 흐름이 있다는 사실을 제대로 보지 못한다.

에크하르트는 신비주의 방식으로 생각한 최초의 인물이 아니다. 그보다 앞서 3세기에 플로티노스가 있었고, 5세기에는 디오니시오스 아레오파기타가, 8세기에는 에리우게나가 있었다. 그리고 에크하르트의 사유 방식은 직계 제자들을 빼고도 쿠사의 니콜라우스, 야콥 뵈메, 프란츠 폰 바아더 등에서도 계속 살아남았다. 그러나 신비주의 철학은 그것이 직접 서술되는 영역을 훨씬 넘는 영향을 남겼다. 후기 피히테나 셸링, 그리고 헤겔의 사유는 에크하르트가 모범적으로 대변하는 이런 철학의 방식이 없이는 가능하지 않았을 것이다.

신비주의 철학 — 체험의 방식

그러나 신비주의 철학이란 무엇인가? 단순히 특이함이나 이해할 수 없음, 어두운 사변, 몽롱한 몽상 등이라고 여기는 것으론 충분치 못하다. 이런 것으로는 본래의 특성을 전혀 파악할 수 없기 때문이다. 신비주의 철학은 일종의 체험 방식이라고, 그것도 말 그대로의 체험이라고 보아야 한다. 누군가는 이 길을 걸어가고, 이 길에서 그가 체험하는 것은 현상으로 드러난다. 그러므로 마이스터 에크하르트의 가르침을 이해하려 한다면 그의 체험의 길을 관찰해야 하고, 그것도 그냥 추상적인 길로서가 아니라 정말로 갈 수 있는 길로 여겨야 한다.

이 길은 맨 먼저 세속의 현실 전체에 대한 거부로 우리를 데려간다. 그를 통해 인간은 "고립"에 이른다. 이것은 에크하르트의 기본개념이다. "내가 설교할 때면 나는 이렇듯 고립상태에서 말하곤 한다." 에크하르트의 신비주의 길은 맨 먼저 작별, 곧 고별의 길이다. 인간은 삶의 외적인 일을 돌보지 않고 그로 인해 근심하지도 않는다. 그는 "모든 피조물에서 벗어나 비어버리고" "모든 사물에서 벗어나" 있어야 한다. "모든 피조물을 완전히 잊음"의 상태에 이르러야 한다.

신비적 체험의 처음에 자기를 잊은 초감각(엑스터시)의 상태로 넘어가는 것이 중요한 게 아니다. 그런 상태는 극소수의 선택된 사람들에게만 나타난다. 그에 반해 고립은 모든 사람의 과제다. 이것은 내면의 행동이나 일상의 삶에서 실제로 실행되어야 한다. 세계 한복판에서 인간은 사물들에 종속된 상태에서 벗어나야 하는 것이다. "불 곁에서, 그리고 마구간에서" 말이다. 이런 의미에서 에크하르트는 이렇게 말한다. "삶의 대가大家 한 사람이 지식의 대가 천 명보다 중요하다."

세상에서 멀어지는 이런 자유를 성취한 사람은 순수한 내면성을 얻는다. 신비주의적 태도란 "산만하게 흩어진 사물들에서 모든 힘을 도로 불러들여 내적인 작용을 하게 하는 것"이다. "인간은 모든 참을 본질적으로 자기 안에 지니기" 때문이다.

이제 이런 신비주의 길의 두 번째 단계가 나타난다. 그것은 자기 자신으로부터의 고립, 즉 자기 체념이다. 인간은 자신의 애착과 소망과 의지를 단념하고 자기 자신에게서 벗어나야 한다. "자신을 놓아버리고" 그럼으로써 "온전히 평온하게" 되어야 한다. 이렇게 "놓아버려 평온함"을 찾아내야 하는데, 이는 영혼의 고요함을 뜻할 뿐만이 아니라 원래 자신을 놓아버림을 뜻하는 것이기도 하다. 여기서 인간은 "정신의 가난"에 이른다. 정신은 "아무것도 바라지 않고, 아무것도 모르고, 아무것도 갖지 않은" 상태에 있다.

이 길은 물론 특별한 위험성을 지닌다. 인간이 바라는 것, 아는 것, 가진 것을 모두 놓아버려야 한다면 그의 무엇이 남는단 말인가? 에크하르트가 말하는 신비주의의 길은 결국은 순수한 허무에 이르지 않겠는가? 그런데도 에크하르트는 대담해지라고 요구한다. "고립은 아무것도 없음이 되고자 한다." 그것은 "없음 위에서 있다." "없음에 아주 가까이 다가가서 완전한 고립과 없음 사이에 어떤 사물도 있을 수 없다." 그러나 이 상태에서 인간 본래의 본질이 실현된다는 점에서 에크하르트는 이렇게 말한다. "우리의 모든 본질은 없어져버림과 없음에 들어 있다."

없음 속에 드러나는 영혼의 작은 불꽃

세계와 자아를 그렇듯 극단적으로 부인하면서 나가 완전히 없어진다는 말은 아니다. 그와는 반대로 세계와 자신에게서 벗어나야 비로소 인간의 고유한 특성, 곧 "영혼의 가장 깊은 내면", "영혼의 바탕"이 밖으로 드러날 가능성이 주어진다. 에크하르트는 계속 새로운 말로 인간의 알 수 없는 가장 깊은 내면을 서술하려고 한다. 그것을 가리켜 "영혼의 머리", "정신의 빛", "이성의 특성", "영혼에 있는 작은 성城", 혹은 그냥 "영혼의 작은 불꽃"이라 부른다. 그러나 이런 온갖 명칭들은 그가 뜻하는 바를 완전히 표현하지 못한다. 그래서 그것은 "이름을 지녔다기보다는 이름 붙일 수 없는, 알수 있기보다는 알려지지 않은" 것이다.

　여기서 에크하르트의 사유가 교회의 공식 입장과 부딪치는 지점이 나타난다. 그렇게 많은 이름으로 불리는 영혼의 바탕이 창조된 것이냐, 창조되지 않은 것이냐, 하는 문제다. 그것이 창조되지 않은 것이라고 한다면, 엄격한 신의 개념에 따라 인간에게 금지되어야 할 어떤 특성이 주어진다. 에크하르트는 이 점에 대해 관점을 명백히 밝히지 않는다. 영혼의 작은 불꽃은 "신에 의해 창조된" 것이면서 또한 "창조되지 않은", "창조할 수 없는" 것이라 칭해지고 있다. 이런 생각으로 인해 교회의 대표자들이 에크하르트를 비난했다고 해도 놀라운 일이 아니다.

이제 에크하르트는 영혼의 가장 깊은 내면으로부터 신학의 문제로 생각을 돌린다. 인간이 자기의 깊은 곳으로 내려간다면 그곳 영혼의 바탕에서 신과 직접적인 관계를 찾게 된다. "신 말고는 아무도 영혼의 바탕을 건드리지 못한다." 이것이 에크하르트의 기본 체험이다. 이것은 그가 영혼에 대해 펼치는 이미지를 규정한다. 영혼은 바탕이 신적인 종류의 것이다. 영혼에는 신과 연관된 무엇이 있다. 영혼은 제 안에 "신적 본성의 모습"을 지닌다. "신이 영혼의 바탕에 숨어 있는" 한, 영혼은 신적인 종류의 것이다.

그래서 영혼의 바탕은 영혼이 신을 인식할 수 있는 장소다.

"영혼의 작은 불꽃이 신의 빛을 파악한다."

이런 신의 인식은 오로지 고립의 체험에서만 성취될 수 있다.

"신의 바탕으로 가고자 하는 사람은 자신의 바탕으로 가야만 한다."

그렇게 완벽한 고립상태에 도달한 사람은 "신 가까이", 신과 "순수하게 합쳐진 상태"가 된다.

"신은 여기 바탕에서 영혼으로 들어간다."

이렇듯 신적 현실과의 만남은 인간만이 아니라 신 쪽에서도 완전한 헌신으로 이루어진다. 신은 "신의 모든 특성으로 영혼의 바탕에" 계신다.

에크하르트는 지치지 않고 영혼의 바탕이 신과 완전히 하나가 되는 것을 찬양한다.

"신과 영혼이 서로 가까움, 실로 전혀 차이가 없다."
"어떤 하나됨도 이보다 더 크지 않다."
"여기서 신의 바탕이 나의 바탕이 되고, 나의 바탕이 신의 바탕이 된다."
"신과 나, 우리는 하나다."

공식 교회는 이런 진술들을 다시 이단이라고 낙인찍지 않을 수 없었다.

나와 신과 없음이 하나다

고립의 상태에서 완성되는 나의 없어짐은, 신과 하나됨이라는 생각에서 의미를 얻는다. 이것은 절대적인 없어짐이 아니라 신 속으로 무너짐, 그로써 다시 태어남이기 때문이다. "영혼은 없어져 신의 특성에 파묻힌다." "영혼은 이제 완전히 신의 본질 안에서 고요해진다." 나의 특성이 완전히 사라짐으로써 영혼 안에서 신의 탄생이 이루어진다. 이때 "영혼의 바탕에서, 영혼의 본질 안에서 아버지 신聖父은 아들聖子을 낳고, 영혼과 하나가 된다." 신의 탄생으로 생기는 이런 하나됨이 아주 완벽하기에 에크하르트는 이렇게 말할 수 있다. 신은 "나를 낳아 자신(신)이 되고, 자신을 낳아 내가 되고, 나를 낳아 자신의 본질과 본성이 된다."

어떻게 그런 일이 일어나는가는 물론 전통적인 사유 수단으로는 파악되지 않는다. 영혼은 "그렇다는 것을 느끼지만 어떻게 그러하고, 그것이 무엇인지는 모른다." 여기서는 "모름"과 "모름의 인식"만이 남는다. 그러나 "그것이 비록 모름과 인식될 수 없음일지라도 그 바깥의 모든 앎과 인식보다 제 안에 더 많은 것을 지닌다." 이런 모름이야말로 신에 대한 참된 앎이기 때문이다. "우리는 앎에서 모름으로 가야 한다. 그러면 우리의 모름은 초자연적인 앎으로 고귀해지고 장식된다."

이런 신비주의 기본 체험으로부터 에크하르트에게서 철학적 신학이라 부를 수 있는 것, 곧 신에 대한 사색이 펼쳐진다. 신에 대해서 우리는 맨 먼저 신은 있음이라고 말할 수 있다. 그것은 기독교 철학의 전통에 잘 맞는다.

"신에 관해서 신이 무엇인지 또는 누구인지를 묻는 사람에게는, 그분은 있음이라고 대답해줄 수 있다."

신이 "있음 자체"라는 말은 신이 "모든 것의 기원"이라는 뜻이
다. 그러나 에크하르트는 기독교 사유에서 지극히 자명하게 여겨
지는 이런 생각을 넘어선다. 신은 있는것의 창조주일 뿐만 아니라,
있는것 속의 있음이기도 하다. 이것은 벌써 문제가 많은 생각이다.
왜냐하면 창조된 사물들은 그 자체로는 아무것도 아니고, 오로지
신의 있음의 은총으로만 있기 때문이다. 신은 "모든 본성들의 본
성이고, 빛들의 빛이고, 살아 있는 것들의 생명이며, 본질을 가진
것들의 본질이고, 말하는 것들의 말이다." 그리고 에크하르트는 대
담하게도 다시 범신론적인, 그래서 이단으로 들리는 명제를 말한
다. "사물들은 모두 신 자신이다." 그에 따르면, 거대한 전체적 관
점에서 현실 전체가 신을 향하는 것으로 생각된다. "모든 생명체
는 신의 말함이다. 모든 생명체는 그들의 모든 일에서 신의 말을
따라 말하고 싶어 한다. 그들 모두가 자기들이 흘러나온 그곳으로
다시 돌아가자는 외침이다. 그들의 삶과 본질은 모조리 그들이 떠
나온 곳으로 돌아가려는 외침이며 그에 대한 조급함이다." 이것은
특별히 인간에게 잘 맞는다. "신의 본질은 나의 생명이다. 나의 생
명이 신의 본질이라면, 신의 있음은 나의 있음이며, 신의 실체는
나의 실체이다."

여기서 에크하르트는 한 가지 어려움에 부딪힌다. 신을 단순
히 사물들과 같은 것으로 여기지 않으려면, 신의 있음을 창조된
사물들의 있음이라는 의미로 이해해서는 안 된다. 에크하르트는

그래서 — 위에 인용한 문장과는 언뜻 반대로 보이는데 — 이렇게 말한다.

"신에게는 있음이 주어지지 않으며, 신은 있는것도 아니다. 신은 있는것보다 더 높은 것이다."

그렇지 않았다가는 신이 사물들과 같아질 것이기 때문이다. 그러나 이렇게 더 높은 것이란 정신적인 것을 뜻할 수밖에 없다. 곧 "들여다봄(통찰)", "지성intellectus"이다. 기독교 전통에서 신은 본질적으로 정신으로 이해되기 때문이다. 그래서 에크하르트에게 신의 참다운 있음 방식은 "있음보다 더 높은" "들여다봄"이 된다. 신과 관련해서는 있음의 개념이 들여다봄의 개념 안으로 흡수된다.

"신은 그 있음이 들여다봄 자체인 순수한 들여다봄이다."

그러나 신의 있음을 들여다봄이라고 이렇게 규정하는 것도 인간이 고립에서 얻는 경험에 완전히 다 맞지는 않는다. 이런 경험으로부터 있음과 들여다봄이라고 이해된 신의 배후로 뚫고 들어가는 사유가 생겨난다. 이 사유는 "신의 바탕", "고요한 사막"을 향한다. "바닥없는 깊이", "바닥없음의 바다"에 있는 신을 향하는 것이다.

물론 여기서 언어는 표현력을 잃는다. 에크하르트는 "감추어진 신의 인식할 수 없음", "영원한 감추어짐의 감추어진 어둠"이라는 암시만 할 뿐이다.

"신은 이름이 없다. 그에 대해서는 누구도 무어라 말할 수도, 이해할
수도 없기 때문이다."

가장 극단적인 것을 파악하려는 사유는 신의 개념도 넘어
서야만 한다. 신은 "허공에 떠도는 본질이고 본질을 넘어선 아님
Nichtheit"이기 때문이다.
신을 인식하는 본질적인 방식은 역설적이게도 "우리가 신을
벗어나 있다"라는 사실에 근거한다.

"네가 신을 사랑한다면 신이 어떻게 신이고, 어떻게 정신이고, 어떻게
인격이고, 어떻게 모습인지 등등의 이 모든 것이 다 없어져야 한다."
"너는 신 그대로를 사랑해야 한다. 신이 아닌, 정신이 아닌, 인격이
아닌, 모습이 아닌 신을. 그 이상이다. 신이 '둘로 있기'와는 거리가
먼 순수하고 깨끗하고 맑은 하나라는 것, 그 하나 속에서 우리는 없
음Nichts에서 없음으로 영원히 가라앉는다."

이로써 고립은 극단의 가능성에 도달한다. "인간이 놓아버릴
수 있는 가장 높고도 가장 가까운 것은, 신이기 때문에 신을 놓아
버리는 일이다."

니콜라우스 쿠자누스

혹은 신의 이름들

12

1401-1464

NICOLAUS CUSANUS

정신적으로 위대한 사람이 세상의 무대에서도 대단한 사람이 되는 경우는 매우 드물다. 니콜라우스 폰 쿠사(쿠사의 니콜라스)는 바로 그런 경우다. 물론 외적인 영광이 아무 힘도 들이지 않고 그냥 그의 요람 속으로 떨어지지는 않았다. 그는 1401년에 쿠사에서, 자산이 없지 않은 어부이며 상인인 사람의 아들로 태어났다. 그러니까 당시 유럽에서 성직과 세속의 높은 직위를 차지하기로 되어 있던 귀족계층 사람은 아니었다.

니콜라우스는 평생 자기가 단순한 어부의 아들로 태어나 그토록 출세한 것을 자랑으로 여겼다. 그가 성직聖職의 최고 조상인 베드로[원래 어부, 제1대 교황으로 여겨짐]를 생각했던 것인지는 알 수가 없다. 확실한 것은 그가 부모의 집에서 돈과 재정문제에 대한 감각을 익혔다는 것이고, 동시대 사람들이 상당히 놀라워하며 칭송

한 바에 따르면, 그 자신은 개인적으로 돈 욕심이 없는데도 그랬다. 그의 식탁은 항상 검소했다. 양초 대신 돈이 덜 드는 기름 램프를 썼다. 그래야 할 일이 있으면, 아마도 대단한 인상을 주기 위해서였을 테지만─이런 점에서는 전혀 속을 알 길이 없는 사람이었으니─말 대신 나귀를 타고 도시로 들어가기도 했는데, 아마도 스승인 그리스도가 예루살렘에 나귀를 타고 들어갔던 일을 조금은 염두에 두었을 것이다.

어부의 아들, 협상 능력을 뽐내다

니콜라우스의 젊은 시절에 대해서는 별로 알려진 게 없다. 다만 싸움 중에 아버지가 그를 배에서 물로 집어던지자 집에서 달아난 적이 있었다. 그렇다고 집을 떠나 오래 돌아다니지는 않았다. 전해지는 말을 믿을 수 있다면, 그와는 반대로 데벤테르에 있는 학교로 들어가 당시 이름 높은 학교이던 이곳에서 금세 돋보이는 학생이 되었다. 이어서 열다섯 살에 법학을 공부하기로 결심하고, 하이델베르크 대학과, 특히 법학으로 유명한 파도바 대학에서 법학과 다른 인문학 과목들을 공부했다. 스물두 살에 파도바 대학에서 박사학위를 받고 법률가가 되어 고향에 정착했다.

하지만 오래가지는 않았다. 불운하게도 첫 번째 소송에서 패했는데, 그는 이 사실에서 극단적인 결론을 끌어내고는 법률가라는 직업에서 손을 떼고 말았다. 이어서 뢰벤 대학에서 교회법 교수로 초빙받았지만 거절했다. 대신 그는 성직으로 관심을 돌려서 제대로 성직 서품도 받지 않은 채 트리어 교구에서 주임신부가 되었다. 이어서 시대의 관습을 좇아 성직록을 받는 여러 직위를 두루 거쳤다. 그 자신의 힘으로 감당할 수 있는 것보다 훨씬 많은 직위였다.

친분이 있는 추기경의 초대를 받아 바젤 공의회에 참석하면서 니콜라우스는 처음으로 좁은 고향을 떠나 큰 세계에서 활동하게 되었다. 이곳에서 그는 재빨리 교황에 맞서 공의회가 우위에 있다는 관점(공의회 수위설)을 편들었다. 공의회의 요구들을 뒷받침하기 위해 출전 문서들을 상세히 탐구하고는 광범위한 내용의 책을 썼다. 《가톨릭의 조화》라는 이 책은 대단한 주목을 받았다.

그러나 당시 사람들이 모두 놀란 일이지만 바로 뒤이어 니콜라우스는 교황이 우위를 차지한다는(교황 수위설) 입장으로 돌아서고 말았다. 이렇게 갑작스럽게 편을 바꾼 이유를 우리는 모른다. 아마 명예욕도 작용했을 것이다. 니콜라우스는 그런 욕심이 부족하지 않았으니까. 그러나 아마도 전반적인 혼란의 시대에 교회의 일들은 통합적인 수장에게 올라가는 것이 가장 좋다는 확신에서 나온 결정이었을 것이다.

바젤에서 니콜라우스는 또 다른 교회 정책 분야의 활동도 시작했다. 교황과 공의회 사이의 다툼 말고도, 트리어 대주교직 후임 문제, 보헤미아의 후스파 교회와 로마 교회의 화해 문제에도 개입했다. 또한 그의 활동 영역은 세속의 영역으로도 광범위하게 뻗어나갔다. 그래서 그는 바이에른의 공작들 사이의 갈등을 중재하고,

나아가 스페인과 영국의 갈등을 중재하는 임무도 맡았다. 교회 밖에서도 니콜라우스의 협상 능력은 높은 평가를 받았다. 그는 심지어 왕들의 혼인 중매도 맡았다. 이런 모든 활동과 나란히 달력 개혁 문제에도 열을 올렸다. 그래서 엄청나게 많은 계산을 한 끝에, 죽은 사람들이 1700년에서 1734년 사이에 부활하게 될 것이라는 결론에 도달했다.

교황과 공의회는 일부 중요한 문제들에 대해 합의에 도달했는데, 그중에는—물론 그것을 실천하는 방안을 놓고 다시 싸움이 벌어지긴 했지만—로마 가톨릭과 동방 정교회의 화해에 대한 것도 있었다. 니콜라우스는 그 협상을 위해 콘스탄티노플로 파견된 가톨릭 지도자의 한 사람이었다. 그 자신의 보고에 따르면 콘스탄티노플에서 돌아오는 길에 "빛의 아버지로부터 위로부터의 선물"인 한없이 넓은 바다를 바라보면서, 생애에 결정적인 철학적 발견이 떠올랐다. 뿔뿔이 나뉘기 이전에 모든 현실의 영역에서 통일성이 우위를 차지하고 있었으며, 이 통일성은 무한한 존재인 신에게만 있음이 분명하다는 생각이었다. 집으로 돌아와서 그는 고독 속에 틀어박혀《모름을 아는 것에 대하여》를 썼다.

바로 뒤이어 니콜라우스는 교황의 사절로 임명되었다. 연달아 열리는 제국의회에서 교회개혁 문제가 거듭 논의되었는데, 의회에서 그는 교황사절 자격으로 교황 측을 대변했다. 대단히 인상적인 연설들에서 자신의 견해를 밝히고 눈에 띄는 성과도 거두었다. 교황이 자신이 줄 수 있는 최고 명예직인 추기경직으로 그에게 보상한 것이 놀랍지 않다. 동시에 새로운 직위에 따르는 경비로 쓰라고 1천 두카토를 보내주었다. 당시 그가 얻은 명성 덕에 그는 다음번 교황 선출 비밀회의에서 교황 후보가 되기도 했다.

교황은 그에게 도이칠란트의 수도원 개혁이라는 특별임무를 맡겼다. 그것은 대단히 힘든 일이었다. 많은 수도원에서 수많은 못된 짓들이 벌어지고 있었기 때문이다. 경박한 여자들과 벌이는 술잔치, 여자들과의 내연관계, 수도원과 수녀원들 사이에 고약한 의남매 맺기 등이었다. 게다가 지나칠 정도의 미신적 관행들이 교회의 종교행사에 섞여들었다. 피의 기적 행사는 어디서나 이루어지는 일이었다. 니콜라우스는 가차 없이 엄격하게 대응했다. 그는 밤잠을 네 시간으로 줄였다고 한다. 그러나 자주 분노에 사로잡혔다. 치즈와 빵으로 자신을 접대하는 식탁을 뒤집어엎으면서, 자신을 손님으로 맞아들인 사람들을 거칠게 대했다. 이보다 더 심각한 일도 있는데, 부당한 방법으로 주교직을 차지한 못된 성직자 한 사람을 라인강에 빠뜨려 죽였다.

니콜라우스 생애의 다음 시기는 추악한 싸움으로 얼룩져 있다. 교황은 그를—돈으로 선출된 사람을 밀어내고—브릭센의 주교로 임명했다. 이 주교구가 상당한 부동산을 소유하고 있었기 때문에 그는 영토를 지닌 통치자가 되었다. 그러자 완전히 밝혀지지 않은 군신관계로 이 주교구에 소속되어 있으면서 이곳에 대한 통치권을 요구하던 티롤 공작과 충돌하게 되었다.

이 갈등이 점점 확대되어 진짜 싸움이 되었고, 주교 자신도 여기 말려들었다. 위협, 나아가 기습공격이 점점 늘어났다. 마지막에 니콜라우스가 피신해 있던 요새가 포위되었다가 대포를 맞고

함락되었고, 니콜라우스는 자신이 거의 죽었다고 여겼다. 결국 이 사태는 힘들고도 만족스럽지 못한 타협으로 끝을 맺었다. 그러고도 그는 개혁 계획으로 인해 또 다른 귀족 수녀원과 그곳의 싸움 좋아하는 수녀원장과도 심각한 갈등에 빠졌다. 이 사건도 전쟁의 양상으로 발전했다. 이 수녀원장은 니콜라우스에 맞서 싸울 용병을 모집했다. 니콜라우스도 흥분해서 수녀원장을 도우러 출동한 한 떼의 농부들을 학살했다.

니콜라우스는 마침내 이 모든 어려운 일들에 지쳐서 "눈 덮인 어두운 골짜기를 벗어나" 로마로 갔다. 그곳에서 교황이 도시를 떠나 있는 동안 교황의 직무를 대행했다. 이를 통해 그는 이탈리아의 작은 나라들과 수많은 갈등에 빠졌다. 그 밖에도 여러 제국의회에 참석하면서 당시 콘스탄티노플을 점령한 오스만투르크에 맞서 십자군을 일으킬 준비에도 동참했다. 프로이센에서도 경솔하게 폴란드 왕에 맞서 전쟁을 일으킨 도이치 기사단의 고집을 꺾고 질서를 잡아야 했다. 프랑스와 영국 사이에 벌어진 백년전쟁에도 교황의 요청을 받아 중재에 나섰지만, 장기적인 성과는 없었다. 이런 모든 일 말고도 그는 근본적인 교회개혁에도 열을 올렸다. 이것을 위해 진정서를 쓰는 일부터 세부 사항을 고안하는 일까지 많은 일을 했다. 그러다가 1464년, 십자군 함대의 출발을 재촉하기 위해 여행하던 도중에 예순세 살의 나이로 죽었다. 그의 육신은 로마의 "사슬에 묶인 성 베드로 교회(산 피에트로 인 빈콜리)"에, 그의 마음은 고향 도시 쿠사에 묻혔다.

이렇듯 번잡한 교회 업무와 외교 업무를 하면서 그가 어떻게 저술 활동을 할 수 있었는지 놀랍기만 하다. 게다가 이 책들은 전혀 방해받지 않고 아주 깊이 파묻혀서 쓴 것처럼 읽힌다. 그 수도 놀랄 정도로 많다. 이미 언급한 작품들 말고도 몇 가지만 거론하자면 다음과 같은 제목들이 나타난다.《지혜 사냥에 대하여》,《평신도가 지혜에 대하여》,《평신도가 정신에 대하여》,《신을 찾음》,《바라봄의 절정》,《기원에 대하여》,《감추어진 신》,《믿음의 평화》.

신의 본질을 파악하려 함

니콜라우스 사유의 핵심 내용은 그가 콘스탄티노플에서 돌아오는 길에 얻은 발견에서 결정되었다. 그때 무한한 존재인 신을 생각했기에, 그에게는 무한성의 문제가 매우 중요한 것이 되었다. 이미 수학의 영역에서도 그는 이 문제를 추적했다. 뉴턴이나 라이프니츠가 미적분을 완전히 정리하기 훨씬 전에 미적분을 시도했다.

중세에서 근대로 넘어가던 시대의 사람인 니콜라우스는 자신의 연구에서 다가올 미래를 보여준다. 고대와 중세에 지배적이던 질적質的 규정의 경향에 대해 그는 측량이라는 근대적 방법을 사용한다. 또한 지구가 움직인다는 혁명적인 생각을 온갖 설득력을 다 동원해서 표현했다. 물론 수학과 자연과학 영역에서 획기적인 발견에 도달하지는 못했다. 이 두 학문은 그의 관심의 변두리만 차지했다.

그에 반해 당시 철학의 핵심 문제이던 철학적 신학에서 그는 그 이전의 다른 누구와도 다른 방식으로 몰두했다. 무한한 존재인 신은 무엇이며, 어떻게 하면 신을 파악할 수 있는가, 하는 한 가지 질문에 끊임없이 매달렸다. 그러나 그의 노력은 거듭 실패를 맛보았다. 순간적으로 신의 본질에 대해 뭔가 파악할 수 있을 것처럼 보이다가도 도로 알 수 없는 것으로 돌아갔다. 그런데도 니콜라우스는 거듭 신을 파악하려고 시도하는데, 바로 이 점에 그의 사유의 위대성이 들어 있다.

니콜라우스가 신을 "절대적 무한성"이라고 파악하려고 하자, 신을 개념적으로 분명하게 파악하기가 불가능하다는 사실이 분명히 드러났다. 무한성이 절대적이라고 칭해진다면, 그것은 무한성의 개념이 완전하고도 제한이 없는 것으로 이해되어야 한다는 뜻이다. 이런 무한성과 나란히 그 옆에 독립적으로 있는 유한성의 영역이 나타나서는 안 된다. 이 영역을 통해 무한성 자체가 제한되고 그로써 유한하게 되기 때문이다. 그러나 만일 유한성이라는 비교 대상이 없다면 무한성은 그 순수한 대립 없음으로 인해, 유한한 사유로서는 "접근할 수 없고, 파악할 수 없고, 이름 붙일 수 없고, 볼 수 없는" 것이 된다.

신을 "절대적 통일성"이라고 표현해도 같은 일이 일어난다. 여기서도 통일성은, 독자적으로 존재하는 유한한 다양성에 대한 대립으로 이해되어서는 안 된다. 그랬다가는 그것은 더 이상 절대적 통일성이 아니게 될 것이다. 그러나 그 어떤 비교 대상도 없어지면 신은 다시 "이름 붙일 수 없고, 말할 수 없고, 표현할 수 없는" 존재가 되고 만다. 따라서 절대적 통일성이라는 신의 개념도 측정할 수 없는 것이 되고 만다.

적절한 신의 개념을 찾아내기가 어려운 것은, 신을 절대적 무한성이나 절대적 통일성으로 파악하면 그와 나란히 그 어떤 유한성도 와서는 안 되는데, 그런데도 어떤 형태로든지 대립의 세계인 유한성이 존재한다는 사실 때문이었다. 그래서 니콜라우스는 신을 "모든 대립들의 붕괴"로 파악하려는 사유를 시도해보았다. 그러나 이런 생각으로도 유한성이 무한성 안에서 지양(포함되어 중지)되지는 못했다. 그래서 니콜라우스는 "신은 대립들의 무너짐조차 넘어선다"라고 강조한다.

그다음 니콜라우스는 신을 "그보다 더 큰 것이 있을 수 없는", "절대적 거대함"이라고 생각해보았다. 그로써 신은 유한한 크기에 대한 온갖 관계에서 벗어나게 된다. 더 커질 수 있는 것은 유한한 것이 되기 때문이다. 그에 반해 절대적 거대함에는 "그보다 더한"이라는 것이 없다. 그래도 여전히 신은 절대적으로 작은 것에 대해 대립 관계에 있게 된다. 참된 신의 개념에서는 이런 대립도 없어져야 한다. 그래서 비록 역설적인 표현이기는 해도 논리적으로 합당하게 니콜라우스는 신은 가장 큰 것이며 동시에 가장 작은 것이라고 강조했다.

그러나 가장 큰 것이며 동시에 가장 작은 것이라는 신의 개념도 지나치게 정적靜的으로 생각되었다. 아마도 그래서 니콜라우스는 이 개념을 넘어서 신의 본질에 대한 새로운 표현을 찾아 나선 것 같다. 새로운 표현에는 무한한 창조력이라는 계기도 포함되어야 한다. 즉, "할 수 있음Können"이라는 요소 말이다. 그러나 이 "할 수 있음"이 단순한 가능성이어서는 안 된다. 신은 스스로 가능한 바로 그 존재이기 때문이다. 니콜라우스는 대담한 표현을 써서 신을 "할 수 있음이 있다Können-Ist"라고 불러서 이 맥락을 올바르게 만들려고 했다. 이런 존재로서 신은 모든 현실을 자기 안에 포함한다. 왜냐하면 현실은 "'할 수 있음이 있다'의 현실을 모방하는 것 말고는 현실 속에 있지 않기" 때문이다.

그런데도 유한하게 생성하는 것에 대한 "할 수 있음이 있다" 의 관계는 속에 위험을 감추고 있는 것으로 보였다. 곧, 신적인 "할 수 있음"이 세속적인 "할 수 있음"과 같은 단계에 놓일 수도 있다는 위험이다. 그래서 그는 신을 "다름 아닌 그것"이라고 파악하려고 해보았다. 유한하게 '있는것'은 모두 언제나 다른 것과 마주하고 있고, 이 다른 것의 관점에서 보면 그 자신이 다른 것이다. 그러나 이것은 신에게는 맞지 않는다. 신은 "다름 아닌 그것"으로서 모든 유한한 것과 분리된다. 이 개념에 대해 니콜라우스는 이것이 "이름 붙일 수 없는 신의 이름을 아주 근사치로 표현한 것이어서, 이 개념은 값진 수수께끼에서 그렇듯 찾는 이를 제 안에 반영한다"고 말했다.

그러나 "다름 아닌 그것"이라는 표현도 다시 신의 본질에서 정적인 요소를 일방적으로 강조하는 것처럼 보인다. 그래서 신 안에 있는 동적인 계기, "할 수 있음"이 더욱 강한 무게를 얻는다. 그러나 신이 "할 수 있음"이며 동시에 "있음"이라는 점에서 "할 수 있음이 있다"인 것만은 아니다. 이제 니콜라우스에게는 순수한 "할 수 있음"의 개념이 결정적인 것이 된다. 신은 "할 수 있음 자체"다.

니콜라우스는 "나는 또 다른 더 명료하고, 더 참되고, 더 쉽게 접근할 수 있는 이름이 신에게 주어질 수 있다고 생각하지 않는다"라고 덧붙였다. 그럼으로써 그는 신에 대해 진술될 수 있는 것 중에서 최고의 가능성에 도달했다고 생각했다. 그런데도 이 신의 개념은 다른 개념들처럼 여전히 접근할 수가 없다.

　신을 개념으로 파악하려는 온갖 노력을 하면서 니콜라우스는 세계를 거의 완전히 시야에서 놓쳤다. 모든 현실은 신의 관점 아래서 관찰되어야 한다고 언제나 거듭 말하기는 했다. "유한하게 생겨난 것은 모두 무한한 기원에서 나온 것"이라고 말이다. 그렇지만 신이 자기 자신에게서 무엇인가를 내놓았고, 그렇게 독립적인 세계를 창조했다는 식으로 생각해서는 안 된다. 오히려 신은 모든 현실을 자기 안에 "접어서" 지닌다. 세계는 신의 "펼침"으로서, 그 모습 그대로 신적이다. 그러므로 "신 안에 세계가 있다"라는 말은 맞는 말이다.

모름을 통해 신을 파악하려 함 ― 부정의 신학

니콜라우스가 신의 있음에 대해 그토록 풍부한 규정들을 내놓았어도 이 모든 것은 여전히 문제가 있었다. 왜냐하면 신을 인식한다는 것이 어떻게 가능한가 하는 질문이 언제나 그에게서 다시 일어났기 때문이다. 신의 인식이 오성[인간의 지적 능력, 이해능력]*의 길에서 일어날 수 없다는 것은 처음부터 분명하다. 오성은 대립의 차원에서 움직이기 때문이다. 오성은 언제나 하나를 다른 것과 분리하고 구분한다. 그러나 신은 모든 대립과 분리를 넘어선 존재다.

오성보다는 오히려 이성[인간의 종합적 사유능력, 혹은 로고스]이 신을 인식할 능력이 있는 것처럼 보인다. 니콜라우스가 이해하기로는 이성은 대립들을 그때그때의 통일성 안에 포함하기 때문이다. 그러나 이성도 신이 자기 자신 안에 있는 모습 그대로가 아니라 인간적 관점으로만 파악할 수 있다. 오성과 이성이 인간의 특징적인 인식능력이라면, 이들이 실패한다는 것은, 신은 유한한 인식으로는 파악할 수가 없다는 뜻이다.

"나는 내가 아는 모든 것이 신이 아니라는 것을 안다. 그리고 내가 파악하는 모든 것이 신과 비슷하지 않다는 것을 안다."

이제 니콜라우스의 대담한 생각이 나타난다. 우리가 앎으로 신을 파악할 수 없다면 어쩌면 모름으로 파악할 수 있을 것이다.

● Verstand: 오성悟性. 이성Vernunft과 더불어 인간의 인식능력에서 가장 중요한 두 가지 능력. 오성은 특히 개념을 가지고 사물을 판단하는 능력이다. 한 가지를 다른 것과 분리하여 대립시켜서 이해한다. 이에 반해 이성은 오성과 감정의 모든 것을 아울러서 그 결과로 나오는 인간의 종합적 사고력, 혹은 판단력을 뜻한다. 오성은 지적 능력, 혹은 이해력으로 보면 좋을 것 같다. 이성은 오성보다 훨씬 포괄적인 인간의 사고력으로, 인간을 짐승과 구분해주는 인간만의 특성 정도로 보면 좋을 것 같다. 지적으로는 뛰어난데 인간성이 나쁜 사람은 오성은 훌륭한데 이성에 문제가 있는 것이다. 때로는 이성과 오성이 거의 같은 뜻으로 쓰이기도 하지만 구분하자면 이성이 오성보다 상위개념이다. 이성은 때로는 그리스어의 '로고스'의 번역 낱말로도 쓰인다. 'Verstand'라는 단어는 도이치어 문장에서 '이해하는 능력', '지성' 등의 뜻으로 자주 쓰인다. 이 책에서도 꼭 필요하다고 생각되는 경우를 빼고는 오성이 아닌 다른 단어로 쓴다.

"이성이 당신[신]을 보고자 한다면, 이성은 우선 모름의 상태가 되어야 한다." 니콜라우스에게 모름이란 체념한 채 앎을 포기한다는 뜻이 아니다. 오히려 니콜라우스는 신을 물을 때에 모름을 그 자체로 분명하게 파악하기를 요구한다. 즉, 모름은 "알면서 모름"이 되어야 한다. 이것이 신에게 가까워지는 올바른 길이다. "인간은 파악할 수 없는 신에게 오로지 모름을 앎으로써만 다가갈 수 있다."

니콜라우스의 철학적 신학은 그 이전에 이미 오랜 역사를 가진 철학의 분야인 "부정否定 신학"이 된다. 신에 대해서 오로지 부정적인 진술만 허용된다는 것이 그 본질이다. 우리가 유한한 현실의 '있음' 규정이라고 보는 모든 것이 신과 관련해서 부정된다. 그럼으로써 신의 있음 자체가 부정적 술어를 얻는다. 신은 마침내 '없음Nichts'[*]과 비슷해진다. "무한한 신에게로 올라간" 사람은

[●] 부정대명사(μηδεν, 있지 않음)를 그리스 철학자 파르메니데스가 명사로 만들어 사유대상으로 삼은 이후로 '있음'과 더불어 형이상학의 최대 난제가 된 용어. 이 낱말에 해당하는 도이치어의 nichts를 굳이 분석하자면 'nicht ein Ding'이 된다. 여기서 보듯이 내용이 있는 말(ein Ding)과 문법 기능을 가진 말(nicht)이 뒤엉겨 하나로 줄어 붙은 낱말이다.

nichts(nothing, nihil) 계열 부정대명사들을 가진 서양인들과 달리 우리 한국인들은 이것을 이해할 때 또 다른 어려움을 겪는다. 우리말에는 이와 똑같은 방식으로 복합적으로 줄어 붙은 한 낱말이 없기 때문인데, 없어서 못하다기보다 없어서 우리는 사색에서 서양인들처럼 쓸데없는 것에 홀리지 않았다. 다만 서양 철학을 이해할 때 직접 대응하는 한 낱말이 없다는 것만이 답답한 점이다.

이 부정대명사를 한국어로 옮길 때 이에 대응하는 표현은 '아무것도… 안(없는)'이라는 형태가 기본이 되어 대략 두 줄기로 나타난다. '아무것도 안', '아무것도 아닌 것'과 '(아무것도) 없음', '없는 것' 등이다. 기존 철학책에서는 이 중 세 번째 의미 부분만 선택하여 흔히 '무無', 혹은 '허무'라고 번역되고 있지만, 이는 정확하지도 않거니와 한자어로서 직접적인 의미 연상이 되지 않아 어려운 철학 내용을 이해하는 데 또 다른 어려움을 만들어낸다. 우리 책에서는 nichts를 상황에 따라 '아무것도 안', '아무것도 아닌 것', '없는것', 그리고 '있음'에 대비하여 '없음' 등으로 옮긴다. 명사로 쓰여도 원래의 부정대명사 의미를 그대로 지닌다.

우리말에 있는 '없다', '모르다' 등의 부정否定 낱말이 서양의 주요 언어에는 없다. 우리말

"그 어떤 무엇이 아니라 없음에 다가가는 것처럼 보이기" 때문이다. 그래서 신에 대해서는 "신은 있지도 없지도 않고, 또 있지도 없지도 않은 것도 아니다"라고 말할 수 있다. 이런 역설은 신이 모든 유한한 존재로부터 거리를 둔다는 것을 끝까지 생각한 철학적 신학의 극단적인 절정이다.

바라봄에도 신은 보이지 않는다

그러나 신이 전혀 인식할 수 없는 존재라면 인간은 도대체 어떤 권리로 신에 대해 이야기하는가? 이 질문에 대해 니콜라우스가 신에 대한 인식을, 비록 모름을 안다는 형태의 앎일지라도 모든 앎과는 다른 영역으로 밀어 넣었다는 사실이 중요하다. 인간은 "동경"으로 신에게 가까이 갈 수 있다. "하나das Eine를 향하는 모두의 끊임없는 동경"이 있기 때문이다. 어떤 의미에서는 간절히 갈망하는 대상인 신이 거기에 있다. 그러나 이런 동경은 진짜로 신의 파악은 아니고 다만 신을 향하는 방향일 뿐이다. 신을 파악할 수 없다는 점은 그대로다.

마지막에 니콜라우스는 순수한 '바라봄Schauen'이라는 신비주

의 이 두 낱말은 제대로 쓰기만 한다면 서양의 주요한 형이상학 개념에 헷갈리지 않고 접근할 수 있게 해주는 매우 뛰어난 언어 도구다. 서양인들이 알기만 한다면 가장 부러워할 우리말 장치의 한 가지다. 이런 뛰어난 낱말을 지닌 우리가 우리말로 그들의 형이상학을 논하고자 한다면, 보통 사람도 꼼꼼히 따져보는 것만으로 서양 철학의 핵심 일부를 파악할 수 있다.

의 체험으로 다가간다. 거기 이르기 위해 인간은 "모든 한계, 모든 끝과 유한한 것을 넘어서야" 한다. 그런 일이 일어난다면 다음과 같이 된다. "우리는 모든 인식보다 더 앞선 것을 들여다보는, 정신적 바라봄을 가진다." 신은 "어둠 속에서 보아지고", 그것도 "순간적인 황홀경의 길에서 알지 못한 채 바라봄"에서 보아진다. 그러나 이 길도 우리를 목적지로 데려다주지 않는다. 신은 여전히 "온갖 종류의 바라봄에도 보이지 않"다.

이렇게 해서 어떤 방법으로 신을 파악하려 하든지 니콜라우스의 모든 노력은 마지막에 실패하고 만다. 철학적 사유의 방식이든, 부정 신학의 방식이든, 동경이든, 신비적 바라봄이든 다 마찬가지다. 그의 마지막 말은 다음과 같다. 인간의 모든 주도적 행동이 실패하면 단 한 가지, 신의 주도적 행동만이 중요해진다. "감추어진 신이 자신의 빛으로 어둠을 몰아내고 스스로를 드러내지 않는다면, 신은 완전히 알려지지 않은 상태로 남는다." 이것은 다음과 같은 뜻이다. 믿음이 모든 인식보다, 심지어는 바라봄보다 더위에 있다. 마지막에 철학적 신학은 계시가 나타나도록 뒤로 물러난다. 신 인식의 가능성에 대해 니콜라우스가 주는 극단적인 정보는 다음과 같다.

"신은 온갖 지혜로운 사람들의 눈에 감추어져 있다. 그러나 신은 그분이 은총을 베푼 작은 사람들과 겸손한 사람들에게 모습을 드러내신다(계시)."

신에 대한 철학적 물음이 목적지에 도달하지는 못한다 해도, 다른 어떤 사람들이 내놓은 것보다 니콜라우스가 더욱 밀도 높게 그런 물음을 내놓았다는 것은 여전히 중요한 일이다. 그래서 그는 철학과 철학적 신학의 영역에서 위대한 사람들에 속한다.

데카르트
혹은 가면 뒤의 철학자

13

1596-1650

RENE DESCARTES

17세기 초의 가장 중요한 철학자이며, 흔히 근대철학의 창시자라 불리는 데카르트는 기묘한 말을 남겼다. "배우들이 이마에 부끄러움이 나타나지 않도록 가면을 쓰고 등장하듯이 나도 세계라는 무대에 가면을 쓰고 등장한다." 철학자가, 가면을 쓴다고? 사물과 인간을 드러내는 것을 의무로 삼고 있는 사람이 가면 뒤에 숨겠다고? 대체 감출 게 뭐가 있나?

동시대 사람들에게 물어봐도 그들은 모른다. 데카르트는 그들에게 속을 알 수가 없는 사람이었다. 다만 그는 편지와 저술에서 자기 생각들에 대한 오해와 왜곡을 막아야 했다. 그의 이론의 중요성에 대해서도 전혀 의견이 일치되지 않는다. 많은 이들은 그의 사상이 성서의 진리와 완전히 일치한다고 주장한다. 그러나 네덜란드의 개신교 종교회의와 몇몇 대학들은 그의 책을 금지했고,

가톨릭교회도 금서목록에 그의 저술을 포함시켰다.

　일부 사람들은 그의 철학적 활동을 신이 6일 동안 세상을 창조한 작업에 비유하고, 그를 구약성서의 입법자인 모세와 비교한다. 그런가 하면 다른 사람들은 그의 신앙 없음, 무신론, 부도덕함 등에 대해 불평한다. 이런 일은 현대까지도 계속되고 있다. 그의 주석자 중 일부는 데카르트를 "신과 교회의 영광과 명성을 위해 싸운 기독교 철학자"라 부른다. 그리고 다른 이들은 그의 철학과 더불어 "기독교에 대한 궐기"가 시작되었다고 말한다. 가면은 오늘날까지도 완전히 벗겨지지 않은 것이다. 그렇다면 이 수수께끼의 철학자, 자신과 자기 저술을 감춘 이 인물은 어떤 사람인가? 데카르트는 대체 누군가?

은둔을 얻기 위한 싸움

극단적인 것으로 시작하자면, 그는 1596년에 태어났는데 하마터면 그의 전기는 이것으로 끝날 뻔했다. 숨고 싶은 열망이 어찌나 컸던지 그는 지상이라는 무대에서 곧바로 사라지기를 원했고, 그것도 의사들이 완전히 희망을 놓아버릴 정도로 열렬히 원했다. 그런데도 근대철학의 토대를 놓은 데카르트라는 철학자가 존재하고, 그로써 근대철학 자체도 존재하게 된 것은, 의사들의 체념에도 불구하고 이 아기를 보살핀 유모 덕이었다.

　데카르트는 이렇게 삶을 허약하게 시작한 덕분에 한 가지 이

점을 얻었다. 그는 항상 자신을 보호해야만 했고, 그래서 학교에
다닐 때도 동료 학생들이 질투하는 가운데 혼자서만 오전 시간을
침대에 누워서 보낼 수가 있었다. 이것은 그가 평생 유지한 습관
이었다. 그러다가 높으신 분의 압력을 받아 마침내 이 습관을 포
기해야만 했는데 그것이 심각한 손상을 가져왔다. 그러나 그에 대
해서는 뒤에 이야기하기로 하자.

그가 다닌 학교는 그 시대에는 아주 유명한 교육기관인 예수
회 김나지움이었다. 여기서 학문은 훌륭하고 오래된 스콜라 방식
으로 탐구되었다. 얼마 지나지 않아 데카르트는 모범생으로 여겨
졌다. 말 잘 듣고, 의무감 투철하고, 열심히 공부하는 학생이었다.
그러나 당시 벌써 그는 가면을 쓰기 시작했다. 겉으로는 말 잘 듣
는 모범생의 모습을 하고 있었지만, 그 뒤에는 저항적인 정신이
감추어져 있었다.

그는 이미 생명력을 잃은 전통을 남몰래 거부했다. 의문의 여
지가 없는 지식이라고 제공되는 모든 것이 그에게는 극단적으로
의심스러웠다. 특히 철학이 의심스러웠다. 이상하고 믿을 수 없는
일들 중에서 그 어떤 철학자가 그 옛날 그에 대해 뭐라고 말하지
않은 것은 하나도 없다고 그는 나중에 썼다. 학교가 가르치는 지
혜 대신 데카르트는, 예수회 학교가 금지하지만 학문과 철학 분야
에 새로 나타나고 있던 혁명적인 방향 전환에 남몰래 빠져들었다.
그리고 뒷날 그 자신이 이런 방향에 더 깊은 토대를 마련해주게
된다.

그러나 그러기 전에 데카르트는 한동안 학문에 등을 돌렸다.

뒷날 되돌아보면서 그는 이렇게 말한다.

"나이가 차서 선생님들에게 복종하는 일에서 자유롭게 되자마자 나
는 얼른 그동안 익힌 학문을 완전히 포기했다. 나 자신 안에서, 또는
세상이라는 커다란 책에서 찾아낼 수 있는 것 말고는 다른 어떤 지
식도 구하지 않기로 결심했다. 그래서 젊은 시절의 나머지를 여행으
로 보냈다. 여러 궁정들과 군대를 보고, 온갖 지위를 가진 온갖 종류
의 사람들과 교제하고, 다양한 경험을 쌓고, 운명이 나에게 제공해
준 많은 사건들에서 나 자신을 시험해보고, 내가 만난 것들에 대해
거기서 어떤 이익을 얻도록 깊이 생각해보곤 했다."

데카르트는 맨 먼저 파리에서 "세상이라는 책"을 찾아냈다. 세
상 어딘가에서 큰 세계를 만날 수 있다면 파리가 바로 그곳이었다.
어떤 전기 작가가 전해주는 대로 그는 "하인 몇 명을 거느리고" 이
도시로 들어가서 곧바로 향락의 소용돌이 속으로 뛰어들었다. 말
타고, 칼싸움하고, 춤추고, 노름했다. 그러나 그것도 또 다른 가면
에 지나지 않았던 것 같다. 그는 갑자기 사교 무대에서 모습을 감
추고 고독 속으로 숨었다. 그가 어디 사는지 아무도 몰랐고, 친구
나 심지어 가족도 몰랐다. 사람들 눈에 띄지 않도록 집 밖으로 거
의 나오지도 않고 이를 악물고 수학과 철학 문제들에 매달렸다.
　그런 다음 다시 넓은 세상이 그를 유혹했다. 그는 여행을 하
기로 결심했는데, 전쟁에 끼어드는 것이 그것을 위한 가장 좋은
기회라고 생각했다. 그가 적을 향해 칼을 빼 든 적이 있는지 우리

는 모른다. 다만 항해 중에 자기를 기습한 해적들과 싸워서 승리했다는 보고를 들을 수 있을 뿐이다. 그는 단순한 병사가 아니라 장교로 군 복무를 시작했고, 그것도 급료를 모두 포기한 귀족 장교로 근무했다. 그 밖에는 싸움이 어떤 이상理想을 내걸고 벌어지든 관심이 없었다. 그래서 가톨릭 장군들 밑에서도 개신교 장군들 밑에서도 근무했다.

그는 "배우"보다는 "구경꾼"이기를 원했고, 전투에서 그의 관심은 사람들이 서로를 죽인다는 사실이 아니라, 그들이 어떻게 죽이는지, 즉 사람을 죽이는 데 쓰이는 무기가 어떻게 구성되는가였다. 이렇게 그는 일종의 군사 여행가로서 네덜란드, 도이칠란트, 오스트리아, 헝가리 등지를 돌아다녔다. 그러니 전쟁 활동이 가능한 계절보다는 숙영지에 머무는 겨울철이 더 좋다고 적고 있다. "하루 종일 혼자 따뜻한 방에 틀어박혀 내 생각들하고 담론을 나누는 한가로움을 누렸다."

도나우 강변의 노이부르크에서 보낸 겨울 숙영지에서 데카르트는 결정적인 발견을 하게 된다. 이것은 뒷날 그의 철학적 사유를 위한 씨눈(배아)이었던 것으로 짐작된다. 그는 이렇게 썼다. "놀라운 통찰의 빛이 내게 열렸다." 이상하고도 의미 깊은 꿈들이 뒤이어 나타났다. 데카르트는 이 모든 것에 깊이 마음이 움직여서 이탈리아 로레토로 순례 여행을 하기로 맹세하고, 전쟁 복무를 그만둔 다음 실천에 옮겼다.

군인이 아닌 시민으로 돌아온 그는 스위스와 이탈리아를 여행하고 마침내 파리로 돌아왔다. 물론 사람들 앞에 모습을 나타내기 위해서는 아니었다. 하지만 파리는 그에게 피난처로서 적합하지 않았다. "파리의 분위기가 철학적 사색보다는 키메라[머리는 사자, 몸통은 산양, 꼬리는 뱀인 괴물]에게 더 맞았기" 때문이다.

철학적인 사색이 그에게 중요했다. "세상이라는 큰 책"을 두루 살펴보고 난 데카르트는 이제 자기 자신을 탐구하기 시작했다. 그것을 위해 완전한 고요함이 필요했기에 네덜란드로 물러났다. 거기서 "고독 속에서 고독하게" 지내며 인간 정신 영역의 여러 발견들에만 몰두하기 위해서였다. 이 일은 "그때까지 내가 품었던 모든 확신들을 가장 광범위하게 근본적으로 뒤집기를 요구"했다.

그에게는 네덜란드가 바로 그와 같이 생산적인 고독을 위해 만들어진 장소처럼 보였다. "낯선 사람에게 관심을 쏟기보다는 자기 일을 보살피는 위대하고 매우 활동적인 민중 사이에서 … 나는 가장 외떨어진 사막에서처럼 은둔하여 고독하게 살 수가 있었다." "아무도 나를 알아채지 못한 채 나는 여기서 평생을 보낼 수 있을 것 같다." 다만 가짜주소를 이용해 조심스럽게 계속하던 광범위한 편지 교환만이 그를 이 세상과 연결해주었다. 이런 고독은 그때까지 찾아도 얻지 못하던 행복을 그에게 마련해주었다. "참을 관찰하면서 얻는 즐거움은 그 어떤 고통으로도 흐려지지 않는 유일하고 순수한 이승의 행복이다." "여기서 밤마다 열 시간씩 잠을 자는데 그 어떤 근심도 나를 깨우지 않는다."

이런 고요함 속에서 데카르트는 책들을 썼다. 물론 자신의 평화를 방해받을까 봐 늘 근심에 사로잡혀서였다. 그가 책을 완성했을 때, 마침 갈릴레이가 같은 주제에 대해 비슷한 말을 하고 그로 인해 교회의 형벌을 받았다는 소식을 듣고 그는 자신의 책이 공개되지 않도록 극히 조심했다. 한 친구에게는 이렇게 적어 보냈다. "내 소망은 평온을 얻는 일이다. … 내가 죽고 백 년이 지나서야 세상은 이 책을 보게 될 것이다." 이에 대해서 친구는 그렇다면 그의 책들을 빨리 읽기 위해서 가능한 한 빨리 철학자를 때려죽이는 수밖에 없겠다고 대답했다.

데카르트가 그토록 염려하면서 자신의 고독을 지켰는데도, 그가 마침내 자신의 생각 일부를 발표하자마자 그는 적대감을 얻고, 무신론을 펼치고 신을 모독했다는 이유로 고발당하고 말았다. "신학자들의 수염과 목소리와 눈썹을 두려워하는" 여론의 영향을 받아 당국도 그에게 적대적이 되었다. 그는 이런 공격들이 허무맹랑한 것이라고 탄식했다.

> "내가 회의주의자들을 반박했다는 이유로 어떤 신부神父는 나더러 회의주의자라고 비난했다. 그리고 내가 신의 존재를 증명하려고 노력했다는 이유로 어떤 설교자는 나더러 무신론자라고 소리쳤다."

하지만 마지막에 데카르트는 이런 공격을 받게 된 잘못이 자기 자신에게 있다고 말한다.

> "야만인들의 의견대로 내가 원숭이처럼 영리했다면 세상에 어떤 사람도 내가 책을 쓴다는 사실을 알지 못했을 것이다. 야만인들은, 원숭이들이 원하기만 하면 말을 할 수 있지만 일터에 억지로 끌려 나

가지 않으려고 일부러 말을 하지 않는다고 생각했다고 한다. 나는 글쓰기를 중단할 만큼 영리하지 못했다. 그래서 침묵했더라면 얻었을 평화와 한가로움을 갖지 못하게 되었다."

데카르트는 마침내 네덜란드에서도 더 오래 견디지 못했다. 그래서 스웨덴의 크리스티네 여왕이 자기 궁정으로 옮겨오라고 제안하자 그것을 받아들였다. 거기서 그는 근본적으로 생활 습관을 바꿔야만 했다. 그때까지는 정오에 하루 일과를 시작했는데 여왕은 새벽 5시에 그와 철학을 하기를 원했다. 게다가 익숙하지 않은 기후까지 더해졌다. 스웨덴은 "암벽과 얼음 한가운데 자리한 곰들의 나라"라고 그는 탄식했다. 짧게 말하면 데카르트는 이 북쪽 나라에서 편치가 못했다. 하지만 돌아가기로 결심하기도 전에 쉰네 살 나이로 죽었다.

과격한 의심

이렇듯 데카르트의 삶은 은둔을 얻기 위한 끊임없는 싸움이었다. 똑같은 것이 그의 책에도 나타난다. 그의 책도 이상한 모호함으로 감싸여 있기 때문이다. 그것은 데카르트가 문제로 삼은 주제 자체에 깊이 뿌리박고 있다. 두려울 정도의 대담함으로 그는 과격하게 철학의 새로운 토대를 마련했다. 그러다 자기 앞에 입을 벌린 심연을 보고는 놀라 물러서서 옛날의 생각과 옛날 믿음의 길로 돌아간다.

어쩌면 급변하는 시대의 사상가에게는 새것을 따르면서도 낡은 것에 달라붙어 있는 것만이 가능한 길인지도 모르겠다. 어쨌든 다가오는 것에 대한 의무감과 지나간 것에 대한 책임감이라는 분열된 지식을 가졌다는 점이 데카르트라는 수수께끼 현상의 진짜 비밀이다. 그리고 바로 그럼으로써 그는 철학의 역사에서, 아니 그 이상으로 인간 정신의 역사에서 위대한 인물이 되는 것이다.

이것은 물론 맨 먼저 수학과 자연과학 분야에 해당되는 말은 아니다. 데카르트는 특히 해석기하학을 창안함으로써 이 분야에서도 상당히 중요한 업적을 남겼다. 그러나 그보다는 그가 정교한 수학의 방법을 철학에 적용하려고 했다는 것이 더 중요하다. 철학이 확실성과 증거라는 점에서 기하학과 비슷해지고, 그로써 그때까지 있던 서로 대립하는 의견들의 불확실함에서 벗어나게 하기 위해서였다. 그는 언젠가 스스로 표현한 것처럼, 철학이 파묻혀 있던 어둠에서 다시 빛으로 나오게 하는 것을 목표로 삼았다.

그러나 이렇듯 높은 철학의 요구에서 여러 어려움이 나타났다. 왜냐하면 이 분야에는 전혀 다른 문제들이 있었기 때문이다. 즉 형이상학의 물음들로서, 특히 신의 여기있음과 인간 영혼의 본질에 대한 물음이었다. 데카르트는 수학의 예에서 얻은 새로운 방법론적 통찰들을 가지고 이 오래된 주제들을 다루어보려고 했다. 이런 주제들에 대해 타당한 해결책을 찾아낼 수 있을 거라고 굳게 믿고서 말이다. 이런 해결책이 절대로 필요하다는 것이 그에게는 아주 명확했다. 그는 인간이 철학을 하지 않고 살려고 한다면, 그것은 마치 눈을 뜨려고 생각하지 않고서 눈을 꼭 감고 있는 것과 같은 일이라고 쓴 적도 있다.

데카르트에게 철학이란 형이상학의 물음을 내놓는다는 의미다. 맨 먼저 확고한 토대 세우기, 그러니까 수학의 공리처럼 직접적으로 확실하고 분명하고, 그래서 철학의 전체구조를 떠받칠 수 있는 한 지점을 찾아내는 것이 중요하다. 그러나 그렇게 절대적인 시작에 도달하려면, 반드시 온갖 일시적인 확실성들을 먼저 파괴해야 한다. 그때까지는 의심의 여지 없는 참이라고 생각되어온 것들을 의심해보아야 한다. 그래서 데카르트는 "모든 것을 근본부터 뒤집어엎고 맨 처음 토대부터 새로 시작하기"를 자신의 과제로 여겼다. 그는 단호히 온갖 위험을 무릅쓰고, 의심하는 생각의 자유 속에 자신을 세웠다. 그는 매우 대담하게 이 일을 시작했는데, 이런 대담성을 통해 그의 과격한 의심 속에서 새 시대의 철학을 위한 결정적인 출발이 이루어질 수 있었다. 데카르트의 뒤를 따라 새로운 철학은 주체와 주체의 자유에 기초하게 된다.

그때까지 자명하게 확실하다고 여겨지던 것들의 견고성을 검토하기 시작하면서 그는 모든 것이 흔들리는 것을 느꼈다.

"나는 갑자기 깊은 소용돌이에 빠져들었다. 하도 혼란스러워서 바닥에 발을 딛지도 못하고 그렇다고 표면으로 헤엄쳐 올라가지도 못한다."

맨 먼저 바깥 세계의 있음이 의문스러운 것으로 보인다. 사물들이 정말로 인간에게 보이는 것과 똑같이 그렇게 있다는 것, 심지어 그들이 도대체 존재한다는 사실 자체가 의문스럽다. 감각이 우리를 속이는 것을 자주 경험하니 말이다. 그러나 이런 의심 속에서 적어도 자기 육체가 존재한다는 확실성만은 그대로 남는다. 하지만 더 정밀하게 관찰하면 그 확실성도 무너진다. 우리가 자기 육체의 존재라고 간주하는 것이 그냥 꿈일 수도 있다. 어쩌면 "삶 전체가 연속적인 꿈이라는 터무니없는 생각이" 참일지도 모른다.

이런 붕괴 속에서도 한 가지 확실성이 한 번 더 남는다. 꿈속에서도 유지되는, 없앨 수 없는 참이 있다. '2 + 3 = 5' 같은 명제, 또는 부피, 형태, 시간, 공간과 같은 가장 보편적인 기본개념들이 그것이다. 그러나 그가 자기만의 철저함에 이르자, 모든 인식에 바탕이 되어주는 이런 참들도 의심 속에서 그만 무너지고 만다. 이들이 인간 정신의 구조와 뗄 수 없이 결합된 것이기는 하다. 그러나 인간은 자기가 가장 확실하다고 여기는 것에 대해서조차 자기 본질의 바탕으로부터 기만당하고 있는 것일 수도 있다.

이렇게 세 단계를 통해 가장 밑바닥 지점에 도달한 의심은 궁극적인 문제를 보여준다. 인간이 근본적인 기만 속에 산다면, 또 데카르트처럼 인간이 신의 피조물이라는 생각에 단단히 붙잡혀 있다면, 이것은 신이 인간을 본질적인 뒤집힘과 참되지 않음 속으로 밀어 넣었다는 뜻이다. 그렇게 되면 신은 신학과 철학이 끊임없이 주장해온 것, 곧 "참의 원천"이 아니라, "기만하는 신", 혹은 심지어는 "악의적인 악마"가 되고 만다.

데카르트는 깜짝 놀라서 이런 생각을 주장으로 표현하지 못하고 뒤로 물러난다. 그러나 질문의 방식으로라도 그가 감히 이런 생각을 했다는 것은 매우 깊은 의미가 있다. 왜냐하면 확실성의 문제에서, 그리고 인간 정신이 새로운 시대로 넘어가는 과정에서 무엇을 도박에 걸고 있는지가 분명해지기 때문이다. 인간이 창조 주의 손에서 안전하며 또한 신의 참에 관여한다는 피조물로서의 지식을 잃을 처지에 도달한 것이다. 철저한 의심을 통해 이렇게 가장 깊은 확실성의 토대가 흔들리게 되면, 인간이 궁극적인 회의 懷疑의 나락으로 떨어질 위험성이 나타난다. 의심을 통한 길의 마 지막에 데카르트는 자신이 "뚫고 나갈 수 없는 어둠"에 휩싸인 것 을 본다.

데카르트와 편지를 주고받던 친구 하나는, 이상한 방식으로 표현되어 있기는 해도 이런 시도가 갖는 위험성을 뚜렷이 느꼈다. 데카르트가 자신의 의심을 극히 날카롭게 전개하는 책《성찰》은 의심의 길을 다 가고 난 다음에 다시 견고한 확실성에 도달한다. 그러나 만일 누군가가 의심의 밤에 도달한 지점까지만 책을 읽고 이 순간에 죽는다면 대체 어떤 일이 벌어질까 하고 친구는 묻는 다. 그렇다면 이 사람은 영원한 영혼의 행복을 잃어버릴 것인데, 이것은 그에게서 온갖 확실성을 빼앗아버린 철학자의 잘못이 아 니겠는가?

나의 존재에서 근본적인 확실성을 찾아내다

데카르트는 물론 앎의 온갖 확실성이 무너져 내린 바로 그 지점에서 새로운 확실성이 솟아난다고 지적할 수가 있었다. 〈참의 탐구〉라는 제목의 대화편에서 한 사람이 상대방에게 이렇게 말한다.

> "나는 이렇게 확고하고도 움직일 수 없는 지점인 보편적인 의심으로부터 신과 너 자신과 이 세계 속에 있는 사물들 모두에 대한 인식을 이끌어내기로 결심했다."

이리로 이끌어온 생각의 움직임은, 서양 의식의 역사에서 결정적인 전환점의 하나다. 이것은 무엇보다도 앎이 흔들리는 지점에서 데카르트가 의심을 피함으로써 발판을 얻은 게 아니어서 가능했다. 그는 자기 자신으로부터 나온 의심이 근원적인 확실성을 내놓을 때까지 그 의심을 견뎠다.

내가 표상하는 모든 것, 내가 인식한다고 믿는 모든 대상이 의심스럽다고 해도, 이 대상에 대한 나의 표상들은 존재하고, 그로써 이 표상을 갖는 나도 존재한다. 의심조차도, 그리고 바로 의심이야말로 나의 여기있음을 증명한다. 왜냐하면 내가 의심하는 한, 의심하는 사람인 내가 존재하고 있음이 분명하기 때문이다. 신이 우리를 기만하고 있는지 모른다는 생각조차도, 나 자신에 대한 이런 내면의 확실성을 파괴할 수 없다. 신이 나를 기만한다 해도, 여전히 기만당하는 나는 존재하니까. 이렇게 해서 데카르트는 그의 유명한 명제들에 도달한다.

"나는 생각한다, 그러므로 나는 있다."
"나는 의심한다, 그러므로 나는 있다."
"나는 기만당한다, 그러므로 나는 있다."

이런 의심은 새로운 시대를 예고하는 의식의 위기에서 마지막의 것은 아니었다. 데카르트는 새로운 확실성을 향한 출발에 성공했다. 의심스러운 것들의 소용돌이 속에서 한 가지 의문 없는 것이 남는다. 즉, 자기 존재의 사실성이다. 중세의 철학이 거의 관행적으로 행하던 것처럼 데카르트가 가장 근본적인 확실성의 지점을 신에게서 찾지 않고 인간에게로 자리를 옮겼다는 것은 그 이후의 철학에 결정적인 모습을 부여했다. 그 이후로 근대의 사색은, 인간을 자기 자신 위에 세우고, 자신에게서 솟아나는 확실성에만 맡긴다는 것이 특징이다. 그것은 바로 '나'의 자율성으로서, 데카르트에게서 최초의 결정적인 철학적 토대를 얻는다.

그러나 이런 자기 확실성으로 이제 겨우 기초만 놓였다. 이제는 그 위에 철학의 건축물을 세우는 것이 중요하다. 이런 의도에서 데카르트는 자기 자신을 의식하고 있는 이 나Ich라는 것이 대체 무엇인가를 탐구했다. 자기 자신을 향하는 생각에서 발견되었기 때문에, 그것은 생각하는 존재라는 정의를 얻는다. 실제로 나는 그렇게 체험된다. 그러나 데카르트는 그에 대해 조금 더 깊이 생각하면서, 자기 체험에 머무르지 않고 세계 사물들의 체험에서 언은 개념들의 도움을 받는다. 그는 나를 "생각하는 사물"이라고 불렀다. 그리고 육체를 지닌 세계를 출발점으로 삼아서, 물리적 세계의 사물들에서 색깔과 무게가 나타나는 것과 똑같은 방법으로 "생각, 의지, 느낌 등의 특성이 드러나는 어떤 것"이라고 이해한다. 하지만 이로써 특징적으로 인간적인 있음인 나의 고유성에 대한 응시가 가로막힌다.

데카르트는 한순간 인간의 여기있음을 독특하게 해석할 전망을 열었다가 곧바로 그것을 도로 덮어버렸다. 그는 새로운 생각을 눈앞에 본 사람들이 겪은 것과 동일한 운명에 굴복했다. 그들은 자기가 본 것을 옛날부터 내려오는 사고방식의 베일로 아주 재빨리 가렸다. 그런데도 데카르트는 자기 확실성을 발견함으로써 이후 시대에, 사물들과는 다른 인간의 특별한 본질에 대해 질문하는 길을 가리켜 보인다.

데카르트가 구상한 인간에 대한 견해에서 또 다른 불행한 발전과정이 시작된다. 그에게 나의 본질은 다름 아닌 생각하기일 뿐이다. 물론 느낌과 의지, 짧게 말해 의식의 전 영역을 포괄하는 광범위한 의미에서 생각하기다. 그러나 그로써 의식을 가진 존재, 곧 "생각하는 사물"인 인간과, 의식 없고 생각하지 않는 존재인 다른 사물 사이에 건너가기 어려운 심연이 열렸다. 나는 구체적인 세계 속에 있는 구체적인 인간으로 여겨지지 않는다. 단순히 의식 속에 살고 있는 나는 사물들과의 접촉을 잃는다. 데카르트와 더불어서 현실은, 한편에 세계 없는 주체, 다른 편에는 단순한 객체로 나뉘는 근대의 특성도 시작된다. 이것은 오늘날에도 인간에 대한, 그리고 세계에 대한 철학에는 부담이다.

자신의 발견에 놀라 신의 확실성 뒤로 숨다

자기 확실성을 발견하고 또 나의 본질을 탐구하는 것으로 모든 것이 다 끝난 것은 아니다. 의심의 길 마지막에 나타나는 가능성, 즉 인간이 근본적으로 뒤집혀 있을지도 모른다는 가능성은 아직도 그대로 남기 때문이다. 정말로 그런지에 대해 알지 못하는 불확실함의 상태로 데카르트는 형이상학의 결정적인 주제 앞에 선다. 그것은 모든 현실의 기원에 대한 물음, 곧 신에 대한 물음이었다. 창조라는 생각의 지배를 받는 한, 인간이 근원적인 뒤집힘 상태에 있다는 것은 신이 우리를 속인다는 생각을 전제로 삼는다. 그래서 데카르트는 신의 참됨을 보여주려고 시도하지 않을 수 없었다. 그러나 그 근거를 제시하기 위해서는 우선 신이 존재한다는 사실을 입증해야만 했다.

이런 의도에서 데카르트는, 인간은 자기 내면에서 최고로 완전한 본질의 이념을 찾아낸다는 사실에서 출발한다. 그러나 그의 생각으로는 이런 이념이 인간 자신에게서 나왔을 리는 없다. 왜냐하면 완전하지 않은 "인간", 곧 "신과 없음 사이의 중간"인 인간이 최고로 완전한 본질의 이념을 자기 자신으로부터 만들어낼 수는 없기 때문이다. 그렇다면 대체 어디서 이런 이념이 인간에게 온 것일까?

데카르트는 이렇게 대답한다. 그것은 최고로 완전한 본질 자신에 의해서만 인간에게 심어질 수 있다. 이 본질만이 가장 완전한 존재라는 이념을 만들어낼 수 있다. 그러나 이것은, 인간 안에 있는 신의 이념의 기원으로서 신이 필연적으로 존재한다는 뜻이다. 신이 완전하다면, 신은 인간을 근원적인 참되지 않음 속에 밀어 넣었을 리가 없다. 그렇다면 신은 우리를 기만하는 것이 아니며, 순수한 참됨이 분명하다. 전면적인 의심은 마침내 제거되었다.

신의 여기있음과 또 참됨의 확실성을 되찾게 되자, 한순간 위험한 자기의식의 고독 속에 던져졌던 인간은 다시 안전한 창조의 질서 속에 받아들여졌다. 그런데도 이 형이상학은 여전히 속으로 위험한 상태에 있다. 왜냐하면 데카르트가 내놓은 신의 여기있음 증명은 좀 더 자세히 살펴보면 순환논리라는 사실이 드러나기 때문이다.

데카르트는 인간이 최고로 완전한 본질의 이념을 자기 자신으로부터 만들어낼 수 없다는 사실을 출발점으로 삼았다. 인간처럼 유한한 본질이 무한한 것이라는 이념의 원인이 될 수는 없기 때문이다. 원인에 의해 야기된 것(이념)과 동일한 있음이 원인 자신에게 붙여져야 한다. 무한한 존재에는 유한한 존재보다 훨씬 더 많이 무한한 있음이 있다. 그러나 원인과 작용의 관계에 대한 이런 주장은 대체 어디서 그 참을 얻는가? 데카르트는 그것은 직접적으로 명백하고 근원적으로 확실하다고 대답한다.

그렇지만 인간이 신에 의해 근본적인 뒤집힘 상태에 놓이지 않았을까, 그것도 그 근원적인 확실성과 관련해서 그렇지 않을까

하는 회의적인 질문에 대해 아직 답변되지 않았다면, 도대체 이런 확실성이 있을 수 있는가? 그러니까 신의 여기있음과 그 참됨의 증명이 이뤄지지 못하는 한, 직접적 인식이라는 원칙도 여전히 의문스럽다. 데카르트가 실제로는 신 자신에게서 나온 원칙에 근거해서 신 증명을 하고 있다면 이런 증명은 그냥 순환논리일 뿐이다. 형이상학을 새로 세우겠다는 데카르트의 시도는 처음부터 실패로 돌아갔다.

그런데도 데카르트는 새로 나타나는 철학에 자극을 준 위대한 인물이었다. 새로운 철학의 형이상학적 구상들과 동시에 그 계몽적인 경향성, 신앙을 따르는 사유와 동시에 아무것도 없음의 절을 보여주었다. 그는 우리 눈앞에 이렇게 이상한 이중적인 모습으로 서 있다.

그는 정신의 열정을 지니고 새로운 것을 향했으면서도, 필요하다고 생각될 때면 낡은 생각의 도움을 받았다. 모든 것을 해체하는 사유의 경계선까지 대담하게 나아갔다가도, 거기서 눈앞에 열리는 가능성들에 깜짝 놀라서 신 안에 근거를 둔 확실성으로 도로 숨어버렸다. 그는 깨져버린 형이상학을 새로 세우고 창조주에게서 잃어버린 지식을 되찾으려고 열정적으로 노력했고, 그러면서 신의 확실성은 자기 확실성과 똑같이 인간에게 속한다는 확신을 얻었다. 그러나 궁극적으로 창조주 자신을 향하는 의심, 나의 자유를 바탕 없음의 상태에 거의 내맡기다시피 하는 의심(회의)은, 위험할 정도로 신의 확실성 가까이 접근한다.

어쩌면 데카르트는 자신의 새로운 발견이 앞으로 만들어낼 어려움, 자기 자신도 몹시 힘들여서만 겨우 거기서 도망쳐 나온 어려움의 어떤 요소를 느꼈기에 그렇게 두려워하면서 고독 속에 파묻힌 것인지도 모른다. 그는 존재의 직접적인 확실성이 마침내 확실한 지식이 되어 인간의 아주 오랜 형이상학적 동경을 충족시켜주어야 한다고 여겼지만, 이런 존재의 직접적 확실성이란 여전히 의문스럽고, 그것이 오히려 궁극적으로 형이상학적 확실성을 파괴할 위험을 속에 지닌 것이라고 느꼈을지도 모른다. 데카르트는 이런 내면의 이중성 속에서 자기 자신에게도 수수께끼가 되었고, 자신의 통찰들 앞에서 스스로도 어쩔 바를 몰랐다. 그는 자기가 "홀로 암흑 속에서 걸어가는 사람"이라고 말했다. 어쩌면 그래서 가면 뒤로 숨었던 것인지도 모른다.

블레즈 파스칼은 특별한 신동이었다. 악의적인 보고자라면 그가 학교에 간 적이 없어서 신동이라고 주장할지도 모른다. 그러나 그가 공부를 아예 안 한 것은 아니다. 존경받는 세금 징수원인 아버지가 그에게 처음 지식들을 가르쳐주었다. 하지만 아버지는 엄격했고, 아들에게 여러 외국어를 배우라고 강요했다. 그러면서 어린 파스칼이 원래 좋아하던 수학과 자연과학을 멀리하게 했다. 그러니 일곱 살에 그 에스칼은 방비닉에 잎브더 분펠노 삼각형과 원을 그리면서 완전히 독자적으로 유클리드 기하학을 만들어냈다. 어쨌든 가족의 전설에 따르자면 그렇다.

파스칼은 열여섯 살에 원뿔 곡선에 대한 논문을 썼는데 그것은 학자들의 주목을 받았고 오늘날에도 여전히 의미가 있는 논문으로 남아 있다. 열아홉 살에는 아버지의 세금 징수에 사용하도록 최초의 계산기를 고안했다. 또한 당시 많은 논란을 만들어내고 있던 진공의 존재에 대해 실험적인 탐색들을 했다. 그러고는 고통스런 치통으로 인해 똑똑한 일을 할 수 없다고 생각했기 때문에, 장차 확률계산의 발전을 위해 중요한 의미를 갖게 되는 룰렛 이론을 서둘러 만들어냈다.

마지막에 그는 사이클로이드에 열을 올렸다. 이것은 구르는 바퀴 위의 한 점이 바닥에 만들어내는 자취(굴렁쇠선)를 뜻하는 것으로, 이를 통해 그는 뒷날 라이프니츠에게 명성을 만들어주는 미적분 계산에 접근했다. 그 밖에도 파스칼의 학문적 관심은 순수한 이론 분야에만 한정되지는 않았다. 그는 파리 시내를 관통하는 대중교통 계획을 만들기도 했다. 이 계획이 정말로 실현되었는지는 확실하게 전해지지 않는다.

어쨌든 파스칼은 수학과 자연과학 분야에서 위대한 사람이 될 소질을 지녔던 것 같다. 하지만 언제나 다른 어떤 것이 끼어들어 방해했다. 그 자신의 정열이 점점 더 철학을 향한 것이다. 이런 점에서 철학이 과학에 손해를 입힌다고 말할 수 있다. 하지만 파스칼은 다른 무엇보다 인간에 관심을 가졌기 때문에 철학을 향했다. "우리는 자기 자신을 알아야 한다"라는 것이 그의 모토였다. "인간이 무엇인지를 탐구하지 않고 사는 것은 초자연적인 눈멂이다." 인간에 대한 물음은 "인간에게 고유한 참된 연구"다.

그러나 순수한 철학도 오래가지는 않았다. 신비로운 체험이 파스칼을 또 다른 길로 데려갔다. 그가 죽은 다음 양복 윗도리에 꿰매어 붙여진 종이쪽지가 발견되었기 때문에 우리는 이 사실에 대해 알게 된다. 이 쪽지에는 마구 끊긴 말들로 이런 체험들이 서술되어 있었다. "불火, 확실성, 확실성, 감각, 기쁨, 평화", "신만 빼고 세계와 모든 것을 잊기", "완전한 내면의 체념". 맨 처음 문장은 다음과 같다.

> "철학자들과 학자들의 신이 아니고 아브라함의 하나님, 이삭의 하나님, 야곱의 하나님."

이제 파스칼은 진지하게 신앙의 문제들을 생각하기 시작한다. 그는 예수회와 격렬한 논쟁에 휘말린다. 그러고는 미완성 저술인 《팡세》를 썼다. 그것은 정신의 역사에 중요한 기여를 한 책이다. 열여덟 살 이후로는 신체적 고통 없이 지낸 적이 없으면서도 그렇게 했다.

생애 마지막에는 입을 다물어버렸다. 온갖 교제에서 물러나 한동안 수도원에서 지냈다. 기도에 깊이 몰두하고 다른 사람들을 보살피면서 자기는 도움을 일절 포기했다. 자기 방에 그림이나 양탄자 같은 것을 두지 않고 좋아하는 음식을 거부했다. 그리고 가시 달린 허리띠를 만들어 몸에 둘렀다. 1662년 서른아홉 살 나이로 죽었다.

꿰뚫어 볼 수 없는 비밀인 세계에서 생각하는 갈대인 인간

파스칼은 인간에 대한 철학적 사색에서 무엇을 경험했던가? 처음에는 인간이 무한한 세계에 붙박인 존재라 여겼다. 그러나 이 세계를 파악하려고 시도했다가 그의 생각은 극단적인 당혹감에 빠진다. 지상에서 눈길을 돌려 태양의 순환을 바라보면 지구는 하나의 점처럼 보인다. 그러나 태양의 순환도 "하늘에 있는 별들의 순환과 비교해보면 매우 미세한 점일 뿐"이다. 나아가 "눈에 보이는 세계 전체는 자연 전체 속에서는 거의 알아챌 수도 없는 하나의 획劃일 뿐이다."

그러나 자연 전체는 무한하기에 인간의 사고능력으로는 파악할 수가 없다. "유한한 것은 무한성이 나타나면 스러져서 순수한 없음이 된다." 이로써 생각은 "무한한 것 속에서 갈피를 잃는다."

자연의 무한한 크기를 생각하지 않고 개별적인 자연현상을 관찰하면 그와 같은 일이 생긴다. 가장 작은 생명체를—여기서 파스칼은 진드기를 예로 든다—보면 그것도 부분들을 가진다. 우주에서 가장 작은 것인 원자를 보아도, 이것이 현실의 최소 구조물은 아니다. 원자조차도 더 쪼개질 수가 있으니 말이다. 원자의 쪼개진 부분들 안에도 "우주의 무한성"이 있다. "그들 하나하나는 눈에 보이는 세계와 동일한 비율로 각기 자신의 하늘과 행성들과 지구를 가진다." 여기서도 탐색은 무한함 속으로 스러져서 없음으로만 끝나게 된다. 그러나 여기까지 오지도 못한다. 그래서 생각은 다시 "이런 경이로움 속에 갈피를 잃는다."

이런 이중적인[큰 것과 작은 것] 무한성 사상의 의미는 중세의 사유를 배경으로 놓고 보면 아주 뚜렷해진다. 중세의 사유에서 모든 사물은 유한한 세계라는 전체 안에서 각기 특정한 자리를 차지했다. 그러나 이제 그와 같은 자리 규정의 가능성이 사라졌다. 무한한 거대함이라는 지평에서 보면 '있는것'(존재자)은 움츠러들어 무한히 작은 것이 되고 만다. 무한히 작은 것이라는 지평에서 보면 동일한 있는것이 확대되어 무한히 큰 것이 된다. 두 가지 모두에서 있는것은 파악할 수 없다.

"모든 사물은 없음에서 솟아 나와 무한함까지 올라간다. 이 놀라운 발자국들을 따라가려는 자가 누구냐? 우리는 사물들의 참된 본질을 절대로 파악할 수 없다. 언제나 사물들의 중간의 어떤 모습만을 볼 수 있으며, 그 근원도 그 목적도 알지 못한다는 영원한 절망감에 사로잡힌 채 바라본다. 나는 어디서나 오로지 어둠만을 본다. 자연은 내게 의심과 불안을 느낄 계기만을 제공한다."

모든것은 "영원히 도주하여 빠져나가고", 모든것은 "꿰뚫어 볼 수 없는 비밀 속에" 모습을 감춘다.

이런 자연의 모습 안에서 인간을 관찰하면 이 문제는 더욱 심각해진다. 끝없는 거대함의 지평에서 인간을 바라보면 인간은 너무 작아서 사라진다. 인간은 "'모든것'(만유萬有) 속에서는 지각되지 않는다. 전체라는 품속에서는 모든것 자체도 지각되지 않는다." 다른 한편 끝없이 작은 것이라는 지평을 배경으로 인간을 관찰하면 인간은 "거대함이고, 하나의 세계이며, 차라리 모든것"으로 보인다. 짧게 말하면 인간이 자연의 작은 일부를 이루는 자연의 맥락에서 인간을 관찰하면 "무한한 것이라는 관점에서는 아무것도 아니고, 아무것도 아님의 관점에서는 모든것"이 된다. 그러나 인간은 "자기가 거기서 생겨나온 '아무것도 아님'도 볼 수 없고 자기가 그 안에 삼켜지는 모든것도 인식할 수 없다." 그래서 인간은 "인간 자신에게 자연에서 가장 불가사의한 대상"이다.

> "이것이 우리 여기있음(삶)의 진짜 상황이다. 우리는 측량할 길 없는 [큰 것과 작은 것 사이의] 중간에서 언제나 불확실하게 흔들리며 이쪽 끝에서 저쪽 끝으로 떠밀려 다닌다. 우리가 어느 쪽 경계에 달라붙어 지주支柱를 얻으려고 하든 그것이 흔들리며 우리를 떨어뜨린다. 우리가 그것을 따라가면 그것은 우리가 붙잡는 것을 피해 사라지고 우리에게서 미끄러져 떨어지며 영원히 도주하여 빠져나간다."

인간을 자연과의 관계에서 관찰해보면 이런 모순은 인간의 여기있음의 특징일 뿐만이 아니라, 인간의 생존 속에도 깊이 스며들어 있다. 인간으로 있음은 파스칼에게는 모순 속에 있음이다. 여기서 처음으로 생각하기의 힘이 나타난다. 인간은 모든 있는것, 모든것 전체를 사유에 포함한다. "모든것은 공간으로 나를 둘러싸고 나는 생각하기로 모든것을 둘러싼다." 그래서 "인간의 모든 품위는 생각하기에 들어 있다"라는 말이 효력을 갖는다. 하지만 동시에 그로써 인간의 완전한 무력함도 드러난다. "수증기 조금이나 물 한 방울도 인간을 죽이기에 충분하다."

인간은 "생각하는 갈대"다. 그러나 또한 다른 것이기도 하다. 인간은 자신의 무력함을 생각할 힘이 있고 그것을 이해하면서 받아들일 수 있다.

> "모든것(만유)이 그를 갈기갈기 찢어놓는다 해도 인간은 자기를 죽이는 그것보다 더 고귀하다. 그는 자기가 죽는다는 것과 또 모든것이 자기보다 얼마나 우월한지 알기 때문이다. 모든것은 그에 대해 아무것도 모른다."

인간은 어떤 새로움이며, 괴물이며, 모순의 주체이며, 기적인가!

이런 모순은 인간의 본질에만 드러나는 것이 아니다. 일상에서 그의 행동과 충동도 그것을 알려준다. 그 점을 분명히 보여주기 위해서 파스칼은 토끼 사냥, 축구, 춤, 여러 관직에 근무하기 등 세상의 남자가 공통으로 이리저리 떠밀려 다니는 삶의 상황들을 이야기한다. 놀이로 하는 것이건 진지한 것이건 이런 모든 활동은 파스칼이 보기에는 이상한 모호함이 특징이다. 그런 활동들은 보이는 대로의 것만은 아니다. 이들에 따르는 서두름과 열성은 그것들이 기분전환을 향한 성급한 욕구에서 나온 것임을 보여준다. 돈 많은 귀족에게는 자기가 사냥한 토끼나 도박으로 딴 돈이 아무것도 아닐 수도 있다. 그는 오락을 위한 오락을 추구할 뿐이다.

파스칼은 그에 대해 깊이 생각해보고 다음의 사실을 발견했다. 즉, 이런 태도 뒤에는 홀로 있음에 대한 두려움이 숨어 있다는 것이다. "이 세상의 모든 불행은 사람들이 방에 혼자 조용히 있을 줄을 모르기 때문에 생겨난다." 혼자 있으면 자신에게 솔직하게 마주서야 하기 때문에, 사람들은 혼자 있기를 두려워한다. 그래서 언제나 "자신에 대해 생각하는 것을 막아줄, 정신을 뺏는 격렬한 활동을" 찾는다. 그들은 끊임없이 자기를 잊기를 원한다. 하지만 어째서 자기 자신을 생각하는 것이 그토록 참을 수 없는 일인가? 자기 실존의 위안 없음이 나타나기 때문이라고 파스칼은 대답한다. 이렇게 혼자 있는 순간에 "권태"가 그를 사로잡는다. 또 "어두운 생각, 슬픔, 근심, 넌더리, 절망" 등이 닥쳐온다. 그는 "자신이 아무것도 아님, 버림받아 홀로 있음, 불충분함, 종속되어 있음, 무력함, 공허함" 등을 느낀다. 인간의 여기있음 위에 놓인 깊은 위협을 느끼는 것이다. 즉, 피할 수 없이 죽음에 노출되어 있다는 사실을 말이다. "내가 아는 것이라고는 내가 곧 죽지 않으면 안 된다는 사실이다. 하지만 내가 가장 조금밖에 모르는 것이 바로 내가 피할 길이 없는 이 죽음이다." 그러므로 인간의 생명은 "세상에서 가장 부서지기 쉬운 것"이고, 그런데도 우리가 "근심 없이 심연으로 달려"간다는 것도 아주 분명하다.

하지만 여기서 파스칼은 이런 비참의 한가운데서도 인간의 위대함의 요소를 찾아낸다. 인간이 자신의 비참에 대해 알 수 있다는 것 말이다. "인간의 위대성은 자신이 비참하다는 것을 안다는 점에 있다. 나무는 스스로 비참함을 알지 못한다. 비참함이란 스스로 비참하다는 것을 아는 일이다. 그러나 인간이 비참하다는 사실을 안다는 것은 위대함이다." 하지만 그다음 파스칼은 다시 이렇게 말한다. 인간은 "위대해지려 하지만 자신이 작음을 본다. 행복해지기를 원하지만, 자신이 불행함을 본다. 완전해지고자 하지만 스스로 불완전함으로 가득 찬 것을 본다."

인간의 본질과 삶에 항상 나타나는 이 모순은 인간이 자신을 명료하게 파악할 수 없게 하고, 근본적인 불확실성 속에서 살게 한다. "우리는 참을 구하지만, 우리 속에서는 오로지 불확실성만 찾아낸다." "인간은 제거할 수 없는 자연스러운 오류로 가득 찬 존재일 뿐이다. 그 무엇도 그에게 참을 보여주지 않는다." "우리는 확고한 상태와 최종적이고 지속적인 토대를 찾으려는 열망으로 활활 타오른다. 이 토대 위에 무한까지 솟아오르는 탑을 쌓으려고 말이다. 그러나 우리의 토대는 완전히 부서지고 발밑의 땅이 심연까지 열린다."

인간은 자기 자신에게서는 아무것도 확실하게 인식할 수 없다. "나는 사방에서 어둠만을 본다." "신이 있다는 것은 알 수 없는 일이다. 신이 있지 않다는 것도 알 수 없다. 육체와 함께 영혼이 있다는 것도 알 수 없다. 그리고 우리가 영혼을 갖지 않는다는 것도 알 수 없고, 세계가 창조되었다는 것도, 창조되지 않았다는 것도 알 수 없다."

그러니까 모든 것은 모순 속에 남아 있다. 그래서 파스칼은 사람들에게 이렇게 외친다. "너희가 너희 자신에게 어떤 종류의 패러독스인지를 깨달아라!" 그리고 종합적으로 이렇게 판단한다.

"그러니 인간이란 어떤 종류의 키메라인가! 어떠한 새로움이며, 어떠한 괴물이며, 어떤 모순의 주체이며, 그 어떤 기적인가! 모든 사물의 판관이며, 단순한 땅벌레인 인간! 참의 관리자이며, 불확실성과 오류의 하수구! 모든것의 영광이며 찌꺼기!"

근본적인 불확실성에서 심정을 통한 믿음으로

이런 근본적인 불확실성을 놓고 보면 피곤한 체념, 힘없는 회의주의, 근거 없는 독단론 등이 머리에 떠오른다. 그러나 파스칼에서 독단론이나 회의주의는 거의 나타나지 않는다.

"모든 것이 불확실하다는 것도 확실치 않다."

인간은 독단과 회의주의 사이에서 "이중 의미의(거대함과 작음이라는) 이중성과 어느 정도 의심스러운 어둠 속에" 살고 있다. 하지만 그는 거기 머물 수 없다. 핵심적인 일에서 결정적인 것이 도박에 걸려 있기 때문은 아니다.

"인간의 눈멂과 비참을 보면, 말 없는 모든것을 관찰하고, 또 빛도 없이 자기 자신에게 내맡겨진 채 모든것의 구석에서 길 잃은 것처럼, 누가 자기를 거기 세웠는지, 무엇 하러 자기가 이리로 왔는지, 자기가 죽으면 어떻게 되는지도 모르고 어떤 인식의 능력도 없는 인간을 보고 있으면, 나는 두려움에 빠진다. 마치 잠들었을 때 외따로 떨어진 두려운 섬으로 끌려와서 깨어 보니 자기가 어디 있는지도 모르고 또 거기서 빠져나갈 가능성도 없는 사람 같다. 그러면 나는 사람들이 어떻게 이렇듯 비참한 상황에서 절망에 빠지지 않는지 경탄하게 된다."

이제 파스칼 앞에 인간의 여기있음의 의미 없음에서 가능성이 나타난다. 곧, 신과 아무것도 아님 중에서 하나를 고를 수 있다는 것이다.

"내가 어디서 왔는지 모르듯이 나는 어디로 가는지도 모른다. 다만 이 세상을 떠나면, 아무것도 아니게 되거나 아니면 분노한 신의 손으로 떨어지리라는 것만은 안다. 이 두 가지 가능성 중에서 어느 쪽이 영원한 나의 몫이 될는지 모른 채로 말이다. 약함과 불확실성에 가득 차 있는 나의 삶의 상황은 이와 같다."

생각하기의 전체 영역에서 이성은 실패한다. 철학하기는 넘어갈 수 없는 경계에 도달했다. 이런 상황에서 파스칼은 진지하게 기독교 복음을 향한다. 왜냐하면 그는 "인간은 신이 없이는 모든 것에 대한 불확실성 속에 산다"는 것을 깨달았기 때문이다. 이제 신의 복음만이 인간의 생존과 그 "놀라운 모순들"이라는 수수께끼를 풀 수 있다. 복음은 인간이 파악하지 못함을 원래의 근원적 상태로 여기지 않고, 역사적으로 이루어진 것이라고 본다. 또한 인간

원죄의 결과이며 "이상한 길 잃음"이라고 본다. 인간은 "분명히 길을 잃고 진짜 자기 자리에서 추락했다. 그는 사방으로 자기 자리를 찾아본다. 불안에 싸여 성과도 없이, 뚫고 나갈 수 없는 어둠 속에서."

그러니까 인간의 본래 자리가 있는 것이다. 우리는 "완전성의 어떤 단계에 있었는데 불행히도 거기서 떨어졌다." 파스칼은 이 원래의 단계를 인간의 "첫 번째 본성"이라 부른다. 그곳에 대한 은밀한 예감이 인간에게 남아 있다. "첫 번째 본성의 행복에 대한, 어딘지 무기력한 본능"이다. 그래서 그들은 근심에 차서 이렇게 떨어진 상태의 비참함을 느낀다. "왕위를 빼앗긴 왕의 비참함"이다. 현재 상태의 인간은 그가 본래 속한 질서에서 떨어져 나온 것이다. 이것은 그의 "두 번째 본성"이다. 그러나 이 두 번째 본성은 궁극적으로는 첫 번째 본성에 근거를 둔 것이기에, 말하자면 "인간은 인간을 끝없이 넘어선다."

이제 파스칼은 비약하여 기독교 방식의 실존 해석으로 나아간다. 은총을 받은 인간에게 나타나는 깨달음에서 보면, 자연적인 여기있음(삶)의 파악할 수 없음이 분명하게 보인다. 그러나 그것만으로 어려움이 모두 없어진 것은 아니다. 기독교 복음도 인식에는 어둡고 수수께끼로 가득 찬 것이기 때문이다. 원죄는 "가장 이해할 수 없는 비밀"이다. 그래서 파스칼은 인간의 지적 이해력에 어울리는 통찰의 온갖 가능성으로 넘어간다. 이성이 아니라 인간에게 있는 다른 것이 참된 확실성을 가능하게 한다. 곧 믿음이 그것인데, 믿음의 장소는 이성이 아닌 심정(마음)이다.

"심정은 이성이 모르는 자기만의 이성근거를 가진다."

"신을 느끼는 것은 심정이지 이성이 아니다. 믿음은 이성이 아닌 심정이 신을 느끼게 한다."

믿음은 객관적인 확실성을 갖지는 않는다. 종교는 "확실한 것이 아니다." 신과 인간 사이에는 "끝없는 카오스"가 열려 있다. 신은 "감추어진 신deus absconditus"으로 남은 채, 오로지 예수 그리스도의 모습으로만 나타난다. 그래서 믿음은 특별한 종류의 확실성을 가져다주는 모험이다.

"이성의 마지막 발걸음은, 사물들을 넘어서는 사물들의 무한성이 있음을 인정하는 것이다."

"이성의 부인否認처럼 이성에 잘 어울리는 것은 없다."

"이성을 그냥 굴복시킴으로써만 우리는 참으로 우리 자신을 인식할 수 있다."

전체적인 실패 속에서 생각하기의 자기 과제만 남는다.

"너희들의 모든 통찰은, 너희 안에서는 참도 구원도 찾아낼 수 없다는 사실을 인식하는 데까지만 도달할 수 있다. 철학자들은 찾아내기로 약속했으나 실현하지 못했다."

그렇다면 철학하기를 포기하는 것이 철학의 적합한 최후이다.

"철학을 비웃는 것, 그것이 참된 철학하기다."

파스칼처럼 무겁게 철학을 한 사람만이 그런 말을 할 수 있다.

스피노자
혹은 참의 보이콧

15

BARUCH SPINOZA

1632~1677

철학의 역사에서 가장 많이 욕먹은 사상가를 찾아본다면 의심의 여지 없이 스피노자를 꼽을 수 있다. 그렇게 욕을 먹는 그의 운명은 살아 있을 때 이미 시작되어서 아주 오랫동안 계속되었다.

라이프치히의 철학 교수인 저 유명한 토마지우스는 스피노자에 대해 "빛을 꺼리는 글쟁이", "죄 많은 골수 유대인에 무신론자", "역겨운 괴물"이라고 말했다. 그 시대의 아주 유명한 의사이며 화학자인 디펠이라는 사람은 그를 아무리 욕해도 모자란다고 느꼈다. "멍청한 악마", "눈먼 마법사", "현혹당한 바보", "정신병 수용소를 채워줄 정신병자", "철학적인 잡동사니"와 "마법의 어릿광대 짓거리"를 하는 "술에 취해 정신 나간 인간", "가장 맥 빠지고 비참한 찌푸림"으로 가득한 인간—두툼한 책의 페이지마다 이런 식으로 계속된다. 의사이며 화학자인 분이 한 말씀 하시는 판인데 수학자이며 물리학자인 사람이라고 침묵할 수가 있나. 그래서 뉘른베르크의 슈투름 교수도 스피노자에 대해 "불쌍한 놈", "외국의 짐승", "저주받을 만한 견해들"로 가득 찬 인간이라고 욕을 퍼부었다.

역사상 가장 많이 욕먹은 철학자

스피노자의 저술들과 그의 삶의 모든 변화는 이런 욕설에 맡겨졌다. 이 사람에게서 욕할 만한 것을 찾아내지 못하면, 그가 밤에 일한다는 해롭지 않은 사실조차도 욕설의 계기가 되었다. 적어도 어떤 전기 작가는 이 사실을 두고 스피노자가 "어둠의 작업"을 했다고 설명한다. 하지만 어둠이 나타나면 악마도 멀리 있지 않은지라 바로 신학자들의 영역이 시작되게 마련이다. 그래서 그들 중 한 사람인 예나 대학교의 신학 교수 무사에우스는 이렇게 묻는다. "신의 권리와 인간의 권리를 모조리 파괴하기 위해 악마가 손수 고용한 자들 중에서, 교회와 국가의 가장 큰 재앙을 위해 태어난 이 사기꾼보다 더 열렬히 이런 파괴활동을 한 자를 찾아볼 수가 있는가." 웅변술 교수 한 사람은 자기 직업에 맞게 이보다 더욱더 강력한 말들을 동원했다. 그는 스피노자의 책에 대해 이렇게 썼다. "그것은 불경과 신을 모르는 말들로 가득 차 있다. 그것이 인류를 해치고 수치스럽게 하기 위해 지옥에서 솟아 나왔으니, 지옥의 어둠 속으로 도로 집어 던져야 마땅하다. 지구는 수백 년 이래로 이보다 더 파괴적인 것은 보지 못했다."

하지만 학자들의 합창에 합류한 도르트레흐트의 어떤 곡물 중개상인은 여기 제시된 시간의 길이가 충분치 못하다고 생각했다. 그래서 수백 년 전부터가 아니라 "지구가 존재한 이후 이보다 더 불길한 책이 나온 적은 없다", 그것은 "먹물로 행한 잔학 행위들이 꾹꾹 눌러 담긴" 책이라고 말했다.

하지만 중요한 인물들도 스피노자와 그의 철학에 대해 오해의 여지가 없는 말들로 거부감을 표현했다. 볼테르는 스피노자의 체계가 "가장 끔찍한 방법으로 형이상학을 남용하여 세워진 것"이라고 말했다. 라이프니츠는 이 철학자의 책 한 권을 가리켜 "참을 수 없이 불경스런 글"이고, "경악할" 책이라고 했다. 칸트와 동시대 사람이며 친구이기도 했던 하만은 스피노자를 "건강한 이성과 학문에는 노상강도이며 살인자"라고 불렀다.

그러나 아주 특이한 일이 일어난다. 이런 미움과 욕설의 단단한 결속에 맞서 갑자기 빛나는 숭배자들 다수가 나타난 것이다. 레싱은 야코비와 대화 중에 이렇게 말했다. "사람들은 언제나 스피노자를 죽은 개새끼처럼 말하곤 한다. 하지만 스피노자의 철학 말고 다른 철학은 없다." 헤르더는 야코비에게 이렇게 써 보냈다. "이 철학이 나를 매우 행복하게 한다고 고백하지 않을 수 없다." "유감스러울 정도로 지나치게 고귀한 이 철학의 한 구절만 들어도 내 심장이 뛴다." 괴테는 인간 스피노자에 대해 "진정한 분노와 정열을 가졌다"라고 말했다. 슈타인 부인과 함께 스피노자를 읽고 있을 때의 경험에 대해 그는 이렇게 썼다. "나는 그에게 매우 가까이 있음을 느낀다. 비록 그의 정신이 내 정신보다 훨씬 깊고 순수하지만." 슐라이어마허는 자신의 책《종교에 대하여》에 열광하는 찬가를 끼워 넣었다. "추방당한 거룩한 스피노자의 넋을 위해 나와 함께 공손하게 머리카락을 바치자! … 그는 종교로 가득 차 있었고 성령으로 가득 차 있었다."

그렇게 오랫동안 멸시당한 이 철학자에게 이 시대 사람들이 얼마나 매혹되었던가를 베를린 철학자인 카를 졸거의 편지에서 읽을 수 있다. "[스피노자가] 내 오전 시간을 거의 모두 차지했다. 내 동생은 세 살짜리 자기 아들에게 이렇게 설명했다. '스피노자는 아주 똑똑한 사람이었단다. 큰아버지는 그 사람이 다른 사람들보다 훨씬 더 잘 알았다고 말하는 거야.'"

그렇다면 이 철학자 스피노자는 대체 어떤 사람인가? 그는 무신론자였나 아니면 성인聖人이었나, 악마적인 스피노자였나 아니면 신적인 스피노자였나? 1800년 무렵의 숭배자 한 사람이 "때로는 저주받았고 때로는 축복받았고 때로는 눈물의 애도를 받았고 때로는 비웃음을 받은 스피노자"라고 썼던 이 사람에게 대체 무엇이 있었단 말인가?

그의 사상이 불러일으킨 소용돌이를 보고는 거의 짐작도 할 수 없는 일이지만, 그는 소란스럽고 자신감에 넘쳐 자기 사상을 옹호하는 일과는 거리가 먼 사람이었다. 철학자들 중 아마도 가장 고독하고 세상과 거리를 둔, 가장 겸손하고 조용한 사람이었을 것이다. 그는 포르투갈에서 네덜란드로 이주해온 암스테르담의 유대인 가정에서 1632년에 태어났다. 그의 이름은 바루흐Baruch라고 했다. 당시의 관습에 따라 이 이름 뒤에 '베네딕투스'라는 라틴어 이름을 덧붙였는데 이 두 가지 모두 '축복받은 사람'이라는 뜻이다.

겉으로 드러난 생애만 보면 스피노자는 축복받은 사람이 아니었다. 어른이 되자마자 그는 고향 도시의 유대인 공동체와 괴로운 대립 상황에 빠져들었다. 성서의 전통에 대한 비판적인 발언이 그 계기였다. 구약성서가 그에게는 온통 모순되고 맞지 않는 것들로 가득 차 있는 것으로 보였다. 그는 구약성서의 모든 부분에 오로지 진실만 들어 있다는 것을 인정하려 하지 않았고 그럴 수도 없었다. 예리한 이 젊은이에게 큰 기대를 걸었던 공동체는 그럴수록 더욱 실망하여 그에게 등을 돌렸다. 첩자를 고용해 그의 말을 엿듣게 하고, 그를 매수하려고도 해보고, 그런 것이 아무 소용도 없음을 보고 심지어는 그를 죽이려고도 했다. 마지막에 그는 유대인 공동체에서 공공연히 추방되었다. 스피노자에게 내려진 저주의 파문 문서에는 다음과 같은 말들이 나온다.

"천사들의 결정과 성인들의 판단에 따라, 거룩한 신과 거룩한 공동체 전체의 동의를 받아서 우리는 바루흐 데 에스피노자를 파문하고, 증오하고, 저주하고, 쫓아낸다. … 여호수아가 여리고를 저주한 것과 같은 저주와, 엘리사가 소년을 저주한 것과 같은 저주와, 율법책에 쓰인 온갖 저주의 말을 모조리 전하노니, 낮에 저주받고, 밤에도 저주받으며, 누울 때도 저주받고, 일어날 때도 저주받으라. 나갈 때도 저주받고, 들어올 때도 저주받으라. 신께서 그를 절대로 용서하지 마시기를, 이 남자를 향해 신의 분노와 원한이 터져 나오기를, 그리고 하늘 아래서 그의 이름을 지우기를, 신께서 그를 이스라엘의 모든 종족에게서 분리하시기를 바란다. … 우리는 이에, 아무도 말이나 글로 그와 교제하지 말 것, 그에게 그 어떤 은총도 베풀지 말 것, 그와 한 지붕 아래 쉬지 말 것, 그의 가까이 4엘레(약 3미터) 안으로 들어가지 말 것, 그가 작성했거나 적은 문서를 읽지 말 것을 명한다.”

사상의 자유를 요구하자 모두에게 버림받다

스피노자는 싸우려 들지 않았다. 싸움을 위한 싸움은 그와는 거리가 멀었다. 그는 언젠가 이렇게 썼다.

“나는 어떤 사람이든지 자신의 본성에 따라 살게 하거니와, 원하는 사람은 자신의 구원을 위해 죽어도 괜찮다고 본다. 나만은 참을 위해 살도록 허용해주기를.”

그러나 누군가가 자신의 참에 따라 살려고 한다는 것, 널리 통용되는 의견이 그의 관심사가 아니라는 것, 옛날부터 참이라고 여겨져온 것을 그가 아랑곳하지 않는다는 것, 이것이 바로 그토록 큰 분노를 불러일으킨 일이었다. 스피노자가 단호히 자신의 참에 헌신했다는 것이야말로 그를 자기 시대의 주요 세력들과 적대관계에 빠지게 만든 일이었다. 그 때문에 그는 유대교와 싸움에 말려들었고 바로 그 때문에 시대 전체의 증오를 불러들였다. 그러나 이것이야말로 철학에 속하는 일이다. 오직 참에만 귀를 기울이고, 거기서 어떤 결론이 나오든 상관하지 않고, 사람들의 판단을 두려워하지 않는 것 말이다. 이런 의미에서 스피노자는 참된 철학자였다.

자기 민족과 신앙 공동체에서 쫓겨난 일은 스피노자의 원래 성향이 요구한 것보다 더욱 깊이 그를 고립시켰다. 그는 처음에는 암스테르담 근처에서, 다음에는 헤이그 근처에서 완전히 은둔하여 살았다. 3개월 동안 단 한 번도 외출한 적이 없다는 기록도 있다. 어떤 방문객의 말에 따르면 그는 "서재에 완전히 파묻혀" 지냈다. "나는 멀리서 너희에게 말한다, 멀리 있는 너희에게"라고 그는 친구들에게 말하고 있다. 물론 친구들은 많지 않았고, 편지 왕래도 극히 드물었다. 그의 전기 작가 한 사람은 이렇게 말하고 있다. "제자들조차도 공개적으로 그를 따른다고 고백하지 못했다."

스피노자는 생계를 유지하기 위해 광학용 유리를 연마했다. 기부금으로 그를 도와주겠다고 하는 친구들의 제안도 마지못해 꼭 필요한 정도만 받아들였다. 그보다 더 요구가 없는 삶은 생각할 수가 없다. 생애 마지막에 그는 손수 집안일을 했다. 오로지 파이프 담배만이 그가 이따금 누리는 사치였다. 그러나 이렇게 조용한 삶도 적대자들의 증오에 찬 공격에서 벗어나지는 못했다. 100년이 지난 다음에도 어떤 사람은 이렇게 적었다.

"지속적으로 은둔해서 살았다는 것은 전혀 찬양할 만한 일이 아니다. 참된 신과 신의 말씀과 종교 전체를 쓰레기 더미에 던져버리기 위해 저주받은 체계를 만들려는 이유에서 그런 일을 했으니 말이다.

… 정확하게 관찰하면 그의 핵심적인 미덕 활동이란 게 방에 꼭 틀어박혀 신을 모독하는 책들을 끄적이는 일이었다."

스피노자는 적대감에서 고독을 지킨 것은 아니다. 그가 《신학·정치 논고》라는 제목의 저술을 익명으로 발간했을 때 그를 향한 전쟁이 극히 날카로운 모습으로 시작되었다. 여기서 그는 사상의 자유를 옹호했다. 그다지 관용적이지 않던 시대가 받아들일 수 있는 정도보다 훨씬 큰 자유를 요구했다. 만일 그가 교회의 가르침을 건드리지 않는다는 유보 조항만 두었더라도 아마 어느 정도까지는 사상의 자유를 얻었을 것이다. 그러나 스피노자는 참을 찾는 일이 공식 종교의 문 앞에서 중지될 수는 없다고 굳게 믿었다. 교회의 지나친 간섭을 통제하고 종교적, 정치적 신념들의 자유를 보호할 임무가 국가에 있다고 주장한 것이 그 시대의 권력자들을 분노하게 만들었다. 그는 "국가의 목적은 진실로 자유"라고 여겼다.
이런 맥락에서 스피노자의 사상은 오히려 오늘날 우리를 위해 쓰였다는 인상을 준다.

"자유가 억압당하고 사람들이 최고 권력의 허락 없이는 감히 움직이지 못할 정도로 제한을 받는다고 치자. 그렇게 해도 그들이 최고 권력이 요구하는 것만 생각하게 할 수는 없다. 그렇게 되면 필연적으로 사람들은 매일 생각하는 것과 말하는 것이 다르게 될 것이다. 그로써 국가에 무엇보다도 필요한 충성과 믿음이 망가질 것이고, 경멸할 만한 위선과 음흉함이 점점 자라날 것이다. 그 결과 모든 좋은 관습들을 기만하는 일과 파괴하는 일이 점점 더 커질 것이다. … 존경할 만한 남자들이 보통과는 다른 식으로 생각하며 위선을 모른다는 이유만으로 국가의 범죄자처럼 취급당하는 일보다 한 국가에 더 불행한 일이 있을까? 범죄와 나쁜 짓 때문이 아니라 오로지 자유로운 정신을 지녔다는 이유로 적으로 간주되고 죽임을 당한다면, 그리고 악한 자들에게 두려움이 되어야 할 형장刑場이, 성실함과 미덕의 가장 고귀한 예들을 보여주기 위한 가장 멋진 무대가 된다면 이보다 더 파괴적인 일이 어디 있을까?"

《신학·정치 논고》는 발간되자마자 금지되었다. 그것도 대학 당국과 교회와 국가관청이 모두 합세했다. 이 경우에는 가톨릭교회나 개신교회가 아무 차이도 없었다. 당시 네덜란드 총독은 가장 엄격한 형벌을 내세워서 이 책의 인쇄와 배포를 금지했다. 그것이 "근거 없고 위험한 견해들과 나쁜 것들로 가득 차 있으며, 신을 모독하고 영혼을 망가뜨리는" 책이기 때문이란다. 아무도 이 책에 대해 언급하면서 공감을 표현하면 안 되었다. 감히 이 책을 발간한 출판업자는 3000굴덴의 벌금과 8년의 징역형을 선고받았다. 이 논문에 반대하는 팸플릿들이 잔뜩 나왔다. 날조된 서적 목록 하나는 이 책에 대해 다음과 같이 소개한다. "신학·정치 논고. 변절한 유대인이 악마와 힘을 합쳐서 지옥에서 만들어낸 것."

이 모든 일에 대해 스피노자의 유일한 무기는 침묵이었다. 그는 체념해서 이렇게 썼다.

"학자로서 자연의 일들을 파악하면서, 바보처럼 멍하니 경탄만 하지 않으려 애쓰는 사람은 어디서나 이단자이며 신을 부인하는 사람으로 여겨진다."

그러나 스피노자는 굴복하지 않았고 굴복할 수도 없었다. 친구들에게 그는 많은 사람의 인정을 받지 못한다는 이유로 어떤 사상이 참되기를 멈추는 것은 아니라고 말했다.

"참이 화를 불러오는 것은 어제오늘의 일이 아니다. 하지만 나쁜 소문이 돈다고 해서 내가 참을 버려서는 안 된다."

이따금 인정해주는 목소리가 스피노자의 감추어진 세계까지도 찾아왔다. 팔츠의 선제후인 카를 루트비히는 그가 하이델베르크 대학에서 "철학 정교수 직위를 받아들일" 생각이 있는지 물어보았다. 이것을 전해준 하이델베르크 대학의 신학 교수는 다음과 같이 덧붙였다. "이 세상 어디서도 탁월한 정신들에 대해 이보다 더 존경하는 마음을 가진 제후를 찾아볼 수는 없을 것이다. 당신은 공식적으로 인정받은 종교를 방해하는 데 남용하지 않는 한, 철학을 위해 완전한 자유를 누릴 수 있다." 이 제안은 유혹적이었다. 그러나 스피노자는 신중하게 생각하고 나서 답장을 썼다.

"교수직을 얻는 것이 나의 소원이었다면 … 나는 팔츠의 선제후 전하께서 당신을 통해 제공해주신 이 직위를 소망했을 것입니다. 특히 자비로운 영주께서 제안해주신 사상의 자유 때문에요. … 그러나 공적인 교수직을 맡는 것이 내 의도였던 적이 한 번도 없으므로 나는 이 영광스런 제안을 받아들이지 않기로 결심할 수가 있어요. … 공적으로 인정받은 종교를 방해하려 한다는 인상을 일깨우지 않기 위해서는 철학의 자유가 어느 한계 안에 머물러야 하는지 나 자신이 모른다는 생각이 들었기 때문이지요. … 여러 가지 갈등은 종교에 대한 내적인 사랑에서 나온다기보다는, 감정이 서로 다르거나 아니면 반대하는 정신에서 나옵니다. 사람들은 반항하는 정신에서, 올바르게 말해진 것도 비틀고 비난하곤 하죠. 나는 이미 고독한 사생활에서도 그런 것을 체험했는데, 내가 이런 명예로운 직위로 올라선다면 얼마나 더 많은 일들을 당하게 될까요. 높이 존경하는 당신은 내가 더 나은 삶에 대한 기대에서 물러나는 것이 아니라, 오로지 방해받지 않는 삶에 대한 사랑에서 물러나는 것임을 아실 것입니다. 나 자신을 지키기 위해 나는 공개적인 강의를 멀리하려고 합니다.”

그렇게 해서 스피노자는 고독한 사색의 고요함 속에 머물렀다. 초기의 전기 작가 한 사람이 말한 것처럼 그는 “박물관에 파묻힌 것처럼” 살았다. 오랫동안 폐결핵으로 고생한 다음 그는 마흔네 살 나이에 고독하게 죽었다.

신에 도취한 사람

스피노자가 죽은 다음에야 비로소 그의 중요한 철학 저술들이 간행되어 나왔다. 《지성 교정론》과 주요 저술인 《윤리학》 등이다. 이제야 비로소 거의 전 세계의 적대감과 증오심을 겪으면서도 이 사상가가 자기 자신과 자기가 발견한 참에 충실하게 머물며 명성의 유혹에 끌리지 않고 고독 속에 머물 수 있었던 힘이 어디서 나온 것인지 분명하게 드러났다. 생각 속에서 그는 언제나 세계와 그 활동성에서 벗어나 있었기에 그것이 가능했다. 그의 내면은 거대한 동경으로 가득 차 있었다. 무상한 것 너머로 영원한 것을 향한 동경, 모든 시대에 걸쳐 유한성에 고통받은 철학자들의 기본 감정인 그 동경이었다. 그의 논문은 다음과 같은 말로 시작한다.

> "일상의 삶에서 자주 겪는 모든 것이 공허하고 순간적이라는 사실을 경험이 내게 가르쳐준 뒤로 … 나는 참된 선이 있는지 탐구하기로 결심했다. 나머지 모든 것을 버리고 난 다음에도 영혼이 정말로 그 선으로부터만 배울 수 있는지를. 그리고 내가 그것을 찾아내고 습득한다면 내게 지속적인 최고 기쁨을 항구적으로 만들어줄 수 있는 어떤 것이 있는지를."

스피노자는 일상적인 삶의 활동에 등을 돌렸다. 부자가 되려는 것, 명예와 쾌락을 얻으려는 것 등, 그 모든 것이 그에게는 헛되고 비어 있고 순간적이고 무상해 보였다. 그는 오로지 내면의 슬픔을 지니고서만 그것을 관찰했다. 그러나 바로 그로부터 무상함을 넘어 무상함에서 나오는 슬픔이 사라진 상태를 동경하는 마음이 자라났다. 행복을 주는 참된 선을 찾아냈을 때 그는 이렇게 썼다.

"무한하고 영원한 것을 향한 사랑이, 유일하게 현실적인 기쁨으로 영혼을 먹이고 모든 슬픔을 없앤다."

무상함에서 생기는 고통의 체험에서 영원함을 향한 사랑으로 뻗어나가 이 사랑 속에 머무는 것이 스피노자 철학의 기본적인 모습이다. 그는 그것을 "신을 향한 정신적인 사랑amor intellectualis erga Deum"이라고 불렀다. 그래서 노발리스는 다음과 같이 말할 수 있었다. "스피노자는 신에 취한 사람이다." "스피노자 사상은 신적 특성으로 넘쳐난다." 슐라이어마허도 스피노자를 그렇게 이해했다. "높은 세계정신이 그를 뚫고 지나갔다. 무한한 것이 그의 시작이고 끝이며, 우주가 그의 유일하고 영원한 사랑이다. 거룩한 무죄와 겸손함으로 그는 영원한 세계에 자신을 비추어보고, 자기 자신도 세계의 사랑스러운 거울임을 보았다." 그리고 프랑스 철학자 빅토르 쿠쟁도 그렇게 생각한다. 스피노자의 윤리학은 "신비주의적인 찬가이고, '나는 곧 나다'라고 올바르게 말할 수 있는 그분을 향한 영혼의 도약이며 한숨이다."•

스피노자의 대표작인《윤리학》도 스스로 자신의 원인인 신의

• '나는 곧 나다'는 여호와가 모세에게 가르쳐준 자신의 이름이다. 출애굽기 3장 14절 참조.

사유로 시작한다. 스승인 데카르트와는 반대로, 철학이 신과 더불어 시작한다는 것은 스피노자에게는 아주 자명했다. 데카르트는 자기 확실성에 대한 길을 통해 비로소 신의 확실성을 얻었다. 그에 반해 스피노자는 이렇게 주장한다.

"그 어떤 것의 존재도, 조건 없이 무한하고 완전한 존재, 곧 신의 존재보다 더 확실한 것은 있을 수가 없다. 신의 본질성이 모든 불완전함을 없애기 때문에 … 그 존재를 의심스럽게 여길 모든 원인을 없애고 최고의 확실성을 부여한다."

이런 의미에서 다음의 말도 타당하다. "모든 사물과 자기 자신의 첫 번째 원인인 신은 그 자신을 통해 그를 인식하도록 해준다."

오로지 신만이 있다

그렇다면 정통 유대교 대표자들과 기독교 대표자들이 이 철학자가 살아 있을 때나 죽은 다음에도 그에 대해 지녔던 미움은 대체 어디서 오는 걸까? 스피노자가 무한한 동경의 대상으로 여긴 신은 기독교나 유대교에서 말하는 것과 같은 신이 아니었기 때문이다. 의지의 전능함으로 세계를 창조한 신이 아닌 것이다.

스피노자는 세계에 그 어떤 독자적인 실존도 인정할 수 없었다. 동경이라는 근본 감정 속에서 그는, 무상함이 공허하고 순간적이라는 사실을 깨달았다. 정밀하게 관찰하면, 원래 의미의 있음과 현실성에서 무상함이란 아예 없다. 신만이, 오로지 신만이 참으로 있다. 그래서 스피노자에게서 창조주인 신과 피조물인 세계라는 생각은 그대로 밀려나 사라진다. 피히테는 비슷한 생각으로부터 그것을 이해했다.

> "우리가 아니면 신이 몰락해야 한다는 것은, 통일성을 찾는 일을 진지하게 여기는 모든 철학의 어려움이었다. … 이것에 관해 처음으로 빛을 본 대담한 사상가는, 둘 중 한편이 파괴되어야 한다면 우리 자신이 사라져야 한다는 것을 분명히 보았다. 이 사상가는 스피노자다."

그러나 세계가 있고 인간도 있다고 이의를 내놓을 수도 있다. 스피노자도 그것을 부인하지 않았다. 그러나 그는 묻는다. 본래의 의미에서 오로지 신만이 있다면, 세계와 인간은 무엇인가? 그리고 이렇게 대답한다. 세계는 신 자신이 있는 방식일 뿐이고, 인간은 신 자신이 생각하는 방식일 뿐이다. 어떤 사물이 있다고 우리가 말한다면 우리는 적절하게 말하지 않은 것이다. 우리는 이렇게 말해야 한다. 신은 이 사물이 내게 보이는 방식으로, 신의 생각인 내게 보인다. 왜냐하면 신은 모든 것 속에, 모든 현실 속에, 모든 사물과 인간 속에 있기 때문이다. 아니면 더 정확하게 표현하자면, 모든 현실의 것은 신 안에 들어 있다. "있는 것은 모두 신 안에 있다."

스피노자의 언어에서 사물과 인간 정신은 독립적인 실체가 아니다. 신만이 유일한 실체다. 사물과 인간 정신은 이 실체가 드러난 양상일 뿐이다. 스피노자는 모든 무상함에 확고히 등을 돌리면서 필연적으로 이런 결론에 도달한다.

"신과 자연에 대해서 나는, 요즘 기독교도들이 옹호하는 견해와는 완전히 다른 생각을 품고 있다. 나는 신을 모든 사물들 속에 있는 원인이라고 여길 뿐, 사물들을 초월하는 원인이라고 여기지 않는다. 모든 것은 신 안에 있고 신 안에서 움직여진다. 나는 이렇게 주장한다. 방법은 달라도 이것은 사도 바울과 또 옛날의 철학자들 모두와 완전히 같은 견해이다. 심지어 옛날 히브리 사람들과도 같은 견해라고 감히 덧붙이고 싶다."

이제 우리는 그가 살았던 시대와 후세가 스피노자에 대해 격분한 것을 이해할 수 있다. 그리고 이렇듯 신에 취한 철학자를 타락한 무신론자라고 아무리 욕해도 시원치 않아 했던 것을 이해할 수 있다. 스피노자의 생각에서는 인격적인 신, 오로지 선지자들과 예수 그리스도에게만 나타난 저 신을 위한 자리가 없다. 신은 모든 현실 속에 나타난다고 스피노자는 생각했다. 시대가 변하자 이런 생각은, 레싱, 괴테, 헤르더, 슐라이어마허, 피히테, 노발리스, 셸링 등과 같은 사상가와 시인들이 암스테르담의 고독한 철학자에 대해 깊이 생각해보고, 신과 세계에 대한 비슷한 체험에서 자기들도 그와 가까이 있다고 느끼게 만들 수가 있었다.
　물론 신과 현실의 파악할 수 없는 특성은, 신과 현실이 내적으로 결합되어 있다는 이런 생각에서 바라본다고 해서 더 알기 쉽게 되지는 않는다. 만일 신이 모든 현실에 들어 있다면, 세계 현실의 일부인 싸움과 전쟁 속에도 들어 있다는 뜻이 된다. 1700년 무렵 신성로마제국 자유도시인 멤밍겐 출신의 한 남자가 대단히 노골적인 방식으로 이것을 표현했다.

"나는 세상에서 전쟁과 외침 소리를 듣는다. 그렇다면 신이 자기 자신과 전쟁을 벌이고, 자신의 내장 속으로 뛰어드는 꼴이다. 그가 자신을 해체하고 죽인다고 말해야겠지. 인간들 서로의 분노, 미움, 원한, 역겨움 등은 신이 자기 자신에 맞서는 정열이라고 해야겠지. … 인간을 통해 신이 살고, 고통받고, 죽고, 태어나고, 먹고, 마시고, 섹스한다고 말하지 않을 수 없다. 또 인간들의 슬픔, 절망, 불편함이 신의 슬픔, 절망, 불편함이라고 말하지 않을 수 없다. 인간들의 온갖 정신 나간 역겨운 생각들, 신성모독과, 우리 안에서 영원히 수다를 떠는 이성의 경악할 만한 키메라들이 모두 신의 생각이고, 또 그 자신이 반영된 모습이라고 하지 않을 수 없다. 둘 아니면 세 사람의 대화는 신이 자기 자신과 나누는 달콤한 오락이라고 말하지 않을 수 없다."

물론 이런 걱정을 하는 이 남자는 스피노자 사유의 완전한 깊이를 알지 못했다. 그는 스피노자가 신을 향한 무한한 동경에 잠겨서 온갖 활동과 싸움질을 지닌 이 세계를 오래전에 등졌다는 것을 이해하지 못했다. 하지만 바로 이 점에서 스피노자의 사유는 심각한 위험에 빠진다. 영원성에만 그렇게 전적으로 헌신하여 사는 사람은 시간적인 것을 해체하여 아무것도 아닌 것으로 만들기 때문이다. 그에게서 현실이 사라지고, 나중에는 그 자신도 비현실적으로 되지 않을 수 없다. 스피노자는 바로 이런 일을 겪었다. 그의 생각은 유한한 것을 들어 올려 무한한 것으로 만들려는 대담한 시도가 되고 말았다. 이것이 그의 해맑은 고독의 더욱 깊은 원인이었다. 그래서 아마도 처음에는 매우 낯설게 들릴 헤겔의 말이 옳았다. 그는 스피노자의 죽음을 두고 이렇게 말했다.

"그는 1677년 2월 21일에 마흔네 살의 나이로, 오랫동안 앓던 폐결핵으로 죽었다―특이하고 개별적인 것들이 모조리 단 하나의 실체로 되어버리는 자신의 체계와 완전히 일치하는 일이었다."

1646-1716

라이프니츠
혹은
모나드들의 직소 퍼즐

16

어떤 점에서는 17세기를 귀부인들의 시대라고 부를 수 있다. 그리고 고트프리트 빌헬름 라이프니츠의 생애도 이런 관점에 맞출 수 있다. 그가 유혹적인 궁정의 여인들이나 애첩들과 놀아났다는 뜻은 아니다. 그런 종류의 방종함에 대한 기록은 찾아볼 수 없다. 그리고 그는 평생 그 어떤 여자와도 결혼하지 않았고, 그래서 쓸쓸한 하숙집에서 지내야만 했다.

그러나 그는 명망 높은 귀부인들에게 자신의 자연과학 영역의 발견이나 철학의 발견들, 그리고 외교적인 성과들을 알리기를 좋아했다. 이런 여성들과 열심히 교제하고 많은 편지를 주고받았다. 그중에는 황후와 왕비도 한 명씩 있었다. 그리고 공작부인들과, 선제후 부인들, 선제후 공주들이 있었다. 그 밖에 보통의 공주들도 있었다. 그러나 이런 귀부인들에게 보내는 편지에는 단 한마디라도 애틋한 말이나 달콤한 말은 없었다. 라이프니츠는 언제나 본론으로 곧바로 들어갔다. 그는 정말이지 정신의 인간이었다.

이미 일찌감치 정신의 인간이었다. 파스칼처럼 라이프니츠도 신동이었다. 아무도 그에게 라틴어를 가르쳐주려고 하지 않았기 때문에 그는 여덟 살에 혼자서 라틴어 공부를 시작했다. 가장자리에 동판화 장식이 되어 있는 리비우스의 책을 보자 그것을 베껴쓰면서 단어의 뜻을 추측했다. 그런 다음엔 텍스트를 붙잡고 한마디 한마디씩 말의 전체 뜻을 알아냈다. 또한 논리학도 그의 생동하는 관심을 사로잡았다.

열다섯 살에 벌써 대학에서 법학을 공부하기 시작했다. 그러나 법학이 그의 유일한 관심사는 아니었다. 그는 곧바로 철학의 문제에 부딪혔고 철학은 그 이후로 항상 그의 마음을 사로잡게 된다. 당시 철학은 목적 개념을 중심으로 한 아리스토텔레스와, 기계적 인과율을 출발점으로 삼는 데카르트 사이에 서 있었다. 라이프니츠는 라이프치히 근처 로젠탈에서 홀로 산책하다가 그들 두 사람 중 어느 한 편을 선택하는 일이 불가피하다는 사실을 문득 깨달았다. 그가 당시 이 문제를 해결하지는 못했다 하더라도, 그리고 뒷날의 라이프니츠가 둘 중 하나를 선택하지 않고 서로 대립하는 두 입장의 종합을 요구했다 하더라도, 어쨌든 그가 열다섯 살 때 이미 장래의 철학 작업을 위해 결정적인 관점을 찾아냈다는 것만은 사실이다.

그것 말고도 그는 법학을 공부하고 박사학위를 받으려고 했다. 그러나 라이프치히 대학의 학식 높은 교수님들은 그러기에는 그가 아직 너무 어리다고 생각했다. 또 다른 보고에 따르면 학장 부인이 이것을 방해했다고 한다. 그래서 그는 "방랑자 지팡이"를 잡고 뉘른베르크 근처 알트도르프 대학으로 가서 그곳 교수들이 경탄하는 가운데 놀라운 성적으로 시험을 통과했다. 그들은 스물한 살인 그에게 곧바로 교수직을 제안했다. 그러나 그는 교수직이라는 사슬 속으로 들어가고 싶지 않아서 거절했다.

사방으로 관심을 가진 세속의 남자

그 이후 라이프니츠의 생애는 상당히 번잡하다. 그는 개신교도였지만 마인츠의 선제후 겸 대주교 곁에서 잠시 정치적 조언자로 일했다. 그런 다음 하노버 궁정의 초빙을 받아들여 그때부터 죽을 때까지 벨펜하우스 왕가를 위해 일했다. 그곳에서 그의 활동은 여러 영역에 걸쳤다. 광범위한 외교 임무도 거기 속했는데 그 때문에 그는 파리, 빈, 베를린, 뮌헨 등지로 가곤 했다. 그의 보고서들은 자기에게 명령을 내린 사람들뿐만 아니라 앞서 말한 대로 귀부인들한테도 들어갔다.

그 밖에도 라이프니츠는 정치와 법에 관련된 문제들에 대해 기획안을 작성하는 임무도 맡았다. 이미 마인츠에서도 비슷한 외교활동을 했다. 이 시기에 프랑스 왕에게 이집트를 정복하라는 대담한 기획안을 냈다. 물론 그를 통해 프랑스 왕의 관심을 독일에서 다른 곳으로 돌리려는 은밀한 의도에서였다. 프랑스 왕은 이

기획안에 대한 보고를 받지 못했지만 100년도 더 뒤에 나폴레옹은 라이프니츠의 계획에 상당히 접근하는 활동을 했다.

라이프니츠가 어디서 정치적으로 활동하든 항상 그의 의도가 화해를 지향했다는 것이 특징이다. 그는 각 국민이 다른 국민들과 결합한 채로 각각의 고유한 임무를 행할 수 있는 연합 체계를 만들려고 노력했고, 모든 기독교 민족들의 조화와 세계평화를 지향했다.

라이프니츠는 공식적으로 궁정 도서관장이라는 직함을 지녔다. 하노버에서도 그렇고 볼펜뷔텔에서도 마찬가지였다. 그러나 그는 이상한 도서관장이었다. 누군가가 책을 빌리겠다는, 당시로서는 상당히 특이한 생각에 도달하면 그는 몹시 화를 냈다고 한다. 그와 나란히 라이프니츠는 자신의 제안에 따라 벨펜하우스 왕가의 역사를 기록할 임무도 맡았다. 여러 가지 출전出典 문서들을 찾아서 왕가에 중요한 몇 가지 사실들을 확인했다. 그다음에는 길을 잃고 보편성으로 들어가고 만다.

벨펜하우스의 역사는 이 왕가가 지배한 땅의 역사와의 관련이 없이는 관찰될 수 없다고 그는 주장했다. 그래서 역사적인 노력에 앞서 우선 지질학을 공부해야만 했다. 하지만 그것만으로도 충분하지 않았다. 이 왕가의 한 조각 땅은 지구의 한 부분이고, 따라서 무엇보다도 지구의 생성 역사를 조사해야만 한다는 것이다. 그래서 벨펜하우스의 역사가는 자기 자신에게는 설득력이 있는 논리적 결과에 따라 지구의 생성 역사를 서술하기 시작했다. 그가 구체적인 역사를 제대로 시작하지도 못했는데, 선제후가 거듭 초조하게 일의 진척에 대해 물었다는 것도 이상한 일이 아니다. 영주들이 늘 그렇듯 선제후는 지구의 기원보다는 가문의 명성에 관심이 더 많았기 때문이다.

그와 나란히 라이프니츠는 나누어진 교회들을 다시 통합하는 과제에 몰두했다. 맨 먼저 루터파 교회와 개혁파 교회, 이어서 개신교 교회와 가톨릭교회, 마지막으로 서유럽의 교회와 그리스 정교의 통합 등이었다. 이것도 조화를 추구하는 그의 생각과 어울렸다. 그러나 이 영역에서는 물론 별 성과가 없었다. 그들의 대립이 너무 커서 화해를 촉구하는 그의 글들과 협상 정도로는 그들 사이에 어떤 다리를 놓을 수가 없었다.

이 모든 것들과 함께 라이프니츠의 학문적 노력들도 나타난다. 대개는 상당한 정도로 조직의 영역을 지향했다. 그는 빈, 드레스덴, 베를린, 페테르부르크 등지에서 아카데미를 설립하도록 자극하고 그를 위해 정밀한 계획들을 내놓았다. 그러나 그가 살아 있는 동안 프로이센 학술원만 그것도 다른 사람의 이름으로 설립되었다. 라이프니츠는 그곳의 초대 원장이 되었다. 학술원의 재정을 위해서 그는 기묘한 조치들을 제안했다. 달력과 소방펌프, 오디나무, 여권, 증류주 등에 세금을 매기자는 것이었다. 그러나 사람들은 라이프니츠의 이 모든 노력들을 달가워하지 않았다. 그는 점점 더 학술원의 일에서 제외되었고 원장이라면서 학술원의 개원식에도 초대받지 못했다.

이렇게 다방면으로 활동한 남자에게 조용히 학술적 탐구를 할 시간이 남아 있었다는 것이 이상하다. 하지만 그는 아리스토텔레스 이후로 그 누구보다도 광범위하게 그 일을 했고, 또한 그 자신 이후로도 그렇게 광범위한 탐구는 더 이상 없었다. 프리드리히 대왕은 그에 관해서 이렇게 말했다. "그 혼자만 해도 학술원이다."

수학, 물리학과 역학, 지질학과 광물학, 법학과 국민경제, 언어학과 역사학, 신학과 철학 등을 똑같은 방식으로 탐구했다. 수학 분야에서 중요한 발견을 이루었으니, 곧 미적분을 창안한 것이다. 물론 이것을 놓고 그는 뉴턴 및 그 추종자들과 불쾌한 싸움을 벌였다. 양편은 각기 자기가 먼저 이것을 고안했다고 주장했다. 그밖에도 라이프니츠는 계산기와 잠수함을 고안했다. 여기 덧붙여 매우 광범위한 편지 교환도 있다. 그는 당시 학계에서 내로라하는 사람들 거의 모두와 편지를 주고받았다. 1만 5천 통의 편지들이 아직도 남아 있다.

라이프니츠의 원래 중요성은 철학 연구에 있다. 그는 "인간 사유의 알파벳"이라는, 사유思惟의 철자 체계를 고안했다. 이것은 각각의 개념을 위한 기호를 뜻하는 것으로, 이로써 그는 논리학과 의미론의 가장 현대적인 연구를 위한 선구자가 되었다. 그러나 그 것은 오로지 시작 부분에만 머물렀다. 그에게 본질적인 형이상학에서도 완결된 대규모 저술은 나오지 않았다.

대부분의 논문들은 어떤 계기를 맞아 쓴 것들로, 친구들의 질문과 발언에 대한 답변이다. 특히 명망 높은 귀부인들과 영향력이 있는 남자들에게 보낸 답변이었다. 당시 유명한 오이겐 공자 같은 사람이 그중 하나였다. 라이프니츠는 로크에 대한 반론을 이미 완성했지만, 상대방이 죽었다는 소식을 듣고 그대로 철회했다. 몇 가지 작은 책들을 빼놓고는 오로지 《변신론Theodizee》(신을 변호함)만이 완성된 형태로 나왔다. 프로이센의 소피 샤를로테 왕비와의 대화를 통한 자극으로 만들어진 이 책이 그를 유명하게 만들었다.

라이프니츠는 자신의 삶을 요약하고 또 비판하는 독특한 글에서 자기 외모를 다음과 같이 설명한다.

"그는 야위고 중키에 창백한 얼굴이다. 너무 자주 손과 발이 차고, 신체의 다른 부분과 비교하여 손가락이 너무 길고 가늘며, 땀을 전혀 흘리지 않는다. 목소리는 약하고, 강하다기보다는 섬세하며 맑은 편이고 유연하기도 하지만 다양하지는 않다. 후두음과 '크(K)' 발음을 잘 내지 못한다."

어떤 동시대 사람이 이것을 보충해준다.

"그는 일찌감치 대머리가 되었는데 머리 한가운데 가르마 위쪽에 비둘기 알만 한 혹 하나가 생겼다. 어깨는 널찍한데 언제나 머리를 푹 숙이고 있어서 등이 위로 솟아오른 것처럼 보였다. 먹성은 좋지만, 꼭 필요한 경우가 아니면 술은 거의 마시지 않았다. 한 번도 자기 살림을 한 적이 없고 음식에는 까다롭지 않아서, 음식점에서 언제나 같은 것을 자기 방으로 날라오도록 했다."

이 사람은 라이프니츠의 생애 마지막 몇 년에 대해 다음과 같이 알려준다.

"그는 쉬지 않고 공부했고 자주 여러 날 동안이나 의자에서 일어나지 않았다. 내 생각에 그래서 오른쪽 다리에 울혈이나 어떤 손상이 일어났던 것 같고, 걷기가 힘들었다. 그는 그것을 치료할 셈으로 다리에 (잉크를 빨아들이는) 압지押紙를 올려놓았다. 하지만 그러자마자 심각한 다리통풍을 얻었다. 그래서 가만히 누워 있는 것으로 통풍을 치료하려 했고, 침대에서 다리를 오므리고 공부할 수 있었다. 하지만 고통을 막고 신경을 무디게 하려고 나무로 조이는 장치를 만들어 통증을 느끼는 곳마다 감았다. 그 결과 신경이 손상되었던 것 같다. 마지막에는 거의 언제나 침대에만 누워 지냈고, 다리를 거의 쓰지 못했다."

그렇게 다방면의 관계를 가진, 특히 여러 궁정, 또 제후들과 밀접한 관계를 가진 사람이니까 1716년에 일흔 살 나이로 죽었을 때 화려한 장례식이 있었을 거라는 생각이 들지만, 그런 일은 일어나지 않았다. 궁정은 멀어졌고, 라이프니츠는 거의 아무 주목도 받지 못하고 땅에 묻혔다.

근원적인 '힘'의 단위 모나드

라이프니츠의 철학적 업적이 무엇인가 물으면 사람들은 아마도 모나드론을 만들어낸 것이라고 답변할 것 같다. 계속해서 그것이 무어냐고 물으면 "모나드(단자)"라고 불리는 이상한 입자들이 현실의 원칙을 이룬다는 특별한 학설이라는 대답을 들을 수 있을 것이다. 그러나 계속 더 물으면 아마도 침묵이 돌아올 것이다. 그런 만큼 라이프니츠의 생각을 서술하기 위해서는, 그가 모나드론으로 무엇을 뜻했는지를 설명하는 것이 중요한 일일 것 같다. 그리고 나아가 어떤 계기에 그가 독특한 방식의 모나드론으로 현실을 해석하게 되었는가를 설명해야 할 것 같다.

맨 먼저 라이프니츠는 위대한 선배인 프랑스의 철학자 데카르트와 결정적인 점에서 대립했다. 데카르트는 사물의 현실은 "부피가 있는(연장)"이라는 개념으로 충분히 파악할 수 있다고 생각했다. 그러나 이런 관점에는 보충이 필요하다고 라이프니츠는 반박했다. 단순히 "부피"라는 개념만으로는 우리가 어떤 사물을 건드렸을 때 그것이 저항하는 것을 설명해주지 못한다. 그리고 예를 들어 짐승이 스스로 활동할 수 있다는 것도 설명해주지 못한다. 이 활동의 요소를 현실 해석에 도입하기 위해서 라이프니츠는 '힘'이라는 개념을 끌어들였다. 모든 사물은, 그 안에서 힘, 혹은 '힘의 점'들이 활동한다는 의미에서 정말로 존재한다. 눈에 보이는 현실 뒤에는 본래의 참된 현실이 있으니 곧 눈에 보이지 않는 힘들의 세계다.

이로써 모나드 개념을 이해하기 위한 방향으로 첫 번째 발걸음을 떼어놓았다. 라이프니츠가 현실을 해석하는 출발점으로 삼은 '힘의 점'들은 가장 작은 단위들을 뜻한다. 물론 그들은 무한히 나눌 수 있는 물질적인 종류의 것이 아니다. 오히려 나눌 수 없는 근원적인 단위들이다. 단위를 뜻하는 그리스 단어는 "모나스

Monas"이다. 그래서 라이프니츠는 힘의 점들을 "모나드"라고 부르게 되었다.

그는 특정한 현실 영역을 특별히 관찰함으로써 또 다른 통찰을 얻었다. 즉 생명체, 혹은 유기체의 영역이다. 이들에게서는 속에 지닌 힘이 아주 탁월하게 드러난다. 모든 생명체는 하나의 중심, 활동하는 원리인 하나의 단위를 속에 지니는데, 그것이 이 생명체에 일어나는 모든 것을 주도하고 조직한다. 이제 우리는 이유기체와의 유추의 방법으로 모든 현실을 생각해야 한다고 라이프니츠는 결론짓는다. 생명체를 토대로 생명이 없는 사물을 파악해야지 생명 없는 사물으로부터 생명체를 파악해서는 안 된다. 그렇게 보면 생명 없는 사물에 있는 힘의 점들은 생명체들에 있는 힘의 점들과 동일한 방법으로 존재한다. 가장 작은 단위들, 모든 모나드들은 살아 있다.

이런 관점 아래서 세계는 대규모로 생명을 얻는다. "자연 전체가 생명으로 가득 차 있다." 라이프니츠는 이것을 눈에 매우 잘 보이게 서술했다.

"각각의 물질은 식물들이 가득 찬 정원이나, 물고기들이 가득 찬 연못으로 파악될 수 있다. 하지만 식물의 가지 하나하나, 동물의 각 부분 하나하나, 그 체액의 방울 하나하나가 다시 그런 정원과 연못이 된다. 그리고 정원의 식물들 사이에 있는 공기나 연못의 물고기들 사이에 있는 물은 식물이나 물고기가 아니지만, 그들 또한 각기 대부분 우리가 알아챌 수 없이 섬세한 식물들과 물고기들을 포함한다.

이렇듯 우주에는 공허한 것이나 열매를 맺지 못하는 것이나 죽은 것이 없다."

현실이 이렇듯 무한히 풍부한 것은 살아 있는 모나드들이 수없이 많은 덕분이고, 이들 모나드들은 서로 같은 것이 하나도 없다. 그래서 헤겔은 다음과 같이 비꼬는 말을 한다.

"서로 똑같은 두 사물이 없다는 이 명제는 라이프니츠가 이것을 발표했던 궁정에서 있었던 일화를 생각나게 한다. 귀부인들이 그 말을 듣고 나뭇잎들 가운데 서로 똑같이 생긴 것들이 있는지 찾아보았다고 한다. 명제를 검증하기 위해 그것을 발표한 궁정 마당에서 나뭇잎을 비교하는 노력만 필요하던 시대였으니 형이상학에는 참으로 행복한 시대였다!"

현실 전체에 대한 표상을 지닌 모나드

현실을 관찰하면서 라이프니츠는 가장 중요한 존재의 영역, 곧 정신의 영역을 제외했다. 그러나 이것 또한 현실에 속한다. 라이프니츠는 이제 그것을 자신의 생각에 받아들여야 했다. 그리고 더 높은 것을 통해 낮은 것을 해석해야 한다는 자신의 원칙에 따라, 그는 정신과의 유추에 따라 모든 현실을 설명해야만 한다. 정신의 본질에는 이중적인 것이 들어 있다. 곧 정신은 표상Vorstellung*들을 갖는다는 것과, 또한 정신은 표상에서 표상으로 끊임없이 나아가려 한다는 것이다. 이제 모나드의 본질을 정신으로부터 해석하면, 각각의 모나드에는 표상과 나아감[운동]이라는 두 요소를 할당하지 않을 수 없다. 라이프니츠는 현실을 정말로 그렇게 해석했다. 겉으로 드러난 현실 속에 숨어 있는 진짜 현실은, 표상과 나아감이라는 특징을 지닌, 살아 있는 '힘의 점'인 모나드이다.

이런 구상은 낯설다. 의자, 책상, 침대 등이 우리 눈에 보이는 그대로의 물질적 사물들이 아니란다. 오히려 표상과 나아감을 지닌 힘의 점들이 그들에게 있는 실제 현실이란다. 하지만 우리는 이 생각을 아주 단호히 라이프니츠의 기본이념이라 여겨야 한다. 라이프니츠가, 생명 없이 있는것(존재자)에 나타난 힘의 점들은, 기절했을 때의 인간에게서 나타나는 표상들과 비교해서, 극히 혼란스런 표상들만을 가진다고 설명했다는 것으로도 이런 단호함은 별로 온건해지지는 않는다. 여전히 낯설다.

라이프니츠는 모나드들에 나타나는 혼란스런 표상과 뚜렷한 표상을 구분함으로써 모나드 이론의 특징인 등급이라는 생각에 도달한다. 맨 아래쪽에는 오로지 혼란스런 표상들만 가진 "벌거벗은 모나드들"이 있다. 그 위에 생명체들, 곧 유기체들의 세계가 있는데 이들의 모나드는 수많은 혼란스런 표상들 사이로 뚜렷한 표상들 일부가 나타난다. 인간에게는 뚜렷한 표상들이 좀 더 많다.

● 표상表象. 어떤 말이나 단어를 듣거나 보면 머리에 떠오르는 그림을 가리킨다. 예를 들면 "나무"라는 말을 듣거나 보면 우리 머리에 떠오르는 나무의 모습.

인간의 중심 모나드들, 곧 인간에게 있는, 다른 모나드들을 지배하는 모나드는 혼란스런 표상에서 뚜렷한 표상으로 넘어가는 중이다. 그러나 근원 모나드인 신은 오로지 뚜렷한 표상들만 지닌다. 신은 현실을 있는 그대로, 곧 모나드들의 거대한 제국으로 본다.

이런 모나드 개념으로 라이프니츠는 한 가지 어려움에 부딪혔다. 모나드들의 상호작용이 문제가 되는 것이다. 눈에 보이는 세계에서는 사물들이 서로 영향을 주고받는데, 그렇다면 모나드들도 서로 영향을 미친다고 생각해야 하지 않겠는가? 그러나 라이프니츠는 이런 가능성을 부인했다. 힘이라는 개념을 철저히 논리적으로 생각했기 때문이다. 모나드에게 일어나는 모든 일은 모나드 자신으로부터 나온다. 용수철이 행하는 모든 것은 용수철 자체의 힘에서 나오는 것처럼. 모나드는 "모든 것을 그 자체의 근거로부터 일깨워야" 한다. 어떤 모나드도 다른 것에서 영향을 받지 않고 따라서 영향을 주지도 않는다. 라이프니츠는 이런 내용을 모나드들이 창문이 없다는 비유로 눈에 보이게 설명했다. "모나드들은 그들 안으로 들어오거나 나갈 창문이 없다." 그들은 완전히 독립적이다.

이렇게 되자 라이프니츠는 뚜렷한 표상을 지닌 모나드들이 어떻게 외부 세계를 받아들이는가를 설명해야만 했다. 이런 목적을 위해서, 모든 모나드가 처음부터 내부에 혼란스런 방식으로나마 다른 모든 모나드들과, 따라서 현실 전체에 대한 표상들을 지닌다는 가설을 만들었다. 제 안에 온 세상이 이미 들어 있는 것이다. 모나드는 "우주의 생생하고 항구적인 거울"이며, "소우주"다.

그리고 모든 것을 포괄한다는 점에서 "작은 신"이기도 하다. 실제로 현재 있는 것뿐만 아니라 과거에 있었던 것과 앞으로 있게 될 것까지도 모나드의 표상에 속한다. 모나드는 "미래를 배태하고, 과거를 가득 싣고 있다." 구체적으로 표현하자면 어떤 유럽 사람의 중심 모나드는 천 년 전에 중국 해변으로 떠밀려 들어온 나뭇조각에 대해 혼란스럽지만 어떤 표상을 지니고 있다는 말이다.

　　이것은 지나치게 대담한 세계관이 아닌가? 모든 모나드가 다른 것들과 관계하지 않고 각자 닫혀서 존재한다면 이것은 완전한 유아론唯我論[자신만 홀로 존재하고 다른 것은 모두 자신의 의식 속에 있다는 생각]이 아닌가? 다른 모나드들이 각기 저 자신을 알리지 않는다면, 의식을 지닌 모나드는 어떻게 제가 속으로 표상한 세계가 정말로 존재한다는 것을 안다는 말인가? 그렇다면 세계는 현실적인 실존이 없이 단순한 표상일 뿐인가? 그렇다면 라이프니츠는 절대적 관념론에 도달했고, 따라서 모든 현실이 단 하나의 주체만 빼고는 완전한 허상이라고 본다는 말인가?

신은 가능한 것 중에서 가장 좋은 세계를 만들었다

라이프니츠는 여기에 대해 아무 정보도 주지 않는다. 그는 아무런 근거 설명도 없이 수없이 많은 모나드들이 있는 진짜 세계가 있다고 확고히 믿었다. 그렇지만 이런 모나드의 세계에서 완전한 무질서, 순수한 카오스가 지배하지 않는다는 것이 어떻게 가능한가 하고 그는 묻는다. 그리고 두 가지 생각으로 대답한다. 한 가지는 각각의 모나드가 제게 일어나는 모든 것을 통제하는 내면의 법칙을 생겨날 때부터 함께 지녔다는 생각이다. 다른 하나는 미리 결정된 조화라는 생각(예정조화설)이다. 그에 따르면 끝없이 다양한 모나드들에게서 일어나는 모든 일은 처음부터 미리 그렇게 짜맞추어져 있다는 것이다. 그러니까 모나드론의 의미에서는, 두 사람이 서로 바라보면 그들이 서로를 향해 자신을 열었다는 뜻이 아니다. 그보다는 이것은, 한 사람의 중심 모나드가 이 순간 원래부터 아주 혼란스럽게나마 제 속에 존재하던 다른 사람의 중심 모나드에 대한 표상이 드디어 뚜렷해졌고, 상대방의 중심 모나드에서도 같은 일이 일어났다는 뜻이다.

이렇게 미리 결정된 조화는 대체 어디에 근거를 둔 것인가? 그렇게 서로 짜맞추어진 상태에 있는 모나드들 전체는 대체 어디에 뿌리를 두고 있나? 그의 시대에는 다른 답이 가능하지 않았겠지만, 라이프니츠는 신神 개념을 끌어들여서 이 질문에 답한다. 개개 모나드들의 내면 법칙과 그들의 상호조화가 처음부터 정해진 것이라면, 그것은 오로지 창조주 신을 통해서만 가능한 일이다. 모나드라는 생각을 꽉 잡아주는 집게는 바로 창조 사상이다.

자신이 만든 체계의 최고 단위를 확실하게 만들기 위해 라이프니츠는 신의 여기있음을 증명했다. 첫 번째 증명은 캔터베리의 안셀무스의 증명을 연상시킨다. 그것은 이렇다.

"나는 신, 혹은 완전한 본질의 이념을 갖고 있음이 분명하다. 본질의 이념은 모든 완전성을 포괄하는데, 존재는 그중 하나다. 그러므로 이 본질은 존재한다."

두 번째 증명은 영원한 참 혹은 본질성이 있다, 이를테면 수학적인 참 같은 것이 있다는 사실에서 출발한다. 이런 참에서 진술된 것은 분명 그 근원이 있다. 그것은 신의 이성, 곧 "영원한 참의 구역"일 수밖에 없다. 왜냐하면 신은 "모든 가능한 것의 이념"을 포함하기 때문이다. 나아가 신은 이 세계에 있는 우연한 것들의 근거라는 점이 증명된다. 우연한 것이 있다는 사실은 우연성을 넘어서는 넉넉한 근거를 가져야 하는데, 그것은 바로 신이다.

세 번째 신 증명은 라이프니츠만의 독자적인 것으로, 미리 결정된 조화의 체계에서 나온다. 모나드 세계에서 일어나는 모든 것을 서로 짜맞추는 질서를 잡는 정신이 있어야 하는데, 신이 바로 그런 정신이다.

모나드론과 예정 조화라는 생각으로부터, 신의 본질과 신이 지배한다는 사실이 규정된다. 신은 세계를 이루는 모든 것을 계산하고, 각각의 모나드를 위한 내면 법칙을 고안하고, 모나드들 전체를 서로 짜맞추는 위대한 수학자다. 동시에 라이프니츠에게 신은 모든 모나드들의 기원이기도 하다. 이 모나드들은 "끊임없는 번개침"을 통해 신 자신에게서 생겨난다. 셸링의 말을 빌리자면 여기서 "신은 현실을 잉태한 구름처럼 생각된다." 다른 점에서는 모나드 세계의 창조는, 신이 끝없이 풍성한 관점들을 생산한다는 사실로 설명된다. 신의 관점들 하나하나가 모나드다. 이런 점에서 세계는 신의 바라봄의 다양함이다.

　이런 맥락에서 하나의 질문에 도달하게 된다. 세계가 신에게서 나온 것이라면 세계는 어째서 그토록 많은 고통과 재앙과 악을 포함하는가 하는 질문이다. 바로 신을 옹호하는(변신론辯神論) 문제인데, 그 시대 사람들은 특히 이 질문에 몰두하고 또 탐색했다. 라이프니츠는 이것을 해결하려 했고, 그래서 유한한 세계의 전체 안에는 바로 그 유한성 때문에 모든 것이 똑같이 완전할 수가 없다고 주장했다. 그래서 신은 좋은 것과 나쁜 것과 악한 것을 섞는 수밖에 없단다. 그런데도 라이프니츠는 신이 가능한 종류의 온갖 세계 중에서 가장 좋은 세계를 선택했다고 굳게 믿었다. "신을 자극하여 창조하도록 한 것은 선善이다. 선이 참과 힘을 합쳐서 신이 가장 좋은 것을 창조하시게 했다." 이런 낙관론을 두고 볼테르는 《캉디드》에서 문제 많은 현실을 바라보면서 온갖 조롱을 다 쏟아놓는다.

　헤겔도 라이프니츠에 대한 비판으로 가득 차 있다. 헤겔은 모나드론을 "형이상학 소설"이라 부른다. 라이프니츠가 언뜻 아무 힘도 들이지 않고, 온갖 대립들이 생겨나기도 전에 신 안에서 미리 통합해버리는 것으로 생각하고 헤겔은 따끔하게 한마디 한다. "신은 온갖 대립들이 모여들어 한데로 흐르는 하수구 같구나."

볼테르
혹은 궁지에 몰린 이성

17

1694~1778

VOLTAIRE

계몽주의의 영주인 볼테르는 밝음과 명료함의 사람이었다. 그런데도 극히 혼란스런 삶을 살았다. 그것은 태어날 때 벌써 시작되었다. 학자들은 그가 언제 어디서 태어났는지, 그의 아버지가 진짜 그의 아버지인지, 하는 문제를 놓고 아직도 합의에 이르지 못했다. 이런 혼란은 더 이어진다. 유모는 그가 살아남을 수 없을 거라고 생각하고는, 재빨리 그에게 세례를 주었다. 그가 뒷날 정상적인 세례를 다시 받는 일은 상당히 힘들었다. 갓난아기 때 벌써 볼테르는 자기가 평생 투쟁하게 될 하늘과 문제를 가진 것이다.

그는 살면서 언제나 하늘의 대리인들, 곧 성직 계층과 싸웠고, 또한 교회에 너무 고분고분한 지상의 지배층 대리인들과도 싸웠다. 오랫동안 그는 그 어디서도 편안하게 정착하지 못했다. 파리는 그에게 거주가 금지되어 있었다. 심지어는 이따금 바스티유 감옥에 갇히기도 했는데, 물론 형무소장의 식탁에서 함께 식사하는 특혜를 누렸다.

그는 비방당하고 추방당하고, 출입 금지를 당하고, 그의 저술들은 불에 태워졌다. 그의 작품들은 너무 대담하고, 반종교적이고, 파렴치하다는 소리를 들었고, 그 자신은 악의적이고 신을 모독한다는 비난을 들었다. 그리고 마치 전염성이 있는 독처럼 그를 피하라는 경고도 있었다. 신학교수 한 사람은 이런 인간이 세상 빛 보는 것을 허용했다고 심지어는 신의 섭리를 비난하기까지 했다.

하지만 볼테르는 이런 온갖 어려움을 만들어내는 것은 자신의 개인적인 운명만이 아니며, "철학도 나타나기만 하면 이런 박해에 노출된다"라는 생각으로 위안을 삼았다. 어쨌든 그의 작품은 상당수가 익명으로 겨우 출간될 수 있었다. 그리고 누가 이것을 썼는지 밝혀지면 볼테르는 자신이 그것을 썼다는 것을 부인했다. 양심의 가책도 없이 부인했는데, "악마처럼 거짓말을 하지 않으면 안 된다"고 생각했기 때문이다. 하지만 자기 의도를 감추기 위해 그는 그 이상의 일도 했다. 쓸모가 있을 것으로 보이면 이따금 가톨릭 신앙을 받아들이고 심지어는 성사聖事를 받기도 했다. 이 모든 점에서 그는 이중성을 보인다. 게다가 자신의 약점을 순순히 고백했다. "나는 기꺼이 신앙고백을 하겠다. 단 순교자가 될 생각은 없다."

볼테르의 사생활도 혼란으로 가득 차 있다. 그는 날카로운 글 솜씨가 불운이 되어서 온 세상과 싸웠다. 자신을 포츠담으로 초대한 프로이센의 프리드리히 대왕 곁을 온통 오해와 음모 속에서 떠났는데, 여기에는 그의 잘못도 없지 않았다. 또한 언제나 혼란스럽게 만드는 사랑 이야기들도 끼어든다. 후작 부인들, 여배우들, 친구들의 아내들, 착실한 시민계급의 딸들, 화류계 여성들, 심지어는 자기 조카딸과도 애정행각을 벌였다. 볼테르는 이런 쾌락주의적인 생활 방식에 대해 신학적인 이유를 댔다. "우리가 즐기라고 신은 우리를 세상으로 보냈다. 나머지 모든 것은 단조롭고 역겹고 가련하다."

이렇게 계속 즐기기 위해 물론 돈이 필요했는데, 이 점에서는 오랫동안 그리 넉넉하지 못했다. 돈 많은 아버지를 두었는데도 빚을 지기 시작했고, 그가 확고한 자산을 마련하기까지는 시간이 한참 걸렸다. 돈을 마련하기 위해 아주 떳떳하지 않은 방법도 동원해서 생애 마지막에는 부자가 되었다. 성 한 채와 시골 별장 몇 채를 지니고 160명에 이르는 하인을 두었다. 그런데도 여전히 또 다른 혼란이 있었다. 늙은 볼테르는 이렇게 썼다. "나는 육체와 영혼의 무질서가 습관이 되었다."

이런 온갖 혼란 속에서도 그의 명성은 높아져만 갔다. 정신의 영역에서는 유럽 대륙에서 가장 유명한 사람이 되었다. 거의 30년 동안이나 그는 유럽의 정신적인 지배자였다. 오늘날에도 철학자 딜타이는 그를 가리켜 "모든 사람들 중에 가장 생동하는 사람"이라고 찬양한다. 그는 신과 그리고 세계와도, 직접 혹은 편지로 교제했다. 물론 신보다는 세계와 더 많이 교제했는데, 그에게 신은 직접 말 걸 대상이 아니었기 때문인 듯하다.

2만 통 이상의 편지들이 오늘날 남아 있다. 중요한 문제들 중

볼테르가 편지나 수많은 저술에서 의미 깊은, 아니면 적어도 자극을 주는 말을 하지 않은 것은 거의 없다. 여기 덧붙여서 그는 희곡들도 썼는데, 언제나 적대감을 자극하여 금지되었지만, 또 언제나 다시 공연되어 엄청난 열광을 불러일으켰다. 그의 소설들도 잔뜩 나왔다. 그래서 괴테는 그에 대해 이렇게 말한다. "능력과 숙련도를 요구하는 일들 중에서 화려한 방식으로 넓은 세상을 채울 수 있는 모든 것을 그는 붙잡았고 그럼으로써 자신의 명성을 온 세계에 퍼뜨렸다."

정신적인 영역에서 볼테르의 삶은 오로지 싸움이었다. 사상의 자유를 위해 싸우고, 관용, 이성, 평화, 인간의 행복을 위해 싸우고, 옳지 못함과 억압을 없애기 위해 싸웠다. 짧게 말하면 단순히 이론만이 아니고 실천이라고 이해된 계몽주의를 위해서였다. 볼테르는 이렇게 표현한다. "가능하다면 세상이 깊이 빠져든 이 오류의 밤 속으로 한줄기 약한 빛을 들여오자." 니체는 그를 "인류의 가장 위대한 해방자"라고 불렀다.

교회와 광신주의에 맞서다

볼테르의 가장 중요한 적은 교회였다. 그는 기독교 교리의 이상한 점들을 지치지 않고 밝혀냈다. 즉 "지구를 가득 채운 거룩한 거짓말의 위험한 모습"을 말이다. 교회는 이성적인 신 대신 "우리가 미워하지 않을 수 없는 괴물"을 보여준다.

"(신은) 세계를 창조하고 그것을 다시 물에 빠뜨려 죽였다. 더욱 순수한 종족을 만들어내기 위해서가 아니라 이 세상을 도둑들과 폭군들로 채우기 위해서였다. 그리고 아버지들을 물에 빠뜨려 죽인 다음, 그 아들들을 위해 신이 죽었지만 물론 아무 성과도 없었다. 그리고 신이 십자가에 못 박혀 죽었다는 걸 알지 못한다는 이유로, 수많은 종족들에게 벌을 내렸다. 신 자신이 그들을 그런 무지 속에 붙잡아 놓았으면서 말이다."

"우리가 올바름이라고 부르는 그것을 남아돌 정도로 많이 가진 지배자, 자식들을 끝없이 사랑하는 아버지, 전능하신 신이 자기 모습을 닮은 존재들을 창조했다는데, 그들을 다시 나쁜 영을 통해 시험에 들게 하고, 이런 시험에 굴복하게 하고, 또 죽지 않게 창조한 존재들을 죽게 하고, 그들의 후손을 범죄와 불행으로 덮어씌우기 위해서인가? 하지만 이런 모순이 우리의 허약한 이성을 분노케 하는 게 아니다. 하나뿐인 아들의 죽음을 통해 뒷날 인간 종족 전체를 구원하는 신, 혹은 오히려 그 자신이 인간이 되어 인간을 위해 죽은 신은, 인간을 위해 죽었으면서 어떻게 그런 자기의 죽음을 통해 인간 종족 거의 전부를 영원한 고통이라는 두려움에 내맡길 수가 있는가? 이런 가르침을 철학이라고 본다면 이는 분명 무시무시하고 역겨운 철학이다. 이 가르침은 신을 악의惡意 자체로 만들었다."

위의 글은 수없이 많은 것 중 겨우 두 가지 예에 지나지 않는다. 볼테르는 기독교 교리 전체가 미신이라고 폭로하려 했다. 이런 미신이 기독교 역사 전체를 지배했다. "이교 지역에서 생겨나 유대교에서 물려받은 이 미신이 기독교 교회를 처음부터 오염시켰다." 그것은 "우습고 혐오스럽고", "최고 본질에 바치는 것이 마땅한 순수한 숭배에는 가장 나쁜 적"이다. 그래서 "이 끔찍한 미신을 사슬에 잡아 묶을 시간이 되었다."

광신주의는 그보다 더 위험하고 파괴적으로 보인다. 그것은 필연적으로 "피에 굶주린 정열"이 되고 "범죄를 부추긴다". 광신주의는 "지옥의 망상"이다. "100년에 100만 명씩만 쳐도 인류는 기독교를 위해 1700만 명 이상의 목숨을 바쳤다." 그래서 볼테르는 인류가 "광신주의자들에게서 우리를 구원해달라고 아침저녁으로 신에게 기도"해야 할 판이라고 말한다. 모든 교회 권력에서 그런 광신주의의 냄새를 맡았기 때문에 "너무나도 믿기 잘하는 민중을 지도하는 자들, 하늘의 이익이라는 말 뒤에 숨어 실제로는 자신들의 이익을 추구하는 자들"에 마주 섰다. "분별 있는 모든 사람, 선의를 가진 모든 사람은 역겨움을 품고 기독교 종파들을 관찰해야 한다"라고 주장했다. 마지막에 그는─이 또한 광신주의의 요소를 담아─"수치스러운 것[교회]을 파괴하라Ecrasez l'infame!"는 전투적 구호로 모든 편지에 서명하기에 이른다. 이런 의미에서 그는 자신을 "위대한 전복자"라 불렀다.

볼테르의 이런 자의식은 언젠가는 현재의 재앙을 없애는 것이 가능하다는 믿음에 근거한다. "기독교는 더 분별력을 갖게 될 것이고, 따라서 박해하는 버릇이 줄어들 것이다." 그리고 이런 미래의 비전이 아주 멀리 있는 유토피아가 아니라고 굳게 믿었다.

"광신주의를 꺼리는 새로운 세대가 만들어지는 중이다. 머지않아 철학자들이 첫 번째 자리를 차지할 것이다. 이성의 왕국이 벌써 준비되어 있다."

그러나 만일 신이 없다면 우리가 만들어내야 한다

기독교에 대한 볼테르의 싸움은 원칙적으로 비종교적인 기질 또는 분명한 무신론의 발언은 아니었다. 그와는 반대로 그는 무신론을 "모든 인간의 이익에 반하는" "괴물"이라고 불렀다. 그는 분명하게 이렇게 썼다. "나는 기독교도가 아니다. 그러나 신을 더 사랑하기 위해서만 기독교도가 아닌 것이다." 그는 "가장 높은 본질을 믿을 필연성"을 강조했다. 여기 나타나는 질문들에 그는 자신의 정열을 쏟아부었다. "인류에게 중요한 것이 우리의 관심사가 되어야 한다. 우리가 인간이기 때문이다. 신과 섭리의 문제는 우리에게 중요하다."

그렇다면 볼테르는 어떤 종류의 신을 존중했던가? 구약성서와 신약성서의 신은 물론 아니다. 인간에게 자신을 알리기 위해 특별한 계시가 필요하지 않은 신이다. 볼테르는 이렇게 썼다. "가장 높은 존재의 영원한 지혜가 너의 가슴 가장 깊은 곳에 손수 자연적인 종교를 새겨 넣었음을 생각하라." 신의 생각은 여기에 뿌리를 두고 있다. 신의 생각은 "감정"에서, 그리고 "자연적인 논리"에서 나온다. 그러니까 인간은 본성에서 신을 인식할 능력이 있다.

그렇다면 볼테르의 의견으로는 인간은 어떤 종류의 신에 대해 이해하고 말할 수 있는가?

첫째로 인간은 그런 최고 본질이 있음을 확실하게 인식할 수가 있다. 볼테르는 일종의 신 증명을 남겼다.

"무엇인가가 있다. 그러니까 영원한 무엇인가가 있다. 아무것도 아닌 것에서는 아무것도 나올 수 없기 때문이다."

이런 생각은 "우리 정신이 거기 의지하는 안전한 진리"다. 그러나 신의 여기있음에 대해서는, 절대적인 것은 아니라도 거의 완전한 확실성을 지닌 또 다른 통찰들도 가능하다.

"수단과 목적을 인식하게 해주는 모든 것은 창조주에 대해 알려준다. 모두가 각기 자기 목적을 가진 힘들과 수단들로 이루어진 세계는 전지전능한 창조주를 가리켜 보인다. 이것은 가장 큰 확실성에 근접하는 그럴싸함(개연성)이다."

볼테르는 뉴턴의 발견들을 통해 이런 신 증명이 확인되었다고 여겼다. "항상 변함없는 여러 법칙들은 그 입법자를 추론케 하기" 때문이다. 이렇게 해서 이성은 순수한 신의 개념에 도달할 수 있다. "신은 필연적인 본질, 자연 속에 퍼진 지성, 거대한 모든것 속의 위대한 정신이다." 나아가 여기에 어느 정도 확실하게 통일성과 영원성을 덧붙일 수 있다.

신에 대한 인식은 물론 그 이상 나아갈 수는 없다. "이 최고 창조자가 무한한가, 어디에나 있으며, 어디에도 묶여 있지 않은가? 우리의 제한된 지성으로, 또 우리의 적은 지식으로 우리는 어떻게 이 질문에 대답할 수 있으랴?" 신의 개별 특성들에 대한 질문들도 답변될 수 없다. "우리는 신에 대해 적절한 표상을 갖지 못한다. 다만 아주 힘들어서 하나의 추측에서 다른 추측으로, 하나의 그럴싸함에서 다른 그럴싸함으로 움직여갈 뿐 확실성에는 거의 도달하지 못한다." 그래도 어쨌든 "신을 인정한 철학자는 가장 큰 확실성에 근접하는 그럴싸함을 잔뜩 가진다." 왜냐하면 "철학은 이 세계가, 스스로 존재하는, 알 수 없는, 영원한 존재에 의해 세워졌음이 분명하다는 것을 우리에게 가르쳐주기" 때문이다.

이런 맥락에서 볼테르는 전에 한 번도 이루어진 적이 없는 신 증명을 했다.

"신의 여기있음에 대한 그렇게 엄청나게 많은 증명들 가운데 쾌락이 이런 증명에 이용될 수 있다는 생각을 아무도 하지 못했다는 것이 놀랍기만 하다. 쾌락은 신적인 것이다. 나는 누구든 좋은 토카이 포도주를 마시고 아름다운 여인에게 키스한다면, 그러니까 기분 좋은 느낌들을 갖는다면, 쾌적한 최고 본질을 인정하지 않을 수 없다고 생각한다."

이렇게 건강한 인간 지성의 발언들을 배경으로 하면 "형이상학의 재치들"과 또 그것들이 역사에 전해진 방법이 볼테르에게서 빛을 잃을 수밖에 없다. "형이상학이란 의심의 영역이고 영혼의 소설이다." "형이상학에서 우리는 거의 오로지 그럴싸함까지만 도달한다. 우리는 모두 거대한 바다에서 헤엄치고 있지만 그 해안을 본 적이 없다." "우리는 불확실성의 바다에서 헤엄친다. 우리가 대략 165센티미터 정도 키에, 약 4세제곱 촐Zoll(인치의 옛 단위)의 두뇌를 지닌 동물일 뿐이기 때문이다."

볼테르는 신에 대한 통상적인 무지의 경계를 뛰어넘을 수 있다고 말한다. 미래의 통치자에게 보내는 충고에 그는 이렇게 적었다. "자연은 당신에게 최고 본질의 여기있음을 알려주었다. 당신의 심정은 공정한 신이 있다고 당신에게 말한다." 볼테르는 심정의 근원적인 앎을 염두에 두고, "잔혹함 없이 범죄를 벌주고, 미덕의 행동을 선으로 보상하는 최고 본질이 존재함"을 굳게 믿었다.

이런 생각의 근거 제시에서 그는 물론 이중적이다. 때로는 자신의 가장 깊은 확신을 말하는 것처럼 보인다. 그런 다음엔 다시 오로지 국가와 사회의 질서 유지를 위해 신이 꼭 필요하기 때문에 이런 생각을 촉구한다고 쓴다. "창조하고, 이끌어주고, 보상해주고, 복수해주는 최고 본질의 생각이 뇌리에 깊이 각인되는 것은 영주들과 민족들에게 꼭 필요한 일이다." "사회는 이런 관점이 필요하다." "민중은 종교가 필요하다." 이런 맥락에서 그 유명한 말이 나온다.

"만일 신이 존재하지 않는다면 우리가 신을 만들어내야 한다."

세계의 재앙과 인간의 비참 앞에서 명료함을 잃다

신과 세계의 관계를 관찰할 때면 볼테르는 신을 인식한다는 것이
가능한가 하는 질문에 나타나는 일반적인 회의를 훨씬 더 넘어선
다. 신에 대한 생각 속으로 절망적인 의문이 섞여든다. 특히 리스
본 대지진이 있은 다음 볼테르는 이런 생각에 몰두했다.

> "자연은 매우 잔인하다. '모든 가능한 세계들 중 가장 좋은 세계'에
> 서 어떻게 운동의 법칙들이 그렇게 끔찍한 재앙을 만들어낼 수 있는
> 지 거의 상상도 되지 않는다. 10만 마리의 개미인 우리 인간들이 단
> 한 방에 개미집과 더불어 무너졌고, 그중 절반은 건물더미 아래서
> 의심의 여지 없이 이루 말할 수 없는 고통을 느끼며 종말을 맞이했
> 다. 우리는 그들을 건물더미에서 끌어내지도 못한다. 인간 존재라는
> 놀이는 그 얼마나 불쌍한 우연의 게임이란 말이냐!"

리스본의 지진 소식, 자신의 경험들, 그리고 현실에 대한 날카
로운 눈길 등은 볼테르를 세계의 사건에 대한 의혹 속으로 빠뜨린
다. 자연은 벌써 수많은 오류들을 범했다. 기형아 출산, 흑사병, 독,
황량한 땅 등이다. "그 많은 질서와 나란히 그 많은 무질서, 그 많
은 창조력과 나란히 그 많은 파괴. 이런 문제를 생각할 때마다 나
는 자주 열병을 겪는다." 인간의 삶에서 다른 것은 가능하지 않다.
어디에나 "개인들의 고통이 있다. 결석, 통풍, 범죄, 죽음, 영원한
저주. 누가 그것을 이해할 수 있는가."

여기서 무엇보다도 고통과 죽음의 이상함이 나타난다. "우리가 거기 빠져 죽고야 말 재앙들의 홍수"가 있다. 역사도 거의 어두운 면만 보여주고, 게다가 범죄는 언제나 성공한다. 역사는 거의 오로지 잔혹한 피의 장면들로 이루어져 있다. 그것은 "비참과 잔인함의 하수구"이고, "거의 절대로 중단되지 않는 고난의 사슬"이며, "범죄와 어리석음의 더미"다. 세계는 라이프니츠가 생각한 것처럼 모든 가능한 세계들 중 가장 좋은 세계가 아니라 "세상에서 가장 나쁜 세계"다.

"행복이란 오로지 꿈일 뿐이고 고통만 현실이다. 80년 전부터 나는 그것을 느꼈고, 거기 몰두해서 '거미들에게 먹히려고 저기 모기들이 있네, 마치 인간이 고통에 먹히는 것처럼'이라고 자신에게 말할 수 있었을 뿐이다. 이 세상은 비탄의 골짜기다."

이런 깨달음에서 볼테르는 피할 수 없이 삶의 의미에 대한 물음 앞에 서게 된다.

"창조되었다가 끊임없이 도로 소멸하는 이 많은 존재들, 태어나서 다른 존재들을 삼키고 자신도 삼켜지는 이 많은 짐승들, 그 많은 고통의 느낌을 받도록 정해진 감정 능력을 지닌 이 많은 존재들, 그리고 이성을 가졌으나 그토록 드물게만 이성을 받아들이는 이 많은 존재들, 이들보다 차라리 아무것도 없음이 낫지 않겠는가? 이 모든 것은 대체 무슨 의미가 있는가?"

자신의 전체 의도에 맞추어 볼테르는 이 질문을 신의 문제와의 연관성 속으로 가져간다. 신에 의해 창조된 세계에 그토록 많은 무의미함이 있다면, 신의 선의를 믿을 수 있을까? 볼테르는 신을 옹호하려는 이 변신론 문제를 풀어보려고 절망적인 시도를 한다. 우선 세계에 있는 그 많은 재앙도 신의 섭리와 합치된다고 생각해본다. "열이 난다고 신을 부인해서야 되겠는가?" "신에게는 재앙이 존재하지 않고 오로지 우리에게만 존재한다."

하지만 이렇게 도망쳐도 만족할 수 없다는 사실이 곧 드러난다. 그래서 이 질문은 신의 활동은 수수께끼라는 통찰로 끝난다. "나는 세계의 위대한 건축가가 선한지 아닌지 탐구하지 않겠다. 내게는 그런 존재가 있다는 것으로 충분하다."

그러나 이것도 해결책은 아니다. 그래서 마지막에는 이런 문장이 나온다. "선과 악의 질문은 정직한 탐구자로서는 풀 수 없는 카오스다." 그래서 결국 이성의 앎에 대해 회의주의가 승리를 거둔다. "너희 주변의 모든 것, 너희 안의 모든 것은 수수께끼다. 그것을 푸는 일은 인간에게 주어진 일이 아니다."

오직 체념만 남는다. "그 많은 탐구 끝에 내가 어디서 왔는지, 내가 무엇인지, 어디로 가는지, 어떻게 될지를 알지 못한다는 사실을 생각하면 이따금 나는 거의 절망에 빠진다."

"내가 보고 행동한 그 모든 것에는 단 한 줄기 지성의 빛도 없다. 내가 겪고 행한 어리석음들로 가득 찬 60년 세월에 대해 깊이 생각해보니, 세상이란 게 구역질 나는 한 더미 공허처럼 생각된다. 지루함

과 허풍떨기, 그것이 삶이다. 늙으나 젊으나 우리는 그저 비눗방울
[허풍]이나 만들고 있다. 우리는 운명의 손길이 떠미는 대로 밀려가
는 풍선들일 뿐이다. 우리는 그저 몇 번 껑충거리고 뜀박질한다. 어
떤 이들은 대리석 바닥 위에서, 어떤 이들은 거름더미 위에서. 그러
고 나면 영원히 끝이다."

"우리는 모두 이 세상에서 사형선고를 받은 채 잠시 풀밭에 앉아 즐
기는 전쟁포로들이다. 누구나 정확한 시간도 모른 채 제 차례가 되
어 목 매달릴 순간을 기다린다. 그렇게 시간이 되면 우리는 온전히
헛되이 살았다는 게 드러난다."

인간의 비참을 보면서 볼테르의 절망은 이따금 온건한 체념
이 된다. "나는 이 세계에서 매우 늦게야 행복하게 되었다. 그러나
마침내 행복해졌다. 극소수의 사람만이 자신에 대해 그렇게 말할
수 있다.""이제 나는 평생 원하던 것을 얻었다. 얽매이지 않음과
평화를."

하지만 다시 시간과의 싸움에 빠져들지 않을 수가 없다. 결국
"나는 활동을 위해 글을 쓴다." 그에게는 철학하기의 의미도 이런
것[노년의 평화 속에서, 매일 운동하듯 글을 쓰는 것]으로 보인다. "너희 철학
자들아, 함께 무리를 이루어라. 그리고 법을 만들고 민족의 어른이
되어라." 그러나 근심이 다시 그를 사로잡는다. "모든 것은 사라진
다. 인간 자신도 마침내 아무것도 찾지 못하고 사라진다."

오직 고요히 생각에 잠기는 철학만이 도움이 된다. "나는 큰

여행[죽음]을 매우 철학적으로 준비하고 있다. 철학은 무언가 좋은 점이 있으니까. 그것은 위안을 준다." 그것은 "영혼의 평화를 만들어낸다." 인간은 단호히 철학하기로 들어가야 한다. "무언가를 감행할 줄 알아야 한다. 철학은 인간이 용기를 낼 만한 가치가 있는 일이다."

1712~1778

루소
혹은
불운한 감정의 사상가

18

JEAN-JACQUES
ROUSSEAU

인간은 신에 대해 생각할 수 있고 세계에 대해 생각할 수도 있다. 그러나 또한 생각하기의 실마리를 자신의 실존에 고정시킬 수도 있다. 장 자크 루소가 그렇게 했다. 그는 철학의 역사에서 아마 가장 자기중심적인 사상가였을 것이다. 그 자신이 자기는 인간에 대한 모든 지식을—그리고 이것이 그의 주요 논제였다—자기 자신을 관찰함으로써 얻었다고 썼다. "인간의 본성을 그리는 화가이자 옹호자는 자신의 마음 말고 대체 어디서 모델을 얻을 수가 있겠는가? 그는 자신 안에서 느끼는 대로 본성을 묘사했다."

그러니 루소가 자신의 생애를 기록한, 그가 죽은 다음에야 출간된 《고백록》은 그의 가장 중요한 작품의 하나가 된다. 그는 이 책에서 자신의 형성과정과 자신이 걸어온 길과 일화들을 거리낌 없는 솔직함으로 털어놓았다. 바로 시작 부분에 이런 말이 나온다.

"나는 전례 없고, 앞으로도 아무도 따라 하지 않을 시도를 시작한다. 나와 같은 사람들에게 나는 한 인간을 자연적인 진실 그대로 보여주고자 하는데, 그 인간이란 바로 나다." "나는 좋은 것과 나쁜 것을 똑같이 솔직하게 이야기했다. 어떤 나쁜 것도 숨기지 않았고 어떤 좋은 것도 더하지 않았다."

《고백록》의 나머지 부분에도 자신의 특수성에 대한 의식과 거의 악마적인 오만함이 뒤섞여 있다.

> "나는 내 심정을 읽어서 인간을 안다. 나는 내가 본 사람들 중 하나처럼 만들어지지 않았다. 내가 지금 살고 있는 사람들의 하나처럼 형성되지 않았다고 나는 감히 믿는다. 만일 내가 그들보다 더 나은 게 아니라면 나는 적어도 그들과 다르다. 자연이 나를 주조해낸 틀을 부수는 것이 잘하는 일인지 잘못하는 일인지는 내 글을 읽은 다음에 판단할 수 있을 것이다. 언제라도 최후의 심판 나팔 소리가 울리면 나는 이 책을 손에 쥐고 최고 심판관 앞에 서게 될 것이다."

자기중심적 사상가

루소는 1712년에 제네바에서 태어나 1778년에 파리 근처에서 죽었다. 그사이에 놓인 66년은 혼란, 진짜 불행과 그렇다고 느낀 불행, 친구들 및 적들과의 고통스러운 대립으로 짜여 있다. 루소는 번갈아가며 열광적인 활동에 몰두하거나 꿈과 빈둥거리는 생활에

흠뻑 잠겨 있거나, 또는 악의적인 세계를 피해 신경질적인 붕괴상태로 도망쳤다.

젊은 시절에는 존경할 만한 시민 가정에서 도망쳐 나온 젊은 남자가 할 수 있는 거의 모든 일을 했다. 작가 수련생, 수공업 기술자, 성직자 생도, 음악 선생, 시종, 비서, 가정교사, 떠돌이 악사, 토지 등기소 직원 등의 일이었다. 나중에는 외교 분야 비서관, 악보 적는 사람—이 과정에서 그는 자신의 악보 체계를 고안했다—그리고 지휘자, 상당히 성공한 오페라 작곡가, 희곡작가 등이 되었다. 심지어 베르사유 궁정에서도 그의 작품들이 공연되었는데 여기서도 작가는 격식을 차리지 않은 옷차림으로 불쾌한 방식으로 눈에 띄었다.

이렇게 불안정한 생활을 하면서 그는 제네바, 이탈리아, 스위스, 프랑스 시골, 파리 등지를 이리저리 떠돌아다녔다. 몇 년마다, 때로는 몇 달마다 거주지를 바꾸었다. 그는 정직함에 대한 열광에서, 이렇게 혼란스러운 시기에 자기가 온갖 죄를 저질렀다고 말한다. 도둑질, 거짓말, 게으름 발작, 나무랄 데 없는 아가씨들 모함하기, 닥치는 대로 소설 읽기, 그리고 나중에는 닥치는 대로 철학책과 역사책 읽기 등이다.

루소는 자신의 성생활에 대해서도 《고백록》에서 상세한 정보를 준다. 물론 그 자신의 고백에 따르면 사실 그대로라기보다는 오히려 상상 속의 일들이다. 결정적인 체험은 소년 시절에 여자 가정교사에게 매를 맞은 일이다. 이것은 평생 그에게 매 맞는 일을 가장 큰 즐거움으로 만들어주었는데, 물론 그는 어떤 여성에게도 이런 사랑의 봉사를 해달라고 감히 부탁하지는 못했다. 평생 계속된 자위와 성기노출 성향에 대해서도 솔직하게 말한다. 노출증은 이따금 거의 매를 불러들이기도 한다. 이런 이야기들을 아주 솔직하게, 심지어는 약간 자랑스럽게 보고한다.

마침내 그는 약간 되바라진 상류층 여성인 드 바랑 부인을 만나게 된다. 그녀는 그를 일시적으로 가톨릭에 돌아오게 하고, 그에게 거처를 제공했으며, 마지막에는 그보다 열세 살이나 위인데도 오랫동안 어머니이자 애인 노릇을 했다. 하지만 그녀는 한 명의 애인으론 만족하지 못했기 때문에 그에게 고통도 주었다. 마지막에 그는 그녀와 헤어지고 나서 한동안 베네치아 창녀들과 방종한 관계를 맺었다.

그는 언제나 매독 걱정을 하면서 그들과 상종했다. 그러다가 호텔에서 단순한 일을 하는 아가씨와 알게 되었고, 몹시 애를 써서 그녀에게 읽기를 가르쳤다. 그리고 23년 동안이나 함께 살고 난 다음 마침내 그녀와 결혼했다. 그런데 위대한 교육이론가인 루소는 자기 가족에 대해서는 어찌할 바를 몰랐다. 그래서 자신의 다섯 아이를 모조리 고아원으로 보냈다. 아이들이 너무 시끄럽게 굴고 또 비용이 많이 들었기 때문이다. 그 밖에 그녀와의 이런 확고한 관계와 결혼조차도 귀부인들을 향해 사랑의 불꽃이 타오르는 것을 방해하지는 않았다. 대부분 성과는 없었지만.

불같은 영감에 사로잡혀 바라본 사회질서의 모순

루소의 사유의 변덕스러움은 그의 삶의 이런 변덕스러움과 잘 어울린다. 그는 꾸준히 사유를 발전시키는 사람이라기보다는 기발한 아이디어의 사람이었다. 그래서 그의 결정적인 통찰들도 순간의 영감에서 나온 것들이다. 단번에 그를 유명하게 만든 최초의 통찰도 그렇다.

디종 아카데미에서 "학문과 예술의 발전이 풍속을 고귀하게 만드는 데 기여하는가?"라는 제목으로 현상금을 걸고 논문을 공모했다. 착실한 학술원 회원들은 당연히 계몽정신으로 가득 차서, 문화적 업적의 진보 가능성에 대한 열광적인 찬사를 기대했다. 그런데 루소는 단호한 태도로 그와 같은 진보를 문제가 많은 것으로 만들었다. 그에게는 학문과 예술의 진보란 인간성의 타락에 지나지 않았다. 그것은 동시대 사람들에게 충격으로 작용했다. 루소의 답변은 스스로를 자랑스럽게 여기는 계몽주의의 공허함을 폭로했기 때문이다. "어느 시대나 사치, 절제 없음, 예속 상태 등은, 신의 지혜가 우리에게 마련해준 행복한 무지에서 벗어나려는 오만한 열성에 대한 형벌이었다." "전능하신 신이여, 우리 아버지들의 지식, 재앙을 부르는 예술에서 우리를 구원해 우리에게 불확실함과 순진무구함과 가난을 돌려주소서!"

루소의 핵심 사상이 되는 이런 생각은 친구 디드로가 무신론을 이유로 갇혀 있게 될 뱅센 성으로 가고 있을 때 그에게 나타났다.

"만일 어딘가에 갑작스러운 영감 비슷한 어떤 것이 있다면 나를 사로잡은 이 움직임이 바로 그것이었다. 단번에 나는 수많은 빛들에 눈이 먼 것만 같았다. 풍성한 아이디어들이 힘차게 몰려들어서 나는 이루 표현할 수 없는 불안에 빠져들었다. 머리가 술에 취한 것과 비슷한 어지러움에 사로잡힌 것을 느꼈다. 격한 가위눌림이 나를 붙잡고, 숨이 가빠 더 이상 갈 수가 없어서 나무 아래 주저앉았다. 여기서 흥분상태에 빠져 반 시간 정도를 보내고 난 다음 다시 일어서자 윗도리가 눈물에 푹 젖은 것을 보았다. 나는 눈물을 쏟는 것도 알아채지 못했었다. 내가 이 나무 아래서 보고 느낀 것의 극히 작은 일부만이라도 서술할 수가 있다면! 얼마나 명료하게 나는 우리 사회질서의 모순들을 볼 수 있었던가. 우리 제도의 온갖 오용들을 얼마나 힘차게 보았던가. 자연의 인간이 좋고, 여러 제도들이 그런 인간을 망친다는 것을 얼마나 분명하게 입증할 수가 있었던가. 이 나무 아래서 내게 분명히 보인 위대한 진실들 중에서 내가 보존했다가 글에 서술할 수 있었던 것은 당시 내 마음을 움직인 것의 허약한 메아리에 지나지 않는다."

루소의 사유 안에 산만하게 흩어져 있던 것이 이 체험과 더불어 한 점으로 모인다. 이후 그는 세계적인 명성을 가져다준 글 두 편을 썼다. 〈학문과 예술에 관한 논문〉과 〈인간 불평등의 기원〉이다. 이 두 편의 글에서 암시된 것이 그 이후의 저술들에서 상세히 다루어진다. 시대 전체에 대한 원칙적인 비판과, 본래의 순수한 상태에 있는 인간의 본질을 밝히려는 시도인 《쥘리, 혹은 새 엘로이즈》,《에밀, 혹은 교육론》,《사회계약》 등의 저술들이 그것이다. 어디서나 동일한 문제가 나타난다. 즉, 인간의 원래 본질은 사회와 국가 속의 생존과 어떻게 합치될 수 있으며, 교육의 필요성과는 어떻게 합치될 수 있는가 하는 점이다.

그의 저술이 점점 더 인정을 받고 있는데도 외적인 생활은 여전히 안정되지 못했다. 루소는 직업 문필가로서 그럭저럭 살았다. 하지만 질병들이 그를 괴롭혔다. 원래부터 그의 본질에 들어 있던 우울증이 점점 더 강해졌다. 세계에 대한 불신이 점점 더 커지고 고독을 향한 동경도 자라났다. 시골에 머무르며 진정시키려고 했지만, 그의 내면 상태와 건강은 좋아지지 않았다. 그는 점점 더 자신을 격리시키고 이제 유명해진 자기를 찾아오는 손님들을 거절했다.

계몽사상의 친구들인 볼테르, 디드로, 달랑베르, 폰 그림 등과도 사이가 나빠졌다. 루소는 볼테르에게 보내는 편지를 극히 명료한 문장으로 끝맺었다. "나는 당신이 싫다." 물론 볼테르 쪽에서도 욕설이 부족함을 느끼지는 않았다. 그는 루소를 가리켜 "천하의 명청이", "괴물", "악당", "문학에서의 악성 궤양", "세기의 똥", "사나운 짐승", "모략하는 놈" 등으로 불렀다.

파리와 제네바의 관청도 그를 추적했다. 그의 저술이 기독교적이지 않다는 이유로 루소에 대한 구속영장이 나왔다. 심지어는 공개적으로 그의 책들이 불태워졌다. 그러나 그가 고통스럽게 여긴 추적들 일부는 오로지 망상이었다. 그는 자기 자신과 자신의 목숨과 저술들에 맞선 보편적인 음모의 냄새를 맡았다. 그리고

"나는 이 두려운 어둠을 뚫고 나갈 수도 없는데, 벌써 8년 전부터 어둠의 작업이 나를 둘러싸고 있다"고 불평했다. 마지막에는 추적 망상에 시달렸다. 영국 철학자 데이비드 흄이 초대해서 영국에 머물렀지만, 아무 소용이 없었다. 루소는 사욕 없는 이 친구와도 싸우고 헤어졌다.

특이한 아르메니아 의상과 모피 모자를 쓴 루소의 겉모습도 상당히 이상했다. 그는 마침내 고통 속에 죽었다. 그의 마지막 말 하나는 다음과 같다.

"이렇게 나는 지상에 혼자다. 내게 가까운 형제도 친구도 없고, 나 자신 말고는 어떤 교류도 없다. 모든 사람 중에서 가장 사교적이고 가장 사랑스러운 사람이 만장일치로 추방되었다. 지나가는 사람들도 내게 인사를 하는 대신 침을 뱉지 않던가? 한 세대 전체가 나를 산 채로 파묻는 것을 좋아하지 않는가?"

그런데도 그가 죽은 다음에도 명성은 그치지 않았다. 프랑스 혁명 동안에 그의 유해는 팡테옹[유명한 사람들의 유골을 모신 명예의 전당]으로 옮겨졌다. 루소의 자극이 없었다면 다음 시대의 유명한 사람들 중 거의 누구도, 헤르더나 괴테, 칸트나 도이치 관념론 철학자들 누구도, 니체도 톨스토이도, 그들이 이룩한 것에 도달할 수 없었을 것이다.

이 남자의 모순적인 본질, 참을 향한 과격한 충동과 악마적인 쫓김과 불안 등은 동시대의 판단 두 가지에 극단적으로 뚜렷하게 표현되어 있다. 레싱은 루소에 대해 이렇게 썼다. "아무리 널리 인정받는 것이라 해도 선입견은 쳐다보지도 않고, 나아가는 발자국마다 엉터리 진실들을 근심 없이 제물로 바치며 똑바른 길로 진리를 향해 걸어간 대담한 세계의 현자." 그에 반해 디드로는 이렇게 말한다. "이 사람은 나를 불안감으로 가득 채웠다. 그의 옆에 있으면 저주받은 영혼이 내 곁에 있는 것만 같았다. 나는 다시는 그를 보고 싶지 않다. 그는 내가 지옥과 악마를 믿게 만들었다."

계몽사상의 평준화에 맞서 자기 자신으로 존재할 가능성을 열다

정신사와 철학사의 관점에서 루소의 의미는 계몽사상이 토대로 삼은 기반을 흔들었다는 점에 있다. 그는 이성이란 열매를 맺지 못하는 차가운 이해력이라 여기고, 형식은 경직된 몸짓, 진보의 이념은 망상, 미리 예정된 자유란 감추어진 종속상태라고 보았다. 계몽사상에 명성을 가져다준 관점들도 그에게는 문제가 많은 것으로 여겨졌다. 그의 확신에 따르면, 계몽사상은 모든 독자적인 개체성을 파괴한다.

"우리의 도덕과 사상에는 저급하고 기만적인 동일 형태가 지배하고 있다. 모든 정신들은 동일한 형태로 만들어진 것 같다. 끊임없이 예의 바른 태도와 정중함이 일정한 일들을 명령한다. 사람들은 언제나 관습을 따르며 자신의 정신을 따르지 않는다. 아무도 감히 자기 본래의 모습을 그대로 드러낼 수 없다. 이렇게 끊임없는 압력 속에서 우리가 사회라고 부르는 무리를 이룬 사람들은, 동일한 상황에서는 언제나 동일한 일만을 행한다."

루소의 비판적 명제는, 인간들 사이의 이런 평준화와 인위적인 태도를 통해 인간 본래의 것과 자연적인 것이 없어진다는 말이다. 그는 이런 점을 계몽사상의 거대한 오류로 본다.

"정말로 인간적인 삶을 살며 다른 사람의 의견을 개의치 않고, 자신의 성향과 이성에만 따르면서 사회나 대중이 인정하든지 질책하든지 상관하지 않는 자연의 인간이 대체 어디에 있는가? 우리 사이에서 그런 사람을 찾아보아도 찾을 수 없다. 어디서나 오직 말만 번드르르하다. 누구나 오직 겉으로 보이는 것만을 중히 여기는 행복을 붙잡으려 한다. 진짜 현실에 대해서는 아무도 관심이 없다. 모두가 겉보기를 본질로 여긴다. 그들은 이기심의 노예가 되어서, 다른 사람이 자기들이 살았다고 믿게 만들기 위해 진짜로 살지도 못하고 삶을 보낸다."

그에 맞서 루소는 진짜 인간으로 존재할 가능성을 열어주는 일을 중요하게 여겼다. 이로써 그는 자기 세대가 전에 들어본 적이 없는, 자기 자신을 향한 해방을 불러왔다. 오랫동안 억압되어 있던 것이 이제 갑자기 밖으로 드러난다. 그래서 칸트는 이렇게 썼다. "루소는 인간적인 것으로 받아들여진 형태들의 다양성 속에 깊이 감추어진 인간의 본성을 처음으로 발견했다."

루소의 독특한 철학적 구상은 이런 의도 아래 놓여 있다. 그 원칙은 지성이 아니라 인간에게 본연의 것, 곧 감정이다. 참은 생각이 아니라 맨 먼저 감정으로 드러나고, 직접적인 깨달음과 심정의 확실성으로 드러난다.

"나는 여기서 우리의 지평 너머에 있기에 근본적으로 아무것도 이루지 못하는 형이상학의 진술로 들어가려는 것이 아니다. 나는 철학을 하려는 것이 아니라, 당신들을 돕고 당신들의 심정에 물어보려고 한다. 철학자들이 모두 내가 틀렸다고 말해도, 당신들이 내가 옳다고 말한다면 나는 만족할 것이다."

이렇게 그 무엇보다도 감정이 찬양된다. 《새 엘로이즈》는 온갖 관습의 한계를 넘은 직접적인 사랑을 향한 찬가다. 지적 능력보다 감정이 먼저라는 이런 사상[감상주의Empfindsamkeit]은 또 다른 작용을 계속한다. 계몽사상이 말하는 단순한 이해 가능성에 맞서서, 루소의 이런 사상이 시대의 보편적인 지주가 된다.

인간이 자신의 기원으로 돌아가는 것이 가장 중요한 일이라면, 루소는 인간이 원래 선하다는 것을 받아들이지 않으면 안 된다. 인간이 자신의 심정과 직접적인 감정에 의지하고, 상호관계를 통해 잘못된 길로 이끌리지 않고 진정 자기 자신하고만 있을 때 그는 선하다. "재앙으로 가득 찬 진보들을 우리에게서 없애라, 우리의 오류와 죄악을 우리에게서 없애라, 우리에게서 인공적인 것을 없애라. 그러면 모든 것이 다 좋다."

이 사상은 루소가 기획한 윤리학 초안에 중요한 결과를 가져왔다. 근원적인 감정은 행동에도 주도적인 역할을 하게 된 것이다.

"나는 이런 규칙들을 고귀한 철학에서 얻은 것이 아니고, 그것이 본성적인 내 마음의 바탕에 지울 수 없는 모습으로 새겨져 있음을 발견한다. 내가 무엇을 하고 무엇을 원하는지 물어볼 사람은 바로 나다. 내가 좋다고 느끼는 모든 것이 좋은 것이고, 내가 나쁘다고 느끼는 모든 것이 나쁜 것이다."

이것은 물론 인간이 자기 마음에 떠오르는 것이 무엇이든 그에 따라야 한다는 말은 아니다. 그리고 마음에 떠오른 모든 생각이 도덕적으로 다 옳다는 것도 아니다. 그보다는 모든 느낌과 행동에 대해 항소할 수 없는 판결을 내리는 최종 심급이 있는데, 그것은 감정의 선함과 또 감정에서 나오는 행동의 선함을 편들어준다는 것이다. 그것은 합리적 성격의 것이 아니라, 온전히 근원의 감정, 곧 양심이다.[소크라테스가 지녔던 것. 이 책 62쪽 참조]

"영혼의 내면에는 타고난 올바름과 미덕의 원칙이 있다. 우리는 자신만의 행동 원칙들을 물리치고, 이런 올바름의 원칙에 따라서 우리의 행동과 다른 사람들의 행동을 옳거나 그르다고 판단한다. 나는 이 원칙을 양심이라고 부른다."

인간이 근본적으로 선하다는 루소의 발언을 생각해보면 처음에는 그가 경박한 낙관론을 펼치는 것처럼 보인다. 그러나 더욱 정밀히 살펴보면 인간이 본성적으로 선하다는 주장은 제한 없이 타당한 것이 아니다. 루소는 "모든 것은 창조주의 손에서 나온 모습 그대로 선하다"라고 쓰기는 했다. 그러나 그는 이렇게 덧붙였다. "모든 것은 인간의 손길 아래서 타락했다." 루소에게도 인간은 모순된 존재다. 인간은 "통일성이 아니다. 나는 원하면서도 원하지 않는다. 나는 노예라고 느끼면서도 동시에 자유롭다. 나는 선善을 보고 그것을 사랑하면서 악을 행한다. 나는 이성의 목소리에 귀를 기울일 때 적극적이고, 내 정열이 나를 이끌어갈 때 수동적이다. 내가 패배하면 내게 가장 고통스러운 것은 내가 저항할 수도 있었을 텐데, 라고 느낀다는 것이다." 루소가 생각하는 인간의 근원적인 선함은, 인간이 선의 가능성과 선을 행하라는 규정을 지녔다는 뜻이며, 동시에 인간이 위협적인 힘과 유혹인 악의 가능성도 지녔다는 뜻이다.

루소는 인간의 자연 상태를 순수하게 선한 상태라고 서술했는데, 그것은 역사적 관점에서 나온 주장은 아니다. 그는 자연 종족들의 삶이 완전한 조화 속에서 이루어진다고 주장한 것이 아니다. 그보다는 인간의 근본적인 선함이라는 이런 생각으로부터, 인간이 구체적인 삶에서 그것을 실천해야 한다는 호소를 끌어내려 한다. 개인적인 삶만이 아니라 특히 사회생활에서 그렇다. 루소는 이상의 모습을 하나의 거울처럼 자기 시대에 제시한다. 그것도 자기 시대의 타락상에 대비되는 모습을 제시한다.

"자연 상태에 대해 말하는 사람은, 지금은 존재하지 않고, 그리고 어쩌면 한 번도 존재하지 않았던, 아마 앞으로도 절대 존재하지 않을 상태에 대해 말하는 것이고, 현대를 올바르게 파악하기 위해 생각해 낼 수밖에 없는 상태에 대해서 말하는 것이다."

인간이 자기 자신을 위해 만들어낸 법에 복종하는 것이 자유다

이런 근본 생각에서 바라보면 사회에 맞서는 루소의 싸움이 이해된다. 사회는 인간의 근본적인 가능성, 즉 선할 가능성을 가리고 변조하고 방해한다. 사회에서는 벌거벗은 이기심만이 우선권을 갖기 때문이다. 그러나 이런 이기심은 모든 악의 뿌리다. 이 길을 통해서 루소는 옛날부터 철학자들을 긴장시키던, 악의 기원의 문제를 독특하게 해결하는 방안을 찾아냈다.

악은 신이 만들어낸 것이 아니다. 인간은 선하게 만들어졌기 때문이다. 그렇다고 해서 신에 반대하는 어떤 악한 세력이 만들어낸 것도 아니다. 그보다 악은 인간의 일이고, 오로지 인간만의 일이다. 인간의 사회화를 통해 악이 생겨났다. 이로써 사유의 역사에서 처음으로 사회가 명백하게 책임의 주체로 나타나게 되었다. 따라서 이 순간부터 사회학 이론들이 언제나 루소를 인용하고, 또 그가 프랑스 혁명의 시조가 된 것도 이해가 된다.

루소의 교육이론도 동일한 뿌리에서 나온다. 그 핵심은 다음과 같다. 우리는 학생에게서 근원적인 선한 소질을 발전시켜야만

하고, 이런 목적을 위해 사회의 해롭고도 나쁜 영향을 그에게서 멀리해야 한다. 무엇보다도 온갖 강제와 도덕적인 규정들을 피해야 한다. 자유를 발전시키는 것이 가장 중요한 일인데, 자유란 루소에게는 선함의 보증이다. 볼테르가 《에밀》을 읽으면서 "네발로 기어다니고" 싶어진다고 말한 것은 루소를 완전히 오해한 것이다. 루소는 그 삶과 행동이 모두 자기 자신으로부터 나오고 행하는 사람들, 자기가 만나는 모든 것을 근원적으로 익히는 사람들을 교육하는 것을 목적으로 삼는다. 이런 의도로 루소는 교육학의 시대 전체를 위한 모범이 된다.

루소가 사회를 어떻게 이해하고 어떻게 판단하는가 하는 것은 그의 인간관에서 나온다. 여기서도 역사적 참을 찾으려는 요구에 묶이는 것이 아니고, 동시대의 타락상에 맞선 대립적인 모습의 구상이 핵심이다. 인간이 본연으로 선하다면, 그의 근본적인 상태는 자유와 행복으로 특징지어질 수밖에 없다.

"인간은 자유롭게 태어났다."

그러나 루소는 이렇게 덧붙인다. "그는 어디서나 사슬에 묶여 있다." 이런 예속 상태는 사유재산이 만들어지면서 시작된다. "한 조각 땅에 울타리를 치고 이것이 내 것이라고 말한 최초의 사람은 국가와 불평등을 만들어낸 사람이다."

이를 통해 사유재산의 상호보증이 필수가 되었다. 그러나 이런 일은 모든 인간이 자기 자유의 일부를 포기할 때만 가능하다.

사회에서의 생활은 이런 손실과 더불어 시작된다. 하지만 사회는 피할 수 없이 타락에 노출되어 있다. 사회는 "오로지 인위적인 인간과 인위적인 정열의 모습"만을 만들어낸다고 말할 수 있다. "이런 정열은 새로운 상황의 산물이지 자연에 그 뿌리를 둔 것이 아니다."

하지만 동시에 인간의 근원적인 자유와 사회적, 국가적 삶 사이에 하나의 대립이 시작된다. 국가 안에서의 삶이란 다음과 같다. "유보 없는 양보가 있어야 하고, 가능한 한 통일성이 완전해야 한다. 소속된 사람 중 누구도 무엇에 대해서도 항의해서는 안 된다." 하지만 이것은, 인간이 국가를 만드는 데 동참하기로 결심하면 자신의 자유를 전면적으로 포기해야 한다는 의미가 아닌가? 루소는 반드시 그래야 하는 것은 아니라고 대답한다. 그는 국가 안에서 제한의 필수성에도 불구하고 동시에 자유가 가능하다는 식으로 국가의 본질을 생각하려고 했다. 그렇다면 자유와 국가의 강제는 어떻게 서로 결합될 수가 있는가? 루소는 국가가 스스로 자유에 뿌리를 둠으로써 가능하다고 대답한다. 일반의지, 곧 모든 사람의 자유를 통합한 것이 국가의 바탕이다.

그래서 루소는 국민주권을 요구하기에 이른다. 국민주권은, 국가가 자유로운 사람들이 체결한 사회계약에 근거를 두었다는 것에서 구체적으로 표현된다. 그래서 국가는 자유를 가능하게 하는 한 요소가 되고, 루소에게 있어서 자유란 자기 마음대로 산다는 뜻이 아니라, 개인의 자유와 모두의 자유가 합쳐져서 만들어진다.

"각자가 모두에게 자신을 내주기 때문에 그는 아무에게도 특별히 속하지 않게 된다. 개인이 자기 자신에 대해 국가에 허용한 것과 동일한 권한을 국가에서 얻지 못할 사회의 부분이 없기 때문에, 각자는 자신이 양도한 것과 동일한 정도의 것을 도로 얻는다. 그와 동시에 그는 자신을 주장하고, 자신의 본질과 소유물을 보존할 더욱 큰 힘을 얻는다. 시민들이 스스로 동의했거나, 아니면 자발적이고 이성적으로 통찰하면 동의할 수 있는 이와 같은 규정들에만 굴복한다면, 그들은 자신의 의지 아닌 다른 누구의 말도 따르는 것이 아니다. 그로써 그들은 자발적으로 자연 상태의 속박 없음을 포기하지만, 그 대신 모든 사람이 법에 묶이는 참된 자유를 얻는다."

이런 국가관은 중대한 결과들을 가져왔다. 루소 시대의 실제 국가는 순수한 일반의지에 기초하지 않고, 가난한 사람이 부자에게, 힘없는 사람이 권력자에게 억압당하는 상황에 기초하고 있었다. 그래서 루소의 국가이론은 혁명의 기폭제가 된다. 그 자신이 혁명이 눈앞에 다가와 있다고 생각했다. "우리는 위기의 상태에, 그리고 혁명의 세기에 다가가고 있다."

루소의 사상에서 철학적인 핵심은 그가 구상한 새로운 자유 개념이다. 그에 비하면 인간이 무엇을 넘어섰고 무엇으로부터 자신을 해방했는지는 그리 중요하지 않다. 반대로 루소는 무엇을 위한 자유냐를 강조한다. 자유란 제멋대로 구는 방종의 요소를 없애고 법에 자신을 묶는 일이다. 이로써 그는 미래의 철학에 큰 영향을 행사한다. 그래서 칸트는, 자기는 루소를 통해 [생각이] 정리되었다"라고 말한다. 그러므로 루소의 본래 업적은 이것이 철학적인 사실이라 해도, 그가 인간의 자연 상태를 보여주었다는 점에 있는 것이 아니라, 그보다는 오히려 그가 참된 자유 개념을 발견했다는 데에 있다.

"인간이 자기 자신을 위해 만들어낸 법에 복종하는 것이 자유다."

흄
혹은 회의적 난파

19

1711-1776

DAVID HUME

1711년에 스코틀랜드 귀족의 아들로 태어난 데이비드 흄은 회의 주의자다. 이 낱말을 들으면 사람들은 보통 체구가 작고 코가 뾰족하고, 비뚤어진 입을 가진 사람을 연상한다. 그러나 흄은 전혀 다르게 생겼다. 그의 철학을 숭배한 어떤 동시대 사람은 이렇게 묘사한다. "그의 겉모습은 모든 관상학을 비웃었다. 이 분야에서 가장 뛰어난 사람이라도, 말하지 않는 그의 얼굴만 보고는 그의 정신적인 힘의 아주 작은 흔적이라도 찾아낼 수 없을 것이다. 얼굴은 넓고 살이 많고, 입은 크고 단순한 표정을 했다. 눈은 공허하고 정신적 특성이 없으며, 그 비만한 몸집을 보면 누구라도 학식이 풍부한 철학자라기보다는 거북이 수프를 먹는 시의회 의원이라고 생각할 것이다. 아마도 일찍이 지혜가 그렇게 이상한 모습으로 나타난 적은 없었으리라."

이렇게 특이한 외모에도 불구하고 흄은 분명 철학자였고 그것도 회의주의 철학자였다. 그 자신이 이렇게 썼다. "우리가 철학자라면 우리는 오로지 회의적인 원칙들에 따르는 철학자가 되어야 한다."

회의주의자이며 계몽사상가

흄은 아주 일찌감치 철학을 하기로 결심했다. 열렬한 독서의 자극을 받아 열여섯 살 때 벌써 "철학자처럼 말하고" 싶다고 썼다. 하지만 1년 뒤에는 가족의 소망을 따라 법학을 공부하기 시작한다. 하지만 이 메마른 학문이 그에게는 역겹게 느껴졌다. 그는 진지하게 철학의 문제들에 빠져들기 시작한다. 가장 위대한 정신의 친구는 키케로였다. 이렇게 옆길로 새는 바람에 시험을 제대로 치르지 않았다. 그는 자기가 중요한 철학적 발견으로 가는 도중에 있다고 믿었다. "그렇게 많은 공부와 생각을 하고 나자 내가 대략 열여덟 살쯤 되었을 때, 마침내 아주 새로운 사유의 세계가 열리는 것처럼 생각되었다. 나는 이 분야에서 그 어떤 권위를 가진 인물에게 굴복할 생각이 없었고 참을 발견할 수 있는 새로운 길을 찾으려고 했다." 새로운 길이 무엇인지 이제는 확인할 길이 없다. 뒷날 흄이 이 시기의 모든 기록을 태워버렸기 때문이다.

우울증과 관계된 질병이 4년이나 계속되자 흄은 철학에 헌신하기가 유리해졌다. 오로지 강철 같은 자기 기율을 통해 그는 건강을 되찾았다. 그의 요법 중에는 매일 여러 시간씩 철학적 성찰을 하도록 자신을 강요하는 일도 들어 있었다. "열에 들뜬 나의 상상력을 식혀줄 시간과 여유가 있었기 때문에 나는 어떻게 하면 철학 탐구에서 많은 발전을 이룰 수 있을지 진지하게 생각하기 시작했다."

그러나 그렇게 빨리 진척되지는 않았다. 병이 나은 흄은 번듯한 직업을 찾아야 했다. 그는 브리스틀의 설탕 상인 밑에서 상인교육을 받기 시작했다. 하지만 머지않아 자기가 이런 활동으로 만족할 수 없다는 사실을 깨달았다. 게다가 그는 사장의 편지들을 단순히 베껴 쓰지 않고 문체와 철자법을 지나치게 고치다가 사장과 사이가 틀어졌다.

그래서 흄은 다시 순수하게 철학적인 생존방식을 시도했다. 생활비가 영국보다 싸게 먹히는 프랑스로 가서 첫 번째 저술인 《인간 본성에 대한 논고》를 쓰기 시작했고, 이어서 런던에서 마무리했다. 이제 스물여덟 살이 된 그는 그것으로 세계적인 인정을 얻으리라고 굳게 믿었다. 그러나 그런 일은 일어나지 않았다. 세계는 이런 저술이 나왔음을 알아차리지도 못했다. 이 일은 평생 흄의 마음에 상처로 남았다. 그는 극단적인 고독감을 느꼈고, 동시대 사람들이 그토록 도발적으로 침묵하는 것은 자신에 대한 적대감 때문이라는 생각에 이르렀다.

"나의 철학이 나를 사람 없는 고독으로 데려다가 두려움과 혼란 속에 방치한 것을 본다. 내가 이상하고 꼴사나운 괴물이라 사람들 사이에 섞여 그들과 함께 살아가기에 적합하지 못하고, 모든 인간관계에서 쫓겨나 완전히 고독하고 위안 없이 버림받았다고 혼자 상상하는 것일지도 모른다. 나는 모든 형이상학자, 논리학자, 수학자, 신학자들까지 내게 적대감을 갖도록 자극했다. 밖으로 눈을 돌리면 사방에서 싸움, 모순, 분노, 비방, 업신여김만 보인다. 안으로 눈길을 돌리면 의심과 무지밖에는 아무것도 보이지 않는다."

흄은 그 이후에 내놓은 도덕과 정치에 대한 에세이들로 더 나은 결과를 얻었다. 그는 윤리학 및 정치학 교수직에 지원했다. 하지만 그가 자연신론, 회의주의, 무신론 등의 사상을 가졌다고 비난하며 성직자들이 반대했던 데다가 철학자들 쪽에서도 후원이 충분치 못한 탓에 실패로 돌아갔다. 어쩌면 이런 실패 탓에 그는 당시 쓰고 있던 《자연종교에 관한 대화》를 죽는 날까지 발표하지 않은 것인지도 모른다. 또 다른 충돌을 만들어내지 않기 위해서 말이다.

다음 여러 해 동안 흄은 완전히 만족스럽지 않은 여러 활동들을 해야만 했다. 정신병이 있는 후작의 대화 상대자가 되었는데, 자서전에서 그는 이 일이 자기 생애 가장 끔찍한 일이었다고 서술한다. 이어서 어떤 장군의 비서관이 되었다. 꼴사나운 몸집에 어울리지 않는 군복으로 많은 비웃음을 사면서 전쟁터에서 전범재판소 자문위원이 되었다가, 모시는 장군이 외교 대사가 되자 역시 비서관 자격으로 빈과 토리노로 갔다. 이런 활동들 사이로 그는 젊은 시절의 글을 고칠 시간적 여유를 찾아냈다. 그리고 《인간의 오성 연구》와 《도덕적 원칙 연구》라는 제목으로 출간했다. 이번에는 대단하지는 않아도 어느 정도 성공을 거두었다.

흄이 에든버러 대학 법학부 도서관 사서가 되면서 생활이 어느 정도 안정되었다. 그러나 썩 중요하지 않은 이런 자리도 아무 어려움 없이 얻은 것은 아니었다. 다시금 그가 자연신론자, 회의주의자, 무신론자라는 비난이 쏟아졌으며, 이것은 공공연한 싸움이 되었다. 어떤 귀부인이 자기 애인이 그런 비난들을 받자 관계를 끝낸 사건을 보면서 흄은 그것을 기록할 가치가 있다고 여기고 책에 남겼다. 사서로 일하면서 그는 4권짜리 《영국사》의 작업을 끝냈고, 마침내 이 책으로 유명해졌다. 내면의 평화를 얻자, 그가 도서관에서 "부도덕한 현대 문헌"들을 우선적으로 장만한다는 비난도 그에게 그다지 해를 끼치지 못했다.

5년 뒤에 흄은 이 자리를 그만두고 파리 영사관의 비서관이 되어 파리로 갔으며, 그곳에서 갑자기 세계적인 명성을 얻었다. 프랑스 수도의 계몽주의 사교계는 마담 드 퐁파두르[루이 15세의 애인이자 당대의 유명한 문학 후원자]가 이끌고 있었다. 사교계는 팔을 활짝 벌려 그를 맞아들였다. 그는 친구에게 이렇게 보고한다. "그들은 내 생활에 대해 물었다. 나는 암브로시아[신들의 음식]만 먹고, 넥타르[신들의 음료]만 마시며, 제사의 훈향燻香을 호흡하고 꽃들 사이에서만 거닌다고 대답했다."

당시의 계몽사상가인 폰 그림 남작은 이렇게 보고한다. "귀부인들은 이 볼품없는 스코틀랜드 사람에게 완전히 홀렸다." 또 다른 관찰자는 오페라에서 그의 커다란 모습은 보통 젊은 여성들의 미소 짓는 얼굴 사이에서 찾아볼 수 있다고 말한다. 그가 이 분야에서 지나치게 나가지는 않았는지 걱정할 필요는 없다. 그는 자신이 "남편들이나 어머니를 걱정시키지 않는 남자"라 부르고 있다. 또한 여성과의 관계를 결혼으로까지 발전시키겠다는 생각도 물리쳤다. 왜냐하면 "여자는 없어서는 안 되는 삶의 필요성들에 속하지 않기" 때문이다.

파리 체류는 오래 계속되지 않았다. 머지않아 흄은 이렇게 쓴다. "내가 이곳에서 적절하지 않은 장소에 있음을 느낀다. 하루에 두 번이나 세 번씩 내 안락의자와 피난처가 그립다." 그래서 그는 영국으로 돌아왔다. 처음에 좁은 고향의 고독 속으로 곧장 돌아간 것은 아니다. 외무부에서 하급 비서관이 되었다가 1년 뒤에 그 일을 그만두면서 최종적으로 공직에서 물러났다. 그는 에든버러에서 친구들과 교류하면서 철학을 했다. 종이를 아주 많이 사용하지는 않았고, "대단한 요리 재능"도 탐구 사이로 끼어들었다.

1776년에 흄은 친구인 애덤 스미스의 말대로 "완전한 정신적 평화 속에서" 죽었다. 회의주의를 철회하라는 모든 경고에 대해서는 마지막까지 단호히 저항했다.

현실에 근거한 경험론으로 형이상학의 사변을 공격하다

흄의 회의론은 무엇보다도 그리스 사람들 이후로 철학을 결정해오던 당당한 사유의 건축물인 형이상학을 향했다. 그가 가장 날을 세워서 행한 싸움은 형이상학과 온갖 초감각적인 것의 사변을 향한 것이었다. 형이상학의 이념들은 "오성으로는 접근할 길이 없는 대상들 속으로 뚫고 들어가려는 인간적인 허영심의 결실 없는 노력의 산물이든가, 아니면 공개적인 장에서는 자신을 방어할 수 없으니 자신이 노출되는 것을 막고 방어하기 위해, 뒤엉킨 정글을 찾는 미신이 만들어낸 직물이다."

홉은 이런 가짜철학의 정체를 가차 없이 폭로해야 한다고 생각했다. 형이상학의 겉보기 문제들을 그 가장 깊은 피난처까지 추적해야만 한다. 이런 성향으로 보면 홉은, 인식의 어둠 속에 빛을 비추려는 계몽사상의 대표자다. 그는 심지어 반계몽적인 형이상학 문헌들을 공개적으로 없애라고 요구하기도 했다.

"도서관을 샅샅이 살펴보면 얼마나 많은 청소를 해야만 하는지! 신학적인 혹은 형이상학적인 책을 손에 잡으면 우리는 물어야 한다. 이것이 크기와 숫자에 대한 추상적인 탐구를 포함하는가? 아니다! 이것이 사실들과 실존에 대한 경험에 어울리는 발언들을 포함하는가? 아니다! 그렇다면 이 책을 불꽃 속으로 던져라. 그것은 오로지 궤변적인 기만을 포함하기 때문이다."

하지만 어째서 홉은 그토록 단호하게 형이상학에 대립하는 자리에 서게 되었는가? 아니면 그에게는 형이상학과 더불어 철학 자체가 중지되는가? 절대로 그렇지 않다. 그는 오히려 형이상학에 맞선 대응 방침에서 철학에 새로운 영역을 만들어줄 수 있다고 생각했다.

"이렇게 결실 없는 질문들에서 탐구를 해방하기 위해서는 단 하나의
길만이 있다. 곧 인간의 오성을 엄격하게 탐구하고 그 힘과 능력을
정밀하게 분석함으로써, 오성이 그렇게 이상하고도 애매한 대상들
에는 전혀 어울리지 않는다는 것을 밝히는 일이다."

인간의 오성은 초감각적인 영역으로 지나치게 멀리 나아가서
는 안 되고 엄격하게 경험의 영역에 머물러야 한다. "우리의 탐구
를 인간 오성의 제한된 능력에 가장 잘 어울리는 대상들에만 국한
하는 것"이 바람직하다.

"인간의 상상력은 본성적으로 비약적이다. 그것은 기묘하고도 특이
한 것을 즐기고, 아무런 통제도 받지 않고 시간과 공간의 가장 멀리
떨어진 곳으로 달려가서, 습관을 통해 친숙해진 사물들에서 벗어나
고자 한다. 올바른 판단력은 그와는 반대로 행동한다. 멀리 떨어져
있는 높은 탐구를 멀리하고, 통상적인 삶과 매일의 실천과 경험에
속하는 사물들에만 국한한다."

짧게 말하면 흄은 단호한 경험론자다.

"우리의 이성은 경험의 도움이 없이는 현실의 삶과 사실들에 관해서
그 어떤 추론도 할 수 없다."

흄이 더욱 세부적인 경험 연구로 들어가자 형이상학적 사유에 맞선 싸움은 더욱 심해졌다. 그는 형이상학에서 그 진실성을 보증해주는 계기가 무엇인지 묻는다. 그리고 그것은 오성이나 이성이 제공할 수 있는 것이 아니라고 대답한다. 섬나라 영국이 아니라 유럽 본토에서 나온, 바로 앞선 합리주의 철학의 주장과는 반대다. 합리주의 철학은 인간 정신에는 경험과 관계없이 자체적으로 참된, 타고난 이념들이 있다고 가정했다. 예를 들면 보편적인 있음 개념, 혹은 '자기'라는 생각, 신神 사상 같은 것 말이다.

흄은 격렬하게 거기 저항했다. 오성과 이성은 자체적으로 그 어떤 참도 파악할 수 없다. 그렇다면 무엇이 남는가? 궁극적으로는 오로지 감각적 인상들만 남는다. 즉, 우리가 듣고, 보고, 느끼고, 사랑하고, 미워하고, 욕망하고, 원할 때 갖는 생생한 감각(감각된 것)들만 남는다. 모든 인식은 이런 감각들에서 출발한다. 그것들만이 최종적으로 참된 것이다. 그 이상 거슬러 올라갈 수는 없다. 그러니까 이런 감각들을 만들어낸 하나의 대상을 찾으려 해서는 안 된다. 감각적 인상들은 그 자체로 모든 참된 인식의 토대가 되고 동시에 인식의 유일한 직접적 대상이 된다.

'나'의 실체 없음과 인과율의 현실적 근거가 분명하지 않음

그러나 단순한 감각적 인상들로부터는 인간의 인식에 주어지는 세계 전체의 상이 만들어지지 않는다. 그래서 매개하는 표상들이 끼어든다. 즉, 대상의 모습들, 활동과 그 연관관계의 모습들이 끼어드는 것이다. 하지만 이들은 직접 참이 아니고 오로지 감각인상들로 소급해 올라감으로써만 참이 될 수 있다. 이런 감각인상들 앞에서 입증되는 것만이 참의 요구를 할 수 있다. 그렇다면 모든 생각들을 해체하여 직접적인 감각적 인상으로 되돌리는 것이 철학의 핵심 과제가 된다.

흄의 방법론적인 기본관점은 두 가지 방향에서 의미가 크다. 나의 문제를 바라보는 것과, 인과율의 문제를 바라보는 것이다. 나의 문제에 대해 흄은 자신의 원칙을 적용했다. 그것 자체로 파악되는 통합적인 나라는 것은 본래 없다. 왜냐하면 나는 감각인상들의 장소이기는 하지만 감각인상 자체는 아니기 때문이다.

"우리의 나 혹은 개성은 인상이 아니다. 그보다는 우리의 다양한 인상들과 개념들이 서로 관여하는 어떤 것이다."

형이상학적 철학의 관점과는 달리 흄에게는, 우리가 나라고 부르는 것은 특별한 실체가 아니다. 그것은 감각들의 상호작용에 지나지 않는다.

"이해할 수 없이 빠르게 이어지는, 끊임없이 흐르며 움직이는, 다양한 의식내용들의 단순한 덩어리, 혹은 총합이다."

인과율에 대한 흄의 비판이 철학적으로 의미가 더 크다. 이 비판은 칸트에게 결정적인 자극을 주었기에, 칸트는 이렇게 말한다.

"데이비드 흄의 기억이 벌써 여러 해 전에 내게서 처음으로 독단론에 의한 수면 상태를 중단시키고, 사변철학의 탐구에 완전히 다른 방향을 주었음을 솔직히 고백한다."

흄은 우리가 모든 과정들을 인과율의 관점 아래서 파악한다는 것, 즉 하나를 다른 것의 필연적 결과로 받아들인다는 것을 출발점으로 삼는다. 그것이 비로소 우리에게 질서 잡힌 세계라는 표상을 준다. 하지만 흄은, 인간이 사물들과 과정들의 그런 인과적 결합을 확실히 받아들이도록 정당화해주는 것이 무엇인가 하고 묻는다. 참은 직접적인 감각적 인상들에만 있는데 말이다. 인과율은 이런 감각인상들에 속하지 않는다. 감각인상들의 도움을 받아 분명하게 말할 수 있는 것은 오로지, 손 하나가 움직인다, 공 하나가 구른다, 등이다. 하지만 이 두 과정이 서로 인과적으로 연결되어 있다고 확실하게 주장할 수는 없다.

"어떤 대상도 감각들에 나타난 특성들을 통해 그것을 만들어낸 원인들을 밝혀주지 않고, 또 거기서 나오게 될 작용들도 밝혀주지 않는다."

그런데 우리는 실제 생활에서 마치 그와 같은 인과적 연결들이 존재하는 것처럼 행동한다. 이런 가정이 없다면 그 어떤 행동도 가능하지 않을 것이다. 하지만 그것은 신뢰할 수 있는 확실성이 아니다. 인간의 사유는 그것에 대해 아무 입증도 하지 못한다. 흄은 인과율을 "습관", 즉 순수하게 주관적인 원칙으로 되돌리고, 이것을 "믿음"이라고 표현하기도 한다. 우리가 하나의 상태가 또다른 상태 탓에 생겨났다고 거듭 확정하기 때문에, 우리는 마침내 거기에 필연적인 연결이 있다고 믿고 인과율이라는 개념을 만들어낸다. 그것은 근본적으로는 좋게 작용하는 기만일 뿐이다.

　인간 인식의 힘에 대한 흄의 회의주의는 계몽주의 말기의 특징이다. 계몽주의는, 어둡게 뒤엉킨 표상들의 밤에서 나와 이성의 빛이라는 광채로 나아간다는 인간의 자부심과 더불어 시작되었다. 하지만 이제는 이성 자체가 문제가 있는 것이 되었다. 흄은 우리가 이성의 "기만적인 연역법"을 믿을 수 없다고 아주 명백하게 강조한다. "인간이 눈멀고 허약하다는 통찰이 모든 철학의 결론이다.""세계 전체가 하나의 수수께끼이고, 설명할 수 없는 신비다. 가장 예리하고 조심스러운 탐색이 우리에게 가져다줄 수 있는 유일한 결론은 의심, 불확실성, 판단중지 등이다."

　흄은 여기서 자기가 얼마나 많은 것을 포기해야 하는가도 함께 바라본다면, 자기가 선택한 이 길에서 얻은 이런 결론들을 마지막에는 벗어날 수 있으리라고 생각했다.

"나는 나 자신이 많은 모래톱을 지난 다음 좁은 해협에서 몹시 힘들게 난파를 면했지만, 아직도 너무 대담해서 폭풍우에 파손되어 물이 새는 그 배를 타고 바다로 나가서 그렇게 불리한 상황에서도 육지에서 멀리 떨어진 채 항해할 생각을 하는 남자 같다고 생각했다."

그는 물론 아주 불완전하게 성공했다. 그래서 칸트는 흄이 "자기 배를 안전하게 하려고 해변(회의주의)에 올려놓고는 그 배가 거기서 썩어가도록 내버려두었다"라고 썼는데 아마도 맞는 말일 것 같다.

칸트
혹은 사유의 시간 엄수

20

1724~1804

IMMANUEL KANT

DIE PHILOSOPHISCHE HINTERTREPPE

교수의 태도를 보이는 것도 교수가 하는 일이라는 생각이 널리 퍼져 있다. 약간의 건망증과 산만함이 뒤섞인 묵중하고 경직된 권위, 게다가 특별히 세상과 거리가 먼 태도 같은 것을 교수의 태도라고 사람들은 생각한다. 말하자면 약간 우습기도 감동적이기도 하고, 존경할 만하기도 비웃음을 살 만하기도 한 독특한 꼼꼼함 말이다. 그와 같은 교수의 꼼꼼함의 한 예를 들어보라는 질문을 들으면 이마누엘 칸트의 이름이 빠지지는 않을 것 같다.

　정말로 칸트는 적어도 말년에는 그와 같은 꼼꼼함과 시간 엄수의 천재였다. 동시대의 전기 작가 한 사람은 그가 친구인 그린을 방문한 이야기를 한다.

　"칸트는 매일 오후 그린에게로 가서 그가 안락의자에 앉아 잠들어 있는 것을 보면 그의 옆에 앉아 생각에 골몰하다가 자신도 잠이 들었다. 그러면 은행장인 루프만도 와서 똑같이 행동했다. 그러다가 마침내 정해진 시간에 모더비가 방으로 들어와서 일행을 깨우면 그들은 7시까지 흥미진진한 대화를 나누었다. 이 모임은 7시 정각에 해산했는데, 나는 이 거리에 사는 주민들이 '벌써 7시일 리가 없어, 칸트 교수가 아직 지나가지 않았잖아'라고 말하는 소리를 자주 들었다."

그의 이상한 버릇과 행동들

늙은 칸트의 일과는 아주 엄격하게 짜여 있었다. 한 친구가 그에 대해서 들려준다.

"칸트는 여름이나 겨울이나 매일 아침 5시에 일어났다. 하인은 정확하게 5시 15분 전에 그의 침대로 와서 그를 깨우는데, 주인이 자리에서 일어나기 전에는 그 자리를 떠나지 않았다. 이따금 칸트는 너무나 졸려서 하인에게 조금만 더 쉬게 해달라고 부탁했다. 하지만 하인은 그런 일에 절대 마음이 흔들리지 말라는 엄중한 명령을 들었기 때문에 주인을 조금 더 오래 침대에 머무르게 하지 않고 언제나 정각에 일어나도록 강요했다."

규칙에 따라 옷을 갈아입은 다음 서재에서 연구하거나 강의를 했다. 오후에는 친구들과 함께 오래 식사했다. 정각 10시에 잠자리에 드는 일도 거의 하나의 의식처럼 엄수되었다. 그에 대해서도 동시대 사람 하나가 이렇게 보고한다.

"여러 해 동안 습관이 된 나머지 그는 이불을 덮는 특별한 기술을 갖게 되었다. 잠자리에 들 때면 우선 침대에 앉았다가 침구에 사뿐히 몸을 밀어 넣고는, 한쪽 이불자락을 한쪽 어깨 위로 돌려 등 밑으로 당겨서 다른 쪽 어깨까지 잡아당겼다. 그리고 아주 특별한 능숙함으로 다른 쪽 이불자락도 몸 아래로 집어넣어 몸 전체를 감쌌다. 그렇게 몸을 꽁꽁 싸매 고치처럼 만들고는 잠들기를 기다렸다."

일과처럼 그의 주변 세계도 극히 엄격하게 정리되어 있어야 했다. 가위, 또는 깃털을 깎아 펜을 만드는 칼 같은 것이 정해진 방향에서 조금이라도 밀려나 있거나 의자가 방의 다른 쪽에 놓여 있기라도 하는 날이면 그는 불안과 절망 상태에 빠져들었다.

친구들이 좋은 마음으로 그의 규칙적인 생활을 망가뜨리는 것보다 그를 더 화나게 하는 일은 없었다. 언젠가 한번은 어떤 귀족이 시골로 가는 마차 드라이브에 그를 초대했다. 하지만 이 드라이브가 너무 오래 걸려서 칸트는 "10시 무렵에야 두려움과 불만에 가득 찬 모습으로 집 앞에 내려졌다." 철학자답게 그는 이 작은 체험을 즉시 일반적인 생활 규칙으로 바꾸었다. 말하자면 "절대로 누군가의 드라이브에 따라나서지 않기로" 정한 것이다. 이것을 보고하는 사람은 이렇게 덧붙인다. "이 세상의 그 무엇도 그를 자기의 원칙에서 벗어나게 할 수는 없을 것이다."

지나치게 부담스럽고 오래 계속되는 소음으로 주변 세계가 방해받는 것을 느끼게 될 때면 단순히 규칙에 어긋난 사건보다 사정이 훨씬 더 나빴다. 한번은 이웃 사람의 수탉이 칸트를 화나게 했다. 그래서 그는 사색에 이토록 방해되는 이 짐승을 주인에게서 사들이려고 했다. 하지만 보고에 따르면 이웃 사람은 "수탉이 어떻게 지혜로운 사람을 방해할 수 있는지 전혀 이해하지 못했다." 그래서 칸트는 이사하는 수밖에 없었다.

그래도 소용이 없었다. 새로 이사 간 집이 감옥 바로 옆이었는데, 당시의 관습에 따라 죄수들은 더 나은 사람이 되기 위해 종교적인 노래들을 불러야만 했다. 그들은 창문을 활짝 열어놓고 범죄라 할 정도로 큰 목소리로 노래를 불렀다. 칸트는 시장에게 "감옥의 위선자들"에 대해 불평했다. "그들이 노래할 때 창문을 닫고 자기 혼자만 들을 수 있을 정도로 목소리를 낮춘다고 해도 그들 영혼의 구원에 위험이 된다고 불평할 일은 없다고 생각한다." 이런 방해가 칸트에게는 얼마나 화나는 일이었는지 그가 《판단력 비판》에서 그 일을 언급한 것을 보면 알 수 있다. 이 책의 2판에 그는 다음과 같은 주석을 붙였다.

"집 안의 예배를 위해 종교적인 노래를 부르라고 권고한 사람들은, 그와 같이 시끄러운(따라서 대개는 바리새파 같은 위선적인) 예배를 통해 대중에게 큰 불만을 만들어낸다는 것, 특히 이웃 사람들이 함께 노래하든지 아니면 사색을 중지할 수밖에 없다는 사실을 고려하지 않았다."

평화를 얻으려는 두려운 근심과 시간표를 짤 때의 꼼꼼함에 더해 엄격한 자기 기율도 나타난다. 늙은 칸트는 자발적으로 이런 자기 기율을 따랐는데, 물론 그 이유를 정확하게 밝힐 필요성을 느끼고 기록했다. 아침 식사에는 차 두 잔과 파이프 담배 한 대를 곁들였다. 저녁 식사는 완전히 걸렀다. 그 밖에도 어떤 증언에 따르면 차는 겨우 찻잎 몇 장에서 우려내 극도로 묽었다. 파이프 담배는 "장을 비우는 일을 촉진하기" 위해서이기도 했다. 커피에 대해 칸트는 더욱 엄격했다.

"칸트는 커피를 대단히 좋아했기 때문에 커피를 안 마시기 위해서는 극단적인 절제가 필요했다. 특히 모임에서 커피 냄새가 욕망을 자극하면 더욱 그랬다. 하지만 그는 커피의 지방분이 해롭다고 여기고 커피를 완전히 피했다."

또한 그의 원칙 중에는 의사의 처방도 고려하지 않고, 또 병이 더욱 심해지는 경우라도 하루에 알약 2개 이상은 먹지 않는다는 것도 있었다. 그는 이런 맥락에서 예방을 위해 약을 지나치게 썼다가 죽은 어떤 남자의 묘비명을 인용하곤 했다. "N.N은 건강했다. 하지만 그는 건강한 것보다 더 건강하기를 원했기 때문에 여기 누워 있다."

이렇게 엄격한 자기 절제의 자극을 받아 《단순한 결단만으로 병의 느낌을 통제할 수 있는 마음의 힘에 대해서》라는 제목의 작은 책자가 나왔다. 제목에서 알 수 있듯이 여기서는 예를 들면 "잠에 대해서", "먹고 마시는 것에 대해서", "사유에서 적절하지 않은 시기에 나온 병의 느낌에 대해서", "호흡을 조절하는 결단으로 우연한 질병들을 일으키는 일과 그 예방에 관해서" 등이 다루어진다. 이런 건강 규칙들의 근거가 약간 이상하다. 예를 들어 다음과 같다.

"모든 사람에게는 각기 처음부터 운명에 의해 일정한 분량의 잠이 주어져 있다. 그렇기에 장성한 삶의 시간에서 너무 많이 잠을 허용한 사람은, 앞으로 잠잘 시간, 즉 살아서 늙어갈 시간이 길기를 기대할 수는 없을 것이다."

또 다른 건강 규칙을 칸트는 다음과 설명한다.

"몇 년 전에 나는 이따금 콧물과 기침 증세를 얻곤 했다. 이런 증세가 잠자리에 들 때 생기면 이것은 더욱더 불쾌한 일이었다. 밤잠을 설치는 것에 화가 나서 나는 … 입을 꾹 다물고 오로지 코를 통해서만 숨을 쉬기로 결심했다. 처음에는 약하게 시작되었지만 내가 그만두지 않자 공기가 점점 더 강하게 들어오더니 마지막에는 완전히 자유롭게 드나들었다. 그래서 곧바로 잠이 들었다.
　기침, 특히 영국에서 (잠자리에서의) 노인성 해소병이라고 불리는 것이 그런데, 이런 기침은 이따금 잠자리에서 내 몸이 더워진 다음에 시작되어서 잠들기를 방해하기 때문에 더욱 불쾌했다. 입을 열고 들이마신 공기가 기관지를 자극함으로써 생기는 이런 기침을 멈추기 위해서는 물리적인(약에 의한) 조치보다는 직접 마음에 가하는 조치만이 필요하다. 주의력을 전혀 다른 것에 돌림으로써 이런 자극에 주목하지 않고 그럼으로써 공기가 터져 나오는 것을 방해하면 된다. 내가 아주 뚜렷하게 느낀 바에 따르면 이런 일이 피를 얼굴로 몰리게 하고 그 과정에서 동일한 자극을 통해 생긴 묽은 침이, 이런 자극의 결과로 생긴 공기가 터져 나오는 것을 방해하면서 침을 삼키게 한다. 물론 대단히 단호한 결단을 요구하는 이런 정서적 조치는 그럴수록 더욱더 쾌적하다.”

교수들의 필수적인 악덕인 건망증에 대해서도 칸트는 이상한 치료법을 내놓았다. 하인인 람페를 해고해야 했을 때 그는 거기서 비롯된 환경의 변화를 극복하기가 힘들었다. 그래서 더는 그것을 생각하지 않기로 굳게 결심했다. 하지만 이 결심을 잊지 않기 위해서 그는 메모지에 “람페를 잊어야 한다!”라고 적어놓았다.

이 철학자의 삶에는 기묘한 일들이 많았다. 그는 원칙을 고려하여 자기 침실을 환기하는 일을 금지했다. 어떤 사람이 그에 대해서 다음과 같이 보고한다.

“잘못된 관찰을 통해 그는 빈대가 생기고 번식하는 이유에 대해 특별한 가설을 갖게 되었다. 그리고 이런 생각을 확실한 참이라고 믿었다. 그는 다른 집에 살 때 태양광선을 차단하기 위해 언제나 창의 덧문을 닫아두곤 했다. 그러나 지방으로 짧은 여행을 가면서 덧문 내리는 것을 잊었고, 돌아온 다음 방에 빈대가 있는 것을 보았다. 그는 전에는 빈대가 없었다고 믿었기 때문에 다음과 같은 결론을 내렸다. 태양광선이 이 기생충의 생존과 번식을 위해 꼭 필요한 것이고, 따라서 그 번식을 막는 방책은 방으로 들어오는 광선을 막는 일이라고 말이다. … 그는 이 이론이 옳다고 너무나도 굳게 믿었기 때문에 아주 작은 의심이나 아주 작은 의혹도 불쾌하게 느꼈다. … 나는 그가 이런 의견을 갖도록 내버려두고 그의 침실과 침대를 세심하게 청소해서 빈대를 줄였다. 그리고 신선한 공기를 받아들이기 위해 덧창과 창문을 거의 매일 열어놓았다. 물론 그는 그것에 대해 알지 못했다."

태어난 도시에서 살다가 죽다

어쩌면 칸트가 고향 도시인 쾨니히스베르크의 성벽을 거의 떠난 적이 없다는 것이 그의 기벽을 더욱 심하게 만들었는지도 모른다. 그는 거기서 1724년에 태어났다. 그곳에서 학창 시절을 보내고 이어서 처음에는 귀족 집안에서 가정교사로 일했다. 그가 이 일을 성공적으로 해냈는지는 물론 의문이다. 어쨌든 그의 전기를 쓴 어떤 사람은 이렇게 보고한다. "그는 아이들을 적절히 보살피고 그들의 개념 수준으로 자신을 낮추는 것을 대단한 기술이라고 여겼다. 하지만 자기가 이 기술을 한 번도 터득하지 못했다고도 말했다."

9년이 지난 다음에야 비로소 칸트는 자기가 세웠던 목표를 이루었다. 곧, 대학에서 강의하는 일이었다. 그 밖에도 그가 떠맡은 임무는 오늘날의 교수들이 하는 것보다 훨씬 더 광범위했다.

철학 말고도 수학, 물리학, 지질학, 자연법, 역학, 광물학 등을 강의
했는데, 일주일에 20시간씩이나 되었다. 그래서 그는 이렇게 시간
을 빼앗는 노역에 대해 탄식했다. "나는 매일 강의 탁자라는 모루
앞에 앉아서 강의라는 무거운 망치를 단조로운 박자에 맞추어 계
속 내리치고 있다."

물론 칸트를 무미건조한 강단철학자라고 생각해서는 안 된
다. 그 당시의 보고들은 그가 재치 있는 사람이었다고 칭찬한다.
헤르더는 이렇게 썼다.

"그는 가장 빛나는 시절에 젊은이의 즐거운 명랑함을 지녔고, 가장
나이가 들어서도 내 생각에는 그것을 간직했을 것이다. 생각을 위해
만들어진 넓은 이마는 파괴할 수 없는 명랑함과 즐거움이 자리 잡은
장소이기도 했다. 극히 정신성 풍부한 말들이 그의 입에서 흘러나왔
다. 농담과 재치와 유쾌한 기분이 그의 것이었고 그래서 그의 강의
는 아주 재미있는 교유였다. … 그 어떤 음모나 이익이나 이름을 날
리려는 욕망도, 참을 밝히고 널리 퍼뜨리고자 하는 생각에 맞서 조
금도 그의 마음을 사로잡지 못했다. 그는 학생들에게 스스로 생각하
라고 격려하고 유쾌하게 강요했다. 폭군 기질은 그와는 거리가 멀었
다. 내가 가장 큰 감사와 존경심을 담아 부르는 이 남자의 이름은 이
마누엘 칸트다. 그의 모습이 지금도 기분 좋은 모습으로 눈앞에 떠
오른다."

물론 오랫동안 일이 잘 풀리지 않아서 칸트에게 압박이 되었

다. 그는 15년 동안이나 시간강사로 머물렀다. 교수직에 두 번 지원했지만 두 번 다 다른 사람이 뽑혔다. 마지막에 그는 문학 교수직을 제안받았다. 이것은 학문적 행사나 국가행사를 위해 시를 쓰는 임무도 포함하는 것이었다. 칸트는 그것을 거절했다. 후세가 《순수이성 비판》 대신 칸트의 시들을 읽는 일을 막아주었으니 유감스러운 일은 아니다.

마흔여섯 살에 마침내 교수가 되었다. 프로이센 왕의 임명장에는 18세기의 육중한 언어로, 왕은 "짐의 신하들이 모두 칭찬하는 그의 근면함과 능숙함으로 인해, 그리고 특히 철학 분야에서 이룩한 근본적인 학식으로 인해" 그를 초빙한다고 되어 있다. 그가 "공부하는 젊은이들을 … 지치지 않고 가르치고 또한 학생들에게 좋은 모범이 되는 쓸모 있고 훌륭한 주제들을 만들어내려고 노력"한다는 전제조건이 붙어 있다.

이 순간부터 칸트의 삶은 조용하고 평온하게 흘러간다. 외적인 사건은 많지 않다. 다만 칸트가 종교 문제에 대해 지나치게 솔직하게 글을 쓴다는 이유로 프로이센 문화부 장관과 약간의 갈등을 빚었을 뿐이다. 칸트는 다음과 같은 이유를 달아서 얼른 굴복했다. "사람들이 말하는 모든 것이 반드시 참이어야만 한다면, 모든 진실을 공공연히 말하는 것이 의무는 아니다."

삶의 상황을 견고하게 만들기 위해 칸트는 결혼도 생각했던 것 같다. 하지만 이 방향에서 두 번의 시도는 성공을 거두지 못했다. 당시의 어떤 사람은 그에 대해 다음과 같이 보고한다. "나는 그에게 어울리는 여성 두 명을 … 알고 있다. 그들은 차례로 그의 마음과 애착을 얻었다." 하지만 그는 "분명 거절당하지는 않았을 결혼 신청을 망설였다. 그러자 한 명은 멀리 떨어진 지역으로 이사했고, 또 다른 사람은 칸트보다 더 빨리 결심하고 청혼한 훌륭한 남자에게로 갔다." 하지만 이에 대해서도 칸트는 일반적인 성찰을 통해 자신을 위로했다. "결혼하지 않은 … 늙은 남자들이 결혼한 남자들보다 대개는 더 오랫동안 젊은 모습을 유지한다." 그리고 슬그머니 악의를 품고 다음과 같이 덧붙인다. "결혼한 사람들이 더 냉혹한 얼굴을 하는 것은 멍에를 짊어진 상태를 알려주는 것이 아니겠는가?"

칸트는 1804년에 여든 살의 나이로 쾨니히스베르크에서 죽었다. 그의 마지막 말은 "좋구나"였다.

이제 돌아보면 칸트의 삶은 전형적인 도이치 학자의 그것으로 생각된다. 꼼꼼하고 정확하게 시간을 지키고, 구식이고 약간 이상한 모습이다. 하지만 이렇게 평범한 틀 안에서 철학의 역사에 알려진 가장 위대한 업적 하나가 이루어졌다. 그가 발언한 이후로는 더 이상 예전과 똑같은 의미로 철학을 할 수는 없게 되었다. 그의 사유는 철학적 정신의 역사에서 그렇게 대단한 하나의 전환점을 이룬다. 셸링은 추도사에서 이렇게 말했다.

"주석자와 추종자라는 이름으로 그의 캐리커처 또는 질 나쁜 복제품 노릇을 한 자들의 오해와, 쓰라린 적대자의 분노를 그에게 덮어씌운 자들의 오해가 만들어낸 거친 모습에도 일그러지지 않은 채, 그의 정신의 모습은 철학계의 모든 미래를 통해 온전히 완결된 유일함으로 빛날 것이다."

형이상학의 3가지 문제: 신과 자유와 (영혼의) 죽지 않음

그렇다면 칸트의 철학은 무엇을 문제로 삼는가? 이 질문은 그리 쉽사리 대답할 수 있는 게 아니다. 이 철학자에 대해 주석을 붙인 사람 수만큼이나 많은 칸트 해석들이 있기 때문이다. 눈에 보이는 현실 안에서 그리고 이런 현실 뒤에서 작용하는 것에 대한 물음, 모든 제한된 것 안에서, 그리고 제한된 것을 넘어서 있는 절대적인 것에 대한 물음이 그의 원래 관심이라고 본다면, 그의 의도에 가장 가까이 접근한 것이라 할 것이다. 칸트의 사유는 옛날부터 형이상학이라고 불리던 것을 향한다는 뜻이다. 이는 직접적으로 주어진 것[소여]을 넘어서 묻기, 현실의 맨 처음과 맨 마지막 근거들 속으로 내려가 묻기다. 칸트 자신이 그것을 확인해준다. "내가 거기 홀딱 반할 운명을 타고난 것은 형이상학"이다. "인간 종족의 지속적이고 참된 복지"가 그것에 근거한다. 그래서 그 대상은 "인간의 본성이 무심히 지나칠 수가 없는" 것이다.

칸트는 형이상학의 문제를 세 가지로 정리했다. 그는 인간 안에 있는 절대적인 것, 세계에서 절대적인 것, 그리고 절대적인 것 자체에 대해 묻는다. 인간에게서 제한되고 유한한 그의 있음을 넘어선 것, 곧 죽음을 넘어설 수 있는 무언가가 있는가? 이것은 영혼의 죽지 않음에 대한 물음에 이른다. 세계에는 오로지 제한된 것들의 사슬만이 있는가, 아니면 여기에도 절대적 행동을 위한 여지가 있는가? 이것은 자유에 대한 물음으로 연결된다. 제한된 것인 세계와 인간 전체가 궁극적으로 근거하고 있는 무엇이 있는가? 이렇게 해서 신에 대한 물음이 나온다. 칸트는 "신과 자유와 죽지 않음"을 형이상학적 사유에서 "피할 길이 없는 과제들"이라고 불렀다.

이런 과제들에 대해서 칸트는 확실성에 도달하고자 한다. 그러나 이 영역에서는 모든 것이 의문스럽다는 사실이 드러난다. 형이상학의 오랜 역사에서 이 모든 것은 어둠 속에서 길 찾기였을 뿐이다. 사정이 그렇다면 우리는 직접 형이상학의 구상들에서 시작할 수가 없다. 그보다 먼저 형이상학이 이렇듯 의심스러운 것은 대체 어디서 생긴 일이고 어디에 근거하는 것인가를 찾아보아야 한다. 이것은 칸트가 자신의 대작인 《순수이성 비판》에서 제기한 문제다.

이 책의 원래 주제는 인간 정신의 형이상학적 인식에 나타나는 드라마이다. 이 드라마의 주인공들은 철학의 핵심적인 질문들이고, 드라마는 확실성에 도달하기 위한 끊임없는 시도들과 이런 온갖 노력들이 언제나 힘없이 무너졌음을 다룬다.

마지막에 칸트는 다음의 사실을 발견했다. 인간이 확실한 답변에 도달할 수 없는 이유는 인간 이성의 본질에 들어 있다. 인간 이성은 눈에 보이는 현실을 넘어 그 뒤로 갈 수가 없고, 그것의 바탕을 내려다볼 수가 없다. 자유에 대한 물음에서 이것이 분명히 드러난다. 우리는 인간이 자유롭다는 것에 대해 설득력이 있는 근거들을 제시할 수 있고, 인간이 자유롭지 않다는 것에 대한 근거들도 똑같이 제시할 수 있다. 죽지 않음과 신에 대한 질문도 이와 비슷하다. 그들도 이론적인 이성의 도움으로는 확실하게 답변되지 않는다.

사물 자체의 인식은 불가능하다

마지막에는 물음이 길을 잃고 끝난다는 사실이 드러난다. 칸트는 그것을 분명히 표현하고 있다. "모순과 혼란의 등장"을 말하고, "스캔들"과 또 "모호함과 모순의 영원한 순환", "인간의 이성에는 진짜 심연"이라는 말까지도 나온다. 그러니까 인간은 바로 인간 정신의 가장 중요한 것이 문제가 되는 그 자리에서 반드시 헤매게 된다. 곧 신과 자유와 죽지 않음에 대한 물음에서 말이다. 그래서 칸트는 인간 정신의 형이상학적인 시도들을 "멀고도 폭풍우 치는 대양"의 항해와 비교한다. "안개도 많고 때로는 금방 녹을 얼음이 새로운 대륙처럼 보이기도 하고, 이런 얼음이 발견을 위해 이리저리 헤매 다니는 항해자를 공허한 희망으로 끊임없이 속여서 모험으로 끌어들이는데, 그는 이런 모험을 다시 중단하지도 못하고 그러면서도 절대로 끝에 도달하지도 못하는" 항해다.

하지만 칸트는 회의적인 희망 없음에 자신을 내맡기지 않았다. 그는 형이상학의 "새로운 탄생"이 바로 눈앞에 다가와 있다고 굳게 믿었다. 하지만 그것은 오로지 인간 이성의 자기 사색에서만 나올 수 있다. 이성은 자신의 본래 영역이 어딘지, 또 자신의 한계가 어디에 있는지 분명히 보아야 한다. 이런 의도에서 《순수이성비판》은 "인간 인식의 복잡하게 뒤엉킨 직물"을 자세히 검토한다.

칸트가 이런 목적으로 행하는 매우 힘든 탐색에서, 꼼꼼함이야말로 양심 바른 미덕임이 밝혀진다. 그는 인식을, 현실이 인간의 정신에 직접 반영되는 것처럼 생각한다면 전혀 맞지 않는다는 것을 보여준다. 그보다는 인간이 자기 자신으로부터 결정적인 것들을 인식과정 안으로 가져온다. 공간과 시간의 표상들과 오성의 기본개념들이 바로 그것이다. 인식하는 주체가 이런 표상들과 이런 개념들을, 자신의 감각기관이 매개하는 감각된 것에 적용함으로써 현실의 모습이 그에게 생겨난다. 그로써 인식 주체가 덧붙인 것이 인식의 본질적인 일부가 된다.

칸트가 여기서 이끌어낸 중요한 결론은 다음과 같다. 현실은 인간에게 원래 그 자체의 모습 그대로 드러나지 않고, 인간의 인식능력이 지닌 특수한 방식에 따라 나타난다. 우리는 사물 자체를 파악하는 것이 아니라, 오직 그것이 우리에게 보이는 모습대로만 파악한다. 이것이 인식의 영역에서, 유한한 존재인 인간의 운명이다. 저 형이상학의 시도들은 인간에게 주어진 적절한 인식영역을 넘어서려는 노력이다. 이런 시도들이 실패한 원인은 바로 여기에 있었다. 인간은 거듭 자신의 한계를 넘어 인식을 확장하려고 노력한다. 그리고 그런 노력이 언제나 다시 실패하면서 유일하게 확실한 앎의 자리인 경험으로 되밀려오고 만다. 그는 "하늘까지 닿는 탑"을 세우려 하지만, "경험의 영역에서 우리의 일들을 하기에 넉넉한 높은 주택"을 지을 뿐이다.

동시대 사람들 일부는 열광적인 공감으로, 일부는 고통스러운 저항으로 《순수이성 비판》의 의미를 이해했다. 철학자 멘델스존은 어느 정도 은밀한 존경심을 품은 채 칸트를 "모든 것을 깨부수는 사람"이라고 부른다. 그에 반해 헤르더는 이 책에서 "무한한 망상의 왕국"과 "젊은 기질들을 망치고" "영혼을 황폐하게 하는 것"만을 보았다. 그에 대해 피히테가 대답한다.

　　"당신은 칸트가 올바른 것을 붙잡지 않았다고 비난한다. 맙소사, 그는 더듬어 찾은 것이 아니라 분명하게 본 것이다. 빛 속에서 사물은 어둠 속에서 더듬어 찾을 때와는 다르게 보이는 법이다."

　　그것 말고도 《순수이성 비판》에 몰두하는 것이 위험한 일이 될 수도 있다는 사실을 당시 예나에서 있었던 이상한 사건 하나가 보여준다. 어떤 학생이 동급생에게 이 책이 너무 어려워서 상대방은 30년을 공부해야만 겨우 이해할 수 있을 거라고 말했다. 그러자 상대방은 자신을 이렇게 얕잡아보는 말에 결투를 신청했다. 올바른 답이 안 나오면 그 대신 싸움질이 나타난다는 옛말이 맞다.

　　우리가 《순수이성 비판》의 결론을 보고 있으면, 여기서 요구된 대로 경험의 영역에 한정시키는 것이 최종발언이란 말인가, 하는 질문이 나온다. 게다가 어째서 인간은 그렇게 끊임없이 자신에게 주어진 한계를 넘어가려고 하는가 하는 질문도 남는다. 이것은 인간이 세계에서 방향을 잡는다는 과제만으로 온전히 자기 본질을 실현할 수는 없다는 징후가 아닐까? 정말이지 칸트는 인간이 그 본질의 바탕으로부터, 자신과 유한한 세계를 넘어서는 질문을 하려는 충동을 가진 존재라고 굳게 믿었다. 인간이 이것을 포기한 다면 그는 더 이상 인간이 아닐 것이고 야만과 혼란에 빠질 것이다.

실천의 영역에서 답을 찾다

그래서 칸트는 형이상학의 사유에서 새로운 호흡을 해야만 했다. 순수하게 이론적인 사색의 방법으로는 더 이상 앞으로 나아갈 수 없다는 것이 사실이다. 하지만 인간은 생각하는 존재일 뿐만 아니라 행동하는 존재이기도 하다. 생각에는 막혀 있는 것이라도 인간이 행동하는 곳에서, 그리고 자신의 행동에 대해 생각하는 곳에서 문이 활짝 열린다면 어떤가? 행동하는 인간에 대한 이런 관점은 칸트가 형이상학의 문제에 제시한 결정적인 방향 전환이었다.

칸트는 이론의 영역에서 찾지 못한 절대성을 실천의 영역에서 찾아낼 수 있다고 굳게 믿었다. 인간이 자기가 어떻게 행동해야 할지를 진지하게 알고자 한다면, 무조건의 계율인 절대적 명령 (정언명령)이 그에게 나타난다. 그것은 인간이 멋대로, 기분 내키는 대로 행동하는 것을 막는다. 여기서 모든 합리적인 고려를 넘어 인간에게 직접 확실한 것이 나타난다. "너는 이렇게 행동해야 하고 다르게 해서는 안 된다"는 명령이다. 그러니까 인간의 유한한 삶 한가운데에 절대적인 것이 나타난 셈이다. "너는 이래야 한다"의 절대성이다.

절대적인 것의 영역으로 넘어간 다음 칸트는 이론적 사색의 영역에서 풀 수 없었던 신과 자유와 죽지 않음에 대한 질문에 대해서도 답할 수 있게 되었다. 인간에게 하나의 계율이 주어진다면, 인간은 그로써 자신이 결정의 상황에 놓였음을 안다. 그러나 오로지 자유가 있어야만 결정이 가능하다. 그렇다면 인간이 무조건적 계율을 받아들이면 자신이 자유를 가졌다는 것도 확실하게 알게 된다.

이것은 형이상학에 중대한 결과들을 가져왔다. 무조건적 계율을 들음에서, 그리고 그 안에 보증된 자유에서 인간은 자기가 비록 여전히 유한함에 꼭 붙잡힌 처지라 하더라도, 자기 존재의 본질에서 또 다른 초감각적 질서에도 속한다는 사실을 발견하게 되고, 자신에게 독특한 품위가 주어져 있음을 알게 된다. 칸트에게 인간은 두 세계의 주민이다. 이런 생각으로부터 칸트는 영혼의 죽지 않음과 신의 여기있음이 도덕적 실존의 필연적 요구임을 입증하려고 한다. 물론 그의 논증들을 아무 문제 없이 받아들이기는 어렵다. 그러나 칸트가 형이상학에 대한 절망의 시기에 새로운 출발을 감행했다는 것만은 여전히 중요한 일이다. 유한함의 고리를 뚫고 나아가 절대자에 도달하려는 새로운 시도 말이다.

철학하기란 답변을 찾아내고 이 답변과 더불어 편안하게 쉰다는 뜻이 아니다. 철학하기란 언제나 새로이 본질적인 물음들을 내놓는다는 뜻이다. 따라서 형이상학의 문제에 대한 칸트의 해결책이 모든 시대에 타당성을 가질 수는 없다. 그 이후로 인류를 기습한 사유의 위기 속에서 형이상학의 확실성은 다시 문제 많은 것이 되었다. 다른 어느 때보다도 오늘날 특히 그렇다. 하지만 오늘날에도 칸트의 다음과 같은 명제는 여전히 타당하다.

"인간의 정신이 형이상학 탐구를 완전히 포기한다는 것은, 우리가 항상 더럽지만은 않은 공기를 만들기 위해 차라리 호흡을 완전히 중지한다는 일만큼이나 기대하기 어려운 일이다."

피히테
혹은 자유의 폭동

21

1762-1814

JOHANN GOTTLIEB FICHTE

1801년에 〈프리드리히 니콜라이의 생애와 특이한 견해들〉이라는
제목의 특별한 논쟁문서가 나왔다. 여기서 싸움의 상대인 니콜라
이는 당시 가장 유명한 학자의 한 사람이었다. 〈도이치 일반 문고〉
를 펴낸 사람으로 극히 다작의 저술가였고 계몽주의를 대표하는
한 사람이었다. 그에게 싸움을 걸고 있는 이 문서는 그의 생애와
견해들을 정교한 철학의 방식에 맞게 단 한 가지 원칙에서 유추해
내려는 진기한 시도를 한다. "그는 그 어떤 영역이든 올바르고 쓸
모가 있는 모든 것을 생각했고, 그가 생각하지 않았거나 앞으로도
하지 않을 것은 모두 올바르지 않고 쓸모가 없다고 한다." 그래서
그에 맞서는 반박문서도 중요한 사안들에 대해 "나는 다른 의견이
다"라는 "기본명제"에서 출발한다.

악의적인 비꼼으로 가득한 이 논쟁문서는 니콜라이의 자서

전과 저술들을 인용하여 다음과 같은 말로 그의 생애 서술을 시작한다.

"새로 태어난 아기의 최초의 외침은 문필가 세계를 뒤흔들고, 이 영역에 속하는 모든 죄인들을 떨게 만들었다. 또한 그의 기저귀가 벌써 아티카[아테네]의 소금 냄새를 풍겼기에 ─ 그 이후로 그는 불멸의 말들로 이런 냄새를 계속 내뿜는데 ─ 거기 모인 사람들은 깜짝 놀라서 이렇게 말했다. 이 아기는 대체 무엇이 될 것인가?"

이야기는 계속되어서 그가 괴테, 실러, 칸트, 피히테, 셸링 등에 대해서 "이들의 이른바 예술작품과 발견들은 전혀 아무것도 아니"라는 사실을 입증했다는 말도 들려준다. 그는 굳게 그렇게 믿고 자기 자신은 "나의 시대와 과거와 미래의 모든 시대에 걸쳐 가장 재치 있고 취향이 높은 남자"라 여긴단다. "모든 철학자 가운데 으뜸이고 가장 포괄적이고 틀림이 없는 사람"이라는 것이다. 마지막에는 그가 "자기 작품이 영원히 죽지 않을 것임을 기쁘게 믿으면서" 죽었다고 전해준다.

이 논쟁문서는 니콜라이 씨의 이렇듯 기묘한 주장 뒤에는 무엇이 숨어 있는가를 묻는다. 그 답은 이렇다. "경박한 지혜", "값싼 박식함", "물리칠 수 없는 수다와 자기 손길 아래로 들어오는 모든 것을 왜곡시키는 기술" 등이다. 짧게 말하면 니콜라이는 "타고난 둔감한 머리"이고, "진기한 것들을 한데 모아 혼란스런 덩어리로 만든 박식함"을 지닌 "버릇없고 우둔한 수다쟁이"다. "언어의 재능

말고 그에게 어떤 인간적인 요소가 있다고 믿기"란 어렵다. 다음의 말들은 더욱 잔인하다. "문학의 스컹크이며 18세기의 독사라는 운명을 타고난 우리 주인공은 자기 주변으로 못된 냄새를 퍼뜨리고 독을 쏘아댄다." "개한테 언어와 글쓰기 재능을 가르칠 수 있다면, 그리고 니콜라이의 뻔뻔함과 니콜라이만큼 긴 수명을 보장해줄 수 있다면, 개도 우리 주인공과 똑같은 성공을 거둘 것이라는 점은 의심의 여지가 없는 일이다." 마지막은 니콜라이의 저술들에 대해 최후의 쐐기를 박는 말이다. "그것을 들여다보고 있으면, 스스로가 하찮은 것이라는 사실을 눈치채기 시작한 하찮고 무가치한 것의 배배 꼬임과 얽힘을 보면서 식후 소화의 시간에 그것을 즐기게 된다."

정신의 폭력성을 지닌 싸움꾼

이렇듯 가차 없는 풍자문서를 쓴 저자의 이름을 들으면 한순간 이상하게 여기게 된다. 그는 《도이치 민족에 고함》이라는 유명한 글을 쓴 요한 고틀리프 피히테이기 때문이다. 그는 또한 철학의 정신이 만들어낸 가장 위대한 산물의 하나인 《지식학》의 저자이며, 《행복한 삶을 위한 지침》의 생각 깊은 저자이기도 하다. 어떻게 그렇게 진지한 철학자가 그토록 잔인한 인신공격을 할 수가 있는가?

하지만 철학하기의 본질이 조용히 침잠하여 평온하게 사색에 빠지는 것이 전부라고 생각한다면, 그것은 너무 줄여 잡은 것이다. 옛날부터 철학자들은 두 얼굴을 보여주었다. 하나는 내면을 향한 얼굴이고 다른 하나는 현실을 향한 얼굴, 즉 사상으로 현실을 고치고 싶다는 충동에 사로잡힌 얼굴이다. 현대 철학자 중 누구보다도 피히테에게서 이런 충동이 거침없이 터져 나왔다. 그는 자기 자신에 대해 이렇게 말한다. "나는 직업 학자의 능력이 없다. 나는 단지 생각만 하지 않고 행동하고 싶다." "나는 빛나는 거대한 계획들을 가진다. … 나의 자부심은 인류 안에서 얻은 내 자리를 행동으로 보상하는 것이다. 영원 속으로 나아가 인류와 정신세계 전체를 위한 결실들을 내 존재와 연결하는 것이다."

그래서 그는 선언서, 팸플릿, 호소문, 연설문 등을 쏟아냈다. 프랑스 혁명에 대한 논쟁에 열렬히 동참했다. 이 주제에 관한 그의 논쟁문서 하나는 특이한 제목을 달고 있다. 〈지금까지 사상의 자유를 억누른 유럽의 제후들에게 사상의 자유를 돌려달라고 청구함〉이다. 그는 사람들을 설득하는 것만으로 만족하지 못하고, 강제로 그들이 참을 고백하게 만들려고 했다. 동시대 사람들이 여전히 뭐가 문제인지 이해하지 못하는 것을 보고 그는 대담한 제목을 단 글을 썼다. 〈태양처럼 분명한 보고報告… 독자들에게 이해하라고 강요하려는 시도〉가 그것이다. 피히테 개인의 효과도 엄청났다. 그의 말을 들은 어떤 사람은 이렇게 보고한다.

"그는 말을 멋있게 하는 것은 아니지만 그의 말들은 모두 중요성과 무게를 지닌다. 그의 기본명제들은 엄격하고, 인도주의를 통해 완화

되지 않는다. 도전받으면 그는 무서운 사람이 된다. 그의 정신은 불안하고 세계에서 많은 것을 행할 기회를 갈망한다. 공개 강연은 그의 불길을 쏟아내는 뇌우처럼 울린다. 그는 영혼을 위로 끌어올려 선한 사람이 아니라 위대한 사람들을 만들려고 한다. 그의 눈은 벌을 내리고 그의 걸음은 고집스럽다. 그는 자신의 철학을 통해 시대정신을 지도하려고 한다. 그의 철학은 빛나는 것은 아니라도 열정적이고 강력하며, 그의 이미지들은 자극적이지는 않지만 대담하고 위대하다. 그는 대상의 가장 깊은 내면으로 들어가 거침없이 개념들의 왕국 안을 헤집고 돌아다닌다. 그래서 눈에 보이지 않는 이 나라에서 그가 단순히 살고 있을 뿐만 아니라 지배하고 있음을 알려준다."

이렇듯 강력한 행동을 향한 의지로부터 피히테가 주변 세계를 다룰 때 보이는 폭력성도 나타난다. 그는 "칼과 번개"들로 말하고자 한다. 그의 주위에는 언제나 싸움이 있었다. 그는 자신에 맞서는 반항을 참지 못하고, 자기에게 동의하지 않는 사람을 보면 분노해서 저 선량한 니콜라이한테 했듯이 인신공격성 발언을 퍼부었다. 아니면 슈미트라는 이름의 착실한 사람에게 한 것처럼 그존재 자체를 아예 지워버렸다. 나는 "철학자로서의 … 슈미트 씨가 나와의 연관성에서는 존재하지 않는 사람이라고 선언한다." 그는 어느 정도 격분한 만족감을 지닌 채 이런 싸움질을 했다. "레싱의 싸움들을 다시 보고 싶은 사람은 나를 건드려라. 나는 싸구려 술집에서 나오는 개를 패주는 것보다는 더 진지한 할 일들이 있지만 그래도 이따금 사람들의 입맛을 싹 가시게 할 정도로 누군가를 흔들어놓는 일도 나쁘지는 않다."

그래서 저 유명한 법률가 안셀름 포이어바흐가 다음과 같이 말한 것이 놀랍지도 않다. "피히테와 싸움에 말려드는 것은 위험한 일이다. 그는 고삐 풀린 짐승으로, 어떤 저항도 참지 못하고, 자기의 헛소리를 공격한 적을 자기 자신에 대한 적으로 간주한다. 마호메트 시대라면 그가 마호메트 노릇을 할 능력이 있다고 나는 믿는다. 만일 그의 강의 탁자가 왕의 옥좌라면 그는 칼과 채찍으로 강요해서 자신의 학문론을 도입할 것이다."

하지만 이것은 이 철학자의 한쪽 측면에 지나지 않는다. 이렇게 사나운 싸움꾼과 나란히 그에게는 통찰을 얻기 위해 깊고도 조용히 노력하는 남자의 모습도 있다. 그 자신이 언젠가 이렇게 말했다. "나는 오로지 한 가지 정열, 한 가지 욕구, 나 자신에 대한 한 가지 완전한 감정만을 갖는다. 그것은 자신을 잊고 활동한다는 것이다." 그리고 또 한번은 자신의 "사변적 삶을 향한 결정적인 사랑"에 대해 말한다. "학문에 대한 사랑, 특히 사변에 대한 사랑은, 그것이 인간을 한번 사로잡으면 그가 조용히 그 사랑에 몰두하는 일 말고는 다른 소망을 가질 수 없도록 붙잡아버린다." "내 앞에 수백 년 동안의 삶이 놓여 있다면, 나는 완전히 내 성향에 맞게 이 세월을 나눌 것이고 그러면 혁명을 위한 시간이 한 시간도 남지 않을 것이다."

피히테는 이상하게 감동해서 "영원성을 향한 동경"에 대해서도 말한다. "스러지지 않는 것과 하나가 되어 녹아버리고자 하는 이런 충동은 유한한 모든 존재의 가장 깊은 뿌리다. … 영원성이 끊임없이 우리를 둘러싸고 우리에게 모습을 드러내서 우리는 이 것을 붙잡는 것 말고는 다른 일을 할 수가 없다."

도약과 추락이 끝없이 교차하는 삶

이렇게 모순에 가득 찬 남자가 규칙적이고 평온한 삶을 살 수 없 다는 것은 의심의 여지가 없는 일이다. 피히테의 삶은 끊임없이 올라갔다 내려갔다 하는 삶이고, 끝없는 도약과 추락의 과정이었 다. 그는 1762년에 오버라우지츠에 있는 작은 마을에서 가난한 양친의 아들로 태어났다. 그의 최초의 활동은 목동 일이었다. 그가 자신의 채찍 아래 맡겨진 거위들에게 지배자의 욕구를 행사했을 것으로 짐작된다.

그가 부모 집의 이런 환경에서 벗어난 이야기는, 당시 유행하 던 달력 이야기*에나 나옴 직한 이야기다. 토지 주인이 어느 일요 일 정오경에 마을로 돌아왔다. 그는 주일 설교를 놓친 것을 몹시 안타깝게 여겼다. 하지만 사람들이 위로하면서 하는 말이, 저 거위 치는 소년 피히테가 모든 설교를 한마디도 빼놓지 않고 되풀이할 수 있단다. 어린 피히테는 정말로 목사의 말과 어조와 몸짓을 완 벽하게 되풀이했다. 토지 주인은 너무나 감격한 나머지 철학계에 우리의 피히테를 선물하는 계기가 되는 중대한 결정을 내렸다. 자

● 1년치 달력의 장마다 진기한 이야기들을 짧게 실었다.

기가 비용을 내서 거위치기 소년을 공부시키기로 한 것이다.

예비 과정을 마치고 피히테가 예나 대학교에서 공부하게 되었을 때 경제적인 측면에서 다시 어려움이 찾아왔다. 귀족 후원자인 토지 주인이 죽었는데 그 유산을 물려받은 사람들은 죽은 사람의 변덕스러운 후원을 계속할 뜻이 없었다. 피히테는 장학금을 신청했지만 받지 못했다. 그래서 과외 아르바이트를 하면서 힘들게 공부했다.

취리히에서 가정교사가 되어달라는 제안을 받은 뒤에야 피히테는 이런 곤궁에서 벗어날 수 있었다. 그는 아이들을 교육하기 전에 부모들을 먼저 교육해야 한다고 생각했다. 그래서 〈가장 눈에 띄는 교육의 오류들을 매일 기록함〉이라는 글을 작성해서 학생의 부모에게 매주 그것을 읽게 했다. 그들이 이런 일을 오래 참지 않고, 고분고분하지 않은 폭군적이고 오만한 가정교사를 마침내 집에서 내보냈다는 게 이해가 된다. 그게 누구 잘못인지 이해하지 못한 피히테는 동생에게 이렇게 써 보냈다. "나는 처음부터 고집 센 사람들을 상대해야만 했다. 하지만 내가 그들에게 나를 존중하도록 억지로 강요했기 때문에 나는 이미 작별을 선언한 셈이었다. 이런 작별을 취소하기에 나는 자부심이 너무 강하고 그들은 두려움이 너무 컸다."

취리히에 머문 일이 피히테에게 전혀 소득이 없었던 것은 아니다. 이 시기에 그는 사랑에 빠져서 약혼했기 때문이다. 사랑에 빠진 것을 두고 그는 때로는 이렇게 때로는 저렇게 말한다. 한편으로는 불타오르는 사랑의 편지를 썼다. "이 순간 내 가슴에 차올라 가슴을 거의 터뜨릴 것 같은 이런 감정들을 그대로 당신에게 쏟아놓을 수 있다면 얼마나 좋을까." 그는 심지어 애인에게 보내는 시도 한 편 썼다. 물론 단 한 편뿐이고, 그나마도 운율 하나 맞추는 데 한 시간씩 걸렸다고 고백하고 있긴 하지만. 다른 한편으로는 신중하게 망설이면서 동생에게 이렇게 써 보냈다. "결혼을 통해 날개가 잘리고, 다시는 벗어날 수 없는 멍에에 묶이기에는 내 안에 힘과 충동이 너무 넘친다." 하지만 신부가 아주 고분고분하게 피히테의 교육자 욕망을 따랐기 때문에 마침내 그는 가장 올바른 일, 곧 결혼을 했다.

가정교사 일자리가 끝나면서 피히테는 취리히를 떠나야 했다. 그는 라이프치히로 가서 약간 이상한 방식으로 밥벌이도 하고 유명해지기도 하려고 했다. 교육 영역에서 그토록 명백하게 실패했는데도 우선 왕자의 교육자가 되려고 시도했다. 그것이 잘 안 되자 약혼을 통해 영감을 받았는지 "여성 교육을 위한 잡지"를 발간하려고 했다. 물론 어떤 출판업자도 피히테 같은 남자에게 하필 이런 일을 맡기는 위험을 감수하려고 하지 않았다. 또한 비극과 단편소설도 역시 운이 없었다.

어떤 우연한 사건이 이런 온갖 실패로 인해 깊이 빠져든 무력증에서 그를 구해주었다. 이것은 그의 본질의 또 다른, 더 조용한 측면으로 그를 데려갔다. 어떤 학생이 그에게 칸트 철학을 가르쳐 달라고[일종의 과외] 청한 것이다. 이렇게 해서 피히테는 당시의 철학자들 중에서 가장 위대한 철학자의 글을 아주 철저히 읽게 되었다. 이 사건이 그의 마음을 얼마나 깊이 움직였는지가 한 편지에 나타나 있다.

"나는 취리히에서 아주 광범위한 계획들을 품고 돌아왔다. … 짧은 시간 안에 이런 전망들이 모조리 실패로 돌아가고 나는 거의 절망했다. 넌더리가 난 상태에서 칸트의 철학에 몸을 던졌는데 … 이것은 마음을 높이 들어올리고 머리를 깨뜨리는 것이었다. 나는 거기서 마음과 머리를 가득 채우는 일을 찾아냈다. 끝도 없이 퍼져나가려는 내 정신이 침묵했다. 그것은 그때까지의 내 생활에서 가장 행복한 나날이었다. 매일의 빵을 얻는 일에 곤경을 겪으면서도 나는 당시 아마 지구상에서 가장 행복한 사람 중 하나였을 것이다."

외적인 곤궁은 물론 그대로 남아 있었다. 피히테는 라이프치히에 머물지 못하고 바르샤바에서 가정교사 자리를 구했다. 하지만 취리히에서와 똑같은 일이 벌어졌다. 아이의 어머니와 잘 지내지 못한 것이다. 하지만 바르샤바는 적어도 한 가지 좋은 점이 있었는데, 그곳을 떠날 때 상당한 액수의 위로금을 받은 것이다. 이 돈으로 그는 멀리서만 존경하던 칸트를 찾아 쾨니히스베르크로 갈 수 있었다. 피히테는 분명 칸트에게 상당히 열렬하게 접근했을 것이고, 칸트는 처음에는 매우 조심스러운 태도로 망설이며 그에게 마음을 열었다.

하지만 새로운 자금은 금방 바닥이 났다. 칸트에게서 돈을 빌리려는 시도는 성과가 없었다. 그때 또다시 갑작스러운 행운이 그를 찾아왔는데, 이 폭풍 같은 남자의 삶에는 이런 행운이 꽤 많았다. 피히테는 4주 만에 〈모든 계시에 대한 비판의 시도〉라는 제목의 글을 썼다. 칸트는 이 원고를 칭찬하고 자신의 출판업자에게 이것을 추천했다. 출판업자는 실수로 저자의 이름이 빠진 채로 책을 발간했다. 온 세상은 이것이 칸트의 작품이라고 생각했다. 당시 사람들은 이 주제에 대해서 그가 어떤 발언을 할 것이라 기대하고 있었다. 당시 가장 중요한 학술잡지인 〈예나 문학신문〉조차도 다음과 같은 의견을 내놓았다. "인류를 위해 불멸의 업적을 세운 쾨니히스베르크의 철학자[칸트]의 저술을 조금이라도 읽어본 사람이라면 누구나 이 작품의 고귀한 필자가 누군지 알 수 있다." 그러다가 칸트가 아니라 피히테가 저자라는 사실이 알려졌을 때는 이 저술의 명성을 지우기에는 이미 때가 늦었다. 피히테는 이제, 칸트의 것이라 해도 손색이 없는 책의 저자로 여겨지게 된 것이다.

피히테는 교수로 바로 초빙받아 예나 대학으로 갔다. 그는 열광적인 환영을 받았다. 학생들이 그의 강의에 몰려들었다. 하지만 머지않아 그의 공격적인 성향은 그를 다시 어려움에 빠뜨렸다. 그는 당시 통제할 수 없는 상태에 있던 학생단체들과 대립했다. 학생들끼리는 "다른 것은 말고 대단한 싸움꾼이라는 공로"만이 높이 평가되고 있었다. 그들은 그의 강의에서 소동을 피우기 시작했다. 그리고 길거리에서 피히테 부인을 모욕했다. 마침내 그들은 자기들에게 적합하다고 여겨지는 무기인, 도로의 포장돌을 빼서 교수의 집 창문에 던졌다. 당연한 일이지만 피히테는 잔뜩 화가 났다. "나는 가장 고약한 범죄자보다도 더 고약한 취급을 받으며, 나와 내 가족이 사나운 젊은이들의 경솔함에 노출되어 있음을 본다."

하지만 동료들은 다음과 같은 이상한 이유를 들어서 이에 맞서는 조치를 거부했다. "교수의 창문이 자주 부서진다면 그것은 교수가 성실하다는 가장 명예로운 증거이다."

당시 예나 대학이 소속되어 있던 바이마르 공국의 교육·문화 장관 괴테는, 피히테의 나Ich 이론, 곧 절대적인 독립권을 지니고 '안-나'Nicht-Ich(비아非我)의 존재인 세계를 만들어내는 '나'를 암시하면서 상당히 심술궂게 다음과 같이 써 보냈다.

"당신은 그러니까 절대적 '나'[여기서는 피히테]가 엄청난 곤경에 빠지는 일을 겪었군요. 그곳에 만들어놓은 '안-나'[여기서는 포장돌]들이 상당히 예의 없게도 창문을 통해 날아다닌 것 말입니다. 신학자들이 우리에게 이야기해주는 대로 만물을 창조하고 보호하시는 절대적 존재[신]가 자기 피조물들과 잘 지내지 못하는 것처럼, 절대적 나도 같은 형편인 모양이지요."

이보다 더 중한 또 다른 사태가 발생하자 괴테는 진정시키는 방향으로 개입했다. 피히테의 학생 한 명이 독립된 종교란 없고 모든 신앙은 단순히 도덕일 뿐이라는 주장을 담은 논문을 썼다. 피히테는 이 논문을 발간하면서, 이 학생이 도달한 과격한 결론을 부드럽게 완화하기 위해 자신의 글을 덧붙였다. 그러자 피히테와 그의 제자가 무신론을 주장했다고 비난하는 익명의 팸플릿이 나타났다.

사태는 대단히 빠른 속도로 심각해져서 작센 선제후 정부는 그곳 주민의 자녀들을 더 이상 예나 대학에서 공부시키지 않겠다고 위협했다. 이 싸움은 좋게 조정될 수도 있었을 것이다. 예나 대학 동료인 극작가 실러와 괴테가 이런 방향에서 개입했지만, 이번에는 피히테가 그것을 방해했다. 그는 굴복하기보다는 차라리 "용감하게 몰락하기"를 원했다. 징계를 예고하자 그는 재빨리 문화부로 위협의 편지를 보내고 이어서 불친절한 방식으로 해직되었다.

다행히도 이 시점에 작센의 선제후보다 더 관용적으로 생각하는 군주가 있었다. 피히테는 새로운 활동 영역을 찾아 베를린에 갔는데, 경찰이 이 수상쩍은 사람의 베를린 체류를 반대하려고 생각하고 있을 때 프로이센 왕이 나섰다. "그가 사랑의 신과 적대관계에 있다는 게 사실이라면, 이것은 사랑의 신이 그와 해결하실 문제다. 나와는 상관이 없다."

이런 관용이 가능하다는 전망에 용기를 얻은 피히테는 베를린에 정착하고, 처음에는 강연을 하다가 마침내 당시 설립된 베를린 대학에 교수로 초빙받았다. 여기서 그는 활발한 활동을 벌인다. 그의 철학 강의의 날카로움과 심오함은 학생들뿐만 아니라 국가와 사회를 주도하는 남자들도 매혹했다. 오로지 프로이센 학술원만이 그를 회원으로 받아들이기를 망설였다. 유명한 의사 후펠란트는 그것을 보고, 그가 진짜 철학자이기 때문에 학술원의 철학 분과가 그를 받아들이지 않는 것이라고 비꼬았다.

이 시기[나폴레옹 전쟁이 벌어지던 때]의 정치적 혼란을 보면서 피히테는 베를린에서도 철학 강의에만 활동을 한정할 수 없었고, 또 그럴 마음도 없었다. 이제 그의 의도는 철학을 활동으로 만드는 일이었다. 그래서 그는 《도이치 민족에 고함》을 써서 프로이센 국가의 새 탄생을 위해 노력했다. 물론 자신의 이런 협조를 놓고 이상한 생각들을 전혀 안 한 것은 아니다. 해방전쟁(1813)이 시작되자 그는 자발적으로, 일종의 속인俗人 야전 목사가 되어 군대와 함께 출전해서, "전쟁 지휘자들을 신 안에 푹 담그겠다"는 의도를 밝혔다. 그러나 왕은 이런 청원을 거절하고 "승리한 다음에는 아마도 그의 웅변술을 쓸 수 있을 것"이라며 그를 달랬다.

피히테는 평화조약이 나오기까지 살아남지 못했다. 그의 아내가 야전병원 간호사로 자원봉사를 하다가 심한 열병에 걸렸다. 그녀는 회복되었지만 피히테가 전염되었고, 그는 1814년 쉰두 살로 죽었다.

나의 절대성 앞에서 세계가 사라지다

그렇게 정열적으로 행동을 향해 나아갔고 그러면서도 동시에 깊이 생각에 몰두하는 성향을 지닌 이 남자의 삶과 본질을 생각해보면, 그의 철학하기도 이런 두 요소들의 갈등 속에서 이루어졌다는 게 이상하지 않다. 그토록 결정적으로 행동을 중시했던 이 사람에게 행동, 곧 활동하는 '나'(자아)는 철학적 구상에서도 중요하지 않을 수가 없다. 다른 한편 깊이 가라앉아 생각에 잠기는 성향인 그에게 현실의 더욱 조용한 비밀도 열리지 않을 수가 없다. 피히테의 철학은 정말로 그와 같다. 그것은 절대적 행동의 생각으로 시작해서, 활동하는 '나'가 신적 특성이라는 심연에 가라앉는 것으로 끝난다.

첫 번째 요소와 관련해서 피히테는 맨 먼저 칸트의 생각에 합류했다. 칸트는 인간의 본질이 자유에 있다는 것을 보여주었다. 우리는 절대적 의무, 곧 도덕법칙의 체험에서 이런 자유를 확인할 수 있다. 피히테에게도 도덕성의 요구는 자유의 사상을 불러내고, 또한 양심에도 드러난다. 인간의 기본 본질이며 스스로를 확신하는 자유가 피히테의 모든 사유의 중심이 되는 이념이다. 그러나 그는 이 이념의 감추어진 본질을 깊이 생각함으로써 칸트가 한 것보다 더욱 과격하게 생각하기에 이른다.

피히테는 칸트의 자유 개념에서 일관성 없음을 발견한다. 나는 본질의 바탕에서 자유로운 것으로 여겨지기는 한다. 그러나 칸트는 동시에 그것이 극히 제한된다고 보았다. 특히 '나'가 인식 활동을 할 때 그렇다. 여기서 나는 자기 자신 아닌 어떤 것에 의존한다. 단순한 관점으로 흔히 생각하듯 현상으로 나타나는 사물들에 의존하는 것은 아니다. 그렇다면 인식의 역할은 사물들을 그려내는 것으로 끝날 것이니까. 칸트는 그게 아니라 인식에는 주체의 자기 활동성이 여러모로 작용한다고 보았다. 하지만 칸트의 '나'는 사물들의 표상을 완전히 자신의 자유로부터 만들어내는 것이 아니다. 나는 자기 바깥에 있는 무언가에 의존한다. 감각에 드러나는 '사물 자체'에 의존하는 것이다.

독립적으로 존재하는 사물 자체에 의한 이런 제한은, 피히테에게는 자유라는 개념과 맞지 않는 것이다. 자유를 인간의 기본 본질이라고 생각한다면, 나에게 일어나는 모든 것, 따라서 나의 인식도 그런 자유의 행동이 되어야 한다. 올바르게 이해된 자유 개념으로 보자면 나와 나란히 독립적으로 존재하는 세계란 있을 수가 없다. 우리에게 세계로 보이는 것, 우리를 둘러싸고 있는 사물들 전부는 실제로는 전혀 존재하지 않는다. 그것은 인간이 저 자신으로부터 만들어낸 그림에 지나지 않는다. 그러니까 창조적인 '나'가 자신의 자유 속에서 만들어낸 세계 구상이다. 이러한 세계 형성은 의식적으로 이루어지지 않고 의식된 모든 상태보다 이전에 이루어진다. 하지만 바로 여기서 세계를 형성하는 나는 다른 것의 영향에서 독립되어 있고, 따라서 자유롭다.

그래서 피히테의 생각은 도이치 관념론의 시작을 이룬다. 관념론의 기본사상은, 오로지 이념적인 것, 정신적인 것, '나'만이 자유롭게 존재한다는 생각이니 말이다. 세계현실은 오로지 우리의 표상들 안에서 우리에게 주어진다. 다만 이런 표상들은 세계에 의해 만들어진 것이 아니라 우리 자신이 만들어낸 것이다.

활동적인 삶의 철학자는 이런 생각에서 자기 자신을 찾아냈다. 모든 현실은 그에게는 나의 활동이 된다. 그와 같은 자유로운 활동에 최종적으로 귀속되지 않는 것은 아무것도 없다. 오로지 자유로운 상태의 나만 진짜로 있다. 이런 자유 때문에 그것은 절대적 나다. 이것은 무시무시한 사상이며, 피히테처럼 정신의 폭력성을 지닌 사상가만이 그런 생각을 할 수 있다. 여기서 현실을 지배하는 인간의 힘은—근대의 엄청난 노력은 그런 힘을 얻기 위한 것이었다—그 극단에 이르렀다.

세계가 사라지자 '나'도 사라지다

피히테는 인간의 '나'를 절대적 '나'로 올려보내기 위해 높은 대가를 치러야만 했다. 제한이 없어진 나의 자유 앞에서 현실의 모든 고유한 특성들이 사라지기 때문이다. 나의 절대성이 세계를 몰락하게 만든다. 그러나 해체는 그보다 더 깊이 내려간다. 피히테가 생각한 것같이 그토록 절대적인 것이 된 자유로운 나는 비어 있는 나가 된다. 나의 밖에는 아무것도 존재하지 않는다. 신도 없고 다른 인간도 없고 세계도 없다. 이 절대적 나는 가장 차가운 고독 속에 존재한다. 그것은 자유롭기는 하지만, 그러나 비현실이 된 현실에서 이런 자유로 대체 무엇을 할 수가 있단 말인가?

모든 현실을 없앰으로써 마침내 나의 본래의 현실도 사라진다. 존재하는 것처럼 보이는 모든 것이 해체되어 단순한 생각 속 표상들이 되고 만다면, 유일한 존재인 나는 이런 운명에서 벗어날 수 있는가? 사유가 모든 있음의 지양(해체)을 나에게도 적용하는 것을 어떻게 방해한단 말인가? 나도 결국은 생각된 것에 지나지 않는데 말이다. 나는 "없음에서 없음을 만들어내는 장난스럽고 비어 있는 형성자"인 오성이 만들어낸 "단순히 꾸며낸 것(허구)"일 뿐이다. 피히테 자신이 이런 결론을 끌어낸다.

"나는 어디서도 어떤 있음도 알지 못하며 나 자신의 있음도 알지 못한다. 어떤 있음도 없다. 나 자신이 도대체 아무것도 알지 못하고, 있지도 않다. 그림들일 뿐이다. 여기 있는 유일한 것은 그림들뿐이다.

그리고 이런 그림들은 자기 자신에 대해 그림의 방식으로 안다. 둥둥 떠서 스쳐 지나가는 그림들, 그들이 스쳐 지나갈 그 어떤 것도 없이 그렇다. 그림들의 그림들을 통해 한데 모아놓은 그림들, 그들이 본뜬 그 어떤 것도 없고, 의미도 목적도 없다. 나 자신도 이런 그림들의 하나다. 아니, 나는 그것도 못되고 그냥 그림들이 뒤엉킨 그림일 뿐이다. ― 모든 현실은 변해서 이상한 꿈이 되고, 꿈에 나타날 삶도 없고, 꿈을 바라볼 정신도 없다. 자기 자신에 관한 꿈에 요약된 꿈속에서 말이다."

이런 관념론에서는 "세계, 그리고 그와 함께 우리 자신도 절대적 없음으로 가라앉아" 버리는데, 칸트는 이런 과격한 관념론의 끔찍함을 느꼈다. 그는 피히테의 《지식학》에 대해 이렇게 썼다. 그것은 "일종의 유령처럼 보인다. 그것을 붙잡았다고 믿으면 그 어떤 대상도 잡지 못하고 언제나 오로지 자기 자신만을 붙잡게 되며, 그나마도 그것을 붙잡은 손만 눈앞에 보인다."

세계와 '나'가 완전히 해체되는 이런 소용돌이에 놀란 피히테는 자유에 대해 한 번 더 깊이 생각한다. 그는 자유가 저 자신을 없애버리지 않으려면, 제한 없는 절대성 속에 있을 수 없다는 사실을 발견한다. 자유는 원래의 한계들을 찾아내는 경우에만, 또한 자유가 절대성 속에 있으면서도 동시에 스스로 유한한 자유임을 깨닫는 경우에만 몰락에서 벗어날 수 있다.

그에 따라 피히테는 '나'가 본질의 바탕에 이르기까지 절대적이며 동시에 유한하다는 사실을 보여준다. 인간은 처음에 보이는 것처럼 순수한 절대성이 아니다. 그는 절대성과 유한성의 대립이다. 피히테의 대담한 사상이 순수한 절대성을 건드리기는 했지만, 그는 이런 절대성 안에서 자신을 잃어버리지 않았다. 피히테는 자기 자신을 넘어선, 절대적이고 거대한 '나'의 예언자가 아니다. 이런 '나'에게서 인간의 인간성은 붕괴된다. 피히테는 모순의 사상가다. 가장 깊이 모순된 존재인 인간의 삶에 바탕이 되는 모순 말이다.

자유의 바탕으로 내려가 절대적 신을 만나다

피히테에게는 '나'가 자기 바깥에 자기와 같은 다른 존재들이 있다고 전제해야 한다는 사실에서 나의 유한성이 가장 뚜렷하게 나타난다. 우리는 사물들을 나의 단순한 표상 속 그림들이라고 생각할 수는 있겠지만, 그러나 세계에는 사물들만이 아니라 나 말고 다른 사람들도 있다. 피히테는 이들을 단순한 표상들로 여길 수는 없었다. 자유의 사상은 다른 사람들에게도 자유로운 개성이 있음을 보도록 강요한다.

그래서 피히테는 다음의 사실을 인정하지 않을 수 없다. 자유로운 나와 그 창조적인 힘에서 만들어져 나온 사물들의 세계와 나란히, 또 다른 자유로운 나들이 있다. 하지만 이로써 그의 생각의 출발점이 바뀌지 않으면 안 된다. 이제는 고립된 나가 아니라 자유로운 존재들의 공동체, 곧 "정신들의 왕국"이 출발점이 된다.

하지만 다른 인간들을 통해 이렇게 자유를 제한하는 것만으

로는, '나'가 자신을 절대적인 것으로 여길 위험을 완전히 차단할
수가 없다. 자유가 또 다른 결정적인 점에서 자신의 한계를 경험
해야만 비로소 그런 위험을 차단할 수 있다. 눈길이 자유의 근원
으로 내려가야만 이런 한계가 보인다.

피히테는 우리의 자유가 자유 자체가 아니고 이미 그 바탕부
터 특정한 자유라는 사실에서 출발한다. 자유는 양심에 뿌리를 박
고 있다. 그래서 우리는 자유를 마음대로 사용할 수가 없다. 자유
의 근원에서는 더욱 깊은 필연성이 지배한다. 피히테는 이런 근원
적인 필연성의 어둠 속으로 더듬어 내려가서 자유의 뿌리에서 가
장 앞서 있는 것을 찾아내려고 했다.

자유의 바탕으로 되돌아가는 사람은 자유를 자기 뒤에 남겨
놓아야 한다. 자유는 자신의 근원을 향한 순수한 가리킴으로 변해
야 한다. 자유는 저의 강력함이 몰락하는 것을 받아들여야 한다.
죽어가면서 참으로 살아 있는 현실인 그 바탕을 드러내기 위해서
다. 이것은 "유한성에는 절대로 면제될 수 없는 운명이다. 오로지
죽음을 통해서만 그것은 삶에 이른다. 죽어야 하는 존재는 죽어야
하며, 그 무엇도 그것을 그 본질의 강제에서 해방하지 못한다." "나
는 완전히 절멸되어야 한다." 후기의 피히테는 특히 그가 완벽한
이기심의 시대라고 부르는 자기 시대를 바라보면서 이것을 인간
의 가장 절박한 과제라고 본다.

인간이 자기 권한을 이렇듯 과격하게 죽여버림을 받아들인다
면, 그는 실로 자기 자신을 넘어선다. 이 마지막 의미에서 자유의
절대성을 포기하는 사람은, 자유가 제 스스로를 만들어내지 않았

다는 사실을 발견한다. 그는 자신의 근원에서 참된 절대성, 곧 신을 본다.

"최고 자유를 통해 인간이 자신의 자유와 자신의 힘을 포기하고 잃어버린다면, 그는 유일하게 참된 신적인 있음의 … 일부가 된다."

이제는 절대적 나 대신 절대적 신이 등장한다. 이것은 피히테의 사유에서 위대하고 결정적인 방향 전환이다. "신만이 있고 신이외에는 아무것도 없다"라고 이제 그는 말한다. 인간은 자기 자신으로만 보면 아무것도 아니다. 그의 본질은 그가 "신의 여기있음이며 계시"라는 것이다.

후기 피히테의 이런 생각에서 절대적 나의 자기 영광은 최종적으로 깨진다. 하지만 그것은 파괴하는 붕괴의 폭력성으로 이루어진 일은 아니었다. 그보다는 조용한 방식으로 '나'는 제 기원인 거룩함 안으로 가라앉고, 그의 자유는 신의 자유 속에 감추어진다. "신 안에서의 삶은 신 안에서의 자유다." 이것이 자유의 반란자인 피히테 철학의 마지막 발언이다.

셸링

혹은
절대성에 홀딱 반함

22

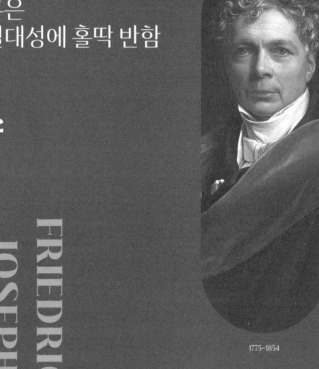

1775-1854

FRIEDRICH WILHELM
JOSEPH SCHELLING

1854년 8월 20일에 프리드리히 빌헬름 요제프 셸링이 거의 여든 살 나이로 죽었을 때 친구인 바이에른의 막시밀리안 왕은 그의 묘비에 다음과 같은 말을 새기도록 했다. "도이칠란트 최초의 사상가에게." 하지만 그보다 4년 전에 그의 가장 고약한 적이던 아르투어 쇼펜하우어는 셸링이 "인류를 위한 고귀한 사상가 그룹에 받아들여질 수 없다"고 썼다. 이 철학자에 대해서 동시대는 이렇듯 엇갈리는 평가를 한다. 이런 상반된 평가는 그의 평생 계속된 일이다. 셸링은 다른 어떤 사상가보다도 논란의 여지가 많고, 열정적으로 숭배되기도 열정적으로 비난받기도 하고, 사랑받기도 동시에 미움받기도 한 사람이다.

쇼펜하우어는 그의 사상을 "가짜철학", "일상-속으로-경박하게-끼어드는-수다", "고귀한 척하는 주제넘은 지껄임"이라고 불렀다. 많은 동시대 사람들이 이런 경멸의 어조에 찬성한다. 철학자 루트비히 포이어바흐는 "나쁜 양심의 철학"과 "19세기의 철학적 칼리오스트로*의 신지학神智學 익살"이라고 말했다. 또 다른 적대자는 셸링의 철학이 "절대적 공허에서 공연된 익살극"이라고 했다.

다른 이들은 다르게 판단한다. 당시의 유명한 박물학자(자연탐구가)인 알렉산더 폰 훔볼트에게 셸링은 "도이치 조국의 가장 정신적인 인물"이었다. 프로이센 왕은 "신이 선택한, 이 시대의 스승으로 부름받은 철학자"인 그에게 베를린 대학으로 오라고 간청했다. 괴테는 셸링에게서 "우리가 오랫동안 알고 존경해온 탁월한 재능"을 찬양한다. 또한 셸링의 사상에서 "대단한 깊이와 대단한 명료함이 언제나 즐겁다"고 말하기도 했다. 적들이 과도한 미움으로 셸링을 유다나 악마 루시퍼와 비교한다면, 숭배자들도 과도한 경탄으로 그를 두 번째 그리스도로 만들었다.

엇갈린 평가, 모순 많은 성품

한 사상가가 셸링처럼 극도로 논란의 여지가 많다면 그의 성품도 보통 우리가 철학자들에게 기대하는 균형 잡힌 기질과는 거리가 먼 긴장감을 드러낼 거라고 추측할 수 있다. 실제로 셸링의 본질은 모순으로 가득 찬 것이다.

● 18세기의 시칠리아 출신 마법사이며 사기꾼. 파리에서 큰 성공을 거두었다.

한편에는 셸링이 자기 시대의 정신적 강자들에게 맞설 때 보여준 담대함이 있다. 자기 개인과 자기의 일에 맞서는 적들에 대한 과격한 논쟁에서 자주 터져 나온 담대함은 그때까지 알려지지 않은 사상의 영역으로 전진할 힘을 주었다. 경직된 신학의 사슬에서, 동시에 튀빙겐 대학의 강단철학자들에게서―그는 이들을 가리켜 "철학적으로 반쪽짜리 인간들"이라고 비웃으며 거부했다―벗어나자마자, 그리고 칸트와 피히테의 사상에서 혁명적인 특성을 붙잡자마자 그는 있는 정열을 다해 철학 논쟁 속으로 뛰어들었다. 그러고는 스무 살에 벌써 성공을 굳게 믿으며 사상의 구상들을 쏟아놓았다. 확신에 가득 차서 그는 친구인 헤겔에게 이렇게 써 보낸다. "젊은 남자들이 모든 것을 감행하기로 굳게 결심하고 서로 힘을 합하여 여러 측면에서 동일한 작업을 하는 것이 중요하다. … 그러면 승리를 얻을 수 있다."

하지만 더 나이 든 셸링에 대해서도 그의 가장 중요한 제자인 슈테펜스는 셸링이 "무력감에 빠진 시대의 논리에 용감하게 위협적으로 맞선"다고 말한다. 셸링의 친구이자 뒷날 그의 아내가 된 카롤리네가 아마도 가장 깊이 그의 본질에 들어 있는 담대함과 폭력적인 요소를 알았을 것이다. 그녀는 그가 "진짜 근원의 자연이고 광물로 치면 진짜 화강암"이라고 말한다.

밖으로 작용하려는 이런 격렬한 충동에 맞서 은둔을 향한 강력한 충동도 있었다. 뒤의 충동은 시간이 흐르면서 점점 더 강해진다. 특히 사랑하는 아내가 죽자 셸링은 자기 내면으로 물러났다. 그는 이렇게 쓴다. "그녀는 이제 자유롭다. 그리고 나는 그녀와 함께 자유롭다. 나를 이 세상에 묶어두던 마지막 유대가 끊어졌다." 얼마 뒤 서른여섯 살이 된 셸링은 이렇게 말한다. "나는 점점 더 은둔을 갈망한다. 나 자신에 관해서라면 내가 가장 생생히 확신하는 것을 위해 일하기를 그만두지는 않겠지만, 내 이름이 더 이상 불리지 않는 것이 좋겠다." 너무 서두른 철학적 구상의 시간에 뒤이어 침묵의 시기도 따라온다. 셸링은 이제 강단에도 별로 서지 않고 또 얼마 안 되는 창작의 성과들마저 거의 출간하지 않았다. "해가 가고 날이 갈수록 세상과 어느 정도 멀어지면서 나의 일에서 … 행복을 느낀다. 거기서만 내 삶이 전부 요약되고, 또 일이 완성에 다가갈수록 눈앞에 놓인 영원한 평화를 미리 맛본다는 느낌이 나타나기 때문이다."

밖을 향한 충동과 자기 내면으로 침잠하고자 하는 갈망 사이의 긴장은 셸링의 인간관계도 지배했다. 젊은 학창 시절에는 튀빙겐 신학교에서 친구들과 긴밀한 우정을 나누었다. 이들 그룹에는 헤겔과 횔덜린도 있었다. 나중에 예나와 드레스덴에서 셸링은 낭만주의 작가와 문필가들과 친해졌다. 슐레겔 형제, 티크, 노발리스 등과 가깝게 지내면서 당시 정신의 영역에 나타난 새로움과 폭풍같은 감정에 함께 열광했다. 그의 연설이 청중에게 막강한 힘을 발휘한다는 증언들이 많다. 슈테펜스는 셸링이 강의할 때의 모습을 이렇게 서술한다. "커다랗고 맑은 눈에는 정신적으로 명령하는 힘이 있었다." 시인 플라텐은 셸링의 말이 끝난 다음 이따금 "죽은 듯한 정적"이 흐르곤 했다고 말한다. "마치 청중 전체가 숨을 멈춘 것처럼."

그러나 세상을 향해 열려 있는 애착에 맞서 폐쇄성을 지향하는 우울한 기질도 있었다. 셸링은 모임에서 자주 뚱하니 접근하기 힘든 모습을 보였다. 이따금 친구들이 즐겁게 이야기를 나누는 동안 아무 말도 하지 않고 가만히 앉아 있곤 했다. 실러는 셸링과는 카드놀이를 할 수 있을 뿐 중요한 대화를 나눌 수 없다고 불평했다. 셸링은 이따금 벗어날 길 없는 슬픔에 잠겨 자살 생각에 빠져들었고, 아내 카롤리네는 괴테에게 그를 어떻게 좀 해달라고 부탁하는 수밖에 달리 도리가 없었다.

게다가 친구들에 대한 애착이 갑자기 냉혹한 거부감으로 바뀌는 수도 있었다. 초기에 헤겔과 그토록 친하게 지내다가 나중에는 쓰라린 적대감으로 바뀐 것이 그 가장 심한 예다. 마지막에 셸링은 세계에 심히 거리를 두었기 때문에 당시 어떤 사람은 이렇게 썼다. "그는 우리에게 지혜로운 뜻이 잔뜩 담긴, 은둔자의 설교 같은 말을 해주지만, 거기에는 현대적 특성도, 메아리도, 감동도 없다."

이 모든 갈등과, 삶과 체험의 절정과 바닥은 인간 셸링이 사상가 셸링을 위해 바친 희생이었다. 영혼의 긴장 상태에서 그의 통찰의 힘과 깊이가 성장했기 때문이다. 삶의 의문스러움에 자신을 노출시켜서만 그는 자신에게 주어진 철학적 운명을 다할 수가 있었다. 곧 절대적인 것(절대성)das Absolute의 사상가가 되는 일, 절대적인 것을 향한 사랑을 통해 삶의 찢김을 받아들이는 사람이 된다.*

● 셸링은 도이치 관념론 철학을 대표하는 피히테의 뒤를 이어 독일 낭만주의 문학운동에 가장 결정적인 영향을 준 철학자이다. 자연철학과 예술철학 영역에서 독특한 사유세계를 보이지만, 그것은 현실이 아닌 관념의 영역을 지향한다. 손으로 잡거나 눈으로 볼 수 있는 것 너머

자신의 바탕에서 절대적인 것을 찾아내다

셸링에게는 처음부터 절대적인 것이 문제다. 처음에 그는 피히테에 합세했다. 피히테가 그렇듯이 초기의 셸링에게도 인간의 '나'가 철학의 최고 원칙이라는 점을 입증하는 것이 무엇보다도 중요한 일이었다. '나'는 유일한 본래의 현실이고, 자신의 가장 본래의 자유에 근거하며, 셸링이나 피히테가 똑같이 표현하듯이 그것은 "절대적 나"이다. 그에 비하면 다른 모든 현실은 단순히 이런 나의 표상에만 존재한다.

그러나 이런 관점마저도 절대적인 것에 너무나 열렬히 빠져 있는 셸링의 사유를 만족시키지 못했다. 철학을 할 때 언제나 절대적인 출발점이 되는 유한한 인간적 '나'에서, 그는 단순히 인간적이지 않은, 유한하지 않은 요소를 찾아냈다. 그는 이것을 "우리 속에 있는 영원한 것"이라 불렀다.

인간이 자기 내면을 내려다보면, 나 속에 들어 있는 절대적인 기반에 부딪히게 된다. 보통의 정신적, 영적 가능성들을 넘어서는 하나의 특별한 가능성이 인간에게 주어져 있어서 그것이 가능하다. 이것은 곧 "지성적인 바라봄"이다.

"우리 모두에게는 비밀스럽고 경이로운 능력이 있다. 시간의 변화에

저편에 있는 사유세계를 다루기 때문에 일상의 언어로는 그의 생각이 잘 잡히지 않는다. 셸링 항목에 나타나는 이상한 표현들은 이런 점을 고려하고 읽어야 한다. 현실이 아니라 머리나 정신 속에 있는 것을 일상 언어로 잡아내려고 하는 데 따르는 근본적인 어려움이다.

서 벗어나 바깥에서 덧붙여진 것을 벗어버린 가장 안쪽 내면의 자기Selbst로 돌아가고, 거기서 불변성의 형식으로 우리 속에 있는 영원한 것을 바라보는 능력이다."

이렇게 지성적인 바라봄에서 인간은, 자신의 바탕을 내려다보다가 부딪히는 것이 자기 자신 이상의 것, 곧 절대적인 것이고 신적인 것이라는 사실을 발견한다. 여기서 나타나는 것은 인간적인 나의 바탕이 아니라 동시에 다른 모든 현실의 바탕이기 때문이다. 따라서 철학의 과제이기도 한데, 현실 전체를 파악하려는 사람은 현실의 절대적인 바탕으로 들어가 보아야 한다. 셸링은 철학이 유한한 관점들을 뒤에 두고, 절대적인 것의 관점으로 올라서기를 요구한다. 철학하는 사람은 유한한 인간이지만 모든 것을 신의 관점에서 관찰해야 한다. 이것은 젊은 셸링이 자신에게 내놓은 실로 거인적인 과제다.

절대적인 것을 향함으로써 셸링은 자기 시대의 가장 깨어 있는 정신들을 사로잡은 운동 한가운데 서게 된다. 당시 어디서나 무한성을 향한 동경이 움직이고 있었다. 스피노자가 생각한 오래된 사상이 어디서나 새롭게 나타났다. 곧 나뉘어 있는 모든 것이 바탕에서는 하나라는 것, 모든 현실은 단 하나의 근원에서 나왔다는 것, 셸링의 표현처럼 "우리의 안이나 우리의 밖에 신적인 것 말고는 그 어떤 현실적인 것도 없다"라는 생각이다. 여기서 신적인 것이란 기독교 이론이 가르쳐준 신이 아니다. 낯선 세계에 마주선 창조주가 아니다. 그것은 존재하는 모든 것 속에서 가장 내적인 원칙으로 작용하는 무한한 생명이다.

자연의 생명성과 '감추어진 신'인 자연

이런 관점 아래서 무엇보다도 자연이 새로운 조명을 받는다. 피히테는 모든 현실에 대해 그랬듯 자연도 인간에게 의미가 있는 방향으로만 생각했다. 그에게 자연이란 인간이 자신의 윤리적 과제를 실현하는 장소다. 이것은 "자연을 완전히 때려죽이는 일"이다. 그에 반해 이제 새로 등장하는[신세대] 사상가들과 철학자들 사이에서는 헤르더와 괴테의 자극을 받은 새로운 자연감정이 싹트고 있었다. 그들은 자연에서 인간을 위한 가치가 아니라, 자연 자체의 생명성을 보려고 했다. 동시에 신적 특성(신)의 창조적 힘이 자연 안에서 어떻게 작동하는지도 파악하려고 했다.

셸링도 이런 관점에서 자연을 바라본다. 그는 자연철학을 구상하여 그것을 피히테 방식의 자연 경시輕視에 마주 세웠다. 초기 셸링의 가장 중요한 시대사적 업적은 바로 여기에 있다. 그의 자연철학은 물론 오늘날 우리가 생각하는 것과는 원칙적으로 다르다. 자연을 이해하는 개념과 방법을 해석하거나 아니면 자연과학의 결과를 요약하는 문제가 아니다.

셸링은 자연을 하나의 유일한 유기체라고 이해하려고 한다. 그 안에 있는 모든 것이 살아 움직이는 유기체 말이다. 생명이 없는 사물도 이런 관점에서는, 단순히 생명이 소멸된 것일 뿐이다.

자연의 내적인 생명성은 어디에나 나타나는 양극성에서 가장 뚜렷하게 볼 수 있다. 유기체가 아닌 영역에서는 예를 들면 자력磁力과 전기電氣에 나타나는 양극, 유기체의 영역에서는 수컷과 암컷의 양립, 자연 전체에서는 중력과 빛의 대립 같은 것이다. 이와 같은 양극성들에서 자연은 살아 있는 거대한 생성Werden으로서 하나하나의 생산물에서 자신을 현실로 드러낸다.

자연철학 마지막에, 자연의 이런 끊임없는 생성이 최종적으로 어디를 향하는가 하는 물음이 나타난다. 셸링은 정신을 향한다고 대답한다. 인간의 정신은 최고의 자연 생산물이니 말이다. 이런 관점에서 보면, 자연은 생성 중인 정신으로 이해된다. "아직 의식이 없는, 근원적인 정신의 시詩"이다. 그러나 정신이 자연을 앞지르면서, 동시에 자연 속에 깃든 소질을 완성한다.

셸링이 생각하는 현실은 서로 뒤섞인 두 단계를 포함한다. 곧 자연의 무의식적인 단계와 인간 정신의 의식적인 단계다. 셸링은 인간 정신의 영역에서도 자연에 작용하는 것과 같은 법칙들을 찾아냈다. 인간 정신의 삶도 갈등과 양극성, 대립들과 또 대립들의 해소에서 완성된다는 것이다. 이것을 해석하는 것이 정신의 철학의 과제다. 정신의 철학은 자연철학을 보충하면서 그와 나란히 등장한다. 그러나 이 두 가지, 곧 자연과 정신은 하나의 통일된 과정으로 생각된다. 자연과 정신의 현상들은 모두 "거대한 하나의 유기체의 팔다리들이다. 이 유기체는 제가 뿌리박은 자연의 심연에서부터 정신의 세계로 올라간다."

셸링에게서 결정적인 것은 자연과 정신, 이 두 가지가 절대적 관점 아래서 관찰된다는 사실이다. 말하자면 이들 속에서 창조하는 신적 특성(신)이 지배한다는 것이다. 이것은 먼저 자연에 대해 발언되었다. 모든 자연의 사건에 신적 특성이 작용한다. 따라서 셸링에게는 모든 자연 존재는—나무, 짐승, 심지어는 한 조각 광물까지도—단순히 관찰이 가능한 바깥 세계의 사물이 아니라, 동시에 그 안에서 지배하는 신적인 생명의 표현이기도 하다. 자연은 "감춰진 신"이다.

신은 자연과 정신으로 나뉘었다가
예술작품에서 다시 통일성에 이른다

그러나 아직 자연은 신의 계시[신이 자신을 드러냄]가 아니다. 이성理性이 비로소 "신의 완벽한 대립상"이다. 따라서 현실에 신이 나타나 있다는 측면에서는, 정신과 정신의 역사라는 영역이 [자연보다] 뛰어나다. "전체로서의 역사는 발전하면서 점차 모습을 드러내는 절대적인 것의 계시다."

　역사는 "신의 정신 안에 쓰인 시"다. 신의 현실화 과정은 자연과 정신을 관통해 이루어진다. 셸링에게는 예술은 이 사건의 마지막에 나타난다. 그의 예술철학은 이 사상가의 가장 고유하고 독특한 산물이다. 셸링은 예술도 생성 중인 신적 특성이라는 관점에서 바라본다. 예술은 "절대적인 것에서 직접 흘러나오는 필연적인 현상", 바로 신적 특성의 "유일하고 영원한 계시"다.

물론 예술은 신적인 것이 세계에 나타나는 두 가지 방식[자연과 정신]을 넘어서 있다. 서로 나뉜 그들의 노선이 예술 안에서 하나로 합쳐지기 때문이다. 예술작품은 인간 자유의 가장 섬세한 행위다. 그런 의미에서 예술작품은 정신 영역에서 최고의 것이다. 동시에 그것은 물질의 형태를 띤다. 이런 의미에서 예술은 자연의 필연성에도 동참한다. 그러므로 자연과 정신, 필연성과 자유가 예술작품에서 화해에 이르게 된다. 신은, 자연과 정신으로 나뉜 길을 통과한 다음 예술에서 자신의 본래 통일성에 도달한다.

"예술은 '가장 신적인 것'을 철학자에게 열어준다는 점에서 최고의 것이다. 자연과 역사로 나뉘었던 것이 여기서 영원하고 근원적인 합쳐짐 속에 하나의 불꽃을 이루어 타오른다."

모든 현실적인 것을 신의 자기 계시라고 이해한다면, 신 자신을 어떻게 생각해야 할 것인가 하는 물음도 피할 수 없이 나타난다. 셸링의 생각은 실제로 끊임없이 이런 물음의 방향으로 나아간다. 그는 절대적인 것(절대성)의 비밀을 탐색한다. 처음에 그는 절대성을 정신의 본질, 곧 절대적 나라고 생각하려고 했다. 그러나 신적 특성은 정신의 영역뿐만 아니라 자연의 영역에서도 드러난다는 사실이 밝혀졌다. 그렇다면 하나의 나, 하나의 주체라는 신의 규정은 충분치가 못하다. 그보다는 신은 자연과 정신, 나와 안-나, 주체와 객체의 대립을 넘어선 것으로 생각되어야 옳다. 셸링이 신을 가리켜 "완전한 무관심", 혹은 "절대적 동일성"이라고 부르는 것은 바로 이런 뜻이다. 신은 통일성의 지점이다. 현실의 대립들은 모두 이 통일성의 지점에 공통의 기원과 공통의 목적을 두고 있다.

물론 옛날 친구 헤겔은 이 사상을 비웃는다. 그는 셸링의 "무관심한 절대성"을 "밤"이라고 불렀다. "흔히 말하는, 젖소마저 새카맣게 보이는 밤"이라고 말이다. "신과 우주가 하나"라는 이런 신 개념에서 유한한 현실의 독자성이 해체되려고 한다. 모든 것이 하나의 무관심한 절대성 안에 본질을 둔다는 한에서만 존재한다면, 사물 사이의 모든 차이점은 사라지고 이들은 마지막에 단순한 허깨비가 되고 말 것이다.

하지만 우리는 사물들을 현실로 경험한다. 물론 그 현실이란, 이런 사물들이 궁극적으로 신에게서 나왔다고 여길 수 있을까, 의심스러운 종류의 것이긴 하다. 셸링 자신이 강조하듯이 자연에는 "비합리적이고 우연한 특성", "무질서한 카오스 태생"들도 있다. "자연의 내적 자기분열"이 있다. 살아 있는 것들의 영역에는 어두운 집착과 욕망이 있다. "신적 특성이 마치 두려움으로 가득 찬 세계를 지배하는 것처럼" 보인다.

인간 안에도 정신의 밝음 아래 쪽에는 이성을 잃은 충동이 있다. 인간의 삶은 "불쾌함과 두려움의 삶"이다. 인간의 더 높은 본성을 가장 고귀하게 드러내는 자유조차도 비합리적인 것에서 나온다. "모든 개체성은 어두운 바탕 위에 자리 잡고 있다." 그렇다, 인간은 자유로움 속에서도 자신 위에 자신을 세우려는 대담한 시도로 근원에 저항할 수 있다. 그래서 역사의 세계는 "위안 없는 연극을 보여주기 때문에, 나는 세계의 목적과 그 참된 바탕에 대해서도 완전히 절망하게" 된다. 셸링은 다음과 같이 요약한다. "세계와 인류의 운명은 본래 비극적이다." 현실의 최종적인 모습은 "모든 있음의 불행"이다.

신의 세계 되기와 도로 자기의식에 이르는 길

여기서 셸링은 이렇게 문제가 많은 현실이 신에 바탕을 두고 있을 리가 없다는 결론을 끌어내지 않는다. 그와는 반대로 현실의 고집 스러운 요소를 신을 통해 파악해야 한다고 주장한다. 그것은 신에 대한 생각이 바뀌어야 가능한 일이다. 절대성에 편입되기를 저항하는 저 사물들과 사건들도 신에게서 나온다면, 그들은 신 안에 독자적인 어떤 뿌리를 둔다고 보아야 한다. 그러니까 "부정적인 요소를 신 안에 집어넣어야" 한다. 신의 통일성을 해치지 않은 채 신이 자기 안에서 모순된다고 생각해야만 한다. 그러니까 신적 특성이 원래 두 요소로 나뉘어 있다고 생각하지 않을 수 없다. 어두운 바탕―신 안에 있는 자연―과 의식을 가진 신적 정신의 두 가지로 말이다.

이런 두 가지 근원 요소들로부터 신의 생성Werden(되기)이 나타난다. 셸링은 어두운 사변들에서, 신적 특성이 자기 자신에게서 나와 스스로 자신의 외적 표현인 세계가 되는 과정을 파헤치려고 한다. 슐레지엔의 위대한 신비주의자 야코프 뵈메의 생각에 기대서 그는 신 안에서 그 자유의 파헤칠 수 없는 요소로부터, 신의 어두운 바탕이 정신과의 결합을 끊으려는 충동이 되는 것을 보여주려고 한다. 즉, 나눌 수 없는 신의 본질에서 벗어나려는 충동이다.

셸링은 이것을 신의 "고통의 길"이라 부른다. 이 길에서 신은 "자기 본질의 온갖 두려움들을 맛본다." 그러나 이런 신의 길이 바로 신의 "세계 되기"의 시작이다. 신이 자신의 통일성을 벗어나 자신을 자기 자신 위에 세우려고 하는 충동이 바로 우리 눈에 자연의 모습으로 나타난다.

그러나 신적 특성은 이렇게 자신으로부터 멀어짐에서 다시 자신과의 통일성으로 되돌아가려고 한다. 이런 되돌아감(귀환)의 결정적 지점은 바로 인간이다. "인간 안에는 가장 깊은 심연과 가장 높은 하늘이 있다." 인간은 자신의 자유에서 신의 되돌아감을 위한 극단적인 가능성에 이른다. 동시에 그는 정신이고, 자신의 자유 덕분에 자신도 신적인 정신을 향할 수 있다. 신적 특성에서 떨어져 나간 부분[신의 어두운 바탕, 곧 자연]이 근원으로 되돌아가는 것은 인간과 더불어 시작된다. 그로써 신 안에서 충동과 정신의 화해도 시작된다. 그와 더불어 유한한 세계도 무한성 속에 함께 받아들여진다. 그래서 셸링은 이 과정 전체를 돌아보면서 이렇게 말한다. "우주와 그 역사의 위대한 의도는 화해의 완성이며, 도로 해체되어 절대성 안으로 받아들여지는 것이다." 그러나 신의 관점에서 보면 이 과정은, 신이 자신의 완전한 의식에 도달하는 두려운 사건이다. 그것은 "신이 완전히 의식화하는 과정이고, 또한 인격화하는 과정이다."*

셸링은 생애의 마지막 수십 년 동안 신과 세계의 비밀 속에 점점 더 깊이 파묻힌다. 그는 사물들의 현실에 점점 더 가까이 다가가고자 한다. 동시에 이 현실적인 것을 신의 자기 계시라고, 파악할 길 없는 자유로운 행동의 작용이라고 이해하려고 한다. 그러나 그는 광범위하게 펼쳐진 자신의 구상들을 출간하지는 못했다. 그의 시대에 그의 말은 거의 누구에 의해서도 경청되지 않고 스러졌다.

세계의 깊이인 신神 안으로 완전히 가라앉아 생각하는 것, 이것이 죽음의 순간까지 셸링의 사색을 결정했다. 셸링은 절대성을 향한 이런 열정적인 사랑이 어째서 자기를 체념의 경지로 데려갔는지를 이렇게 설명한다.

"모든 것을 버리고, 스스로 모든 것에 버림받은 사람, 모든 것이 가라앉은 상태에서 무한성과 함께 오로지 자기 자신을 바라본 사람만이, 자신의 바탕에 도달하여 삶의 깊이 전체를 본다. 플라톤이 죽음에 견주었던 위대한 한 걸음이다. 단테가 지옥의 입구에 써 붙여놓은 것, 이것은 다른 의미로는 철학의 입구에 써 붙일 수도 있다. '여기 들어가는 너희는 모든 희망을 버려라.' 진실로 철학을 하려는 사람은 모든 희망과, 모든 바람과, 모든 그리움을 떨쳐 없애야 한다. 그는 아무것도 원하지 않고, 아무것도 알지 못하고, 스스로 완전히 헐벗고 가난하다 느끼고, 모든 것을 얻기 위해 모든 것을 내놓아야 한

● 신의 현실화 과정, 혹은 세계 되기에 맞서 신이 도로 자기의식에 이르는 과정.

다. 이 한 걸음은 어렵다. 마치 마지막 해안에서 작별을 고하는 것처럼 어렵다."*

● 이번 장에서 소개한 셸링의 복잡한 사색은 말이 몹시 어렵긴 해도 의외로 재미있다. 특히 마지막에 신비주의자 야코프 뵈메의 생각에 기댄 부분 때문에 더욱 그렇다. 우선 여기서 셸링이 말하는 '신'은 기독교의 신이 아니다.

신은 완전한 통일성이지만, 동시에 내면에는 충동과 정신의 두 요소를 지닌다. 이 중에서 신의 어두운 바탕인 충동이 스스로 정신과의 연결을 끊고 밖으로 뛰쳐나간다(신의 고통의 길). 이렇게 해서 신이 밖으로 펼쳐진 것이 바로 우리 눈에 보이는 자연. 그래서 자연은 '감추어진 신'이다.

그러나 신은 통일성이므로 그의 충동과 정신은 도로 원래의 통일된 자신이 되고자 한다. 이 과정이 바로 신이 자기의식에 이르는 길인데, 이런 귀환이 이루어지는 지점은 바로 인간이다. 인간의 정신과 인간이 만들어낸 예술작품이 그것. 이 매개 지점에서 신은 다시 자기 자신에 이르는 과정을 시작하고, 세계를 자기 안에 도로 받아들인다. 이 과정을 아래 간단한 그림으로 표시한다.

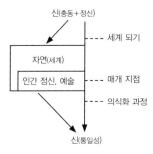

셸링의 이런 사유체계는, 용어는 달라지지만 헤겔에서도 부분적으로 상당히 유사하게 되풀이되므로 여기서 익혀두면 편리하다. 세계를 신이라고 보는 이들 두 철학자에게서 스피노자의 영향이 강하게 드러나 있음을 볼 수 있다. 그 밖에도 체계가 완전히 다르긴 해도 플로티노스에서 '하나(신)'가 '여럿(세계)'이 되고, '여럿'에 속하는 인간이 다시 '하나'에 이르러 '하나'를 보는 과정, 혹은 니콜라우스의 생각(199쪽 참조) 등도 비슷한 요소를 포함한다.

신이 펼쳐져서 세계가 된다는 이런 사상은 불교에도 영향을 미치는 힌두교, 또는 인도의 세계관에서도 찾아볼 수 있다.(하인리히 침머, 《인도의 예술과 사상》 참조) 그러므로 여기 소개된 생각들이 언뜻 보이는 것처럼 서양 철학자들의 서툰 헛소리는 아니다. 동양과 서양을 막론하고 세계의 가장 깊은 근원까지 탐색을 계속한 사람들이 자기 사색의 체계를 다시 (위대한) 언어로 표현한 것임을 염두에 둘 것.

헤겔
혹은 세계정신 자체

23

1770-1831

GEORG WILHELM
FRIEDRICH HEGEL

"헤겔, 맥 빠지고, 정신적 특성 없고, 구역질 나게 역겹고, 무식한 악당, 비슷한 예가 없는 뻔뻔스러움으로 미신과 헛소리를 한데 엮은 인간. 그런 걸 두고 형편없는 추종자들은 사라지지 않을 지혜라고 떠들어대고 멍청이들은 정말로 그렇다고 믿는데, … 이 헤겔은 학문의 한 세대(30년) 전체를 지적으로 망가뜨리는 결과를 불러왔다."

나무랄 데 없이 명료한 이 문장은 이름 없는 누군가가 아무 생각 없이 순간적으로 내뱉은 말이 아니다. 잘 생각하고 표현한 문장으로, 다름 아닌 아르투어 쇼펜하우어의 말이다. 게다가 쇼펜하우어는 분노를 단 한 번 폭발하는 것으로 그치지도 않았다.

그의 글들은 거듭 헤겔에 대한 반감을 드러낸다. 그는 헤겔을 가리켜 "불쌍한 놈", "정신적 야만인", "머리 돌게 하는 놈" 등으로 불렀다. 그리고 헤겔의 철학을 "텅 빈 말 부스러기", "의미 없는 갈리마티아스Gallimathias*", "철학적 어릿광대 놀음", "그 이전까지는 정신병원에서만 들을 수 있었던 뜻도 없고 돌아버린 말싸움을 엮어놓은 것"이라고 불렀다. 그리고 "그 이전의 누구보다도 헛소리를 짜맞추는" 이 인간, "맥줏집 주인 같은 얼굴"을 한 "헛소리 선생"이 "30년 동안이나 독일에서 가장 위대한 철학자로 통할 수가" 있었지만, 미래는 헤겔에 대한 진실을 밝힐 것이라고 예언했다. 당시 벌써 헤겔이 "강력한 발걸음으로 멸시를 향해 다가가고" 있기 때문이며, 그가 "자기 시대에 대한 끝없는 조롱거리를 후세에 남기게 될" 것이라고도 했다.

그러나 후세는 헤겔을 어떻게 대하는가? 물론 한동안 후세가 그를 거의 완전히 잊었다는 점을 인정해야겠다. 그러나 얼마 지나지 않아 쇼펜하우어의 예언에도 불구하고 헤겔의 사상은 칸트에게 주어진 것하고만 비할 수 있는 정도의 중요성을 얻게 된다. 헤겔에 대한 헤아릴 수 없이 많은 문헌들이 있고, 전 세계에서 헤겔 학회들이 열리고 있으며, 온갖 뉘앙스를 지닌 헤겔 추종자들이 있다. 헤겔 연구에 헌신하기를 거부하는 사람조차도, 진지하게 철학을 하고자 한다면 헤겔을 탐구하지 않을 수 없다. 또한 제자인 마르크스를 통해서 헤겔은 오늘날 세계의 구체적인 사건들에도 개입하고 있다. 그의 사상은 지구의 모습을 변화시키는 데 한몫을

● 쇼펜하우어 수준의 대단히 지적인 욕설. 라틴어의 'gallus'(수탉)와 그리스어의 'matia'(헛된 노력, 어리석음)를 합쳐서 만들었다. '쉬지 않고 떠들어대는 헛소리' 정도의 뜻.

담당한 것이다.

그에 반해 쇼펜하우어가 헤겔에 대해 떠들어댄 것은 잊히고 말았다. 이렇게 잊힌 것이 아주 잘못된 것만도 아니다. 연달아 나온 분노의 발언들 일부는 지나치게 개인적인 원한에 뿌리를 두고 있으니 말이다. 대학교 선생으로서 헤겔과 경쟁하다가 비참한 파멸을 겪은 일에 대한 원한이었다. 자기 사상이 비할 바 없이 중요한 것이라고 굳게 믿고서, 이제 막 철학 시간강사로 출발하는 처지에 쇼펜하우어는 유명한 헤겔의 강의 시간과 같은 시간에 자신의 강의를 개설했다. 학생들이 헤겔에게로 몰려가고 쇼펜하우어의 강의에 오지 않았다는 게 뭐 그리 놀라운 일인가. 한 학기가 지나자 그는 강의를 중단해야만 했다. 강의실이 완전히 텅 비었기 때문이다.

진지하고 무뚝뚝한 남자

헤겔의 강의에 그렇듯 사람들이 몰려들었다는 것은 놀라운 일이다. 그의 강의는 이해하기가 쉽지 않고 또 그는 사람의 마음을 끌 정도로 말을 잘하는 사람도 아니었으니 말이다. 그런데도 그의 강의는 매혹적인 요소를 가졌다. 그에 관해서는 열성적인 제자가 쓴 유쾌한 묘사가 있다.

"까다롭게 긴장한 태도로 그는 고개를 깊이 숙이고 앉아 말을 계속하면서 긴 2절판 공책을 앞뒤로 혹은 위아래로 뒤적였다. 계속되는 헛기침 또는 기침이 말의 흐름을 방해하고 그래서 모든 문장이 제각기 끊어져서 뒤죽박죽 불쑥불쑥 튀어나왔다. 낱말, 음절 등은 하나하나가 마지못해 겨우 나왔는데, 슈바벤 사투리가 섞인 금속성의 공허한 목소리로 마치 단어 하나하나가 세상에서 가장 중요한 무게를 지니기라도 한 듯, 놀랍도록 철저히 강조했다. 그런데도 전체 모습은 깊은 존경심과 품위의 느낌을 만들어내고, 사람을 압도하는 단순한 진지함을 통해서 그 모든 유쾌하지 못한 세부 사항들에도 불구하고 … 나도 모르게 완전히 사로잡히곤 했다. … 매우 자신만만한 평화로움과 쾌적함으로, 이 강력한 정신의 사람은 언뜻 풀 수 없어 보이는 깊이를 파헤치고 직조해냈다. 그런 다음에야 비로소 목소리가 높아지며 눈길은 모여 있는 사람들 너머를 날카롭게 응시하고, 확신에 찬 깊은 광채의 불길이 조용히 타오르는 가운데 절대로 부족한 적이 없는 말들을 동원해서 영혼의 온갖 높이와 깊이를 통과하여 듣는 이의 마음을 사로잡았다."

주제에 깊이 사로잡히는 이런 태도는 어린 시절에도 이미 헤겔의 특징이었다. 슈투트가르트 김나지움의 학생 시절 그는 진지한 성찰들을 기록하는 일기를 썼다. 도이치어와 라틴어를 섞어서 애늙은이처럼, 신과 세계, 행운, 미신과 형이상학과 자연과학의 생각들을 적었다. 또 세계사의 진행에 대해, 심지어는 '여성의 특성'에 대해서도 적어놓았다. 젊은 헤겔은 여성과의 친밀한 교제를 그다지 중요하게 여기지 않았다. 동급생들에 대해 이렇게 화를 내기도 했다. "신사들이 아가씨들과 산책하느라 자기 자신과 시간을 구제할 길 없이 망가뜨린다." 얼마 뒤에는 음악회에 갔던 것을 계기로 일기에 이렇게 기록했다. "아름다운 여성을 바라보는 것은 우리의 즐거움에 적지 않게 도움이 된다."

이런 자잘한 일화들이 있기는 해도 집중하는 진지함이 헤겔의 기본 모습이다. 대학에 다닐 때와 오래된 슈바벤의 명문 튀빙겐 신학교에서도 이런 태도는 변하지 않았다. 튀빙겐 신학교에서 그는 동갑내기 횔덜린, 다섯 살 아래면서 조숙한 신동이던 셸링과 가까운 친구가 된다. 그들은 함께 칸트에 열광하고 프랑스 혁명에도 열광했다. 헤겔은 젊은 날의 이런 몽상들에 평생 충실하게 머물렀다. 그 자신이 철학자가 되어서 철학자 칸트에게 충실했고, 해마다 프랑스 혁명 기념일이면 혼자서 붉은 포도주 한 병을 마시면서 프랑스 혁명을 기념했다. 물론 대학생 시절 헤겔은 이들 세 사람 중에서 자신의 열광을 가장 조심스럽게 감춘 사람이었다. 그래서 다른 친구들은 그를 "노인네"라는 별명으로 불렀다.

공부를 마친 다음 헤겔은 우선 가정교사가 된다. 횔덜린이 여기서 다리를 놓아주었다. 하지만 당시 스물세 살로 벌써 교수가 되어 있던 셸링이 그를 예나 대학의 강사로 불렀다. 예나는 당시 철학자들의 본부로 여겨지던 도시였다. 그곳에서 헤겔은 이해하기 힘든 심오한 의미가 담긴 강의를 했다. 강사료가 너무 적어서 당시 바이마르 공국의 문화 장관이던 괴테에게 정기적으로 보조금 신청서를 제출해야만 했다.

그는 프랑스 군대가 예나에 진군하는 것을 경험했다. 나폴레

옹이 도시에 왔을 때 헤겔은 "세계영혼"이 말 타는 모습을 보았다고 적었다. 물론 이 세계영혼은 그에게 그다지 관대한 편이 아니었다. 프랑스 군대가 그의 집을 약탈한 것이다. 전쟁의 혼란 속에서 강사료 지급이 중단되었고, 실직자가 된 철학자는 새로운 직장을 알아보아야 했다. 그래서 그는 밤베르크에서 신문 편집자가 되었지만 머지않아 "신문사 노예 노릇"에 진력이 나서 뉘른베르크의 고등학교 교장이 되었다. 어려운 강의를 하는 철학자가 어떻게 아이들에게 수업을 했는지, 그들을 어떻게 다루었는지에 대해서는 시인 클레멘스 브렌타노의 편지에 멋진 증언이 들어 있다. "뉘른베르크에서 나는 정직하고 무뚝뚝한 헤겔이 고등학교 교장 노릇을 하는 것을 보았다. 그는 영웅 이야기와 니벨룽겐을 읽으면서 그냥 즐길 목적으로 텍스트를 그리스어로 번역했다."

마흔여섯 살에 헤겔은 마침내 교수가 되었다. 처음에는 하이델베르크 대학에서, 이어 베를린 대학에서였다. 베를린에서는 적응하기까지 시간이 걸렸다. 도시가 커서 거리가 먼 것이 부담스러웠다. 그 밖에도 "빌어먹게 많은 소굿집들"이 못마땅했고, 생활비와 집세가 너무 비싼 것도 걱정이었다. 그래도 차츰 베를린에서 편안해졌고, 특히 여행 도중 본Bonn에 들렀을 때 이 도시가 전혀 마음에 들지 않는 것을 보고 그것을 분명히 느꼈다. 이에 대해 아내에게 이렇게 써 보냈다. "본은 경사지고 거리들이 몹시 비좁지만, 주변 지역, 전망, 식물원은 아름답지. 매우 아름다운데 그래도 나는 베를린에서 지내고 싶소." 처음으로 헤겔의 전기를 쓴 사람이 그가 사람들과 어울리기를 좋아했다고 기록한 것을 읽으면 이런 말이 이해된다. "헤겔은 베를린 여성들의 모임을 특별히 좋아했고, 여성들 쪽에서도 선량하고 농담 잘하는 교수를 아주 좋아하고 잘 보살펴주었다."

물론 헤겔은 언제나 이렇게 사랑스러운 측면만을 보이지는 않았다. 같은 전기 작가가 다음과 같은 말을 들려준다. "그는 엄청난 힘으로 분노와 원한을 보일 수가 있었고, 한번 미워해야겠다고 믿으면 근본적으로 미워했다. 그래서 야단칠 때도 정말 무시무시했다. 그가 붙잡고 야단을 치면 온몸이 후들후들 떨렸다." 동료들과도 갈등이 전혀 없지는 않았다. 먼저 반항적인 시간강사 쇼펜하우어가 있었다. 그리고 슐라이어마허와는 동료다운 친근함으로 포도주 가게의 주소를 교환하기는 했지만, 그 밖에는 사이가 별로 좋지 못했다. 두 사람이 박사학위 논문을 심사하다가 서로 칼을 들고 덤벼들었다는 소문이 돌았다. 이런 소문을 공식적으로 부인하기 위해서 그들은 함께 사이좋게 유원지에서 미끄럼을 타는 수밖에 없었다.

하지만 이런 모든 것은 변두리 이야기일 뿐이다. 헤겔이 대학에서 대단한 활동을 펼쳤고 머지않아 독일을 대표하는 철학자로 여겨졌다는 것이 훨씬 더 중요하다. 그의 강의에는 사람이 가득 찼고 학생들뿐만 아니라 "장교들과 추밀 고문관들"도 몰려왔다. 그의 철학은 차츰 선배 피히테의 그것과 마찬가지로 프로이센 국가의 정신적 모습을 결정하게 된다.

이런 일이 그리 오래가지는 못했다. 예순한 살이 되던 1831년에 헤겔은 당시 베를린에서 유행하던 콜레라에 걸려서 죽었다. 철학적 사유에 점점 더 깊이 몰두하는 삶을 마감한 것이다. 그가 적어놓은 마지막 말은 "오로지 사색하는 인식의 정열 없는 고요함"이라는 말이다.

사랑에서 변증법의 기본도식을 발견하다

그의 삶은 근본적으로 사색하는 인식에 바쳐진 것이다. 그는 우리를 둘러싼 현실이라는 것은 그 깊이에서 보면 대체 무엇인가, 그리고 이런 현실 안에서 생각하고 행동하는 인간은 어떤 존재인가를 파헤치려고 한다. 이것은 모든 위대한 철학이 스스로에게 내놓은 과제다. 헤겔을 이해하고자 한다면 이 점을 또한 생각해야 한다. 그러면 흔히 그러듯, 헤겔의 사상적 업적이 배우기 쉬운 변증법이라고 생각하는 일을 피하게 된다. 다시 말해서 명제, 반명제, 종합명제라는 딱딱 들어맞는 삼박자로 생각하는 것을 피할 수 있다는 말이다. 그래야 비로소 그의 사유를 살아 있는 철학하기로 이해하게 된다. 여기있음(삶)의 구체적인 물음에서 나오는 철학, 이런 물음에서 시작하여 체계로, 서양 정신의 마지막 위대한 형이상학으로 발전해 나가는 철학 말이다.

　헤겔은 아주 일찌감치, 그것도 칸트에 열중하다가 그런 구체적인 물음 하나에 부딪힌다. 칸트는 거대하게 짜인 윤리학 구상에서 의무와 애착[좋아하는 것, 성향]을 극히 날카롭게 마주 세우고, 그로써 인간을 두 개의 절반으로 나누었다. 윤리 법칙을 의식하는

"본래의 자기"와 부도덕한 애착들을 지닌 "경험적 나"로 나눈 것이다. 그에 따라 헤겔은 "온전한 인간의 통일성"을 되찾는 것을 주제로 삼는다. 그는 사랑에서 이런 통합을 찾아낸다. 사랑은 인간의 윤리적 본질의 표현이 될 수 있지만 또 그의 자연적인 애착에도 어울린다. 그래서 사랑의 본질에 대한 물음이 헤겔 사유의 출발점이 된다. 여기서 그는 뒷날 자기 철학의 토대를 이루는 최초의 결정적인 발견을 한다.

헤겔은 사랑에서 처음으로 하나의 계기를 만나는데, 나중에는 그것을 현실 전체에서 다시 발견한다. 곧 변증법이다. 그러므로 변증법의 뿌리는 추상적 사유에 들어 있는 게 아니고, 그것의 발견은 오히려 구체적인 현상의 관찰에서 생겨났다. 구체적 현상에서 헤겔은 변증법이 원래 철학적 성찰의 문제가 아닌 현실의 본질적인 구조構造 상황이라는 깨달음에 이른다.

사랑하는 두 사람 사이에서 일어나는 살아 있는 과정인 사랑에는 무엇이 필요한가? 맨 먼저 사랑에 빠진 사람이 있어야 한다. 또한 이 사람은 자기 자신에게 "내가 있다"라고 말해야 한다. 그는 먼저 자신을 긍정하고 자신을 세워야 한다. 형식으로 표현하자면 이것이 사랑이라는 전체 사건의 구조에서 명제에 해당한다.

하지만 사랑에는 이 사람이 자신의 밖으로 나오는 것, 애인에게 자신을 내주는 것, 애인에게 빠져서 자기 자신을 잊는 것, 그로써 자신으로부터 멀어지는 것이 꼭 필요하다. 이렇게 자신을 보지 않음으로써 그는 처음에 자신을 세운 일을 부정否定하고, 상대방을 자기 자신에게 마주 세운다. 따라서 명제만이 아니라 그 명제를 부정하는 반反명제도 사랑의 형식 구조에 속한다.

하지만 이로써 전체 현상이 완전히 파악된 것은 아니다. 사랑에 빠진 사람이 애인에게 빠져 자신을 잊음으로써, 바로 그것을 통해 자기 자신을 되찾는다는 것이 결정적인 일이다. 애인에게 자신을 내주는 과정에서 그는 더 깊은 의미에서 자기 자신을 의식한다. 왜냐하면 "사랑의 진정한 본질은 자기의 의식을 포기하고 상대방의 자기Selbst에 빠져 저 자신을 잊는 것, 그러면서도 이런 스러짐과 잊음에서 비로소 자기 자신을 소유하는 것이기" 때문이다. 반명제 단계에서의 부정이 다시 부정된다. 낯설어짐[소외]은 더 높은 단계에 통합되어 사라지고[지양되고], 이를 통해서 사랑에 빠진 사람과 그 애인 사이에 참된 종합이 생겨난다. 사랑의 과정은 변증법적 진행의 구조를, 그것도 살아 있는 과정으로 보여준다.

> "애인은 우리에게 맞서지 않고 우리의 본질과 하나가 된다. 우리는 이제 애인에게서 오직 우리 자신을 볼 뿐이며―그러면서도 애인은 우리 자신이 아닌데―이것은 우리가 이해할 수 없는 기적이다."

사랑이 현실에서의 사건이라면, 이것은 현실 안에 변증법, 즉 충돌과 충돌의 화해가 있다는 뜻이다.

헤겔은 사랑을 더욱 상세히 살펴보고 다음과 같은 사실을 발견한다. 사랑은 전체 현실에서 개별적인 사건일 뿐만 아니라 다양한 방식으로 현실을 지배하고 있다. 즉, 현실의 기본 과정이다. 모든 생명은 사랑하는 관계들로 이루어지고 또한 사랑을 통해 유지

된다. 이것은 바로 사랑에서 드러나는 현상이 생명 자체라는 뜻이
된다. 사랑하는 사람들도 그것을 안다. 사랑에 의해 압도당하면서
그들은 눈에 보이지는 않아도 자기들 안에서 생명이 지배하고 있
음을 느낀다. 사랑에는 "생명 자체가 나타나 있다." 헤겔에게는 눈
에 보이는 사랑 뒤에서 "생명의 무한한 모든것"이 나타났다. 곧 생
명 있는 모든 것이 거기서 생겨나는 기반 말이다.

삶이 보여주는 변증법 ― 둘로 나뉘었다가 도로 합쳐짐

이와 함께 비로소 헤겔의 사유는 더 깊은 의미에서 철학적이게 된
다. 그는 이제 눈앞에 보이는 것만을 바라보는 것이 아니라 눈에
보이는 것의 존재 기반을 묻는다. 그리고 사랑에서 드러난 것, 곧
'모든생명Alleben'이 바로 현실의 기반이라는 것을 본다. 존재하는
모든 것 속에 하나의 거대한 생명이 흐르고 있다. 이런 존재 기반
은 모든 현실에 있는 현실적인 것으로서 헤겔은 그것을 "절대적
생명", 혹은 단순히 "절대적인 것(절대성)"이라 부른다. 그가 모든 현
실이 이것 안에 기반을 두고 있음을 보았다는 것, 그에게는 모든
것이 하나의 절대성의 선언이라는 것이 헤겔의 철학적 기본 의도
이다. 그것은 또한 그의 사유에 형이상학의 성격을 만들어준다. 이
제 본래의 현실, 곧 절대성의 관점에서 현실을 관찰하는 것이 중
요해지기 때문이다. 철학은 "절대적 학문"이 된다.
　　철학이 여기 도달하는 것이 헤겔에게는 특히 자기 시대에 절

박한 일로 보였다. "삶의 현상에서 절대성이 사라지는 것"과, "신 자신이 죽었다는 느낌"이 자기 시대의 특징이기 때문이다. 그래서 바로 그의 시대에 절대성이 자기 권리를 회복하도록 하는 것이 아주 중요한 일이다.

헤겔이 확인해주는 바에 따르면, 절대적 삶은 변증법의 탁월한 표현인 사랑과 같은 변증법 구조를 보여준다. 사랑에 빠진 사람들에게서 절대적 삶도 볼 수 있다. 사랑을 그들 내면에서 지배하는 생명의 표현으로 본다면 말이다. 그들은 바로 그 동일한 생명이 자기들 속으로 흐르고 있음을 느낀다. 그러니까 근원에는 생명의 통합성이 있다.

하지만 사랑에 빠진 사람들은 동시에 자기들이 분리된 존재라는 사실을 안다. 그들은 이렇게 찢어짐의 고통을 경험한다. 통합된 생명은 살아 있는 존재들 여럿에 흩어져서 나타난다. 이로써 원래 저 자신과 하나인 생명 속으로 분열이 들어온다.

"필연적으로 둘로 나뉘는 일은 영원히 맞서면서 이루어지는 생명의 인자因子다."

하지만 사랑하는 사람들은 이런 모든 나뉨에서 합쳐짐의 충동을 느낀다. 그들 안에서 지배하는 생명은 나누어진 상태가 합쳐짐에 이르기를 갈망한다. 사랑에서는 "생명 자신이 스스로 둘이 됨과 도로 하나 됨으로 나타난다." 그러므로 현실을 밑바탕에서부터 지배하는 생명은 그 자체가 변증법의 과정이다. 꾸준히 계속되는 나누어짐과 합쳐짐이고, 자기에게 낯설어짐(자기소외)과 자신과의 화해이다. 생명은 이런 내면의 박자에 맞추어 끊임없이 새로운 모습을 만들어내고, 또 그 안에서 자신의 창조적 본질을 드러낸다.

그래서 헤겔은 이런 모든 생명을 신적 특성(神性, 신)이라 불렀다. "모든 것은 신적 특성 안에 살고 있다." 신은 "무한한 생명"이다. 헤겔의 사유는 이로써 철학적 신학이 된다. 철학의 대상은 "신과 그에 대한 설명"이다. "신을 철학의 절대적 앞자리에" 세우는 것이 가장 중요한 일이 된다.

모든 것 속에서 살아 있고, 또 모든 것이 그 안에서 살고 있는 신적 특성은 기독교적인 의미로 인격화한 초월적인 창조주 신이 아니라, "세계의 신"이다. 하지만 헤겔은 한 걸음 더 나아가 기독교의 신 개념에 이른다. 그것도 명백하게 전통에 합류한 형태다. 그는 신적 특성을 정신이라고 이해한 것이다. 헤겔에게 인간 정신은 세계에 드러난 신의 가장 고귀한 모습이기 때문에, 이런 해석은 당연하다. 그러나 신적 특성이 인간의 정신에서 그 최고 단계를 드러내 보인다면, 그 자체도 정신적인 종류의 것임이 분명하다. "절대적인 것은 정신이다. 정신은 절대적인 것의 최고 설명이다." 이렇게 해서 헤겔은 자기 철학의 근본 개념, 곧 절대정신이라는 생각에 도달했다. "신은 절대적 정신이다."

자연 자체가 정신이다

그러나 신이 정신이라면, 그리고 세계가 신이 자신을 보여주는 모습대로 지혜로운 것이라면, 필연적으로 세계도 최종적으로는 정신적 본질이라는 결론이 나온다. 헤겔은 실제로 이런 두려운 결론을 끌어낸다. 우리가 눈앞에 보는 것은 모두, 인간이나 그 정신의 산물뿐만 아니라 사물들, 산들, 짐승들과 식물들, 짧게 말하자면 자연 전체가 정신이라는 말이다. 우리의 제한되고 유한한 관점 때문에 우리는 사물들이 물질적 본성만 가진다고 생각한다. 세계를 올바르게 이해하는 사람, 그 참된 모습을 보는 사람은 세계가 눈에 보이게 된 정신이라고 보아야 한다. 왜냐하면 "정신적인 것만이 현실적인 것"이기 때문이다.

그러나 이제 진짜로 어려운 철학의 과제에 도달한다. 신이 어떻게 자연으로 또 인간의 정신으로 나타나는지를 보여주어야 하고, 나아가 신적인 특성이 세계가 되어야 할 내적 필연성이 있는지를 보여주어야 하는 것이다. 헤겔은 변증법이 그 최고 단계에서는 신에게서도 나타난다는 것을 보여줌으로써 이 과제를 해결하려고 한다. 만일 신이 저 모든 생명이라면, 생명과 동일한 내적 구조일 것이기 때문이다. 따라서 "절대정신의 기본 개념"은 "자신의 다른 자기로부터 자기 자신에게로 화해하여 돌아감"이 된다. 또 "신은 이와 같다. 자신을 자기 자신과 구분함이며 자신에게 대립함이고, 이런 구분 속에서도 순수하게 자기 자신으로 있음―곧 정신이다." 신적 특성(신) 안에 있는 이런 내적 변증법은 신이 자신을 세계로 드러내 보이는 방식이다.

그것을 설명하기 위해서 헤겔은 인간 정신에서 출발한다. 그는 인간 정신을 신적인 정신의 그림(모습, 이미지)이라고 본다. 인간 정신이 신의 가장 고귀한 표명이기 때문이다. 그렇다면 인간 정신의 특성은 무엇인가? 헤겔은 다음과 같이 대답한다. 인간은 자기 자신을 의식한다. 정신은 본질로 보면 자기의식이다. 자기의식이란 완전히 완성된 것이 전혀 아니다. 자기의식의 여러 단계들이 있고, 따라서 그것은 생성 중인 발전하는 자기의식이다. 아이가 어른과는 다른 방식으로 자신을 안다는 사실에서 그것이 분명히 드러난다. 헤겔은 이제 발전하는 자기의식의 길이 변증법의 길이며, 따라서 이미 앞서 사랑과 생명의 현상들에서 드러난 것처럼, 세 단계로 이루어져 있음을 보여주려고 한다.

> "정신의 발전과정은 밖으로 나가기, 둘로 나뉘기, 동시에 자기 자신에게로 돌아오기다."

자기의식의 첫 번째 단계에서 정신은 아직 꿈꾸는 상태에 있다. 인간은 아직 자기 자신을 분명히 알지 못한다. 어린아이의 나-의식과 비슷하다. 그냥 자신이 있다는 막연한 느낌일 뿐이다. 단순히 여기있음의 느낌이야말로 변증법적 도식에서 명제에 해당한다.

정말로 자기 자신을 의식하기 위해서 인간은 꿈꾸는 상태에서 깨어나야 한다. 이것은 두 번째 단계에서 이루어지는 일이다. 그는 자신을 주목하고 자신을 발견하기 시작한다. 이제 헤겔이 보기에 특이한 일이 일어난다. 정신은 자기 자신을 바라보지만 자기가 바라보는 것이 정신에게는 낯설게 여겨진다. 정신은 자기 모습이 낯설다. 정신은 놀라서 묻는다. 저게 나인가? 이렇게 자기를 바라보는 과정에서 나 안에서 낯설어지는 일이 일어난다. 나는 바라보는 나와 관찰당하는 나로 나뉜다. 이렇게 "자기에게 낯설어짐"이 반명제의 단계이다.

인간은 이 단계에서 아직 완성된 진짜 자기의식에 도달하지 못했다. 자기를 바라봄에서 내가 보는 것이 나 자신이라는 사실, 바라보는 존재와 관찰당하는 존재가 동일한 나라는 사실을 그가 깨닫는 일이 필요하다. 이로써 그는 자기에게 낯설어진 상태를 벗어나 자기 자신에게로 돌아온다. 그는 이제 자기 자신과 화해한다. 이것이 자기의식에서 종합명제의 단계이다. 이런 성찰의 결론은 다음과 같다. 인간의 정신은 자기의식이다, 하지만 이런 자기의식이란 생성 중인 자기의식이고, 따라서 변증법적이다.

절대정신이 변증법적 단계를 거쳐 자기의식에 도달하는 길 — 역사

헤겔은 인간의 정신에서 발견한 것을 신적 정신에 적용한다. 신적 정신도 생성 중인 자기의식이고, 그것의 생성도 변증법의 방식으로 이루어진다. 헤겔은 먼저 신이 완전히 완성된 것이 아니고 내적인 생성을 겪는다고 생각한다. 신은 생성 과정을 통해 비로소 완전히 자기 자신을 의식하는 단계에 도달한다. 이것은 헤겔의 신 사상이 기독교의 신 개념과 가장 분명하게 구분되는 지점이다. 그의 철학적 기본사상은 신 자신이 하나의 역사를 가진다는 것, 신이 자기의 완전한 본질을 펼치는 단계들을 겪는다는 것이다.

신의 내면의 역사가 변증법적 생성이니, 헤겔은 그것이 완성되는 과정을 보여주어야 한다.

> "절대적 정신은 자기가 자신에게 동일한 영원한 본질임을, 이 본질이 자기 자신에게 다른 존재가 되었다가 또 이 다른 존재가 자기 자신임을 인식하는 것이기 때문이다."

그에 따르면 첫 번째 단계에서 신은 아직 자기 자신을 의식하지 못하며, 따라서 절대정신은 꿈꾸는 상태에 있다. 헤겔은 신의 이런 자기-속에-있음을 해석하려는 위대한 시도를 한다. 그것도 《논리학》의 새로운 형식으로 말이다. 이 논리학은 "자연과 유한한 정신을 창조하기 이전에 자신의 영원한 본질 안에 있는 … 신을 서술"하는 일을 포함한다.

신이 현실적인 자기의식이 되려면, 이렇게 꿈꾸는 상태에 머물러 있을 수는 없다. 그래서 헤겔은 신이 완성된 자기의식에 도달하는 무시무시한 길을 서술하기 시작한다. 첫째로 신은 자기 자신을 찾아나서야 한다. 그리고 두 번째 단계인 자기에게 낯설어지는 단계를 받아들여야 한다. 그렇게 자기 자신을 버려야 한다. 신은 자기 자신을 바라보고, 바라보는 존재와 관찰당하는 존재로 나뉘어서 자신을 낯선 존재처럼 바라본다. 헤겔은 다음과 같은 위대한 명제를 말한다. 이렇게 자기 안에서 찢긴 신이 바로 우리 눈앞에 펼쳐진 세계라고 말이다. 신이 자기에게 낯설어지는 단계는 바로 신의 세계 되기이다. 그러나 이것은 헤겔이 현실 전체를 절대정신인 신의 관점에서 파악한다는 무시무시한 과제를 떠맡아야 한다는 뜻이다. 그의 철학하기는 이제 신의 관점으로 옮겨간다. 헤겔은 세계정신 자체가 된다.

헤겔은 세계가 '자기에게 낯설어지는' 단계에 있는 신의 모습이라는 것을, 우리에게 보이는 그대로의 세계 모습에서 분명하게 일러주려고 한다. 세계는 한편으로는 자연으로, 다른 한편으로는 인간 정신으로 나타난다. 그러나 이 둘은 깊이에서 바라보면 신이 드러난 모습이라고 이해해야 한다. 이런 철학적 관점에서 자연을 인식하는 인간의 정신은 신 안에서 바라봄이다. 인간 정신에 의해 인식되는 자연은 신적인 바라봄에서 관찰당하는 존재다. 자연은 "자기의 다른 존재(타자)로 나타난 절대정신"이다.

그러니까 우리가 자연이라고, 사물이라고 보는 것이 실제로는 신 자신이다. 다만 자신에게 낯설어진 신이다. 헤겔에서 자연철학은 신神의 이론이 되는데, 자기에게 낯설어진 신의 이론이다. 인간 정신이 자연을 인식한다면 그것은 실제로는 다음과 같은 뜻이다. 인간 정신에 들어 있는 신이 자기 자신을 인식하는 것이다.

이렇게 자기를 바라봄이라는 사건에서 이미 돌아옴이 이루어지는데, 이 돌아옴은 자기의식의 세 번째 단계의 특징이다. 이제 신은 바라보는 존재인 자기와 관찰당하는 존재인 자기가 동일한 자기라는 사실을 알게 된다. 이것은 스스로 완성하는 자기의식의 본질에 속한다. 신이 자기 자신에게로 돌아옴은 인간에게서 이루어진다. 인간에게서 신은 자기 자신에 대한 완성된 의식에 도달하고, 인간에게서 신적 자기의식의 변증법은 그 목적지에 도달한다.

어떻게 그런 일이 일어나는가 하는 것을 헤겔은 다층적인 책인 《정신 현상학》에서 서술한다. 신의 자기 인식은 인간 정신의 차원에서 이루어지는 모든 일의 가장 내적인 의미다. 그것은 개별적인 존재와 또 역사 속에 나타난다. 신의 자기 인식은 법, 국가, 학문, 예술, 종교, 그리고 가장 높게는 철학하기에서 그 모습을 드러낸다. 철학하기가 발전하여 마침내 인간이 현실 전체가 신의 정신이 드러난 모습이라고 파악하는 단계에까지 이르면, 그것은 곧 신이 세계 되기라는 모험, 곧 둘로 찢김이라는 모험에서 자기 자신으로 되돌아왔다는 뜻이다.

헤겔이 여기서 시도한 것은 엄청난 일이다. 그는 현실 전체를 절대정신의 순수하고 완전한 나타남이라고 해석하려고 한다. 그는 "절대적인 것이 영원히 자기 자신을 가지고 놀이하는 … 비극을" 서술한다. "그것이 영원히 객체 안에 자기 자신을 낳고, 이런 모습으로 자신을 고통과 죽음에 내맡기고, 자신의 재로부터 찬란하게 솟아오르는 것을." "죽음을 꺼리고 파괴를 피해 자신을 순수하게 보존하는 삶이 아니라, 죽음을 견디고 거기서 자신을 보존하는 삶이 정신의 삶이다. 정신은 절대적인 찢김에서 자신을 발견함으로써만 자신의 참을 얻는다."

불완전한 현실에 걸려 실패하다

그러나 헤겔의 위풍당당한 시도는 결국 실패를 피할 수 없다. 그것도 그의 체계 안에 끼워 맞춰지지 않는 사실들에 걸려서 실패한다. 신적인 것의 직접 표현이라고 볼 수 있는 완전한 세계의 모습들이 물론 있다. 완성된 유기체, 도덕적인 것으로 이해되는 국가, 성공한 예술작품, 참된 종교, 위대한 철학 등이다. 그러나 실제 현실에서 이들은 신이 드러난 모습이라고 해석할 수 없는 것들이 넓게 펼쳐진 사막에서 아주 가끔씩만 나타나는 오아시스와 같다.

자연에는 의미 없고 완전하지 못한 것이 있고, 수많은 실패한 시도들, 삶의 낭비와 끝없는 반복이 있다. 인간 속에는 카오스 같은 감각성의 요소가 있다. 역사에는 아무래도 상관없는 사건들이 잔뜩 있는데, 이들은 신적인 정신이 자기의식의 완성을 향해 나아가는 발걸음이라고는 절대로 이해되기 어려운 것들이다. 이런 모든 것으로부터 세계가 순수하게 드러난 신의 모습이 아니라는 결론이 나온다.

세계에는 저항이 있다. 신적인 것에 저항하는 카오스의 힘들이다. 만일 우리가 헤겔이 거듭 시도한 것처럼 세계를 굳이 신으로부터 파악하려고 한다면, 다음의 사실을 보지 않을 수 없다. 신이 세계가 된다는 것은 전쟁과 싸움 속에서, 가끔의 승리와 수많은 패배 속에서 이루어지는 일이라고 말이다. 신이 자기 자신으로 향하는, 자기를 찾아내는 일은 오로지 부분적으로만 성공하고, 나머지는 몰락이다.

헤겔이 실패했다 해도, 그가 자신에게 내놓은 과제는 여전히 철학의 본질적인 관심으로 남아 있다. 세계를 통합적으로 파악할 수 있는 지점을 찾아내는 일 말이다. 이런 노력에서 헤겔은 모든 철학하기의 모범이다. 철학하는 사람은 언제나 새로이 신의 비밀에 대해 생각하지 않으면 안 된다. 인식을 통해 신적인 암흑 속으로 파고들어 가려는 그의 다양한 노력이 모두 실패한다면 그에게는 체념만 남는다. 괴테가 인간의 최고 과제라고 표현한 말을 빌리자면, "탐구할 수 없는 것을 조용히 숭배"하는 체념 말이다.

1788~1860

쇼펜하우어
혹은 심술궂은 눈길

24

ARTHUR
SCHOPENHAUER

아르투어 쇼펜하우어는 인간을 좋아하는 사람이 아니다. 오히려 그는 인간에 대한 혐오감으로 가득 차 있었다. 그는 자신을 "인간을 경멸하는 자"라고 부른다. 한때 유명한 작가이던 어머니 요한나 쇼펜하우어는 아들의 "나쁜 기분"에 대해 불평했다. "멍청한 세상과 인간의 비참에 대한 영원한 탄식"이 그녀의 신경에 거슬렸다.

그는 악의에 가득 차서 이 세상이 자기에게 어떤 나쁜 일을 할 수 있을지 노려보며 기다렸다. 침실에는 언제나 무기를 준비해두고 자기 물건들은 집 안의 가장 구석진 곳에 감추어두었다. 그는 한 번도 이발사에게 가지 않았다. 이발사가 수염 깎는 칼로 자기 목을 찌를까 두려워서였다. 누군가가 자기 곁으로 너무 가까이 다가오면 그는 폭력적으로 변하기도 했다. 시끄럽게 지껄여서 자기를 방해한 바느질하는 여자 하나를 바닥에 집어 던져서 그녀는 평생 장애를 얻었고, 그런 탓에 그는 그녀에게 평생 연금을 지급하면서 엄청나게 투덜댔다. 자신의 책을 출판한 출판업자들이 책을 많이 팔기 위해 충분한 노력을 하지 않는다고 비난하면서 언제나 그들과 싸웠다. 그래서 그는 생애 마지막 몇 년 동안 프랑크푸르트에서 자신의 말마따나 "인간을 싫어하는 사람"으로서 오로지 자기가 사랑하는 충실한 개를 벗 삼아 은둔해 지냈다.

인간 혐오와 염세적 세계관

그의 미움은 누구보다도 철학 교수들을 향한 것이다. 쇼펜하우어 자신도 대학에서 일을 하려고 시도한 적이 있었다. 학생들이 자기 말을 아주 열렬히 듣기를 원할 것이라고 굳게 믿고서 그는 베를린 대학에서 유명한 헤겔이 강의하는 같은 시간에 자기 강의를 집어넣었다. 거의 아무도 오지 않고, 마지막에는 수강생이 아예 한 명도 오지 않자 그는 그것을 이상하게 여겼다. 결국은 강의 활동을 포기하고 재야 학자 노릇으로 물러났다. 그러나 자신의 실패를 자기 탓으로 돌리지 않고, 그가 생각하기에 자기를 밤에 나타나는 늑대인간으로 여기는 다른 철학 교수들의 미움과 시기 탓으로 돌렸다.

실제로는 동료들은 그를 미워하거나 시기할 처지에 있지 못했다. 그를 전혀 알지도 못했으니 말이다. 이에 대해 실망한 그는 사나운 욕을 퍼부어서 울분을 풀었다. 욕설을 선택하면서도 조심하기 위해서 법적인 자문을 구했다. 그의 험담들은 누구보다도 헤겔을 향한다. 헤겔의 이론은 "절대적 헛소리의 철학", "갈리마티아스", "뒷북 지혜", "정신병원 수다" 등이 되고 말았다. 헤겔 자신은 "헛소리 엮는 자", "야바위꾼", "정신적 야만인" 등이 되었다. 피히테도 사정이 별로 좋지 못했다. 쇼펜하우어의 판단으로는, 피히테가 내놓은 것은 "궤변", "수리수리 마하수리", "허튼수작" 등이었다.

물론 동시대 철학에 대한 이런 판단에서 자기 자신은 제외한다. 자신의 사상에 비하면 이전의 철학자들 ─ 플라톤, 아리스토텔레스, 칸트, 몇몇 영국 철학자들 ─ 이 생각한 것은 "평이하다"고 여겼다. 그래서 그는 자기 자신을 "철학의 비밀 황제"라고 부른다. 그는 스스로 철학에서 일종의 종교 창시자처럼 굴었다. 그가 찾아낸 소수의 추종자들은 "사도(제자)"와 "수석 복음 전파자"라는 이름으로 멋들어지게 불렸다. 동시대 사람들 사이에서 공감을 얻지 못하자 그는 "후세의 심판"에 호소한다. "내가 어떤 주제에 대해 뭐라고 말했는지를 모르는 사람은 무식한 사람이라고 폭로되는 시간이 올 것이다." 그런 다음 마침내 성공과 명성이 찾아오자 그는 이렇게 기쁨의 외침을 터뜨렸다. "철학 교수 전체가 그렇게 여러 해 동안 힘을 합쳐 저항했는데도 마침내 내가 해냈다."

쇼펜하우어의 경멸은 대학 교수 다음으로 "여자들"을 향했다. 젊은 시절에 이성과의 즐거운 경험 몇 가지를 가졌는데도 그랬다. "키 작고, 어깨 좁고, 엉덩이 넓고, 다리 짧은 종족을 아름다운 성 [여성]이라 부르는 일은 성적 충동에 눈먼 사내의 지성만이 할 수 있는 일이다. 여성을 아름답지 않은 성이라고 부르는 것이 더 타당하다. 그들은 음악이나 문학이나 미술에 대해서 그 어떤 감각도 감수성도 없다. 그들이 그런 감수성이 있는 척 꾸며낸다면 그것은 마음에 들고 싶은 욕망에서 흉내를 낸 것일 뿐이다." 여자들의 특징은 "광증과 경계를 이룬 낭비벽", "본능적인 교활함", "없앨 수 없는 거짓말 성향" 등이다. 짧게 말해서 여자는 "종속된 존재"고, "진짜 인간인 남자와 아이 사이에 있는 일종의 중간 단계"다.

쇼펜하우어의 인간 경멸은 그의 특징인 깊고 폭넓은 염세주의에서 나온다. 염세주의는 그의 사유 전체에 스며들어 있다. 그 자신이 자기 철학의 "우울증과 위안 없음"을 말하고 있다. 이런 염세주의 덕분에 그는, 경제적 성장에도 불구하고, 아니 오히려 그런 성장 덕분에 염세주의를 받아들일 수 있게 된 19세기 후반부에 생각지도 못한 성공을 거두었다.

쇼펜하우어의 염세주의는 특히 인간의 여기있음을 향한다. 인간의 삶은 절대로 충족할 수 없는 수많은 욕구들을 부담스럽게 잔뜩 지닌다. 욕구는 끊임없이 또 다른 욕망들을 만들어내고, 이들도 또한 충족되지 않는다. 그 무엇도 인간 "심정의 바닥없는 심연을 가득 채울" 수는 없다. 그래서 삶은 "지속적인 속임수"가 된다. 언제까지나 충족이 이루어지지 않으면 인간은 이렇듯 의미 없는 놀이에 넌더리가 나게 된다. 그러면 피할 수 없이 권태에 빠지는데, 이것은 오히려 더 고통스럽다. 채워지지 않는 소망들과 권태라는 이 두 가지로부터 인간 삶의 특징인 고통이 피할 수 없이 나오게 된다. 인간의 삶은 "여러 가지 형태의 고통이며 철저히 불행한 상태"이다.

"모든 삶의 역사는 고통의 역사다."

이것은 삶의 마지막에 완전히 드러난다. "인간의 삶의 과정은 그가 희망에 우롱당한 채 춤추면서 죽음의 품 안으로 들어가는" 과정이다. "누구나 마지막에는 난파하여 돛도 없이 항구로 들어간다." 이렇게 보면 인간의 삶은 희극이자 비극이다.

"나날의 충동과 걱정거리, 끝도 없이 계속되는 순간들의 조롱, 한 주 동안의 소망들과 두려움들, 언제나 비웃음에 이르는 우연 탓에 생기는 매시간의 사고들은 순전히 희극 장면들이다. 그러나 절대 채워지지 않는 소망들, 실패한 열망, 운명에 의해 가차 없이 짓밟힌 희망들, 점점 더 커지는 고통, 마지막에 죽음으로 끝나는 삶 전체의 불행한 오류들이 거듭 비극을 제공한다."

여기 덧붙여 인간들은 서로의 삶을 고통으로 만든다. "옳지 못함, 극도로 부당함, 냉혹함, 잔인함" 등이 "인간들의 상호 행동 방식"의 특징이기 때문이다.

"사나운 놈들은 서로 잡아먹고, 허약한 놈들은 서로 속인다. 이것을 가리켜 우리는 세상 형편이라 부른다."

인간 세상은 "지옥이고 인간들은 한편으로는 고통받는 영혼이고, 다른 한편으로는 지옥의 악마들이다." 짧게 말하면 삶이란

"비참하고 절대로 바람직한 것이 아니다." 그래서 쇼펜하우어에게는 "낙관론은 단순히 엉터리일 뿐만 아니라 또한 정말로 잔인한 사고방식으로서, 이름 붙일 길 없는 인류의 고통에 대한 쓰라린 조롱이다."

그러나 이런 비참함이 인간의 삶만 지배하는 것은 아니다. 모든 생명체는 고통에 종속된다. 자연 전체가 생존을 놓고 벌이는 잔혹한 싸움이다. 자연은 "하나가 다른 하나를 잡아먹고, 따라서 육식 동물 하나하나가 다른 동물 1천 마리의 무덤이 되고, 그의 생명 유지가 다른 동물들의 순교적인 죽음의 긴 사슬이 된다는 사연으로 이루어진, 고통받고 두려워하는 존재들의 싸움터"다.

모든 현실의 특징은 "본질적으로 삶에서 나온 끝도 없는 고통이고, 세계는 이런 고통으로 가득 차 있다." 현재의 세계를 가능한 것 중에서 가장 좋은 세계라고 생각한 라이프니츠와는 반대로 세계는 가능한 모든 세계 중에서 가장 나쁜 것이다. 우리가 세계 안에서 볼 수 있는 모든 것은 "모든 사물들의 공허함과 세계의 모든 찬란함의 비어 있음"에서 생겨났다. 요약하면 세계는 "존재해서는 안 되는" 것이다.

현실에 대한 염세적인 관점은 쇼펜하우어에게 철학적 사유를 위한 출발점이기도 하다. 이것에 대해서는 좀 더 상세히 말해야 한다. 그가 세계의 고통에 대해 내놓은 근거가 그를 원칙적으로 철학적이고 형이상학적인 사색으로 데려갔기 때문이다.

세계의 현상 뒤에 숨어 있는 본질: 의지

쇼펜하우어의 대표작 《의지와 표상으로서의 세계》는 다음과 같은 문장으로 시작한다. "세계는 나의 표상이다." 이는 인간이 사물들을 표상한다[그림을 떠올린다]는 단순한 사실만 뜻하는 것이 아니다. 쇼펜하우어는 다음과 같이 말하고자 한다. 전체 현실은 우선은 인간에 의해 표상된 것으로만 존재한다. 인간에게 직접 주어진 것은 사물이 원래 존재하는 방식대로가 아니다. 인간에게는 사물의 표상만이 직접 주어진다. 그는 나무 자체에 대해서는 아무것도 모르고 나무에 대한 자신의 표상만을 안다. 같은 의미에서 쇼펜하우어는 인간이 "태양을 알지 못하고 땅도 알지 못한다. 그냥 태양을 바라보는 눈과 흙을 느끼는 손을 알 뿐이다"라고 말한다. 다르게 표현하자면 모든 사물은 그렇게 보이는 것[현상]일 뿐이라는 말이다.

이런 생각에서 쇼펜하우어는 스승인 칸트를 충실히 따른다. 또한 칸트에 따라서 그는 공간, 시간, 인과율[원인과 결과의 법칙]을 대상들에게 주지 않고 인간의 정신 탓으로 돌린다. 사물들 자신이 시간, 공간에서, 어떤 원인에 의해 나타났거나 다른 것의 원인이 되는 것이 아니라는 말이다. 인간이 사물에게 던지는 눈길이 시간, 공간, 원인과 작용을 찾는다. 인간은 본래 제 안에 시간, 공간, 인과율을 지니고 있다가 세계를 바라볼 때 그것을 통해 바라본다. 세계가 현상이라는 이런 명제는 앞으로 보게 되겠지만 쇼펜하우어의 염세주의 문제에서 중요한 의미를 갖는다.

이것이 쇼펜하우어가 현실에 대해 말하고자 하는 모든 것이라면, 이는 벌거벗은 순수한 관념론에 머물고 말 것이다. 그렇다면 세계는 가상으로서, 인간 정신이 꾸고 있는 꿈일 뿐이다. 그러나 쇼펜하우어가 현상의 개념에 대해 더욱 깊이 생각하자 다음과 같은 사실이 분명해졌다. 현상의 뒤에는 그렇게 보이는 그 어떤 것이 있음이 분명하다. 칸트도 이미 그것을 알아챘었다. 다만 그는 극히 모호한 "사물 자체", 곧 단순한 "X"만을 찾아냈을 뿐으로, 이것에 대해 우리는 아무 말도 할 수가 없다. 쇼펜하우어는 여기서 더 나아간다. 그는 감히 사물 자체의 본질에 대해 진술한다.

이러한 의도에서 그는 우회하는 길을 택한다. 맨 먼저 그는 인간이 육체를 가진 존재인 자기 자신을 어떻게 아는지 그 방식을 탐구한다. 인간은 자기 몸을 두 가지 방식으로 인식한다. 한편으로 몸은 그에게 사물들 중의 한 사물, 즉 눈에 보이는 표상의 대상으로 나타난다. 다른 한편으로는 몸이 직접 느끼는 내면관점도 있다. 그러자 몸은 인간 의지의 표현으로 나타난다. 몸의 움직임은 의지의 움직임에서 나온다. 그러니까 정밀하게 생각하면 몸의 움직임이란 의지의 움직임이 겉으로 드러난 것일 뿐이다.

쇼펜하우어는 몸의 기관들과 모습도 인간 의지의 표현 방식이라고 해석한다. 이렇게 해서 그는 인간의 몸이 본질적으로 보자면 대상으로 관찰된, 객체화된 의지라는 명제에 도달한다. 몸은 물체로 보이지만, 본래의 자체로있음卽自, Ansichsein으로 보면 의지다. 쇼펜하우어는 인간 존재의 영역에서 본래 자체로있음의 본질을 발견했다고 믿었다. 의지가 인간의 가장 내적인 본질이다.

인간의 육체를 바라보는 두 관점은 쇼펜하우어에게 모든 현실적인 것의 본질을 설명하는 열쇠가 된다. 여기에도 본래 자체로 있음의 영역이 있고, 이 영역에서 사물들은 그것들을 지배하는 의지의 실현으로 이해된다. 왜냐하면 의지는 "식물 안에서 충동질하여 식물로 만드는 힘이고, 수정水晶을 결정하는 힘이며, 자석을 북극으로 향하게 하고, 또 그것이 다른 광석을 건드리면 끌어오는 힘이고, 물질들이 그 친화력에 따라 서로 도망치거나 다가오고, 분리되거나 하나로 합쳐지게 하는 힘이다. 그리고 또한 모든 물질에 강제력으로 작용하는, 돌을 땅으로 끌어 내리고, 지구를 태양으로 끌어가는 중력이기도 하다."

의지의 힘은 어디서나 작용하고 있다. 그래서 쇼펜하우어는—물론 문제가 많은 일이지만, 인간의 의지와 비슷하게 유추하여—다음과 같이 말할 수 있다고 여긴다. 세계를 그 자체로있음과 내적인 본질에 따라 관찰하면, 세계는 의지다. 세계는 현상으로 드러난 의지로서 존재한다.

쇼펜하우어는 이 의지를 통합하는 근원의 힘이라고 이해한다. 이런 근원의 힘은 자기실현 과정에서 여러 의지로 나뉜다. 근원 의지는, 인간의 의식에서처럼 처음부터 의식되는 의지의 형태를 띠지는 않는다. 그 기원에서 보면 의지는 오히려 "눈멀고 정지시킬 수 없는 충동"이다. 이런 충동인 의지가 세계 현실의 풍성함을 만들어냈다. 생명 없는 세계에서 작용하는 힘들에서 출발해서 의식을 가진 인간의 의지에 이르는 발현 단계들을 거치면서 의지는 정화되어 인식이 된다. 이제 쇼펜하우어는 다음과 같이 말할 수 있다.

"나의 철학 전체가 단 하나의 표현으로 요약된다. 세계는 의지의 자기 인식이다."

의지는 싸움과 대립으로 가득 찬 것

이 자리에서 다시 쇼펜하우어의 사유 전체를 규정하는 염세주의가 나타난다. 세계를 두루 지배하는 고통은 이런 근원 의지에서 이해된다. 쇼펜하우어가 바라보는 근원 의지는 싸움과 대립으로 가득 차 저 자신에 맞서 광분한다. 그래서 그것이 실현된 현실도 싸움과 대립으로 가득 찬다. 생명 없는 세계에서는 대립, 유기체의 세계에서는 끊임없는 싸움, 인간 세계에서는 이루 헤아릴 수 없는 갈등이 드러난다. 세계의 고통은 이렇게 끊임없는 보편적인 싸움에 들어 있고, 세계를 만든 근원 의지 속에는 더욱 깊은 분열이 들어 있다. 근원 의지는 고통을 불러오지만, 그 자신도 현실화 단계에서 역시 고통을 받는다.

저 자신을 만들어내는 근원 의지라는 것으로 쇼펜하우어는 모든 현실을 통합적으로 설명할 형이상학의 원칙을 찾아냈다. 하지만 근원 의지는 전통 철학이나 동시대 철학에서 나온 비슷한 원칙들과는 다르다. 그것은 세계 안에 들어 있고, 따라서 세계를 넘어서 있는 신적인 근원이 아니다. 그것은 또한 헤겔의 경우처럼 정신의 특성을 띤 것이 아니라, 충동과 의지다.

쇼펜하우어는 그와 같은 형이상학의 기본원칙을 세우는 것이 꼭 필요한 일이라고 여겼다. 인간은 더 깊은 깨달음 없이 단순히 사물들 사이로 이리저리 돌아다닐 수만은 없다. 인간이 "형이상학의 동물animal metaphysicum"이기 때문이다. 인간은 형이상학의 욕구를 가지는데, 그것은 임시 형태로 여러 종교로 표현되었고, 철학에서 절정에 도달했다. 철학은 세계에 대한 경탄과 놀라움에서 나온 것이다. 하지만 여기서 다시 어디에나 나타나는 쇼펜하우어의 염세주의가 작용한다. "(우리를) 철학하기로 몰아가는 놀라움은 분명 세계 속의 재앙과 악을 바라보는 데서 나온다." "죽음에 대한 지식, 그와 더불어 삶의 고통과 곤궁을 관찰하는 일은 의심의 여지 없이 철학적 사색과 세계를 형이상학으로 해석하도록 가장 강한 자극을 준다."

그러나 이제 인간은 어떻게 이런 끊임없는 고통에서 자신을 해방할 수 있는가 하는 물음이 나타난다. 첫 단계로 인간이 자신의 사유 속에서, 의지를 통한 압력과 의지를 통해 결정됨에서 벗어나, 개체의 인식 너머로 세계와 사물들을 순수하게 바라보는 단계로 올라선다면 이것이 가능하다. 그런 다음 고통에 가득 찬 제한된 자신의 개체성과 그 인식방식을 넘어선다. 그러면 그는 무관심한 관찰로 나아간다. 그러고는 순수한 명상의 상태로 들어가고, 이어서 "명료하고 영원한 세계 눈"이 된다.

인간이 이 단계에서 바라보는 것은, 의지가 만들어낸 허망하게 스러질 형태들이 아니라 순수한 본질대로의 사물, 혹은 쇼펜하우어가 플라톤의 생각을 받아들여서 말하는 바로는 사물들의 이데아이다. 그들은 무상함에서 벗어나 영원히 존재하는 본질적인 근원 형태들이다. 돌의 근원 모습, 나무의 근원 모습, 인간의 근원 모습이다. 그들은 현실과 다양하게 펼쳐진 현실의 형태들에 모습을 드러낸다. 그렇다면 이데아들은 어디서 왔나? 그들은 모든 현실보다 앞서 오는, 근원 의지의 순수한 발현이다. 근원 의지는 먼저 이데아들의 왕국에 자신을 드러내고, 그런 다음 눈에 보이는 현실에서 실현된다.

이데아를 바라보는 눈길은 무엇보다도 예술의 일이다. 예술은 "세계에서 본래 본질적인 것, 그 현상들의 참된 내용, 그 어떤 변화에도 굴복하지 않고 따라서 모든 시대에 걸쳐 똑같은 참으로 인식되는 것"을 관찰한다. 그런 관찰은 건축에서 시작한다. 건축은 중력과 견고함의 이데아들이 서로 투쟁하는 것을 보여준다. 이어서 조각으로 넘어가는데, 조각은 인간 신체의 순수한 이데아를 묘사해 보여준다. 다음으로 현실의 이데아들의 다양함을 보여주는 회화가 있다. 이어서 시문학은 열망과 행동들을 집약하는 연속선에 있는 인간의 이데아와, 나아가 온갖 세계 이데아들을 눈에 보이게 현상으로 드러내 준다. 이런 인식의 관찰은 음악에서 절정에 도달하는데, 음악은 의지 자체를 표현하고, 그와 더불어 세계의 순수한 본질을 표현한다.

그러나 예술작품의 창작과 관찰은 의지에서부터, 그리고 그것과 연관된 고통에서부터 지속적인 해방을 가져다주지는 않는다. 그것은 오직 순간적으로만 인간을 고통에 가득 찬 개체성에서 해방해줄 수 있다. 그러니까 예술은 오로지 일시적인 진정제일 뿐이다. 궁극적으로 자신을 의지와 그 혼란에서 풀어줄 수 있는 다른 길들을 찾아보아야 한다.

인간이 자신을 고통에서 해방하는 길 ― 이론과 실천

오로지 고통만을 만들어내는 의지가 원칙적으로 거부되어야만 그것이 가능하다. 그러나 여기서 어려움이 나타난다. 근원 의지에서 나온 것은 일어난 그대로 필연적으로 일어난 일이다. 그 자신 근원 의지에서 나온 인간이 어떻게 이 근원 의지에 맞서는 자유를 지향하겠는가? 쇼펜하우어는 이 질문에 대한 답으로 강력한 펀치 한 방을 내놓는다. 그는 그냥 이렇게 주장한다. 인간이 사방으로 순수한 필연성에 둘러싸여 있다는 건 맞지만, 한 점에서는 자유다. 즉 모든 것을 결정하는 의지를 부정하면서 거기 맞설 수 있단다.

쇼펜하우어는 그에 대해 특정한 근거를 제시한다. 그는 윤리적인 구성 요건들, 곧 책임감, 책임 소재 찾기, 죄의식 등에서 출발한다. 이들은 분명히 자유를 전제로 한다. 그렇다면 자유는 대체 어디에 자리 잡고 있는가? 행동과 행위에는 아니다. 행동은 철저히 인과적으로 결정되기 때문이다. 그렇다면 자유는 그때그때마다의 개인의 그렇게있음Sosein에 들어 있는 것이 분명하다. 인간이 자기 행동을 자신의 것으로 인정한다면, 그가 이것 혹은 저것을 행했기 때문이 아니라, 그가 이것 혹은 저것을 행할 수밖에 없도록 되어 있어서 그렇게 한 것이다.

이를 통해 쇼펜하우어는 다시 형이상학 사변의 영역으로 들어온다. 인간에게 속하는 그렇게있음은 인간의 경험적 특성이 아니라, 쇼펜하우어가 칸트에게서 얻어온 표현대로 "예지적인 특성"이다. 예지적intelligibel이란 말은 모든 현실적인 여기있음(삶)보다 앞서 있다는 뜻이다. 그러니까 쇼펜하우어의 생각은 인간이 탄생 이전에 특정한 성격을 자유롭게 고를 수 있었다는 말이다. 그는 삶에서 그에 따라 행동하고, 그에 대한 해명을 요구받는다. 그래서 쇼펜하우어는 다음과 같이 말할 수 있다. 인간은 경험적인 여기있음에서는 자유롭지 않다. 그러나 그의 본질의 뿌리에서는 자유롭다. 그리고 의지를 부정할 가능성도 여기서 나온다.

하지만 이런 의지의 부정은 어떻게 이루어지는가? 그것은 두 단계로 일어난다. 이론 단계와 실천 단계다. 이론의 길은 우리가 다음의 사실을 깨닫는 것과 더불어 시작한다. 즉, 모든 현실의 바탕에는 근원 의지가 있고, 그것은 자신의 분열 상태로 인해 세계에 고통을 만들어낸다. 인간이 그것을 알아채면, 그는 세계에서 일어나는 모든 고통스러운 사건이 오로지 진짜 현실인 근원 의지의 [발현] 현상일 뿐, 전혀 현실이 아니라는 사실도 보게 된다. 이렇게 되면 세계의 사건이 그를 압박하기를 중지한다. 그러면 인간은 생각 속에서 고통스러운 현실을 넘어선다. 근심과 절망 대신 영혼에 특이한 침착함이 나타난다. 체념과 의지없음[무의지]으로 마음이 중요하게 여기는 것을 모두 포기한다. 이런 태도의 일관된 작용은 금욕이고, 금욕의 끝에는 의지가 완전히 사라진 충만한 내면의 평화가 있다. 이것은 "기질이 지닌 바다의 평온"이다.

그러나 그게 전부가 아니다. 두 번째 단계에서 의지의 부정은 행동으로 일어난다. 그것은 우리가 공감을 통해 다른 사람의 고통을 줄여주는 것이다. 쇼펜하우어는 이에 대해서도 형이상학의 근거를 댄다. 모든 생명체가 통합된 근원 의지에 사로잡혀 있다면, 생명체들은 뿌리에서 서로 연결되어 있음을 이해해야 한다. 그들은 모든 것이 바탕에서 하나라는 것을 이해한다. 이로써 사람을 기만하는 개체성의 한계가 깨진다. 다른 사람의 고통이 나의 고통이고, 이러한 깨달음에서 공감이 자라난다.

이런 공감 속에서 인간은 인류 전체, 모든 생명체의 고통을 함께 아파한다. 이렇게 공감은 이기심을 극복하는 도덕적 태도의 원천이 될 수 있다. 그것은 공정함과 인간 사랑으로 나타난다. 이기심에서 악이 나오고 공감에서 선이 나온다는 것이 옳다. 이것이 쇼펜하우어 윤리학의 기본원칙이다. 그에 따라 고통을 만들어내려는 의지는 공감의 행위를 통해 거부된다. 물론 쇼펜하우어에게서 그것은 단순히 이론으로만 남는다. 그는 살아서 동물에 대해서만 빼고는 거의 공감을 보이지 않았기 때문이다.

그러나 의지를 이론으로 거부하든 실천으로 거부하든 그 무엇도 철저히 스며든 염세주의를 물리치지는 못했다. 쇼펜하우어의 사상 전체가 여기서 나왔다. 마지막에도 그는 아무것도 없다면, "없음이 있음보다 결정적으로 선호된다면" 그쪽이 더 낫다고 말한다. 그리고 마지막에도 여전히 있는 것이 모두 없어진 상태, 곧 니르바나를 갈망한다. 마지막에도 여전히 세계와 인간의 진짜 목적은 없음이라고 여긴다. 왜냐하면 "우리 앞에는 오로지 없음만이 있기" 때문이다.

1813-1855

키르케고르
혹은 신의 첩자

25

SØREN KIERKEGAARD

철학자들은 여자 이야기를 통해 자신의 궤도에서 벗어나는 일이 많지만, 여자를 통해 비로소 자신의 길로 접어드는 경우는 매우 드물다. 그것도 중요한 귀부인이 아니라 고작 열다섯 살짜리 소박한 시민계급 처녀를 통해서 말이다. 하지만 쇠렌 키르케고르는 그랬다. 레기네 올센이 없었다면 그는 지금 알려진 그가 되지 못했을 것이며, 자기가 쓴 그것을 쓰지 못했을 것이다.

스물네 살 청년 키르케고르는 어린 소녀를 보고 첫눈에 반했다. 그는 곧바로 레기네와 결혼하기로 결심한다. 3년 뒤에 그녀와 약혼했지만, 약혼과 더불어 문제가 시작된다. 얼마 지나지 않아 키르케고르는 한 여성을 자기에게 묶어둘 권리가 자기한테 있는가 곰곰이 생각했다. 그의 엄격한 결혼 개념에 따르면, 상대방에게 서로 절대적으로 솔직하다는 것도 결혼에 속하는 일이었다. 그러나 그는 자기가 그럴 수 없다고 느꼈다. 그의 생각에 침묵할 수밖에 없는 일들이 있다. 그에 대해 생각하면 할수록 자기 같은 사람에게는 결혼의 가능성이 점점 더 문제가 많은 것으로 여겨졌다.

지나치게 진지한 우울증 환자

이제 끔찍한 연극이 시작된다. 키르케고르는 약혼녀 쪽에서 자발적으로 파혼하기를 원했다. 그러기 위해서는 스스로 끔찍하고도 비난받을 모습을 보여서 레기네가 자기를 버리도록 하는 수밖에 달리 도리가 없다고 여겼다. "악당으로, 가능하면 가장 야비한 악당으로 비쳐서 관계에서 벗어나는 것이 그녀를 다시 자유롭게 만들 수 있는 유일한 일이었다." 마지막에는 섬뜩한 장면도 나타난다. "그녀가 내게 물었다. '결혼하지 않을 건가요?' 내가 대답했다. '아니, 할 거야. 10년 있다가 내가 기운을 다 쓰고 나면 다시 젊어지기 위해 어린 아가씨가 필요할 거니까.'"

가련한 약혼녀가 그 때문에 이루 말할 수 없이 괴로워한 것은 당연한 일이다. 그러나 키르케고르도 혼란스러웠다. 이렇게 관계를 깨뜨려놓고는 이상한 일이지만 새로운 바탕 위에서 레기네와의 관계를 새로 세우기를 희망한다. 그는 일기에 조심스럽게 그녀와의 모든 만남을 기록했다. 당시 작은 도시 코펜하겐에서는 길거리에서나 교회에서의 만남을 피할 수가 없었다. 그는 그녀가 자기를 바라보았는지, 미소를 지었는지, 멈추어 섰는지 끝도 없이 복기한다. 하지만 레기네한테 감히 말을 걸지는 못한다. 결국 그는 신문에서 그녀가 다른 사람과 약혼했다는 소식을 읽는다. 키르케고르의 절망은 컸다. 일기에서 그는 옛날 약혼녀가 정절이 없다고 비난하기까지 한다. 그런데도 여전히 희망을 포기할 수가 없었다. 죽는 날까지 그의 일기와 저술에서 레기네와의 관계가 그를 괴롭히는 사색의 핵심 주제 하나로 남았다.

키르케고르가 결혼을 위해 꼭 필요한 것으로 여긴 철저한 솔직함을 방해한 것은 무엇인가? 처음에 그것은 그다지 해롭지 않은 것이었다. 공창公娼의 집에 한번 갔었는데, 자기를 보고 비웃기만 하는 그곳 여인들과 친밀한 접촉은 없었다. 그러나 이 잘못은 그보다 더 심각한 것, 그가 자신과 가족 전체 위에 놓여 있다고 생각한 더욱 심각한 불행의 표지였다.

이것은 아버지에게서 기인하는 일이었다. 그의 아버지도 성적인 잘못을 범하고 평생 그에 대해 양심의 가책을 느꼈다. 아버지는 그 아가씨―키르케고르의 어머니―와 결혼했는데도 그랬다. 하지만 그 이상의 일이 있었다. 아버지가 술에 취해서, 자기가 젊은 시절 신을 저주한 적이 있다고 고백한 것이다. 키르케고르는 이것을 일기에 이렇게 같이 적었다.

"옛날 젊은 시절 유틀란드 황야에서 양 떼를 돌보며 많은 어려움을 겪을 때, 굶주리고 비참한 상태로 언덕 위에 서서 신을 저주했다. 그 남자가 느끼는 불안함―이 남자는 여든두 살이 되어서도 그것을 잊을 수가 없었다."

키르케고르는 이 사건으로부터 가족 전체에, 그리고 자신에게도 지울 수 없는 저주가 내렸다고 확신했다. 키르케고르가 이런 사건들을 아주 끔찍한 것으로 진지하게 받아들인 것은 그의 성격의 기본 특성이 우울증이기 때문이다.

"나는 어린 시절부터 가장 비참한 우울증에 던져진 인간이다. 여기 있음 전체가 나를 불안하게 한다. 가장 작은 모기부터, 신이 인간이 된 비밀에 이르기까지 모든 것이 두렵다. 내게는 모든 것이 설명할 길이 없고, 나 자신이 가장 설명할 수 없다."

이런 우울증은 비정상적일 정도로 심각한 자기 연관성에서 나온 것이다. 자기 본질을 파악할 수 없는데 대체 어디에 의미가 있을 수 있는가 하는 물음의 답을 알아내는 것이 키르케고르에게는 중요했다.

그러나 겉으로는 경박한 멋쟁이 노릇을 해서 자신의 우울증을 가렸다. 그는 옷을 극단적인 방식으로 입었다. 열심히 카페와 극장들을 찾아다니고 코펜하겐의 거리들을 쏘다녔다. "티볼리" 유원지를 뻔질나게 드나들었다. 그러고는 글을 썼는데, 한 장章의 제목이 "유혹자의 일기"다. 그는 여기에 다음과 같이 썼다.

"방금 내가 중심인 모임에서 나오는 길이다. 재담들이 내 입에서 줄줄이 쏟아져 나왔고 모두들 웃으며 내게 경탄했다.─하지만 나는, 생각의 꼬리가 정확히 지구의 반지름 정도는 되니까───이곳을 떠날 때 총을 쏘아 자살하고 싶었다."

키르케고르는 문학, 철학, 신학 경향의 글들을 생산해서 이런 우울증에서 벗어날 길을 찾아낸다. 생각들이 끊임없이 그에게로 밀려와서 표현을 요구했다. 그는 글을 잔뜩 썼다. 이런 글에서 개인적인 문제들을 다루고 그것들을 객관화했기에 자기 고백으로 생각될 수도 있다. 다음과 같은 제목의 글들이다.《이것이냐 저것이냐》, 혹은《삶의 길의 단계들》, 혹은《철학적 단편들》, 혹은《불안의 개념》, 혹은《공포와 떨림》, 혹은《죽음에 이르는 병》, 혹은《기독교 훈련》 등.

키르케고르가 작품에서 논쟁을 꺼리지 않았기에 그는 적을 왕창 만들었다. 동시대 사람들의 평균적인 이해력을 공격하고는 자기 방식으로, 즉 욕설로 대응했다. 도시의 유명한 풍자잡지에 키르케고르는 고약한 커리커처로 거듭 등장하곤 했다. 기묘한 옷차림, 가느다란 다리, 등뼈가 굽어서 바지 길이가 짝짝이인 것, 심지어는 그가 소녀의 어깨에 타고 있는 모습도 있다. 키르케고르는 아주 깊이 상처를 입었다. 그런데도 조롱당하는 것이 자기 시대에 특별한 말을 하려는 사람이 피할 수 없는 운명이라고 생각했다. 그는 "비웃음의 순교자"가 되는 것을 받아들였다.

그러나 그보다 더한 일이 있었다. 키르케고르는 사색의 길에서 기독교 실존의 참된 본질에 대해 깊이 생각하기에 이르렀는데, 덕분에 공식 교회와 더욱 날카롭게 대립하게 된다. 그는 교회가 기독교를 배반했다고 비난했다. 극단적으로 공격적인 팸플릿들에서 교회에, 특히 주교들에게 싸움을 선포했다. 그러다가 1855년에 마흔두 살 나이로 죽었다.

실존을 변화시키지 않는 참은 의미가 없다

우울증과 성찰로 쟁기질된 토양에서 키르케고르가 하고자 했던 본질적인 말들이 자라났다. 그처럼 자기 자신에 대한 물음에 가장 깊이 던져진 사람에게는 철학을 할 때도 인간이 결정적인 주제가 되지 않을 수 없다. 질문하는 사람을 건드리지 않을 수도 있는 학문의 문제라는 뜻에서가 아니라, 철학하는 사람은 자신의 질문에서 위험에 직면한다는 뜻에서 그렇다. "모든 본질적인 인식은 실존에 관한 것이기 때문이다." 이렇게 해서 키르케고르는 인간에 대한 사유에서 실존적 사상가가 된다. 그리고 포괄적인 의미에서 인간이 자기 자신에게 수수께끼로 여겨지는 시대, 곧 20세기에 와서야 비로소 완전한 영향력을 얻는다. 신학과 철학 두 분야에서 그러한데, 신학에서는 바르트와 불트만을, 철학에서는 야스퍼스와 하이데거를 지적하는 것만으로 충분할 것이다.

인간에 대한 물음에 집중하면서 키르케고르의 철학적 기본 신념을 위해 중요한 결과들이 나왔다. 자주 인용되고, 거의 그만큼이나 자주 오해되는 다음의 명제가 그중 하나다.

"주관성이 참이다."

이것은, 모든 것은 오로지 주관적이다, 모든 것은 오직 인간하고만 관계된다, 객관적인 참은 없다, 등을 뜻하는 말이 아니다. 이런 것은 널리 퍼져 있는 상대주의에 어울리는 태도인데, 키르케고르는 그와는 거리가 멀다. 그가 주관성이 참이라고 거듭 말하는 것은, 다음과 같은 말을 하려는 것이다. 무언가가 인간에게 참이 되기 위해서는, 인간이 이것을 완전한 정열을 지니고 자신의 개인적 참으로 파악할 수 있느냐에 달려 있다는 말이다. 참이 실존을 건드리지 않고 또 실존을 변화시키지 않는다면, 참을 얻는 것은 아무 의미도 없다는 말이다.

이 지점에서 키르케고르의 비판은 자신의 위대한 적인 헤겔을 향한다. 헤겔은 자신의 장대한 체계 안에서 자연과 역사라는 전체 현실을 파악하려고 했다. 그러나 그럼으로써 그는 실존의 고통에 빠진 인간을 잊었다. 그렇게 포괄적인 총체적 바라봄은, 그것이 인간의 삶을 변화시키지 않는 한 인간에게는 아무 쓸모도 없다. 참이란 그것을 결연히 습득하여 자신의 구체적인 실존에서 실현하는 사람에게만 살아 있는 것이 된다. 키르케고르는 이런 관점을 자기 자신에게도 적용한다.

"나 자신에게 참이 될 수 있는 참을 찾아내는 것, 내가 그것을 위해 살고 또 죽고자 하는 이념을 찾아내는 것이 중요하다."

그렇다면 키르케고르가 그토록 정열적으로 탐색한 인간의 실존이란 무엇인가? 실존적 사상가로서 그는 인간의 개념을 자기 체험에서 얻는다. 자기 체험이란 그에게는 세계와 자신에 대한 낯섦의 체험, 내면의 찢김, 심연처럼 놓인 불안, 절망의 체험이다. 키르케고르는 이 모든 것을 자신의 개인적인 운명으로만 생각하지 않고 무엇보다도 인간의 근본 상황으로 파악한다. 인간은 피할 수 없이 "불안" 속에, "죽음에 이르는 병"인 "절망" 속에 살고 있다. 다만 완전히 정직하게 이것을 견디는 일이 중요하다.

실존 가능성들의 세 단계

불안 속에서 ─ 이것은 키르케고르의 위대한 발견이다 ─ 인간은 자유의 가능성이 자신의 기본 본질임을 체험한다. 불안은 현실을 해체하여, 압박하는 가능성들의 그물망으로 바꾸어버린다. 이런 가능성들을 앞에 두고 인간은 결정을 내려야 한다. 그래서 그는 불안 속에서 자기가 전혀 확정되어 있지 않다는 것을 발견한다. 그의 있음은 있을 수 있음(실존가능)이다.

"인간에게 주어진 무시무시한 것은 선택, 곧 자유다."

인간의 자유라는 사상에서 출발하여 키르케고르는 실존가능성들에 대한 중요한 이론, 곧 "삶의 길의 단계들"을 전개한다. 첫번째 단계인 "미적 단계"에서 인간은 풍성한 가능성들을 지니고 있지만 그중 어느 것도 진짜로 사용하지는 않는다. 그는 단순히 바라보고 즐기지만, 활동하지 않고 그래서 책임도 없다. 흥미롭고 기분 좋은 것을 사냥하면서, 가능성들을 가지고 서로 연결되지 않는 실험을 실컷 해본다. 그러나 이런 방식으로 단순히 미적으로만 사는 사람은 삶의 공허함에 빠지고 본질적인 의미에서 비현실적으로 남는다.

그래서 키르케고르의 주장으로는, 미적인 단계는 인간에게 실존가능성들 중 최종의 것이 될 수 없다. 참으로 존재한다는 것은, 인간이 자기 앞에 펼쳐진 가능성들 중에서 선택한다는 것, 하나를 붙잡고 다른 것은 버림을 뜻한다. 인간의 자유는 이렇듯 결정으로 완성된다. 왜냐하면 오로지 결정을 내릴 용기를 가진 사람만이 현실에 도달하고, 삶에서 자기 자리를 얻기 때문이다. 선택과 결정은 키르케고르가 인간을 관찰하는 본질적인 범주들이다. 이들은 두 번째인 "윤리적 단계"의 특징이다. 인간은 이 단계로 들어가서 정말로 결정을 내림으로써 비로소 자기 자신이 되고, 자신의 과제가 될 과제를 찾아낸다.

그러나 이 모든 것으로도 아직 키르케고르 사상의 가장 핵심적인 단계에 이르지 못했다. 자신을 윤리적으로 장악하려는 시도도 절망으로 끝난다. 인간은, 자기 자신에게서 나와 정말로 자기 자신이 될 수는 없다는 사실을 마침내 깨닫는다. 이런 무력감은 그의 유한성의 가장 깊은 표시다. 키르케고르처럼 끊임없이 여기 있음의 수수께끼를 생각하는 사람은, 인간의 있음이 그 자체로는 아무것도 아니라는 사실을 깨닫지 않을 수 없다.

인간은 새로운 가능성이 ─자신의 개입이 없이─ 자기에게 열릴 경우에만 이런 극단의 절망에서 벗어날 출구를 찾을 수 있다. 이 새로운 가능성에서 그는 자신이 단순히 유한성일 뿐만 아니라, 유한성과 무한성으로 짜인 경이로운 직물임을 알게 된다. 그를 지상의 삶의 소용돌이 속에 집어 던져 그곳에 붙잡아놓는 것은 그의 본질에 있는 유한성이다. 그에 반해 그의 본질의 또 다른 부분은, 무한한 동경에 잠겨 다른 세계와 결합하는 것을 가능하게 해준다. 그는 절망의 고통에서 이 다른 세계로부터 위안을 얻으며, 또한 자기 자신이 되기 위해, 자신의 행동과 결정을 위해 타당한 가르침들도 얻는다. 그래서 인간이 여기있음에서도 무한성을 잊지 않는 것이 무엇보다도 중요하다. 무한성을 바라보는 사람은 세 번째 단계인 "종교적 단계"로 들어간다. 철학자 키르케고르가 말한 것은 이와 같다.

신학자 키르케고르는 동일한 것을 더욱 직접적으로 표현한다. 인간은 신의 절대적 요구 아래 서 있다. 그것은 선택과 결정에 본래의 날카로움을 만들어낸다. 이것이 신 앞에서의 선택과 결정이기 때문이다. 키르케고르는 이렇게 말한다.

"누구든 완전히 자기 자신이 되는 것, 개별적 인간이 되는 것, 바로 이 특별한 개별적 인간이 되기를 감행하는 것이 중요하다. 오로지 신 앞에서만, 오로지 이렇듯 무시무시한 긴장 속에서만, 그리고 이렇듯 무시무시한 책임을 지닌 채 말이다."

키르케고르는 정신적, 영적으로 끝없이 힘들게 이런 관점에 도달했기에, 우울한 본질의 온갖 시련 속에서도 마침내 위안을 얻는다. 그는 자기의 것 같은 깊은 우울증은 유한한 것의 영역에서, 그리고 특히 사람들과의 관계에서는 없앨 수 없다는 것이 그 본질에 속한다는 사실을 발견했다. 오로지 무한한 것에 바탕을 두어야만 평화에 이른다. 물론 그렇다고 우울증이 완전히 없어진다는 것은 아니다. 키르케고르는 우울한 상태로 있는 것이 자신의 지속적인 운명임을 알고 있었다. 그러나 영원한 것에 뿌리를 박자 자신의 우울증을 견딜 힘을 얻었다. 그런 다음 자신의 삶을 돌아보자 다음의 사실이 분명해졌다. 자기가 그렇듯 우울하다는 그 사실이 바로 심정의 정열을 다하여 영원한 것을 얻을 가능성을 마련해주었다는 것이다.

> "나의 삶은 끔찍한 우울증으로 시작되었다. 아주 어린 시절에 이미 가장 깊은 바탕에서 삶이 혼란스러웠다. 내 본질의 이와 같은 기본적 비참함이 없어질 수 있다고는 믿을 수 없었다. 그래서 나는 영원한 것을 붙잡았다. 내가 평생 그토록 고통을 받는다 하더라도 여전히 신은 사랑이라는 사실을 확인하고 행복했다."

신 앞에 개인으로 홀로 서서 결정하는 삶

인간이 영원성 안에 절대적인 바탕을 두어야 한다는 이런 요구 때문에 키르케고르는 자기 시대에 낯선 사람이 된다. 인류의 진보를 믿고, 헤겔의 말로 "역사의 이성"을 믿은 19세기에 그는 낯선 사람이었다. 자기 시대 사람들보다 훨씬 더 깊이 보았기 때문에 그는 자기 시대를 냉혹하게 비판했다. 이런 비판이 격분한 일기 기록에서, 또 저술에서 심한 험담으로 나타난다. "유럽 전체가 완전히 파산을 향해 다가가는 것처럼 보인다." "현재의 시대는 절망의 시대다." "비雨의 예언자라 불리는 새가 있다. 나도 그렇다. 한 세대에서 심한 비구름이 모여들기 시작하면 나와 같은 개인들이 나타난다."

키르케고르는 자기 시대가 진짜 정열이 없는 시대, 어떤 일에 깊이 사로잡힘이 없는 시대라고 비난한다. 직접적인 것들은 모조리 분별력의 지배 아래 들어갔고, 끝없는 성찰에 파묻혀 행동력은 질식되었다. 그는 자기파괴에 이를 정도로 넘치는 심사숙고를 자신에게서 직접 경험했기에 그럴수록 더욱더 명료하게 이 사실을 알아보았다. 그리고 나아가 분별력이 우세하다는 것이 인간의 여기있음을 이중적인 것으로 만드는 것을 보았다. 행동과 사건에 대해 깊이 생각하는 것만으로, 마치 사람들이 행동하는 것처럼, 마치 무슨 일이 일어나는 것처럼 보인다는 것이다.

"어디에나 분별이 있다. 조건 없는 사랑에 빠져 결혼하지 않고 이성의 결혼을 한다. 조건 없는 복종 대신 깊은 생각에 근거한 복종, 감행하는 대신 그럴싸함과 영리한 계산. [자발적] 행위 대신 [단순히] 사건"

행동을 방해하는 끊임없는 성찰 중독증은, 키르케고르가 보기에 인간을 치명적인 위험에 빠뜨린다. 그 누구도 결정을 내리지 않고 또 그런 선택에서 자기 자신으로 되지 않는다면, 더 깊은 의미에서는 아무도 다른 사람과 구분되지 않는다. 황폐한 평준화가 자리를 잡는다. 인간들의 모임은 "청중"이 되고, 아무도 알 수 없는 익명의 "여론"이 되고 만다. 그 특성은 "수다"이고, 책임이 있는 연설은 "소문"에 밀려 추락한다. "아무도 스스로 결정을 내리지 않고 위원회들, 위원회들을 만드는 것으로 만족한다. 시대 전체가 위원회가 되는 것으로 끝을 맺는다." "하지만 대중은 참이 아니다."

만일 사정이 이렇다면 전체의 이름 없는 한 부분이 아니라, 자기 자신에게 자기 자신이 되는 것이 아주 중요하다. 그래서 키르케고르는 지치지도 않고 모두가 개인이 되고, 끝없이 자신의 가장 고유한 실존을 보살피고, 개인으로서 신 앞에 서라고 촉구한다. "나의 의미는 '개인'이라는 범주와 연결된다. 나는 [사람들이] 거기 주목하도록 하는 것을 나의 과제라고 보았다." 이 과제는 물론 대단히 힘든 일이다. 그렇지만 누군가 그것을 정말로 떠맡으면 그것은 엄청난 사건이다. "개인으로 존재한다는 것보다 더 두려운 일이 없다는 사실을 배운 사람은, 이것이 가장 위대한 일이라고 서슴없이 말할 것이다."

개인이 되라는 요구로 키르케고르는 특히 자기 시대의 기독교에 저항했다. 그의 시대 기독교는 수많은 사람들의 관심사가 되었다. 세례 증서에 근거해서만(세례만 받으면 곧) 기독교도라는 생각이 기독교의 진지함을 경박한 놀이로 만들어버렸다. 이것을 깨닫자 있는 힘을 다해 가짜 기독교에 맞서 진짜 기독교도가 되기를 보여주어야 한다는 과제가 그에게 나타났다. 기독교도가 된다는 것은 그에게는 대중의 일이 아니라, 절대적인 정열로 자신의 영원한 영적 행복을 염려하는 개인의 일이다. 개인들은 믿음을 자명한 것이 아닌 대담한 모험이라 여기고, 믿음을 잡아야 한다. 믿음은 영원한 것[신]이 시간[인간]이 되었다는 패러독스 위에 자리 잡은 것이기 때문이다. 그러므로 믿음은 모든 자연의 이해력을 뛰어넘는 "도약"으로만 성취된다. 이런 신념을 가지고 키르케고르는 일개 개인으로서 자기 나라의 국교를 가차 없이 공격한다. "절망한 발걸음으로 현재의 기독교에 싸움을 거는 일"이 필요했다.

이로부터 키르케고르는 자신의 우울한 실존의 의미를 가장 깊이 해석하기에 이른다. 세속화된 기독교의 시대에 기독교 복음의 진지함을 다시 알리기 위해서 신이 그토록 우울한 인간, 그토록 고립된 인간을 필요로 했다는 사실을 그는 이제야 이해한다. "나는 가장 높은 분에게 봉사하는 첩자와 같다." "나는 인식이 '실존'과 어떻게 운韻이 맞는지, 기독교가 '기독교도 되기'와 어떻게 운이 맞는지를 염탐해야 한다." "나의 삶은 다른 사람들에게는 알 수 없고 이해할 수도 없는 거대한 고통이다. 모든 것이 교만과 허영심처럼 보였지만 그렇지 않았다. 나는 몸에 가시[고린도후서 12장 7절]를 박고 살았다. 그래서 결혼하지 않았고 공직에도 들어갈 수 없었다. 그 대신 예외자가 되었다. 낮에는 일과 긴장 속에서 흘러가고 저녁이면 옆으로 밀려났다. 그것은 예외였다."

하지만 마지막에 다시 다음과 같은 말이 나온다. "그러나 내가 그렇듯 우울했다는 것은 내게는 행운이다."

포이어바흐
혹은
신의 창조자인 인간

26

1804-1872

LUDWIG FEUERBACH

행운이 사랑하는 철학자들이 있고 끊임없이 불운이 쫓아다니는 철학자들도 있다. 루트비히 포이어바흐는 불운한 철학자에 속한다. 물론 그의 삶의 어둠 사이로 이따금 특별한 행운의 사례들이 끼어들기는 하지만.

처음에 그는 장래가 창창해 보였다. 유명한 법학자이던 아버지는 상당한 재산을 소유했기에 ─ 밖에 둔 애인을 위한 경비로 적잖은 돈을 쓰고도 ─ 많은 자녀들을 적절히 가르칠 수 있었다. 어린 포이어바흐는 모범생으로 선생님들 사이에서 평이 좋았다. 학교 성적표 한군데에는 그가 "개방적인 성격, 질서에 대한 사랑, 극히 조용하고 평화로운 특성, 대단히 훌륭한 태도와 근면함 등으로 뛰어난" 학생이라고 되어 있다.

이어서 그는 여러 변화를 겪은 다음 하이델베르크 대학에서 신학을 공부했지만 실망하고 철학으로 방향을 돌렸다. "자유와 종속, 이성과 신앙으로 뒤범벅된 신학적 잡탕이, 통일성, 단호함, 절대성 등 참을 원하는 나의 영혼에는 죽도록 역겨웠기 때문이다." 베를린 대학으로 옮기고 난 다음 그는 비밀 결사대에 속한다는 의심을 받고 자신이 완전히 비정치적인 성향임을 증명해서 결백을 밝혔다.

대학에서는 헤겔의 영향을 받았다. 그러나 헤겔과는—짧은 작별인사를 빼고—단 한 번 이야기를 나누었을 뿐이다. 유명한 '루터와 베그너' 포도주 주점에서였는데, 그는 너무나 수줍어서 거의 한마디도 하지 못했다. 포이어바흐는 에를랑겐 대학에서 박사 학위를 받고, 그곳에서 스물다섯 살에 마음속으로 서서히 헤겔에 거리를 두면서 강사로 일하기 시작했다. 이 도시에서 그는 완전히 자기 학문에만 몰두하여 은둔해서 살았다. 편지에 이렇게 썼다.

"이곳 내 집은 자연에 둘러싸인 조용한 곳이다. 오전에 물 한 잔, 점심때 소박한 식사, 저녁때 맥주 한 잔과 이따금 무를 곁들이기도 한다. 언제까지나 이렇게 지낼 수만 있다면 나는 지상에서 더 바랄 것이 없다."

그 이상으로는 "오래 앉아 있다 보니 꼭 필요한 커피" 정도의 사치를 누렸다.

끊임없이 찾아오는 불운의 그림자

그러나 어려움이 생겨났다. 잠깐 강사로 활동하고 나자 포이어바흐는 대학이 싫어졌다. 거기에는 두 가지 결정적인 이유가 있었다. 첫째로 그는 〈죽음과 죽지 않음에 대한 생각〉이라는 글을 썼다. 익명으로 발표했지만, 그가 썼다는 사실이 곧 밝혀졌다. 이 책은 신학과 철학의 반동주의가 지배하는 학문 영역에서는 저자의 출세 길을 가로막는 종류의 책이었다. 그는 누이에게 이렇게 써 보낸다. "내가 추악한 자유사상가, 무신론자, 그것도 모자라서 살아 있는 반反그리스도라는 소문에 휩싸였다."

또 다른 이유로는 자기가 강단에서 성공을 거둘 수 없다는 사실을 인정하지 않을 수 없었다는 점이다. 그는 글은 잘 썼지만, 말로 가르치는 일은 잘할 수가 없었다. 에를랑겐 대학에서 교수직을 얻을 전망은 사라졌다. 대학을 그만두면서 그는 자기변명에 해당하는 이유를 달았다. 그곳에서는 "밥벌이 학문들의 감자 재배 말고는 경건한 양 기르기[기독교]가 번성하고" 있다고 했다. 그는 약간 대담하고 아주 틀린 것만도 아닌 사실로 자신을 위로했다. "나는 철학 교수직에 잘 맞지 않는다. 내가 철학자이기 때문이다." 그는 "특별한 존재 등급"을 요구했다. 그러니까 자기를 "보통의 전문 분야 교수 등급으로 깎아내리지" 말라는 것이다.

형편이 곤란해진 포이어바흐는 온갖 가능한 직업들을 생각해 보았다. 고등학교 교사, 귀족 집안 가정교사, 도서관 사서, 편집자, 직업 문필가 등이었다. 그러나 그중 어느 것도 잘되지 않았다. 오래전부터 준비해온 파리 이주도 결단력이 부족해서 실패로 돌아 갔다. 앞뒤가 맞지 않는 일이지만, 그는 다시 여러 대학들에 지원 했다. 그러나 온갖 노력이 모두 헛일이 되고 말았다. 그래서 마침 내 체념하고 자기는 "교수대에 매달린 사람처럼 공중에 떠서" 살 고 있다고 썼다.

그때 여성을 통해 변화가 찾아왔다. 포이어바흐는 궁성의 거 주자이며 도자기 공장을 운영하는 사람의 딸에게 홀딱 반했다. 그 녀에게 이렇게 편지를 써 보냈다. "내 영혼은 깊은 심연인데, 여기 서는 오로지 당신을 향한 한숨만이 살아 있다는 표지로 내 귀에 들립니다." 베르타 뢰브라는 이름의 이 숙녀는 포이어바흐의 정신 적인 자질 때문이었는지, 아니면 그의 뛰어난 용모 때문이었는지 어쨌든 그의 애정에 긍정적으로 반응했다. 그의 훌륭한 용모에 대 해서는 그를 잘 알았던 어떤 전기 작가가 이렇게 알려준다.

"그는 중키였고, 날씬한 몸매는 나이가 많이 들어서도 균형 잡힌 고 귀한 모습을 유지했다. 걸음걸이는 가볍고 유연했다. 진지하고 온화 하고, 정신력이 풍부한 그의 모습에서 날카로우면서도 생각에 잠긴 선량한 눈길을 지닌 밝은 푸른색 눈이 특히 두드러져 보였다. 그 위 로 아름다운 이마가 솟아 있고, 짙은 갈색 머리카락을 짧게 자른 모 습이었다. 코와 입은 둘 다 섬세하고 단호하면서도 분명한 선량함을 보이는 모습인데 젊은 시절에는 아름다운 콧수염이, 나이가 들어서 는 텁수룩한 전체 수염이 코와 입을 연결했다."

"그의 인상은 항거할 수 없이 사람의 마음을 사로잡는 것"이라고 전기 작가는 말한다. 어쨌든 포이어바흐의 마음을 사로잡은 숙녀가 그의 청혼을 받아들이고 두 사람은 결혼했다. 그는 이제 "총각 시절의 하수구 맷물을 씻어내고 성스러운 결혼생활의 목욕물 속으로 올라갈" 수 있었다. 이제 그것은 그에게 외적, 내적인 안정을 주었다. 그는 궁성의 탑에 있는 여러 방에서 소망하는 대로 은둔하여 지냈다. 물질적인 생활을 위해서는 아내에게 들어오는 도자기 공장의 수입이 다가 아니었고—전기 작가가 분명히 밝히고 있지만—과수원과 채소밭, 들짐승이 있는 커다란 숲, 그리고 잉어 연못 등에서도 수입이 들어왔다.

포이어바흐의 생활 방식에 대해 전기 작가는 꼼꼼하게 보고한다. 그는 "모범적으로 단순한 생활 습관"을 가졌다고 한다.

"자기 방 청소와 난방은 손수 했고, 침대도 정리했으며 옛날 파스칼처럼 직접 밤낮으로 정돈했다. 그의 작업 공간은 극히 정리가 잘 되어 깨끗했다. 천재적인 사람들은 어지럽히기를 좋아해서 자기 자신과 다른 사람들에게 불쾌함을 만들어낸다는, 널리 알려진 성향을 그는 전혀 갖지 않았다. 그는 또 옷도 흠잡을 데 없이 단정하게 입었다. 이른 아침부터 단정한 실내 의상 차림이었다. 목까지 단추를 채운 몸에 꼭 달라붙는 어두운 색깔의 윗옷이 산림관 같은 겉모습을 주었다. 부드러움과 느긋한 편안함을 연상시키는 것, 특히 도이치 학자들에게 필수품처럼 여겨지는 잠옷과 슬리퍼를 그는 싫어했다. 낮 동안에는 언제나 장화를 신었고 머리에는 이따금 가벼운 실내 모자를 썼다."

대학 강사를 그만둔 이 남자의 모습이 이랬다. 그 밖에도 그는 장인丈人의 궁성에서, 약간 비더마이어 풍[간소하고 실용적인 것이 특징인 19세기 생활 방식]으로 세상에 조망이 가능한 거리를 두는 이런 위치를 좋아했다.

"이 시대에 가장 좋은 삶은 은둔하는 삶이다. 우리의 사회적 관계들은 모두 겉으로는 견고해 보여도 철저히 망가져 있기 때문이다."

이렇게 목가적인 세계에서 포이어바흐는 자신의 이름을 유명하게 만들어줄 책을 썼다.《기독교의 본질》이라는 책이다. 이제 학계는 그를 주목했고, 그 자신도 자기 책의 가치를 완전히 알고 있었다. 그것이 "근본부터 망가지고 현혹된 현재의 종족을 위한 것이 아니라 앞으로 다가올, 더 낫고 더 높은 종족을 위한 책"이라고 했다. 그는 이제 자신이 "철학자 계층에서 극단적인 한계까지 밀려나간 마지막 철학자"라고 느꼈다. 친구들이 동감하는 것을 기뻐했지만, 자기 책에 열광한 농부들과 주막집 주인들과 병사들이 힘들게 멀리서부터 찾아오거나 아니면 열광하여 감동적인 편지를 보내오는 것을 더 좋아했다. 상대 소녀에게는 비극으로 끝난 마음의 혼란[바람피우기]도 이런 그의 행복을 진짜로 어지럽히지는 못했다.
그때 1848년의 혁명이라는 새로운 사건이 더해졌다. 이제 포이어바흐가 위대한 활동을 펼치고 활발하게 개입할 시간이 온 것으로 보였다. 그는 민주주의에 동조했다.

"국가의 사건들을 특권을 가진 특정한 계층 또는 계급만의 일이 아니라 모든 사람의 일로, 국민의 일로 만들려는 정신이 장차 승리할 것이고 또 그래야만 한다. 왜냐하면 오로지 이런 정신의 승리와 더불어 인류의 과제가 실현될 것이기 때문이다."

포이어바흐는 활동적으로 바뀌면서 혁명의 도시 파리로 가겠다는 생각도 해보았다. 자유의 나라 미국으로 이주하는 일도 아주 배제하지는 않았다. 미국에서는 그에게 공짜로 농장을 주겠다는 제안도 있었다. 또한 이렇게 변화된 상황에서 다시 대학에서의 활동이나 아니면 잡지 발행 같은 것도 생각해보았다.

하이델베르크 대학의 학생들이 "새로운 시대의 정신이 동트게 한 가장 드문 사람들 중 하나"로 여겨 그에게 강연을 요청했다. 하지만 대학 측이 그에게 공간을 내주기를 거절했기 때문에 그는 시청 홀에서 학자들과 노동자들을 앞에 두고 강연했다. 그가 강연 회장에 들어서자 청중은 자리에서 벌떡 일어나 그를 맞아들였다. 하이델베르크 대학 학생으로 이 강연에 참석했던 작가 고트프리트 켈러는, 포이어바흐의 서투른 강연 방식에 대해 언급하기는 했지만, 그래도 그를 "철학 분야에서 현재 가장 중요한 역사적 인물"이라고 불렀다.

그러나 무기력과 두려움이 다시 포이어바흐를 사로잡았다. "나는 인간이 체험할 수 있는 가장 슬픈 상태들을 골고루 체험했다. 옛날의 조용하고 단순한, 그러면서도 내가 좋아하던 생활이 끔찍하게 그리웠다. 모든 것이 낯설고 불쾌했다." "강단에 올라가야 했을 때 나는 마치 단두대에 올라서는 가련한 죄수처럼" 여겨졌다. 친구들은 그를 혁명운동에 끌어들이려고 했다. 그러나 그는 거절했다. 하이델베르크에서 강연하기 직전에 열렬한 혁명가 한 사람에게 그는 이렇게 털어놓았다. "나는 이제 하이델베르크로 가서 젊은 학생들에게 종교의 본질에 대해 강의할 참이다. 내가 그곳에서 뿌린 씨앗 중에서 백 년이 지난 다음 몇 개의 싹이 돋아난다면 인류를 위해서 당신이 지금 하려는 일보다 훨씬 더 많은 일을 하는 셈이 될 것이다."

포이어바흐는 이어서 자신의 피난처로 돌아왔다. 하지만 그곳에서도 살기가 힘들었다. 이제 그는 자신의 집을 "나의 우울한 작업실"이라고 불렀다. "어디를 바라보나 눈길은 극히 민감하게 못들에 가서 부딪친다. 이곳에서는 세계가 그대로 못에 걸려 있다 [정체되어 있다]."

체념하는 기분이 압도하게 되었다. "마치 자기가 아무것도 아니고 아무것도 이루지 못한 것처럼" 여겨졌다. 그는 철학자보다는 차라리 나무꾼이 되는 편이 좋았을 거라고 생각했다. 그리고 "삶의 영원함을 벗어나 죽음의 영원함으로 들어가기를" 소망했다. 이렇게 잊힌 그의 세계 안으로 세상으로부터는 거의 메아리도 들려오지 않았다. 대표작 이후의 저술들은 이렇다 할 성공을 거두지 못했다. 무기력과 무감각이 그를 사로잡았다. 포이어바흐는 자기가 "사람을 저 자신에게로 되돌려 보내는 역겨운 상황에서 늙어가는 남자" 같고, "일할 능력도 없이 그저 앉아서 자신의 추모사나 쓰는 늙은이" 같다고 썼다.

　덧붙여 외적인 상황도 어려워졌다. 정치적 상황 탓에 도자기 공장의 수입이 점차 줄었다. 마지막에는 파산 신고를 해야만 했다. 회사에 돈을 투자한 포이어바흐는 마지막 남은 재산마저 잃고 말았다. 궁성에서의 시골 방식 생활은 유지될 수가 없었다. 그래서 뉘른베르크 근처로 이사했다. 하지만 "소음의 하수구"인 집에서 거리의 소음, 아이들이 외치는 소리, 개가 짖는 소리 등의 방해로 그는 여러 해 동안이나 제대로 일할 수가 없었다. 마지막에는 여러 재단들의 도움과, 공식적인 모금 및 친구들의 기부금으로 겨우 생활을 꾸렸다. 여러 번이나 뇌졸중 발작을 겪었고 마지막에는 오랫동안 정신을 잃고 식물인간 상태로 지내다 1872년에 예순여덟 살 나이로 죽었다.

인간의 첫째 대상은 인간이다

포이어바흐는 대학생 시절에 이미 신학을 포기했지만, 그의 관심은 평생 종교 문제를 향했다. 열여섯 살에 이미 자기가 "종교에 분명한 애착"을 지녔음을 확인한다. 그 뒤에 쓴 말은 "종교를 내 삶의 목표이자 직업"으로 만들겠다는 것이었다. 마지막에는 자신의 저술들이 "엄격하게 보면 단 하나의 목표, 하나의 의지와 사상, 하나의 주제만을 지녔다. 이 주제는 곧 종교와 신학이다"라고 말한다.

하지만 그런 다음 포이어바흐는 헤겔에 사로잡혔다. 모든 세계현실에서 지배하는 절대정신이 그의 관심을 붙잡은 것이다. 다만 머지않아 그는 절대정신이라는 개념에 혼란을 느꼈다. 헤겔의 의미에서 절대정신이란 포이어바흐가 관심을 가진 인간의 정신이 아니라 신의 정신이기 때문이다. 기독교 신학과 비교해 본질적인 것은 아무것도 변하지 않았다고 포이어바흐는 생각했다. 헤겔의 절대적 철학도 사변적 신학이다. 그래서 포이어바흐는 헤겔에게 등을 돌렸다. 그는 "절대성의 의미 없음"을 비난한다. 그리고 "사변"에 맞서 싸웠다. 사변이란 그에게는 "술에 취한 철학"이기 때문이다. 그는 "철학이 다시 제정신이 들기"를 요구한다.

그에 따라 포이어바흐는 자신의 철학하기에서 그 어떤 신성한 원칙이나 절대적 본질을 출발점으로 삼지 않고 인간, 오직 인간만을 출발점으로 삼으려 한다. 그것도 자연에 뒤섞여 구체적인 삶을 살고 있는 인간을 출발점으로 삼는다. "인간의 첫째 대상은 인간이다." "인간은 모든 사물과 모든 현실의 척도이다." 그러므로 "인간을 철학의 대상으로 삼아야" 한다.

인간의 여기있음을 유일하게 직접 주어진 현실이라고 지적했다는 것, 일관된 인간주의 철학의 토대를 놓았다는 것이 포이어바흐의 고유한 업적이다. 나아가 "인간의 현실과 총체성 안에서의 현실적인 것"이 그의 주제였다. 그의 눈으로 보면 철학과 신학의 거의 모든 전통은 두뇌의 망상을 따른 것이다. 그것은 저편에 있는 절대적 세계, 이데아의 세계, 신의 세계를 본래 현실이라고 받아들였다. 그에 맞서 포이어바흐에게는 단호히 이편의 현실, 자연의 현실, 여기 이곳에 있는 인간의 현실이 중요했다. 이것이 그에게는 유일한 현실이다.

그래서 인간을 다른 존재, 특히 동물보다 뛰어난 것으로 구분해주는 것도 전통에서 말하는 것처럼 이성이 아니다. 이성은 현실을 넘어 사색하려는 경향이 너무나 강하다. 인간을 탁월한 존재로 만드는 것은 오히려 감각성[육체에 속하는 특성]이다. 그래서 포이어바흐는 다음과 같이 말할 수가 있었다. "감각성이 인간의 본질이다." 정신은 다만 "감각성의 본질이자, 감각들의 보편적인 통합"일 뿐이다.

따라서 감각성은 참의 장소이기도 하다. "참, 현실, 감각성은 같은 것이다." 자신의 철학적 길을 돌아보면서 그는 이렇게 쓴다.

"나는 초감각적인(감각을 넘어선) 것에서 감각적인 것으로 넘어왔고, 초감각적인 것의 참되지 않음과 본질 없음에서 감각적인 것의 참을 끌어냈다."

모든 초감각성의 포기가 포이어바흐의 무신론이다. 그는 무신론을 철학의 역사에서 처음으로 과격하고 극히 일관되게 사색했다.

"신의 본질은, 신이 상상에서 만들어진 비현실적이고 환상적인 존재라는 것이다. 하지만 신은 현실적인 존재가 되어야 한다."

전통의 입장에 맞서 포이어바흐에게는 "신의 인간화", "인간 바깥에 초자연적이고 비합리적인 신의 본질을 인간 속에 들어 있는, 인간이 지니고 태어나는 자연적인 본질로 되돌리기"가 중요하다. 여기서 바라보면 헤겔의 신적 이성, 절대적 정신도 오로지 "우리 바깥에 존재하는 유령"일 뿐이다. 그것은 "가장 높고, 가장 폭력적인 추상"이다. 그에 맞서 포이어바흐에게는 유한한 인간에만 한정하는 무신론이야말로 본래의 참된 철학의 위치다.

이렇게 새로운 원칙으로 그는 헤겔의 절대적 사변뿐만 아니라, 폭넓게 종교 일반, 특히 기독교를 비난한다. 포이어바흐는 어차피 기독교가 붕괴 중이라고 여겼다. "종교 혁명"이 일어나서 우리는 "기독교가 붕괴하는 시대"에 산다는 것이다. 포이어바흐에게 그것은 유감스러운 일이 아니라 열렬히 환영할 만한 일이다. "인간은 기독교를 포기해야만 한다. 그래야 비로소 인간이 된다." 이로써 인간은 구름 속 이상향을 포기하고 이편의 참된 현실에 관심을 집중할 수 있기 때문이다. "믿음 대신 믿지 않음이 나타나고 성서 대신 이성이, 종교와 교회 대신 정치가, 하늘나라 대신 땅이, 기도 대신 노동이, 지옥 대신 경제적 곤궁이, 기독교도 대신 인간이 나타난다." 이런 상황에서 "솔직하고 새로운, 더 이상 기독교적이지 않은, 단호하게 기독교 아닌 철학"이 나온다.

당시의 종교 상황에 대한 이런 지적만으로는 아직 많은 것을 이룬 게 아니다. 포이어바흐는 자신이, 인류 역사 거의 전체에서 신적 존재들이 받아들여졌다는 사실에 마주 서 있음을 보았다. 이것은 설명이 필요한 일이다. 이 설명을 위한 해석원칙으로 포이어바흐는 인간학의 관점을 받아들인다. "인간이 종교의 시작이고, 종교의 중심점이고, 종교의 끝이다."

모든 것을 이렇듯 인간에게 되돌리자 신神 개념의 파괴가 이어진다. 포이어바흐는 독자적으로 존재하는 "신"이 없다고 주장한다. 신은 "오로지 표상 속에만, 망상 속에만 있고, 참과 현실에는 없다." 신이라는 관념은 인간이 자신의 본질을, 즉 자기에게서 보편적인, 종족에 속하는 것을 밖으로 끄집어내서 신이라는 존재로 만들어냄으로써 생겨났다. "신에 대한 앎은 인간의 자신에 대한 앎이고, 자기 본질에 대한 앎이다." "신은 인간 본질의 이상理想이다. 인간의 본질을 보고 독자적으로 작용하는 존재로 여긴 것이 신이다." 신은 인간의 "양도된 자기"다.

신은 인간의 이기심이 만들어낸 것

포이어바흐가 전통에서 신에게 주어진 특성들을 관찰하자 이런 점이 아주 뚜렷하게 드러난다. 그가 보기에 신의 이런 특성들은 모두 인간의 자기 이해에서 나온 것이다.

"신이 모든 것을 안다는 것에서 인간은 모든 것을 알고 싶다는 자신의 소망을 이루었다. 신이 어디에나 있다는 것에서 그는 어떤 장소에도 얽매이고 싶지 않다는 자신의 소망을 이룬 것이다. 신이 영원하다는 것에서 그는 시간에 붙잡히고 싶지 않다는 자신의 소망을 실현했다. 신이 모든 능력을 지닌다는 것에서 그는 모든 것을 할 수 있기를 바라는 자신의 소망을 성취한다."

그러니까 신적인 것이라는 영역 전체가 인간 덕으로 되돌려진다. 그래서 포이어바흐는 다음과 같은 학문 이론적 주장을 하기에 이르렀다. "신학의 비밀은 인간학이다."

그러나 이것만으로는, 인간이 어째서 언제나 거듭 상상력의 도움을 받아 신과 신의 영역을 만들어내려는 유혹에 빠지는가를 설명하지 못한다. 포이어바흐는 이를 심리적 여건(소여)의 탓으로 돌린다. 인간의 내적인 능력과 힘들이 신에 대한 믿음을 만들어냈다는 것이다. 무엇보다도 종속 감정이 그것이다. 인간은 자기가 거기 종속되어 있다고 여기는 그것을 신이라고 여겨 존경한다. 인간에게 신이란, "인간이 할 수 없는 것을 할 수 있고, 인간의 힘을 무한히 넘어서 있는, 따라서 인간에게 자신의 유한함, 힘없음, 아무것도 아님 등의 초라한 감정들을 만들어낼 수 있는" 존재다.

하지만 이런 종속 감정을 종교적인 것으로 해석해야 한다고 생각한다면 잘못이다. 우리는 실은 자연에 종속된다. 그것도 바깥의 자연, 곧 "삶과 죽음을 지배하는 힘"과, 우리 속에 있는 자연(본성), 곧 충동, 소망, 관심 등에 종속되어 있다. 포이어바흐의 생각으로는 이런 종속 감정은 세계 속의 것, 인간 속의 것으로 이해되어야 한다. 이것을 이해한다면 우리는 종속 감정이 관여하는, 인간을 넘어선 세계 너머의 존재를 받아들이기를 포기하게 된다.

포이어바흐는 인간 영혼의 바탕을 더욱 깊이 파헤치며 내려간다. 그는 밑바닥부터 인간을 규정하는 것은 소망, 그리고 소망 뒤에서 행복을 추구하는 충동임을 발견했다. 이것도 그에게는 다시 신神 사상이 생겨나는 동기로 여겨진다.

"인간이 진짜로는 그렇지 못한데 그렇게 되기를 소망하는 것을 그는 신으로 만들었거나, 아니면 그것이 바로 그의 신이다."

자기 내면의 행복을 절대로 완전히 얻을 수 없는 인간은 상상의 힘을 빌려서 완전히 행복한 존재인 신을 만들어낸다. "신은 인간의 행복 충동이 상상력 속에서 충족된 존재다."

포이어바흐가 그에 대해 계속 생각하자 신에 대한 모든 믿음의 뿌리는 이기심이라는 사실이 분명해졌다. 왜냐하면 행복을 추구하는 열망은 이기적인 열망이기 때문이다. 인간은 자신의 힘으로는 만족시킬 수 없는, 지나치게 강력한 이기심의 충족을 도와줄 신을 창안해냈다. 포이어바흐는 다음과 같이 주장한다.

"인간의 이기심이 종교와 신학의 근본원리이다. 기도하고 숭배할 한 존재의 품위, 곧 신적인 품위가 오직 인간의 복지하고만 연관된다면, 즉 인간에게 좋고 유익한 존재가 신이라면, 이 존재의 신성神性의 바탕은 인간 이기심이다. 인간 이기심은 모든 것을 오로지 자기하고만 관련짓고, 또 오직 이런 관련성 속에서만 평가한다."

이 문장에서 "이기심"이라는 표현은 보통 이 낱말과 연관되는, 도덕적으로 깎아내리는 뜻이 아니다. 그보다는 오히려 거의 자기 긍정이다. 이런 자기 긍정은 포이어바흐의 철학처럼 오로지 인간에만 근거하면서 다른 것을 모조리 없애버린 철학, 곧 문자 그대로의 의미로 무신론 철학에는 꼭 필요한 토대이다.

　포이어바흐는 자신의 《미래의 철학》으로 모든 종교, 모든 신학, 모든 신학적 색채를 띤 철학을 최종적으로 극복했다고 생각했다. 그래서 그는 자신의 책에 "세계사적 사건이라는 등급"을 매겨주었다. 그는 자신의 학설이 "세계사의 전환점"이라고 주장했다. 물론 그는 이 점에서 틀렸다. 포이어바흐의 단호한 무신론 이후로도 신의 문제에 대한 깊은 탐색은 계속되었고, 오늘날에도 그 절박함이 전혀 사라지지 않았기 때문이다.

1818–1883

마르크스
혹은 현실의 반란

27

KARL MARX

카를 마르크스가 원래 자신의 인생 계획을 실현했더라면 오늘날 세계는 어떤 모습이 되었을까? 젊은 마르크스는 자기가 타고난 시인이라고 생각했다. 그가 쓴 뮤즈의 산물 몇 가지가 남아 있다. 이들은 대단히 시적인 제목을 달고 있다. 〈요정들의 노래〉, 〈그놈 Gnom[땅의 정령, 난쟁이]들의 노래〉, 〈세이렌들의 노래〉 등이다. 짧게 말하면 순전히 신화적인 노래들이다. 특별히 마음을 사로잡는 아주 슬픈 시 하나는 〈운명의 비극〉이란 제목이다. 거기서 몇 구절 인용해볼 만하다.

소녀는 창백한 모습으로 서 있네,
조용하고 내성적인 모습.
천사처럼 부드러운 영혼은

슬프고 지쳐 있네…
그녀는 경건하고 온화하게
하늘에 복종한다,
우미優美의 여신들이 빚어낸
죄 없이 지복한 모습.
그때 고귀한 기사 한 사람
눈부신 말을 타고 다가왔네,
사랑의 바다와
불타는 화살을 눈에 담고.
그 화살 가슴속 깊이 꽂혔네,
그러나 그는 전쟁의 즐거움을 향해
거기서 떠나갔나니,
그 무엇도 그를 잡을 수 없으리.

하지만 마르크스는 전혀 다른 음조도 찾아냈다.

세계들은 자신들의 죽음의 노래를 울부짖는다,
우리는 차가운 신의 원숭이들.

이런 습작들을 보면서 마르크스가 엄청난 영혼의 고통을 안고 문학 경력을 포기하기로 마음먹은 것이 문학에 큰 손실이 되었을까, 물어보게 된다. 물론 유명 변호사인 아버지는 이렇게 말했다. "네가 그까짓 시인 나부랭이로 등장하는 꼴을 보았더라면 마음깨나 아팠을 게다." 그러면서도 아들에게 워털루 전투에 대해 "웅장한 양식의 송가"를 써보면 어떠냐고 권했다. 하지만 후세 사람들은 마르크스의 사상을 세계의 구원으로 보느냐 재앙으로 보느냐에 따라, 그가 페가수스[날개 달린 말. 시문학의 상징] 타기를 그만둔 것에 안도하기도 하고 유감스럽게 여기기도 한다.

행동하는 사상가

카를 마르크스는 1818년에 "온통 험담과 웃기고 촌스러운 신격화들로 가득 찬 아주 작고 초라한 둥지"인 트리어에서 태어났다. 어린 시절에 대해서는 알려진 것이 별로 없다. 뒷날 열광적인 무신론자가 되는 그가 고등학교 졸업논문으로 "신자들이 그리스도 안에서 하나 되기"라는 주제를 다루었다는 것이 꽤 흥미롭다.

그런 다음 본Bonn 대학에서 법학을 공부하면서 외적인 일들로 여러 어려움을 겪었다. 어쨌든 근심하는 어머니는 그에게 다음과 같은 편지를 써 보냈다.

"네가 너의 작은 살림을 어떻게 꾸리는지, 크든 작든 살림에서 필수역할을 하는 경제가 제대로 돌아가는지 내가 궁금하게 여긴다고 해도, 내가 여자라서 그런 걱정을 한다고 네가 말할 수는 없지. 말 나온 김에 한마디 하자면, 사랑하는 아들아, 깨끗함과 질서를 하찮게 여기면 안 된다. 건강과 즐거움이 거기 달려 있으니까. 방을 자주 청소하고, 매주 스펀지와 비누로 깨끗이 문질러 청소해라."

이런 경고는 괜한 것이 아니었다. 마르크스가 대학을 다닐 때의 상황이 전혀 정상이 아니었기 때문이다. 그는 학생 단체에 가입하고, 정보가 맞다면 결투에서 상처를 입었다. "밤의 평화를 해치는 소동과 술취함"으로 대학 감옥에 갇히기도 했다. "금지된 무기"를 지녔다는 이유로 고발당하기도 했다. 게다가 거듭 빚을 졌다. 이런 와중에 예니 폰 베스트팔렌과 약혼했다. 귀족 집안이던 약혼녀 가족은 한 푼도 없는 이 가난뱅이를 몹시 망설이면서 받아들였다. 마르크스의 아버지도 "문학적인 기분으로 사랑을 과장하고 지나치게 높여서" 여자를 삶으로 끌어들이지 말라고 경고했다.

두 학기를 보낸 다음 마르크스는 베를린 대학에서 공부를 계속하는데 여기서도 그가 모범적인 학생이었다고 할 수는 없다. 아버지는 불평할 이유가 충분했다.

"무질서하기 이를 데 없고, 지식의 온갖 부분을 멍청하게 헤집고 돌아다니며, 컴컴한 기름등잔 밑에서 밤마다 생각에 잠기지. 맥주잔 앞에 두고 사납게 구는 대신에, 이번엔 학자 잠옷 차림으로 사나워져서 온갖 예의는 뒷전이고 은둔하여 사람을 꺼리고."

아버지는 아들의 이 모든 것을 비난했다. 엄청난 비용 지출도 아버지를 깜짝 놀라게 했다. 마르크스는 이제 거의 강의를 듣지 않는데 그나마도 법학부 강의보다는 철학과 역사학 분야 강의를 들었다. 한 학기 내내 대학에는 거의 발도 들여놓지 않았다. 그래도 스물세 살에는 철학을 주제로 박사학위를 받았다. 단 한 시간도 강의를 듣지 않은 예나 대학에서였다. 하지만 이런 외적인 사건은 그에게 별다른 인상을 주지 못했다. 그가 더 중요하게 여긴 것은 헤겔의 젊은 제자들 모임인 "박사 클럽"에 소속되어 밤낮으로 토론을 벌이게 되었다는 점이다.

친구들은 그가 "생각의 창고"이며 "아이디어의 황소머리[바보]"라는 점을 인정해주었다. 그 밖에도 그는 〈새로운 형이상학의 기본체계〉를 썼다. 물론 그는 교수가 되고 싶었다. 하지만 헤겔 좌파에 속하는 친구들이 반동적인 정부의 힘에 밀려 실패하는 것을 보고는 포기했다.

대신 마르크스는 쾰른에서 발행되는 자유주의 성향의 〈라인 신문〉의 편집자가 되었다. 이런 활동을 위해 경제와 정치 분야의 구체적인 문제들에 관심을 쏟지 않을 수 없었다. 그는 겁 없는 자유주의 정신으로 신문을 편집했다. 뒷날에는 공산주의의 지도자가 되지만, 이때만 해도 공산주의를 단호히 거부했다. 그런데도 얼마 지나지 않아 정치적 압력으로 이 활동을 그만두어야만 했다. 신문은—프로이센 왕은 이 신문을 "라인 갈보"라고 불렀다—폐간되었다.

마르크스는 오래 기다려온 약혼녀와 재빨리 결혼하고는 파리로 갔다. 그곳에서 친구인 아르놀트 루게와 함께 《도이치-프랑스 연감》을 발간한다. 한동안 루게네 가족과 "공산주의 공동체" 생활을 하지만, 서로 성격들이 맞지 않아서 곧 갈라서고 말았다. 파리에서 마르크스는 시인 하이네[좌파 성향]와 또 프랑스 사회주의자들과 접촉했다. 그러나 이 도시에서도 오래 머물지 못했다. 그는 프로이센 정부의 요청에 따라 프랑스에서도 쫓겨나 임시로 브뤼셀에 정착한다.

브뤼셀에서 그는 세계 최초의 공산당(당원은 17명)을 만든다. 그리고 잠시 런던에 갔다가 1848년 혁명이 일어났을 때 자신의 혁명적 계획들을 후원하기 위해 일시적으로 프랑스와 독일로 돌아왔다. 이 혁명을 계기로 그는《공산당 선언》을 작성한다. 쾰른에서 〈새 라인 신문〉을 만들었지만, 다시 쫓겨나서 이번에는 죽을 때까지 줄곧 런던에서 살았다. 이따금 유럽 본토를 여행하는 것만 빼고는 말이다. 그는 파리와 브뤼셀에 머무는 기간 내내 생각이 다른 혁명가들과 아주 심각하게 싸움을 벌였다. 그러면서도 대단한 집중력으로 철학과 경제 분야의 원고 작업을 계속한다. 이들은 대부분 그가 죽은 다음에 발간된다.

마르크스는 자식들이 생기며 급격히 불어난 가족을 거느리고 런던에서 몹시 힘들게 살았다. 자주 곤궁을 겪었다. 잡지를 만들려는 계획은 실패했다. 마르크스는 평생 대체로 기부금으로, 특히 친구인 프리드리히 엥겔스가 준 돈으로 살았다. 집안 살림은 대부분 파멸에 가까웠다. 이따금 가재도구를 저당 잡혔으며, 마르크스의 옷이 죄다 전당포에 들어가 있는 바람에 외출하지 못하는 상황도 벌어졌다. 질병이 가족과 그를 괴롭혔다. 겨우 아이들 몇 명만이 어린 시절을 넘겨 살아남았다.

마르크스는 빚에 쫓긴 나머지 파산 선언을 하려는 생각도 했다. 그러나 충실한 친구 엥겔스가 이런 극단적인 행동을 막았다. 부인 예니는 자주 절망에 빠져서 자신과 아이들이 이렇게 비참하게 살기보다는 차라리 죽기를 소망했다. 게다가 마르크스가 집안 일을 보살피는 하녀와 바람을 피워 아이까지 태어났고, 이런 일은 그렇지 않아도 힘든 가족 분위기를 심각하게 해쳤다. 사상의 동지들과도 싸움이 계속되었다.

이런 모든 일에도 불구하고 마르크스는 이따금 기운이 쭉 빠져서 아무것도 못하는 기간을 빼고는 이 악물고 주요 저서인《자본론》을 썼다. 그리고 제1권을 정말로 출간할 수 있었다. 책에 대한 논의가 아예 없다시피 했기 때문에, 그 자신이 자기 책에 대해 긍정적인 서평과 부정적인 서평을 썼다. 3권짜리 책이 완성되기 전인 1883년에 마르크스는 예순다섯 살 나이로 죽었다.

마르크스의 외모와 성품에 대해서는 러시아 친구가 아주 생생한 묘사를 해놓았다. 다만 풍성한 수염을 길렀다는 말을 빼먹었다.

"그는 에너지, 의지력, 굽히지 않는 확신 등으로 똘똘 뭉친 사람의 전형을 보였다. 겉모습만 보아도 극히 눈에 띄는 유형이었다. 숱이 빽빽하게 많은 검고 긴 머리카락, 털이 텁수룩하게 덮인 두 손, 단추를 잘못 끼운 웃옷, 그의 외모와 행동이 이상해 보이기는 했지만, 그런데도 주목을 요구할 권리와 힘을 가진 남자의 모습이었다. 그의 행동 방식은 모조리 사회적인 교제 형식에 어긋났다. 그런데도 자부심이 강하고, 경멸의 흔적까지 보였다. 금속성으로 울리는 날카로운 목소리는 사람들과 사물에 대해서 그가 내리는 과격한 판단과 이상하게도 잘 어울렸다. 그는 전혀 반항을 허용하지 않는 명령적인 말들밖에는 하지 않았다. 이러한 말들은, 그가 말하는 모든 것에 스며들어 있는, 내게는 거의 고통스럽게 느껴지는 말투를 통해 더욱 강해졌다. 이런 말투는, 정신들을 지배하고 거기에 법을 만들어주는 자신의 사명에 대한 확고한 믿음을 표현하고 있었다. 환상의 순간에 눈앞에 떠오를 것 같은 민주주의 독재자의 화신이 진짜로 내 앞에 서 있었다."

마르크스는 철학을 시작하는 순간부터 자기 시대의 위대한 정신적인 논쟁들 안으로 들어선다. 그것은 헤겔이라는 우뚝 솟은 인물을―그의 사상을 마르크스는 "현재의 세계철학"이라 불렀다―통해 정해진 일이었다. 마르크스는 처음에 헤겔을 지향하지만, 나중에 과격하게 그에게서 떨어져 나왔다.

인간의 현실에서 다시 보는 세계역사 ― 헤겔을 수정하다

그의 비판은 헤겔의 세계역사 관찰에서 시작된다. 헤겔에게 세계역사는 사건들의 단순한 연속이 아니라, 속에 들어 있는 원칙에 따라, 곧 내적인 변증법에 따라 발전하는 의미 깊은 연속체이다. 여기서 결정적인 점은 역사의 주체가 행동하는 인간이 아니라는 점이다. 모든 것을 지배하는 정신, 헤겔이 "세계정신", 혹은 "절대정신", 혹은 "신"이라 부른 정신이 역사에서 지배한다. 생성 중인 신은 역사의 흐름에서 자신의 자기의식을 실현한다. 그는 역사 과정의 모든 발걸음에서 자기 자신을 향해 나아간다.

헤겔은 자신의 시대에 그것도 자신의 체계에 따라서 절대정신이 역사를 통한 그 온갖 방황을 마치고 나서 마침내 목적지에 도달했다고 생각한다.

> "세계정신은 여기까지 왔다. 마지막 철학은 모든 이전 철학들의 결과이다. 그 무엇도 잃어버리지 않고 모든 원칙들이 보존되었다. 이런 구체적 이념은, 거의 2500년을 통해 자기 자신을 인식하려는 정신의 노력과 그 진지한 작업의 결과이다."

그러니까 헤겔의 철학이 등장한 이후로는 파악되지 않은 현실이 없다는 것이다. 이것이 《법철학》 서문에 나오는 유명한 명제의 의미다. "이성적인 것은 현실적인 것이고 현실적인 것은 이성적인 것이다." 그러니까 이성과 현실이 마침내 서로 일치하기에 이르렀다고 헤겔은 생각한다. 그 둘이 정말로 화해했다는 거다. 절대정신은 자신이 모든 현실이고, 모든 현실이 자기의 발현이라는 것을 스스로 깨달았다.

여기서 마르크스의 항의가 시작된다. 모든 현실을 하나의 절대정신으로부터 이해해야 한다는 헤겔의 생각은 마르크스에게는 말도 안 되는 "신비주의"다. 이것은 실제 현실의 위쪽에 있는 한 지점으로부터 철학을 하는 것이지, 현실 자체로부터가 아니다. 그에 맞선 마르크스의 결정적인 요구는, 물구나무선[관점이 뒤집힌] 철학을 우리가 바로 세워야 한다는 것이다. 현실을 바라보는 관점이 뒤집혀야 한다는 거다. 신적 현실로부터 이 세상의 현실을 해석해서는 안 된다. 모든 사유의 출발점은 구체적인 현실이어야 한다. 이런 생각은 마르크스의 철학에 무신론의 모습을 새겨 넣었다. "참[진리]의 저편이 사라지고 난 다음" 역사의 과제는 "이편의 참을 제대로 안정시키는 일이다."

혜겔이 현실과 이성이 화해했다고 주장한다면, 구체적 현실을 염두에 둔 것이 아니라고 마르크스는 말한다. 혜겔의 경우 모든 것이 순수한 사유의 영역에서 일어난다. 혜겔이 말하는 현실도 사유된 현실이다. 마르크스에게 실제 현실은 모순되고 알 수 없는, 즉 이성과 화해할 수 없는 것이다. 혜겔의 모든 철학적 노력은, 그렇듯 포괄적인 사유 안에 이런 실제 현실을 관련시키지 않았다는 점에서 실패했다.

"세계는 찢긴 세계로서, 자신 안에 모든 것을 포괄하는 철학에 대립한다."

마르크스에게 구체적 현실은 인간의 현실이다. "우리가 시작하는 전제들은 현실적인 개인들이다." 마르크스가—혜겔에 거리를 두고 포이어바흐와 한편이 되어서—요구하는 철학은 인간 실존의 철학이다. "인간의 뿌리는 인간 자신이다." 마르크스는 그래서 자신의 철학을 "현실적인 휴머니즘"이라 부른다. 인간에게 최초의 근원적인 현실은 인간이다. 이제 새로운 사상은 바로 이 점에서 시작되어야 한다.

그렇다면 인간이란 무엇인가? 중요한 점은 마르크스는 헤겔처럼 본질적으로 인간의 인식능력을 출발점으로 삼아 관찰하지 않는다는 점이다. 인간의 실천과 구체적 행동이 문제다. "인간은 실천에서 참을 입증해야 한다. 즉 현실과 힘, 이편의 사유임을 입증해야 한다." "실제로 활동하는 인간을 출발점으로 삼는다."

인간의 실천이 상호관계에서 이루어진다는 것도 그 실천의 본질에 속한다. 포이어바흐만 해도 인간을 고립된 개인으로 파악했다면, 마르크스는 인간이 언제나 자기를 포함하는 사회 속에서 산다는 점을 아주 분명하게 강조한다. "개인은 사회적 존재다." "인간이란 인간의 세계, 즉 국가, 사회다." 이런 사회적 본성이 마르크스에게서 모든 사색의 출발점이다. 많은 논의가 이루어진 아래 명제는 그렇게 이해되어야 한다.

> "인간의 의식이 그의 있음을 결정하는 것이 아니라, 거꾸로 그의 사회적 있음이 그의 의식을 결정한다."

그러나 인간 사회는 무엇을 통해 이루어지나? 마르크스는 대답한다. 공통의 의식意識을 통해서가 아니라 공동의 노동을 통해서다. 인간은 본래 경제적 동물이기 때문이다. 경제 상황, 특히 그것의 바탕이 되는 생산력이 인간의 삶의 토대다. 이런 경제 상황이 변하는 만큼만, "이데올로기 상부구조"를 이루는 의식의 방식들도 발전한다. 국가, 법, 이념, 도덕, 예술, 종교 등은 이 상부구조에 들어간다. 헤겔이 정신에 할당해준, 역사 발전의 법칙도 경제의 바탕에서 다시 나타난다. 경제 상황은 계급투쟁에서 변증법적으로 전개된다. 그래서 마르크스에게 역사는 주로 계급투쟁의 역사가 된다.

여기까지는 수많은 인간학적, 역사철학적 이론의 하나로 볼 수가 있다. 그리고 [서양] 철학의 역사에서 그런 것은 아주 많다. 흥미롭기는 하지만 수많은 다른 것들 중의 한 가지 해석에 지나지 않는다. 그렇다면 마르크스가 말한 것이 그토록 엄청난 효과를 낸 것은 무엇 때문인가? 그 이후의 시대를 그토록 광범위하게 규정하게 되는 이유는 무엇인가? 그것은 마르크스가 순수한 사유의 영역에 머물지 않고 단호히 현실의 변화를 과제로 삼았기 때문이다.

"철학자들은 세계를 다양하게 해석했을 뿐이다. 그러나 문제는 세계를 변화시키는 일이다."

이런 의도에서 마르크스는 자기 시대를 비판한다. 자기 시대 어디에서나 그는 인간의 참된 본질, 곧 그의 자유와 독립성, "자유롭고 의식적인 활동성"이 타당성을 얻지 못함을 관찰한다. 어디서나 인간은 자기 자신에게서 찢겨나갔다. 어디서나 진짜 인간적 삶의 가능성들을 잃었다. 이것이 마르크스가 인간이 "자기에게 낯설어짐(자기소외)●"이라고 부른 것의 의미다. 그것은 사방에서 벌어지

● 보통 '소외'로 번역되는 용어를 여기서는 '낯설게 하기', '낯설어짐' 등과 섞어서 사용한다. '소외'라는 낯선 낱말을 조금이라도 이해하기 쉽게 하기 위해서다.

는 "인간 세계의 가치 소멸"이다.

　여기서도 마르크스는 경제 상황으로 거슬러 올라가 원인을 찾는다. 인간이 자기에게 낯설어지는 것은 노동 생산물이 노동자에게 낯설어지는 것에 그 뿌리를 두고 있다. 노동 생산물은 노동자가 아닌 고용주의 것이다. 노동의 생산물은 "상품"이 된다. 곧 노동자에게 낯선 물건이 되고, 노동자는 살기 위해서 이것들을 사야만 하기 때문에 종속상태에 빠진다. "노동이 생산한 대상, 곧 그 생산품이 낯선 본질로, 곧 생산자에게서 독립된 하나의 힘으로 되어 노동에 맞선다." 그에 따라서 노동도 "낯설어진[소외된] 노동"이 된다. 노동자의 활동 욕구의 표현이 아니라, 그의 자기보존을 위해 그에게 강요되는 수단이다. 노동은 말 그대로 "강제 노동"이 된다. 이런 발전은, 인간에게서 떨어져 나간 권력의 기능을 자본이 넘겨받는 자본주의에서 그 절정에 도달한다.

　노동 생산물의 낯설어짐은 "인간이 인간에게 낯설어짐"으로 연결된다. 이것은 "자본가와 노동자 사이의 적대적인 투쟁"에만 해당하는 게 아니다. 인간관계 자체가 점점 더 그 직접성을 잃는다. 상품이, 그리고 "보편적 창녀"인 돈이 관계들을 알선한다. 마지막에는 프롤레타리아 자신이 상품의 성격을 얻는다. 그들의 노동력이 구매자의 변덕에 내맡겨진 노동시장에서 거래되기 때문이다. 그들의 "내면세계"는 "점점 더 가난해"진다. 그들의 "인간적 목적과 품위"는 점점 더 사라져간다. 마르크스에게 이것은 소외의 절정이다. 프롤레타리아는 "저 자신에게 사라져버린 인간"이다. 그의 삶은 "인간의 완전한 상실"이다. 그의 본질은 "인간성을 뺏긴 본질"이다.

그러나 이런 발전의 절정에서 ─ 마르크스는 이것을 입증할 수 있다고 믿었는데 ─ 혁명이 나타나지 않으면 안 된다. 프롤레타리아가 자신의 소외를 의식함으로써 혁명이 가능해진다. 프롤레타리아는 자기가 "자신의 정신적, 육체적 비참함을 의식한 비참함, 자신의 인간상실을 의식하고, 그래서 스스로 떨쳐 일어선 인간상실"이라는 것을 이해한다. 마르크스의 예측에 따르면, 자본은 점점 더 소수의 손에 응집되고, 대중은 점점 더 비참해지고, 실직 상태는 점점 더 늘어난다. 하지만 이를 통해 자본은 제 무덤을 판다. 이제 학문적으로 인식할 수 있고, 역사적이고 변증법적인 필연성을 지닌 "절대로 틀릴 수 없는 법칙"에 따라 전복과 혁명이 나타나지 않을 수 없다.

이 혁명의 과제는 "인간이 인간에게 최고의 존재가 되도록" "인간을 인간으로 만드는 것"이다. "인간을 비천하고 종속되고 버림받고 경멸받는 존재로 만드는 온갖 상황들을 뒤집어엎어야" 한다. "진짜 자유의 왕국"을 여는 것이 중요하다. 인간을 "자기 본질의 온전한 풍부함" 속에 풀어놓아 주고, 그로써 낯설어짐을 궁극적으로 극복해야 한다. 마르크스는 그것을 공산주의 운동의 과제라고 보았다. 이제 때가 왔다.

"인간을 자신에게 낯설어지게 하는 사유재산을 긍정적으로 없애는 공산주의. 그래서 인간을 통한 그리고 인간을 위한 인간의 본질을 진짜로 습득하는 공산주의. 그래서 의식적으로 그리고 이때까지의 발전의 온갖 풍부함 안에서 이루어지는, 인간이 자기 자신에게로 돌아옴인 공산주의, 인간이 사회적 인간, 즉 인간적인 인간으로 돌아옴인 공산주의의 때가 왔다. 이 공산주의는 인간과 자연과의 싸움, 인간과 인간과의 싸움을 진짜로 없애고[지양하고], 또 자유와 필연성의 싸움을 진짜로 없앤다. 이것은 이미 해결된, 역사의 수수께끼다."

공산주의는 "인간을 위해 현실이 된, 인간 본질의 실현"이다. 공산주의와 더불어 "인간 사회의 전前단계 역사가 끝나고", "진짜로 인간적인" 사회가 시작된다. 다만 이것이 어떤 모양이 될지에 대해 마르크스는 아무런 정보도 주지 않는다.

1844-1900

니체
혹은 아무것도아니즘의
힘과 힘없음

28

FRIEDRICH WILHELM
NIETZSCHE

모임에서 니체라는 이름이 나오면, 대개는 누군가 다음의 말을 인용하는 일이 반드시 생긴다. "여자들에게 가려고? 그렇다면 회초리를 잊지 마라." 그러나 니체가 《차라투스트라는 이렇게 말했다》에서 한 늙은 여인의 입에 넣어준 이 말은, 여성에 대한 그의 관점을 완전히 엉터리로 보여준다.

그는 어린 시절에 아버지가 죽은 다음, 할머니, 어머니, 시집가지 않은 고모 두 사람, 여동생 등 오로지 여자들에 둘러싸여 지냈는데도, 이 분야에서는 지나치게 수줍은 사람이었기 때문이다. 그런데도, 아니면 바로 그래서, 여성의 모든 것에 대한 두려움이 점점 커졌다.

여성에게 휘두르는 힘없는 채찍

학생 시절 니체는 드리워진 커튼 뒤에 있을 거라고 짐작된 소녀들에게 갈채를 바치기도 했지만, 언제나 보호해주는 동급생 패거리와 함께 있을 때만 그랬다. 한번은 하인에게 잘못 이끌려서 창녀들의 집으로 들어간 적도 있었다. 재빨리 도망쳤지만, 그보다 앞서 "장신구를 하고 비치는 속옷을 입고" 놀라는 여자들 앞에서 피아노 몇 소절을 연주했다.

또 한번은 멀리서 어떤 여배우를 사모하여 그녀를 위해 손수 가사를 쓰고 작곡한 노래들을 그녀의 집으로 보낸 적도 있다. 우리가 아는 한, 그녀의 답장을 받지는 못했다. 짧은 여행길에 발레리나를 만난 적도 있는데, 이 소박한 모험은 목적지에 이르자 갑자기 끝나고 말았다. 니체는 젊은 여성에게 청혼하는 편지를 보낸 적도 있지만, 자기가 마침내 그곳을 떠나려는 순간에야 보냈다. 게다가 편지가 매우 경직되어 있었으니, 그가 아무런 결과도 얻지 못했다는 게 전혀 이상하지 않다. 또 그는 바그너의 아내인 코지마를 숭배했다. 그리고 한번은 자신의 시아에 들어온 젊은 여성 여러 명에게 스위스로 자기를 방문해달라고 초청하기도 했다. 그러나 이것도 아무 소용이 없었다.

또한 그는 당시 겨우 스물한 살에 사람들의 주목을 한 몸에 받던 루 살로메에게 홀딱 반하기도 했다. 첫 만남에서 벌써 그는 이렇게 물었다. "우리는 어떤 별들에서 이리로 이끌려 와서 이렇게 만나게 된 걸까요?" 그는 속에 감춘 생각들을 루에게 털어놓고,

그녀를 자신의 유일한 여제자로 여겼다. 하지만 자기가 직접 그녀에게 청혼하지는 못했다. 친구를 대신 보냈는데, 니체는 몰랐지만 이 사람 자신도 그녀에게 반해 있었으니, 그도 그녀에게 청혼했던 것이다. 그러니 이 친구가 부정적인 답변을 가져왔다는 게 그리 이상하지도 않다.

게다가 머지않아 여동생이 간계를 동원해 끼어들면서 루 살로메와 또한 자기 친구와의 관계까지 한꺼번에 모조리 깨지고 말았다. 마지막에 니체는 "결혼한 철학자란 희극에나 속한다"라고 말하게 된다. "라마"[동물]라 불리던 니체의 여동생은 그의 평생 그리고 그가 죽은 다음에도 자신을 위해 오빠를 이용하고, 온갖 수단을 다 동원해 그를 움켜쥐었으며, 유산을 받으려고 무진 애를 쓸 때는 대단히 도발적인 문서위조도 서슴지 않았다. 이 모든 것으로 미루어 보면 니체의 손에 들린 채찍이란 말은 그냥 헛소리에 지나지 않는다.

니체의 철학적 자기의식은 그럴수록 커졌다.

"내가 이 시대의 으뜸가는 철학자라는 것, 어쩌면 그 이상으로 두 개의 천년 사이에 서 있는 결정적이고 불운한 어떤 것이라는 게 불가능한 일은 아니다."

그는 자기가 인류 역사를 "둘로 나누는 결정적인 과제" 속에 들어 있다고 여겼다. 그리고 "미래를 결정할 결심을 하라고 인류를 몰아붙이는 것"을 자신의 소명이라 여겼다.

빛나는 재능의 탄생과 붕괴

프리드리히 니체는 1844년에 개신교 목사 집안에서 태어났다. 어린 시절에 그는 이런 집안의 정신을 흠뻑 받아들인 것이 분명하다. 그가 "성서 구절과 종교적 노래들을 하도 훌륭하게 표현해서 듣는 사람이 울음을 터뜨리지 않을 수 없었다"라는 보고도 있다. "꼬마 목사"가 그의 별명이었다. 그러나 소년은 다른 분야에서도 아주 명석했다. 열 살 때 종교적 합창곡인 모테트를 작곡하고, 상당히 많은 시를 썼다. 열네 살에 이미 자서전을 쓰기 시작했다. 유명한 개신교 기숙학교인 슐포르타에서 니체는 뛰어난 학생이었다. 특히 도이치어 작문과 음악이 뛰어났지만, 수학과 철자법만은 서툴렀다.

니체가 학교를 살펴보고는 농담조의 보고서를 낸 짤막한 이야기가 이곳 교육의 엄격함을 증언해준다. "제00호 강의실 램프들이 하도 어두워서 학생들은 각자 자기의 불을 켜려는 유혹을 느낀다." 혹은 "고등학교 7학년에서는 최근 의자에 칠을 해서 소유자들이 원치 않는데도 그들을 의자에 붙여놓았다." 보고서를 다양하게 만들려는 이런 시도가 성공했음을 니체 자신이 다음과 같이 보고한다. "엄격한 선생님들은 그렇게 진지한 일에 농담을 섞어 넣은 것을 보고 깜짝 놀라서 토요일에 나를 종교회의[교사회의]에 불러서 3시간 동안 학생 감옥에 앉아 있을 것과, 몇 번의 산책 금지령이라는 벌을 내렸다."

고등학교 졸업시험을 마친 니체는 고등학생 시절에 이미 부모의 종교에서 멀어졌기에, 대학에서 집안의 전통에 어울리게 신학을 공부하는 대신 고전 문헌학을 공부했다. 본 대학과 라이프치히 대학에서였다. 그는 잠깐 대학의 학생 서클인 학우회에 들어가 결투도 몇 번 벌이고 돈 부족에도 시달렸다. 전공과목 말고도 "정력적이고 음울한 정신"인 쇼펜하우어에 열렬히 몰두했고, 그의 염세주의에 저항할 수 없이 매혹되었다.

> "여기[쇼펜하우어]에서 나는 질병과 치료, 추방과 피난처, 지옥과 천국을 본다. 자기 인식의 욕구, 자기 파괴의 욕구가 강력하게 나를 사로잡았다."

그는 친구들에게 "쇼펜하우어 요리의 향기를 맡아보라"고 권했다. 하지만 자신이 선택한 학문 분야에서도 니체의 빛나는 재능이 펼쳐졌다. 학문의 스승인 중요한 고전 문헌학자 리츨Friedrich Wilhelm Ritschl은 그를 "젊은 문헌학계 전체의 우상"이라고 불렀다. 중간에 니체는 학문에서 멀어진다. 야전 포병대 기마부대에 들어간 것이다. 군대 사진 하나에서 니체는 금욕적인 학자의 머리에 무시무시한 긴 칼을 찬 철학적 전사戰士의 모습을 보인다. 그는 자신의 임무가 "애정보다는 분노로써―이곳의 대포들을 끌어안는 일"이라고 썼다.

박사학위를 받기도 전인 스물다섯 살에 니체는 바젤 대학 교수로 초빙받았다. 그곳에서 상당히 결실이 풍부한 강의를 해서 그 명성이 대학 밖으로도 퍼졌다. 이 시기에 리하르트 바그너와의 우정이 절정에 이르렀다. 뒷날 니체는 바그너와 심각한 갈등을 벌이게 된다. 그는 자기가 "올바른 문헌학자"가 될 수 있을까, 하는 의심에 사로잡혔다. 여기 덧붙여 규모가 큰 첫 작품《음악의 정신에서 본 비극의 탄생》이 문헌학계에서 완전한 무시 또는 격렬한 반대를 겪었다. 교수가 되고 10년이 지난 다음 마침내 그는 교수직을 그만두었다. 견디기 힘든 두통과 눈의 통증 때문이었지만, 사람들과의 교류의 어려움과 대학 강의의 의미에 대한 의심 탓이기도 했다.

이때부터 니체는 바젤과 독일, 이탈리아, 스위스의 여러 지역에서 "떠돌이 도망자"로 살았다. 어디서나 소박한 호텔 방에서 지내면서 숨이 멎을 정도의 속도로 작품들을 써댔다. 그러나 아무런 반향도 없었고 니체는 깊이 실망했다. 그는 점점 더 심각하게 고독을 느꼈다. "지금까지 인류가 존경하고 사랑한 모든 것에 맞서 끊임없이 지하투쟁을 벌이면서 모르는 사이에 나 자신이 공허한 동굴 같은 어떤 것이 되고 말았다. ─사람들이 설사 찾으려고 나가보아도 이제 더는 찾아낼 수 없이 감추어진 것." "내가 최후의 인간이니 나는 자신을 마지막 철학자라고 부른다. 나 말고는 아무도 나와 이야기하지 않고, 내 목소리는 내게는 죽어가는 사람의 목소리 같다."

《차라투스트라는 이렇게 말했다》마저 아무런 반향도 얻지 못하자 니체는 이렇게 쓴다. "가장 깊은 영혼에서 그렇게 불렀는데도 대답 소리 하나 듣지 못하니, 이는 끔찍한 체험이다. 그것은 나를 살아 있는 사람들과의 모든 유대에서 쫓아냈다." 그런데도 그는 자신의 길을 가야 한다는 것을 알고 있었다. 하지만 그는 또한 "나는 언제나 심연의 가장자리에 있다"라는 것도 의식하고 있었다.

마침내 심연이 열리고 마흔다섯 살이 되는 1889년에 니체는 무너지고 말았다. 이탈리아 토리노에서의 일이었다. 그는 마부에게 구박받는 말을 보고 흐느껴 울면서 끌어안았고, 정신 나간 소리를 중얼거리며 호텔로 실려왔다. 의사들은 니체가 젊은 시절 얻은 매독으로 인해 생겨난 마비증세라고 진단했다. 그 후로 그는 어머니 집에서 어머니의 보살핌을 받으며, 그리고 어머니의 사후에는 여동생의 보살핌을 받으며 11년을 더 살았다. 그와 가장 가까운 친구의 하나인 신학자 오버베크는 이 시기에 대해 다음과 같이 보고한다.

"그는 피아노 앞에 앉아 큰 소리로 노래하고 마구 지껄이며 마지막에 빠져든 사유 세계의 조각들을 토해냈다. 이따금 이루 말할 수 없이 낮은 소리로 토해내는 짧은 문장들, 죽은 신의 후계자인 자신에 대해 말하는, 이상하게 눈 밝고 말할 수 없이 끔찍하고 섬세한 말들이 섞였다. 이 장면은 피아노 연주로 일단 마무리되고 이어서 다시 경련과 극심한 고통의 발작들이 뒤따랐다. 하지만 이미 말했듯 내가 있는 동안에는 이것은 짧은 몇 순간에만 일어난 일이었다. 그는 자신에게 새로운 영원성의 익살꾼이라는 소명을 주었고, 이런 소명의 발언들이 주로 튀어나왔다. 비할 바 없는 표현의 대가이던 그가 즐거움의 황홀경을 진부한 표현이나 아니면 괴상한 춤과 껑충거림으로밖에는 내놓지 못했다."

니체는 1900년에 죽었다.

정신의 세 가지 변화: 낙타, 사자, 어린이

니체의 생각은 자기 삶과 가장 깊이 연결되어 있다. "나는 언제나
내 온몸과 생명으로 글을 썼다." 그래서 니체의 사상이 겪는 변화
들은 그의 실존의 단계들이기도 하다. 그가 차라투스트라를 통해
다음과 같이 말한 것은 그 자신에게 타당하다.

"나는 너희에게 정신의 세 가지 변화를 말하겠다. 어떻게 정신이 낙타
가 되고, 낙타는 사자가 되고, 마지막에 사자는 어린이가 되는지를."

낙타는 두려움을 품은 존경심, 이상에 대한 믿음, 전승된 것들
을 끈기 있게 짊어지고 가는 단계를 뜻한다. 사자는 이런 믿음을
깨트리는 것, 자유로운 정신의 시기, 아무것도아니즘(니힐리즘)을*

---

* 니힐리즘은 라틴어의 '니힐 Nihil'에 '－이즘 ism'을 붙여서 만든 말이다. '니힐'은 영어의
nothing, 혹은 도이치어의 nichts에 해당하는 낱말. 고대 그리스 시대부터 쓰이기 시작한 이
낱말은 주요 서양 언어에 나타나지만 이에 정확하게 대응하는 우리말 낱말은 없다. 이 책에
서 nichts는 각기 쓰임에 따라 '아무것도 안－', '없는 것', 혹은 '없음' 등으로 옮겼다. 옮기면
서 관찰해보니 nichts는 대부분 '아무것도안'으로 쓰인다. '없는 것', 혹은 '(아무것도) 없음'은
드물고, 형이상학 분야에 주로 나타난다. 니체 항목에 나타나는 니힐리즘은 철학책에서 '니
힐리즘', 아니면 '허무주의'라는 낱말로 옮겨지고 있다. 허무주의는 우리 일상어에서 니체의
문맥과는 상당히 다른 뜻으로 자주 쓰인다. 니체 항목에서 '허무주의'라는 낱말을 쓰면 이 말
이 문맥에 섞여 녹아들지 못하고 겉돌면서 전체 문맥의 이해를 대단히 방해한다. 그러나 아
래 본문에서 보겠지만 nichts와 nihil의 우리말 대응 형태인 '아무것도 안'을 활용하면 문맥에

체험하는 시기를 상징한다. 마지막에 어린이는 아무것도아니즘의 극복을 가리켜 보인다. 이것은 죄 없이 삶을 긍정하는 것, 곧 새로운 믿음의 시기다.

니체의 정신의 길은 현재 전해지는 과거의 문화적 생산품 모두에 대한 존경심으로 시작한다.

> "첫 번째 단계: 다른 누구보다도 더 잘 존경하기(그리고 복종하고 배우기). 존경할 만한 모든 것을 자기 안에 모아 그들이 서로 다투게 하기. 모든 무거운 것을 짊어지기."

쇼펜하우어의 말대로라면 즐거운 환각, 세계라는 심연 위에 걸린 놀이인 미술과 음악에 드러난 문화적 가치들이 여기서 정당화된다.

현실이 아주 깊이 찢겨 있음을 니체는 첫째 단계에서 이미 안다. 그리스 정신은 빙켈만의 말처럼 "고귀한 단순함과 고요한 위대함"이라고 이해하는 것만으로는 파악되지 않는다. 그것은 무섭게 흔들린 바탕에서 자라난다. 절제와 질서를 뜻하는 아폴론적인 것의 계기는 항상 파괴의 원칙이자 창조적 강력함의 원칙인 디오니소스적인 것과 싸우고 있다. 이 두 가지로부터 그리스 정신의

서의 뜻이 아주 선명해진다. 그래서 논리적 필연성에 따라 '아무것도안'을 선택하고, 서양어의 조어법에서 '-이즘'을 따다가 붙여서 '아무것도아니즘'으로 옮긴다. '-이즘'을 '-주의'라고 옮기는 데서 오는 여러 오해를 피하기 위해서이다. 같은 니힐리즘을 하이데거 항목에서는, 하이데거 철학의 '있음' 문맥에 따라 '없음이즘'으로 옮겼다.

최고 업적인 그리스 비극이 나왔다.

첫째 단계는 문화에 대한 믿음이 깨지면서 끝난다. 리하르트 바그너의 음악에 대한 니체의 관계가 이 믿음을 특징적으로 보여 준다. 처음에 그는 바그너의 음악을 보편적인 문화의 새로운 시작의 표현이라고 보고 환영한다. 그러나 나중에 그는 바그너 음악에서 붕괴의 징후들을 본다. 니체는 자신의 시대를 데카당스의 시대라고 생각한다. "우리가 그 안에 던져진 시대는 … 거대한 내적 붕괴와 분열의 시대다. 불확실성이 이 시대의 특징이다. 확고한 발판 위에, 또 자신에 대한 굳건한 믿음 위에 서 있는 것이 아무것도 없다."

니체의 아무것도아니즘

니체가 시대의 붕괴를 표현하기 위해 선택한 특징적인 표현이 바로 "아무것도아니즘"이라는 말이다. 겉보기에 그렇게 확고하게 보이는 기존의 것 대신에 "아무것도안nihil"이 등장한다.

"내가 이야기하는 것은 다음 200년의 역사이다. 나는 무엇이 올 것인지, 무엇이 오지 않을 수 없는지를 서술하고자 한다. 아무것도아니즘이 도래한다. 이 역사를 지금 벌써 말할 수가 있는데, 여기서 필연성 자체가 작동하기 때문이다. 벌써 100개의 표지들로 이 미래가 발언하고, 이 운명은 어디서나 자신을 예고한다. 귀들은 모두 이런 미래의 음악에 벌써 귀를 쫑긋 세우고 있다. 우리 유럽 문화 전체는 오래전부터 10년 단위로 점점 더 커지는 긴장으로 고통받으며, 마치 파국을 향해 가듯이 억지로 불안하게 서두르며 움직이고 있다. 생각하지 않고, 생각하기를 두려워하며 종말을 향하는 강물과 비슷하다."

니체는 자신도 이런 운명에 엮인 것을 알고 있었다. 그는 자기 속에 있는 아무것도아니즘을 견디는 것을 자신의 과제라고 본다. 그래서 그가 바라보는 바로는, 자신은 "아무것도아니즘을 자기 안에서 마지막까지 체험한, 유럽 최초의 완전한 아무것도아니스트(니힐리스트)"이다.

니체는 자기 시대의 내적인 허약함을 가차 없이 폭로하고, 현대가 아무것도 아니라는 것과, 또 어떻게 아무것도 아닌지를 보여주려고 한다. 그는 "인류 최고의 자기 숙고의 순간을 준비하는 것이 자신의 과제"라고 표현한다. 니체에게 이것은 "자유로운 정신들"이 할 일이다.

"두 번째 단계. 가장 확고하게 묶여 있을 때 존경하는 마음을 때려 부수기. 자유로운 정신. 독립심, 사막의 시대. 존경받는 모든 것을 비판."

자유로운 정신은 무엇보다도 전해 내려오는 확고한 선입견들을 뒤집어엎어야 한다. 이것은 세 가지 관점에서 일어난다. 첫째, 참(진리)에 대한 믿음을 부수는 것이다. 시대는 참을 소유한다고 여기고, 학문적 인식의 진보를 자랑한다. 그러나 니체는 시대 의식이 속으로는 구멍이 뻥 뚫려 있음을 발견한다. 인간은 그 옛날처럼 절대적 참을 붙잡을 가능성이 없다. 다만 "참되다고 여겨지는 모든 것, 모든 믿음은 반드시 잘못이라는 깨달음"만 남는다. 아무것도아니즘은 이렇듯 첫째로 진리란 아무것도 아니라는 뜻이다.

둘째, 아무것도아니즘은 도덕이 아무것도 아니라는 뜻이다. 니체는 널리 통하는 도덕의 의문점을 아주 분명하게 보았다. 도덕은 도덕적인 원칙들을 알려주지만, 행동은 그에 따라 판단되지 않는다. 이것은 아무것도아니즘에서 분명해진다. 아무것도아니즘은 "절대적인 가치 없음에 대한 믿음", "절대적인 의미 없음에 대한 믿음"이다. 도덕이 그와 같이 아무것도 아닌 것으로 뒤집힐 필연성의 근거는 도덕 자체 안에 포함되어 있다. 도덕은 삶에 맞선다. 도덕은 "반反자연"이 되었다. 이제는 삶과 자연이 참됨을 얻기 위해 도덕에 저항한다. "도덕의 자살이 도덕의 마지막 도덕적 요구다."

셋째, 아무것도아니즘은 종교가 아무것도 아니라는 뜻이다. 니체는 일관된 아무것도아니즘의 태도로 무엇보다도 기독교를 무조건 거부하기에 이른다.

"기독교에 대해 아직도 모호한 태도로 있는 사람을 나는 조금도 편들 어주지 않겠다. 여기서는 단 한 가지 성실함만 있다. 무조건 거부다."

그러나 니체는 그보다 깊이 본다. 기독교는 처음부터 직접적 인 삶에서 얼굴을 돌렸기 때문에, 그리고 그런 점에서 근본부터 아무것도아니즘이기 때문에, 저 자신에 부딪혀서 깨진다. 기독교의 붕괴는 기독교 자신에서, 기독교에서 키워진 참됨의 본능에서 온다. "2000년 동안이나 참을 향하라고 가르친 일의 두려운 결실이, 신에 대한 믿음에서 거짓말하는 것을 금지하는" 시간이 왔다.

종교의 붕괴에서 종교가 항상 무엇이었는가가 밝혀진다. 종교란 인간이 만들어낸 것, "인간의 작품이며 망상"이다. 그래서 아무것도아니즘의 가장 깊은 깊이는 "신은 죽었다"라는 명제로 표현된다.

"신은 어디로 갔나? 내가 너희에게 말하겠다. 우리가 그를 죽였다― 너희들과 내가! 우리 모두 그를 죽인 살해자다! 하지만 우리는 어떻게 그런 일을 했던가? 어떻게 우리는 바닷물을 모두 마셔버릴 수가 있었나? 우리는 어디로 가고 있나? 우리는 끝없는 아무것도안을 통과하며 방황하고 있는 것 아닌가? 신이 죽었다! 신이 죽어 있다! 모든 살해자들 중의 살해자인 우리는 어떻게 우리 자신을 위로하나? 이 행위의 위대성이 우리에게는 너무 크지 않은가? 그런 행위에 어울리기 위해서는 이제 우리 자신이 신이 되어야 하지 않겠는가? 이보다 더 위대한 행위는 없었다. ― 우리 뒤에 누가 태어나든지, 그는 이 행위 덕에 지금까지의 모든 역사보다 더 높은 역사에 속한다."

하지만 이제 니체는 신이 죽은 결과가 물론 "단절, 파괴, 몰락, 뒤집힘의 길고 긴 연속"임을 안다. 이제 "아마도 지구상에 한 번도 존재한 적이 없는 종류의 두려움, 황폐해짐, 태양이 어두워짐[일식]

의 무서운 논리"에 도달한다.

마지막에 니체에게는 우리가 이런 아무것도아니즘을 견딜 수 있는가 하는 질문이 나타난다. 그는 아무것도아니즘이 최종의 것이 아니라고 확인한다. 아무것도아니즘에서 긍정적인 점은 그것이 과도적 단계라는 것이다. 그것을 통해 "유럽에 그토록 화려한 정신의 분열이 만들어졌다. 이렇게 팽팽히 당겨진 활로 우리는 가장 멀리 있는 목표물을 쏘아 맞힐 수 있다."

이것이 세 번째 단계로 넘어가는 지점이다. 세 번째 단계에서는, 아무것도아니즘이 계속 작용하는데도 불구하고 삶을 긍정하는 일이 중요해진다. 그래서 이제 그는 아무것도아니즘을 "모든 구경거리 중에 가장 희망에 넘치는 것"이라고 여긴다.

"세 번째 단계: 위대한 결정, 긍정적 입장을 위해, '예'라고 말하기 위해 쓸모 있는가를 결정하기. 내 머리 위에는 이제 어떤 신도 어떤 인간도 없다! 자기가 무엇을 하려는지 아는 창조하는 사람의 위대한 본능. 큰 책임감과 무죄함."

"우리는 감히 멀리 나간다. 우리가 그것을 감행한다. 우리의 강인함이 우리를 바다로, 지금까지 항성들이 모조리 떨어진 그곳으로 가도록 몰아낸다. 우리가 새로운 세계를 알도록."

부정을 넘어 긍정으로 — 운명을 사랑함

무엇보다도 깨지고 폭로된 도덕이 새로 만들어져야 한다. 철학자
는 "새로운 서판에 새로운 가치들을 써야" 한다. 이것은 "모든 가
치들을 뒤집기"다. 하지만 이는 초월성에 대한 믿음에서가 아니라
오로지 인간에게서만 나온다. "창조하고, 의지意志하고, 가치를 평
가하는 나"가 "모든 사물의 척도이며 가치"다. 새로운 가치 질서의
기본가치는 삶이다.

> "가장 낯설고 가장 힘든 문제들에서도 삶을 긍정하기, 자신의 최고
> 유형들을 희생하면서도, 제 창조력 없음을 기뻐하며 삶을 향하는 의
> 지, 생성의 영원한 즐거움이 되기 위해—파괴의 즐거움까지도 제
> 안에 포함하는 즐거움."

끊임없이 저 자신을 넘어가려는 충동을 지닌 삶의 위대한 창
조 과정에 인간도 들어 있다. 인간은 "넘어감이자 내려감(몰락)이
다." 그러나 인간의 길은 어디로 향하나? 니체는 이렇게 대답한다.
인간보다 더 나은 어떤 것을 향해 가는데, 신을 향하는 것이 아니
고 "인간너머"(초인)를 향해 간다. 인간너머는 "인간이라는 어두운
구름에서 나온 번개"다. 인간너머는 더 높은 종류의 새로운 인간
이다.• 그러나 현재의 인간은 "짐승과 인간너머 사이에 매어진 밧

• 카를스루에 대학교 철학 교수인 페터 슬로터다이크는 니체의 'Übermensch' 사상을 진화론

줄―심연 위에 걸린 밧줄"이다.

저 자신을 넘어가려는 충동을 가진다는 규정은 인간의 삶에
만 주어진 것이 아니다. 니체는 그것을 모든 생명, 모든 있음의 기
본 특성이라고 생각한다. 그래서 그는 존재하는 모든 것에 "힘을
향한 의지"가 있음을 인정한다.

"나에게 세계는 무엇인가? 힘의 무시무시함, 시작도 끝도 없는, 절대
로 다함이 없고 오로지 변하기만 하는 힘. 아무것도안을 경계로 삼
아 아무것도안에 둘러싸인 채 제 안에서 흐르고 또 흘러넘치는 힘들
의 바다, 제가 만들어낸 형태들의 밀물과 썰물을 지닌 채 영원히 되
돌아오는, 가장 단순한 것에서 가장 다양한 것으로 밀려 나가고 가
장 경직되고 차가운 것에서 가장 거칠고, '저-자신에게-가장 반대
인 것'으로 밀려 나가는, 그런 다음엔 다시 그런 풍성함에서 단순함
으로, 대립들의 놀이에서 다시 단음單音의 즐거움으로 되돌아오는,
지칠 줄 모르고 피곤도 모르는 하나의 생성. '영원히-저-자신을-만
들기'라는, '영원히-저-자신을 파괴하기'라는 나의 이 디오니소스적
세계,―너희는 이 세계의 이름을 원하는가? 이 세계는 힘을 향한 의
지다. 그리고 그것 말고는 아무것도 아니다. 너희 자신도 이런 힘을

적 관점에서 해석한다. 19세기는 다윈의 시대였고 당연히 니체는 진화론을 잘 알았다. 지금
까지―우리 인간의 눈에―진화의 최종단계는 인간이지만, 인간종족이 더욱 진화하여 새로
운 종족이 되면 안 될 이유가 없다. 그러면 새로운 종족은 이미 현재의 인간이 아닌 종족이
다. 그들에게 우리는, 현재의 우리에게 원숭이가 가지는 것과 같은 존재가 될 수밖에 없다.
여기서는 이런 해석을 받아들여 'Übermensch'를 '인간 다음 단계의 종족'이라는 의미로 '인
간너머'로 옮긴다. 'über'에는 본래 '너머'라는 뜻이 있다.

향한 의지이고, 그것 말고는 아무것도 아니다."

창조와 파괴 속에 들어 있는 이 삶은 지향하는 바가 없다. 목적도 목표도 없다. 그래서 가장 깊은 본질에서 아무것도 아니 nihilistisch다. 그러므로 삶을 긍정한다는 것은, 삶이 아무것도 아니라는 특성을 긍정하는 일이다. 니체에게 이것에 대한 최고 상징은 "영원한 돌아옴(영구회귀, 또는 영원한 되풀이)"의 사상이다. 전에 있었던 모든 것이 다시 온다. "달빛 속에서 기어가는 이 느린 거미, 이 달빛 자체, 그리고 이 성문 길에서 영원한 일들에 대해 속삭이는 나와 너―우리 모두는 전에 이미 여기 있었을 게 분명하지 않은가?" 이것으로 아무것도아니즘에서 가장 극단적인 것이 이루어졌다.

"의미도 목적도 없이 지금처럼 있는 그대로 여기있음, 끝장나서 아무것도아님이 되지 않고 피할 수 없이 되돌아와 여기있음. '영원한 돌아옴'. 이것은 아무것도아니즘의 가장 극단적인 형태다. 아무것도 아님('의미 없는 것') 영원히."

그러나 니체에게는 아무것도아니즘에서 구원도 나온다. 이렇듯 의미 없이 여기있음을 긍정해야 하고, 의미 없음의 한가운데서 창조해야 하기 때문이다.

"자유로워진 정신은 기뻐하는, 확신하는 운명을 지니고 모든것(만유) 한가운데 서 있다. 개별적인 것만이 잘못되었다는 믿음, 전체적으로는 모든 것이 해결되고 긍정된다는 믿음을 지니고 서 있다. 그 정신은 이제 더는 '아니'라고 말하지 않는다."

그래서 니체의 태도를 나타내는 가장 깊은 표현은 "운명에 대한 사랑amor fati"이다.

야스퍼스
혹은 결실 풍부한 실패

29

1883-1969

KARL JASPERS

가장 가까운 벗들에 속하지 않는 누군가가 카를 야스퍼스를 방문하면 야스퍼스는 높이 설치된 안락의자에 앉아서 그를 맞아들였다. 마치 옥좌에 높이 앉아 자기를 숭배하는 신하를 내려다보는 제왕과 비슷했다. 이런 자세로 그는 상대에게 신과 인간과 세계에 대해 가르쳤다. 선의가 없지는 않지만, 좀 거만하고 상당히 거리를 둔 태도다. 상대방이 하는 말을 경청하고 나서 야스퍼스는 공감하는, 혹은 격하게 거부하는 말을 한 다음 자신의 설명을 계속했다. 약간 격식을 갖춘 이런 놀이는 높은 품격을 지녔지만 동시에 냉정한 서먹함을 지닌 것이기도 했다.

방금 설명한 장면은 평생 야스퍼스를 사로잡은 기본 정서와 잘 어울린다. 고독의 느낌과 뚫고 들어가기 힘든, 인간에 대한 거리감, 그리고 세상과의 모든 접촉을 꺼리는 태도다. 그 자신이 자주 설명한 바로는, 고등학생 시절과 대학 시절에도 혼자라는 느낌이었고, 간절히 원하는 소통에 이르는 경우는 드물었다고 한다. 뒷날에도 사람들과 어려움을 겪고, 가장 가까운 친구들과도 너무나 자주 단절을 겪었다. 아주 일찍부터 그에게 나타나서 그 뒤로도 그를 고립시킨 질병이 이런 고독의 원인이었다. 그는 등산, 승마, 춤, 수영 등을 하지 못했고, 당구만 [의사의 허락하에] 할 수 있었다. 또한 질병 탓으로 꼼꼼하게 짜인 일과를 보냈다.

그러나 그를 고독으로 몰아넣은 것은 질병뿐만은 아니었다. 그는 자신이 통상적인 사회생활을 할 의사도 없고 할 수도 없었기 때문에 사람들과 그렇게 거리를 둔 것이라고 설명한다. 직무상 필요한 경우가 아니면 한 번도 모임에 참석하지 않았다. 2차 세계대전이 끝난 다음 바젤에 거주한 20년 동안 그는 영화관에 딱 한 번, 극장에 딱 한 번 갔다. 두 번 다 자기 학생들이 참여하고 있었기 때문에 그들에게 경의를 표하기 위해서 간 것이다. 교수직을 빼고는 그 어떤 공직이나 학술적 직위도 맡은 적이 없다. 철학 학회들을 꺼린 것은 말할 것도 없고 동료들과도 가까운 관계에 있어본 적이 없다. 말년에 그는 주목받은 저술들에서, 도덕 설교자의 태도로 정치논쟁에 말려들었는데, 이 때문에 주변이 더욱 적적해졌다. 그는 좌파와 우파 모두에게서 거부당했다.

인간에 대한 염려에서 철학을 하다

야스퍼스가 세계에 대해 가졌던 태도는 교육자의 태도와 예언자의 태도가 혼합된 것이라고 말할 수 있을 것이다. 어디에 가든지 그는 가르쳤다. 사람들과 직접 교류할 때나 학생들과의 관계에서뿐만 아니라 그것을 넘어서도 가르쳤다. 그래서 그는 말년에 "게르만의 교사Praeceptor Germaniae"라고 불렸다. 그의 가르침에서 지식을 전달하는 부분은 얼마 되지 않는다. 고독한 성찰에서 자기에게 떠오른 깨달음을 알려주는 것이 핵심이다. 그런 깨달음을 반박하기 힘든 연설의 형태로 설명했다.

그의 말을 받아들이는 여론의 태도도 둘로 나뉘었다. 일부는 그의 설명에 감동받고, 일부는 예컨대 바르트Karl Barth 같은 사람은 "야스퍼스 연극"이니 "젊은이들의 유혹자"라는 식으로 말했다. 아인슈타인은 그의 철학을 "술 취한 사람의 헛소리"라고까지 불렀다. 그러나 이런 것은 야스퍼스에게는 부당한 일이었다. 그가 말한 것이 모두 극히 진지했다는 것만은 분명하기 때문이다. 바로 그래서 그는 고독한 사람으로 남았다. "나의 소통의 철학은 현대의 모든 노력들 중 가장 고독한 것이 아닌가?"

야스퍼스가 철학적으로 발언하는 것들도 그의 개인적인 문제에서 나온다. 그의 사유는 철학자들 가운데 비슷한 예가 없을 정도로 실존에서 직접 나오기 때문이다. 그는 자기 삶 전체를 사상에 바쳤다. 그리고 인간의 문제를 두루 다루었다. 일찍이 그는 이렇게 썼다. "나의 영역은 인간이다. 다른 어떤 것을 위해서도 나는 지속적인 관심과 능력을 갖지 못한다." 나중에도 이렇게 말했다. "사람에게서 떼어낼 수 있는 철학의 주제란 없다. 철학하는 사람, 그의 기본 체험, 그의 행동, 그의 세계, 일상의 태도, 그에게서 나오는 말하는 힘 등을 없앨 수는 없다."

　이런 철학의 자세가 야스퍼스 철학의 내용도 결정한다. 그의 생각은 끊임없이 인간을 중심으로 맴돈다. 그의 정신의 정열은 인간 파헤치기를 향한다. 그가 의학과 심리학을 공부했다는 것도 "인간을 전체로 파악"하고 "인간의 가능성의 한계를 알기" 위해서였다. 오늘날에도 여전히 상당히 중요한 책인《정신 병리학》이 그 증언이다. 심리학을 통한 길에서 야스퍼스는 철학의 문제에 더 가까이 접근한다. 1919년에 나온《세계관의 심리학》이라는 그의 저술에 지식인 세계는 아직도 귀를 기울인다. 여기서 이미 그 이후로 그에게서 거듭 볼 수 있는 일이 일어났으니, 한편에서는 열광적인 동의가, 다른 편에서는 단호한 거부가 나타났다.

　《세계관의 심리학》이후로 야스퍼스는 철학의 본래 영역에 더 깊이 빠져들어 간다. 이 또한 인간에 대한 관심에서 나온 일이다. 토대가 되는 사상은 두 권의 방대한 저술에 들어 있다. 하나는《철학》이고, 다른 하나는《철학적 논리학》이다. 그러나 또한 철학사 분야의 다양한 연구들도 인간의 문제를 향한다. 이런 연구들은 "위대한 사상가들의 작품에 나타난 인간의 자기 해석"을 위해서도 도움을 준다.

　인간에 대한 염려에서 마음이 움직인 사람은, 철학을 할 경우에도 인간으로부터, 그리고 오직 인간을 향할 수 있을 뿐이다. 야스퍼스에게 철학은 "우리 자신을 보살피는" 일이다. 이것이 그의 작품 전체에 스며들어 있는 기본 정서다. 그는 이것으로부터 자기가 "교수 철학"이라 부른 것에 맞선다. 그에게 교수 철학이란 "본래의 철학"이 아니라 "우리의 여기있음의 근본 물음에 본질적이지 않은 것들을 말하기"일 뿐이다. 그에 반해서 야스퍼스의 인간에 대한 관심은 현대의 인간에게 무슨 일이 일어나는가를 생생하게 관찰한 데서 나온다.

야스퍼스는 인간이 극단적으로 위기에 몰려 있음을 본다. 파괴적인 광신주의 세력[국가사회주의, 즉 나치]이 그에게 교직을 포기하도록 강요했을 때, 그리고 아내에게 추방령의 위협이 닥쳤을 때, 그 자신도 그런 위협을 맛보았다. 하지만 정치적 세력들만 인간을 위협하는 것이 아니다. 우리 시대의 기본 모습을 이루는 것을 통해 보이지는 않아도 더욱 결정적인 위협이 나타난다. 곧 기술과 대중의 삶, 떠들썩한 법석으로 정신이 산만해짐, 생활환경의 비인간성 등을 통해 위협을 받는다.

야스퍼스가 인간에 대한 염려를 현대 해석의 토대로 삼았기 때문에, 국가사회주의의 지배가 시작되기 2년 전에 나온 저술《시대의 정신적 상황》(1931)은 광범위한 반응을 얻는다. 물론 철학자는 이렇게 나타난 재앙을 벗어날 길이 없었다. 동일한 근심이 1960년대에 야스퍼스가 발간한 정치적 저술들에도 나타난다. 여기서 그는 독일 민주주의가 위협받는 현실에 대한 염려를 능변으로 표현하고 있다.

야스퍼스가 인간의 본질을 생각하면서 이 주제를 오래 다룰

수록, 그에게 인간의 본질은 점점 더 수수께끼가 된다. "인간은 전보다 더 불확실하다." 인간은 "세계의 가장 큰 가능성이며 가장 큰 위험이다." 그래서 인간을 알기가 그토록 어렵다. 인간은 세계의 다른 일들처럼 중립적인 관찰로 파악되는 존재가 아니다. "전체로서의 인간은 붙잡을 수 있는 모든 객관화 가능성을 넘어선다. 인간은 그냥 열려 있다."

오직 실천을 통해서만 드러나는 자유

인간은 자유라는 이상한 능력을 갖추었기 때문에 열려 있다. "인간은 세상 어디서도 볼 수 없는 것, 곧 알 수 없고, 증명할 수 없고, 절대로 객체가 아니고, 탐구하는 모든 학문에서 벗어나 있는 어떤 것을 자기 안에서 발견한다. 곧 자유다." 이것은 개인에게나 역사 속의 인류에게나 모두 타당하다. "사건의 흐름을 전체적으로 결정하는 역사 법칙은 없다. 미래는 사람들이 보이는 결정과 행위에 대한 책임에 달려 있다." 이런 자유의 이념이 야스퍼스의 기본사상이다. 그가 말하는 모든 것은 이것과 관계가 있다.

자유는 보편타당하게 확정될 수 있는 것은 물론 아니다. 현실에서 마치 모든 것이 필연성을 지니고 일어나는 것인 양 현실을 관찰할 수도 있다. "자유는 입증할 수도, 반박할 수도 없다." 그러나 인간은 오로지 상황에 의해서만 결정되지 않고, 자기가 어떤 결정을 내리느냐는 언제나 자기 자신에게도 달려 있다는 느낌을 지닌다. 이것은 이론적 지식의 일이 아니다. 자유는 오로지 실천에서만 드러난다. 구체적 행동에서 결정을 내리기, 가능성들을 붙잡기 등에서 드러난다. "자유는 내 통찰을 통해서가 아니라 내 행위를 통해 입증된다." 하지만 이 영역에서 자유의 의식은 확실성의 성격을 갖는다. "내가 나 자신에게 확실해지는 행동의 순간들이 있다. 내가 지금 하고자 하고 실제로 행하는 그것이 내가 바라는 것일 때다. 나는 알려는 의지와 행동이 내 것인 사람이고자 한다." "나는 여기 있을 뿐만 아니라, 내가 그렇게 있고 따라서 그렇게 행동한다는 것을 안다. 그뿐만 아니라 행동과 결정에서 내가 내 행동과 본질의 원천이라는 사실도 안다."

그러나 대체 자유란 무엇인가? 야스퍼스에게는, 인간이 자기가 처해 있는 상황에서 그때마다 이것 혹은 저것을 결정할 수 있다는 것이 자유다. 그러나 자유는 더 깊은 차원을 갖는다. 인간은 자유에서 자신을 파악하거나 아니면 놓친다. 자신을 얻거나 아니면 잃는다. 여기서 야스퍼스 철학의 윤리적 뿌리가 드러난다. "가장 깊은 실존적 자유", "실존적 선택", "나 자신의 선택", "삶에서 자기 자신이 되겠다는 결정" 등이 여기서 중요하다. 왜냐하면 결정적으로 중요한 것은 인간이 정말로 자기 자신을 붙잡는 것, 그가 자기 자신을 선택하는 것, 자신을 자신 위에 세우고 그래서 자기 자신이 되는 것이기 때문이다. 이런 것이 가장 중요한데 특히 철학하기에서 그렇다.

"철학하는 사람은 자기로 있음에 대해 말한다. 그것을 행하지 않는 사람은 철학을 하지 않는 것이다."

그래서 야스퍼스는 자신의 철학을 "실존철학"이라고 부른다. 실존철학이란 "인간이 그것을 통해 자기 자신이 되는 생각하기"다. 실존은 단순히 여기있음, 곧 우리의 일상적 존재만을 뜻하는 것이 아니다. 실존이란 인간의 극단적 가능성으로서 '자기로 있음'을 의미한다.

야스퍼스가 자기로 있음과 인간의 자부심 강한 고립이라는 자유사상으로, 철학하기가 마치 고독 속에 있는 한 개인의 일인 것처럼 말한다고 생각하면 오해다. 야스퍼스가 개인적으로 다른 사람들에 대해 가지는 거리에도 불구하고, 아니 어쩌면 바로 이런 거리 때문에 그에게는 이것이 결정적으로 중요하다. 즉, 자기로 있음이란 다른 사람들과의 소통에서만, 근본적으로는 오직 한 사람과의 소통에서만 가능한 일이라는 점을 파악하는 것 말이다. 그래서 그는 결혼이 평생 계속되는 절대적 애정이라고 보고, 또한 자전적인 기록에서 거듭 확인해주고 있는 대로 결혼의 경험을 자기 사색의 토대 안에 받아들이는 유일한 철학자이기도 하다. 소통이 그에게는 자기로 있음과 자유의 결정적인 기준이다.

"나는 상대방이 그 자신으로 있는 그만큼 나 자신으로 있다. 그리고 상대방이 자유로운 만큼 나도 자유롭다."

이런 생각에서 야스퍼스의 정치적 요구들도 나온다. 언제나 다른 사람의 자유가 중요하고, 그와 함께 상호관계의 적절한 형성이 중요하다. 이것이 다시 확장되어 분별 있는 사람들의 보편적인 공동체로 발전한다. 야스퍼스는 바로 이런 공동체에서만 민주주의의 가능성을 본다. 이 점에서 출발한 그는 포괄적인 세계질서를 요구하기에 이른다. 특히 원자폭탄의 위협을 앞에 두고, 인간이 자기 자신을 파괴하려는 것이 아니라면 그런 세계질서가 더욱더 필요했다.

인간이 자기 자신에게로 갈 수 있는 길은 언제나 낭떠러지와 심연들을 지나쳐 간다. 야스퍼스는 이런 뜻에서 다음과 같이 말한다. "실패는 곧 종말이다." 세계 안에서 생각하고 인식하면서 방향감각을 잡으려는 시도, 즉 학문의 길은 내적 필연성에 의해 우리를 한계로 이끌어간다. 물음에 물음이 이어지고 또한 부분적인 답들도 있지만, 문제가 포괄적인 것이 되면 해결책 없이 남는다.

세계의 시작과 끝, 유한성과 무한성에 대한 물음이나 아니면 사물들의 바탕에 대한 물음은 답변될 수 없다. 이런 물음들은 이율배반과 패러독스에 빠져든다. 이런 질문들을 내놓으면 "사실적이고 학문적인 세계 방향의 문제성"에 부딪히고, 마지막에는 "전혀 알 수 없는 것이라는 심연"에 부딪힌다. 흔히 있는 일이지만, 학문에 마치 이런 한계가 없는 것처럼 행동하면 잘못이다. 학문은 계속 앞으로 나아가 마침내 "여기있음의 찢김"을 보아야 한다. 야스퍼스가 이해하는 철학하기는, 학문이 이런 한계까지 나아가야 한다는 의무를 기억하게 만드는 일이다.

인간이 자기 자신을 향하고 자신을 이해하고, 자기 자신으로부터 자기 삶을 형성하려고 한다면, 인간은 더욱더 절박하게 이런 한계를 체험한다. 그는 자신의 여기있음이 사물들의 여기있음과 다르다는 것을 발견한다. 그 과정에서 인간은 모르는 사이에 야스퍼스가 "한계상황"이라 부르는 위기에 빠져든다. 이런 한계상황에서 우리는 학문의 한계에서의 실패보다 훨씬 더 깊이 인간을 고통스럽게 하는 실패에 도달한다. 한계상황에서 인간은 깜짝 놀라 떨면서, 자기 자신으로부터는 자기가 아무것도 아니고, 자기 자신으로부터는 더 이상 아무것도 할 수 없음을 의식한다. 그는 절대적 한계에 부딪힌 것이다.

다른 사람의 죽음을 보거나 아니면 자기의 죽음을 생각할 때, 또는 싸움, 고통, 죄 등을 피할 수 없음을 경험할 때, 누구나 붙잡혀 있는 바뀔 수 없는 운명을 체험할 때 이런 일이 일어난다. 이런 한계상황은 "인간 자체와 연결된, 유한한 여기있음과 함께 피할 수 없이 주어진 마지막 상황"이다.

자기 자신을 찾기란 결국 이처럼 출구 없는 상황으로 연결된다. 모든 지주가 의심스러워지고, 마치 "발밑에 땅이 꺼지는" 것 같은 경험이다. 한계상황은 "우리가 거기 부딪힌 벽과도 같다." 그것은 "공중에 떠 있는 문제성" 속에, "끊임없는 실패의 현실" 안에 삶이 있음을 보여준다. 이런 한계상황은 인간의 모습을 아주 혼란스럽게 만드는데, 이 문제가 특별히 분명해진 현대뿐만 아니라, 근본적으로는 모든 시대에 그렇다. 그렇지만 한계상황의 경험은 꼭 필요하다. 왜냐하면 "인간의 본질은 한계상황에서 비로소 자신을 의식하기" 때문이다.

한계상황을 견디고 도약하기

그렇다면 인간의 여기있음에 대해 이렇게 위안 없는 관점에 그대로 머물러야만 하는가? 야스퍼스는 이렇게 답한다. 우리는 처음에 인간이 어떻게 거기서 벗어날 수 있는지를 보지 못한다. 노력할수록 오히려 더욱 깊이 거기 빠져드는 것처럼 보인다. "실패를 보면 산다는 게 불가능한 것처럼 보인다. 현실을 아는 것이 불안을 더욱 키우고, 희망 없음이 나를 불안 속에 스러지게 한다면, 피할 수 없는 사실성 앞에서 불안은 궁극의 것처럼 보인다. 원래의 불안이란, 출구 없이 궁극의 것인 양 느껴지는 불안이다." 이런 불안에서 나는 "궁극적이고 최종적인 불안의, 바닥도 없는 심연에 빠져든다." 이것은 아무것도아니즘적인 절망의 상황이고 "아무것도 없음의 경직된 어둠"을 바라보는 일이다.

이런 상황에 맞서서는 인간이 이 상황을 받아들이고 견디는 것만이 도움이 된다. "아무것도아니즘에서 [비로소] 정직한 인간에게 꼭 필요한 것이 발언된다." 그러니까 인간은 자기 삶을 이해할 수 없다는 것을 긍정해야 한다. 죽음과 고통과 싸움과 죄와 운명에 대해 '그렇다'고 긍정해야 한다. 이것을 아주 진지하게 행하면, 한계상황을 견디는 과정에서 인간은 자신의 본래 실존에 이르게 된다. "우리는 눈을 뜨고 한계상황으로 들어감으로써 우리 자신이 된다."

이것은 "철학의 더욱 깊은 근원"이다. 야스퍼스가 요구한 것 같은 실존을 받아들이는 것이 지속적이고 필연적인 과정으로 이루어질 수는 없다. 그것은 오직 도약을 통해서만 가능하다. 절망에서 벗어나 자기로 있음을 붙잡는 도약, "자유로움인 나 자신에게로의 도약" 말이다. "불안에서 벗어나 평화로 도약하기는 인간이 할 수 있는 가장 무시무시한 도약이다." 그러나 이런 도약은 인간 자신의 힘에서 완성될 수는 없다. 그렇다면 어떻게 가능한가?

여기서 야스퍼스 철학의 더 깊은 새로운 차원이 드러난다. 자기로 있음으로 도약하기와 자유로 도약하기는, 언뜻 불가능성에 대한 절망을 앞에 두고, 특별한 경험에 도달함으로써 이루어진다. 곧 선물 받는다는 경험이다. 실패하면서 인간은 제 스스로 이룰 수 없는 것이 제게 주어지는 것을 경험할 수 있다.

"나의 자기로 있음을 향한 도약에서 내가 나 자신을 만들지 않았다는 사실을 의식한다. 내가 본래의 자기에게로, 절대로 완전히 환하게 밝힐 수 없는, 내 의지의 어둠 속으로 되돌아가면, 그제야 비로소 내게 이 사실이 분명해진다. 내가 온전히 나 자신일 때 나는 더 이상 나 자신만은 아니라는 사실 말이다. 이런 원래의 '나 자신', 성취된 역사의 현실에서 '나'라고 말하는 이런 '나 자신'은, 나 자신을 통해 있는 것처럼 보이지만, 나는 그와 함께 있는 나를 보고 깜짝 놀란다. 한 가지 행동이 끝난 후에 나는, 나 혼자서는 그것을 하지 못했다, 혼자라면 절대로 그것을 하지 못했을 것이라는 사실을 깨닫는다. 내가 의지로 나 자신이던 곳에서, 나는 내 자유 속에도 내게 주어져 있었다."

나는 "알 수 없이 붙잡혀 있는" 자신을 체험한다.

선물 받음과 주어짐은―야스퍼스는 이렇게 결론을 맺는다―선물하고 주는 주체를 전제로 한다. 이것 역시 기본 체험의 일부다. 실패라는 극단적 상황에서, 세계에서 온 것이 아니고 자기 자신에게서 온 것도 아닌 하나의 도움이 인간에게 나타난다. 야스퍼스는 여기서 만나는 것을 "초월성"이라 부른다. 이따금 그는 그 것을 또한 "신"이라 부르기도 한다. 그것을 염두에 두고 이렇게 말한다. "실존에는 초월성이 없지 않다." "인간이 숙명 속에서 내면적으로 자신을 주장한다면, 죽음에서도 흔들리지 않고 굳건하다면, 저 혼자만의 힘으로 그럴 수는 없다. 여기서 그를 돕는 것은 세상에서의 도움과는 다른 종류의 것이다. 그가 자기 자신의 발로 서는 것은, 알 수 없지만 자유 속에서도 느낄 수 있는 초월성에서 나온 손길 덕분이다." 이로써 철학은 자신의 최고 과제로 들어간다. 철학은 "초월성으로 떠오르기를 준비하고, 기억하고, 드높은 순간에 그것을 실현하는 생각하기"다. 즉 "초월성 주위를 맴돌기"인 것이다.

야스퍼스는 자신에게 기본 토대인 이런 경험을 "철학적 신앙"이라 부른다. 이 신앙은 "초월성에 대한 신앙"으로서 "이해할 수 없는 확실성"을 속에 지닌다. "철학적 신앙은 모든 진짜 철학하기의 필수적인 근원이다." 야스퍼스는 신에 대해 이것 이상으로 말할 수는 없다고 생각한다. "신에 대해 곰곰이 생각하기를 통해 신의 있음은 오직 점점 더 의문스러워질 뿐이다." "신이 있다는 것으로 충분하다." 이 영역에서 참된 앎은 "모름을 앎"이다. "철학적 실존은 감추어진 신에게 직접 다가가지 않기를 견딘다."

그런데도 야스퍼스는 형이상학의 명제에 도달한다. 그러나 이런 명제들은 직접 신을 향하지 않고 신에 의해 규정된 세계만을 향한다. 현실 전체, 곧 세계의 현실과 인간의 현실은 철학적 신앙에서 새로운 해석을 얻는다. 보이는 모든 것은 초월성의 암시, 표시, "암호"로 이해할 수 있다.

"암호가 될 수 없는 것은 없다. 모든 여기있음은 규정되지 않은 흔들림과 말하기로써 그 무언가를 표현하는 것처럼 보이지만, 무엇을 위해서, 그리고 무엇으로부터 그러는지는 의문이다. 자연이든 인간이든, 별들의 공간이든 역사든, 세계는 단순히 있는 것만이 아니다. 여기 있는 모든 것은 마치 골상학처럼 바라볼 수 있다."

야스퍼스는 마지막에 자기가 생각하는 철학하기의 의미를 다음과 같은 문장들로 요약한다.

"철학하기에서는 그 어떤 계시도 없는 믿음이, 같은 길을 가는 사람에게 호소하며 말한다. 이 혼란 속에 객관적인 도로표지판은 없다고, 누구나 자기 자신을 통한 가능성으로서의 자기가 무엇인지만을 안다고 말이다. 하지만 철학하기는 초월성을 향하는 눈길을 위해 여기있음에서 있음을 밝혀내는 차원의 시도를 감행한다. 모든 점에서 의문스럽게 되어버린 세계에서, 우리는 철학하면서 목적도 모른 채 방향을 잡으려 한다."

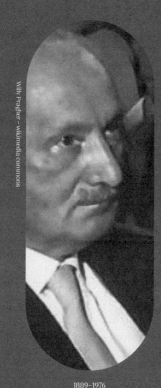

1889–1976

하이데거
혹은 있음의 전설

30

MARTIN HEIDEGGER

한 사상가를 이해하려고 하는 사람은, 이 사람이 나온 세계도 생각하는 것이 좋다. 마르틴 하이데거의 경우 그것은 특별히 중요하다. 그의 태생이 평생 그를 쫓아다니기 때문이다. 그는 알레만 지역 출신으로, 1889년에 메스키르히에서 태어났다. 그리고 평생을 거의 예외도 없이 검은 숲과 그 근처 프라이부르크에서 보냈다. 펠트베르크 산기슭에 오두막 한 채를 가지고 있었는데, 스파르타 방식의 단순한 나무 의자와 침대 등 얼마 안 되는 가재도구만 설비되어 있었다. 물은 근처의 샘에서 길어 왔다.

하이데거는 자주 집 앞의 벤치에 오래도록 앉아 멀리 있는 산들과 말없이 떠가는 구름을 바라보았고, 그동안 그의 내면에서는 생각이 여물었다. 아니면 이웃 농부들과 "주막집"에 앉아 이 지역 사람들의 특징인 툭툭 던지는 대화방식으로 농부들의 일 이야기를 주고받았다. 그러나 알레만스러운 특성은 검은 숲의 풍경과 사람들을 향한 그의 애착에만 나타나는 게 아니다. 그것은 또한 그의 정신의 본질에도 나타난다. 무겁고 신중하게 생각하기, 골똘히 파헤치는 사려 깊음, 그를 둘러싼 고독, 그에게서 풍겨 나오는 나직한 우수 등이 그것이다.

농부 같은 사람

이 사람의 겉모습도 농부의 요소를 지녔다. 빈의 어떤 철학자가 한번은 하이데거에 대해 강연하고는, 자기가 분명 상당히 명료하게 설명한 것 같다고 말했다. 왜냐하면 첫 줄에 앉은 어떤 작은 농부가 강연 내내 내용을 이해하는 듯한 눈길로 자기를 바라보았기 때문이다. 하지만 이 작은 농부가 바로 하이데거라는 사실이 나중에 밝혀졌다. 이것은 어쩌면 그냥 꾸며진 전설일지도 모른다.

그러나 사진들에서 하이데거가 키가 크지 않고, 젊은이들의 활동성에 대한 전통적인 생각에 따라 만들어진 헐렁한 양복 차림에, 끝이 뾰족한 두건을 머리에 쓰고 울퉁불퉁한 산길을 걸어가는 모습을 보면, 이 철학자가 땅과 결합되어 있다는 인상을 받는다. 그런 이유에서 그는 두 번이나 베를린 대학의 초빙을 받고도 거절했다. 대도시의 소음과 문화 활동을 꺼리고 그보다는 조용한 프라이부르크에 머물거나 "들길"을 거닐기를 원했다. 그는 어떤 글에서 이런 들길의 "격려"를 서술한 적이 있다.

하이데거는 젊은 시절에 정열적이고 노련한 스키어였다. 심지어는 스키에 대해 강의하기도 했다. 그가 펠트베르크 농장에서 여는 플라톤 세미나는 참석한 사람들에게 잊지 못할 기억으로 남는다. 세미나에 이어 스키 활주로로 올라가서 스키 강습도 했으니 말이다. 물론 그러다가 작은 사고들이 일어나기도 했다.

한번은 하이데거가 간단한 제동 회전(슈템보겐) 도중 눈밭에 쓰러지는 바람에, 스키 선생으로서의 위신이 거의 사라질 지경이 되었다. 이 미끄러짐은 철학에서의 어떤 실패보다도 그에게 더욱 아프게 여겨졌을 것으로 짐작된다. 제자들은 바싹 얼어서 무슨 일이 벌어지려나 기다렸다. 하이데거 자신도 당황했다. 그러나 눈부신 크리스티아니아(언덕을 가로지르는 도약)를 통해 그는 자신과 세계를 정상으로 되돌려놓았다.

하이데거는 스키 선생보다는 철학 선생으로 훨씬 더 큰 영향을 남겼다. 어떤 격정도 없이, 수사적인 장식이나 필요 없는 말도 전혀 없이 그는 목구멍에서 나오는 긴장되고 약간 거친 목소리로 낱말 하나하나를 강조하면서 자주 토막 난 문장을 말했다. 그러나 그의 말들에서는 강한 매혹이 뿜어져 나왔다. 그가 강의 또는 강연을 하면 사람들이 몰려와서 어떤 홀이든 항상 너무 작았다. 그의 세미나에서 학생들은 생각하기의 긴장을 배웠다. 언제나 주제에만 머물고 그 어떤 문제도 피하지 않으며, 성급한 어떤 대답도 거부하는 방식이었다.

하이데거는 젊은 시절 프라이부르크 대학 강사로 일할 때 벌써 이런 방식을 보여주었다. 그다음에는 마르부르크 대학의 철학

교수, 이어서 다시 프라이부르크 대학의 철학 교수 시절에 모두 그랬다. 특히 젊은 시절에 그는 학생들을 열심히 보살폈고, 그들은 상당수가 오늘날 철학 교수, 혹은 신학이나 다른 학문 분야의 교수로 활동하고 있다. 제자들은 하이데거 집에서 열린 많은 파티들을 기억한다. 정원에 초롱불의 행렬을 죽 이어 만들어놓고 민요를 부르거나 깊이 파고드는 토론에 몰두하곤 했다.

하이데거는 사상이 순수하게 그 상태로 머물러서는 안 되고 변화하면서 실존 안으로 파고들어야 한다고 생각한다. 개인적인 실존이나 공적인 실존 안으로 말이다. 그것은 그의 사상의 생동성으로 연결된다. 하지만 이것은 한동안 죽음을 향하는 여기있음(삶)을 영웅적으로 견디기라는 자신의 사상이 국가사회주의(나치즘)에서 실현되었다고 그가 믿게 만들었다. 그는 이런 오류로 인해 교수직을 내놓고, 그 순간부터 현실 정치에 거리를 두었다. 말년에는 공적인 활동에서 완전히 물러나 비밀종교 같은 모임에만 등장한다. 그러나 여기서도 여전히 그의 사유의 힘과 깊이를 증명했다.

하이데거의 철학적 영향은 두 번 절정에 이른다. 한 번은 1920년대이고 또 한 번은 2차 세계대전 이후 시대다. 첫 번째 시기는 《존재와 시간》의 출간과 더불어 나타난 것인데, 이 책은 절반만 출간되었는데도 학계에 벼락과 같은 충격을 주었다. 하이데거에게 이것은 생각하기의 출발을 뜻했다. 그의 생각은 가톨릭 신학과 신칸트주의에서 시작해서 현상학의 위대한 학자 에드문트 후설의 영향을 받았고, 이 책은 후설에게 헌정되었다.

실존: 세계 속에 있음

《존재와 시간》에서 하이데거는 플라톤이 "있음을 놓고 벌어지는 거인들의 싸움"이라 부른 것을 새롭게 불붙이려 한다. 핵심 물음은 "있음의 의미"는 무엇인가이다. 우리가 "있다$_{ist}$"라는 낱말을 말할 때면, 그러니까 나무가 "있다", 인간이 "있다", 신이 "있다"라고 말할 때면 우리는 무엇을 뜻하는 것인가? 이 물음은 특정한 철학의 분야, 곧 존재론의 추상적인 문제처럼 보인다. 그러나 더 자세히 살펴보면 그것은 바탕들의 깊이, 생각하기의 심연으로 우리를 데려간다. "있음에 대한 물음으로 우리는 완전한 어둠의 가장자리로 감히 다가간다."

그렇다면 이 물음은 어떻게 가동될 수 있나? 나아가 인간이 묻는 있음이란 어디서 인간에게 열리는가? 하이데거는 대답한다. 있음의 이해에서, 즉 있음이 무엇을 뜻하는지 인간은 이미 언제나 어떻게든 이해하고 있다는 점에서 열릴 수 있다. 이런 있음의 이해는 언어로 표현되지만, 또한 일상에서 사물들과 관계하고 다른 사람들과 교류하는 것으로도 표현된다.

있음의 이해를 밝히기 위해 하이데거는 도입부의 분석에서, 인간이 있음의 이해 장소라고 말한다. 여기서 그는 추상적인 인간 개념을 출발점으로 삼지 않고, 구체적이고 경험적인 인간, 그런 인간의 자기 이해와 자기 경험을 출발점으로 삼는다. 인간을 저 자신의 밖에 두는 관점에서, 이를테면 신이나 절대정신 등의 관점에서 관찰하지 않고 인간 자신의 관점에 나타나는 모습을 관찰한다.

이런 관점 아래서 하이데거는 인간이 돌이나 나무처럼 그냥 단순히 여기 있는 것이 아니고, 자기가 기획하는 방향의 가능성들 안에서 그리고 그런 가능성들로부터 산다는 것을 보여준다. 하이데거는 인간을 데카르트 이후 근대철학이 바라보는 방식으로 인위적인 고립 속에 놓지 않는다. 그보다는 모든 인간이 자신의 "세계"를 가지며, 그가 다른 존재들 사이에서 다른 인간들과 함께 존재한다고 말한다. 그는 인간이 "세계-안에-있음"과 "다른 사람들과 함께 있음"을 말한다.

이런 개념에서 보면 인간은, 그의 개입 없이는 닫혀 있을 세계가 그를 통해 열리고, 또 [인간에 의해] 관찰되고 인식되고 감각된다는 점에서 다른 모든 존재보다 뛰어나다. 인간이 "있는것(존재자) 전체 속으로 침입"함으로써 이 전체가 "드러난다". 하이데거는 이것을 인간의 여기있음(삶)의 "초월성"이라 부른다. 초월성이란 표현은 인간이 초감각적 존재나 초감각적 세계와 관계한다는 뜻이 아니다. 하이데거의 언어 사용에서 초월성은, 인간이 있음의 관점에서 모든 있는것을 항상 넘어섰다는 뜻이다. 있음은 모든 이해, 감각, 인식의 지평을 이룬다.

하이데거가 자주 "Ek-sistenz"라고 쓰곤 하던 "실존Existenz"이라는 표현도 있음과 같은 뜻이다. 실존이란 인간의 벌거벗은 여기있음을 뜻하는 것이 아니다. 즉, 인간은 돌이나 나무처럼 그냥 있는 게 아니다. 실존이란 인간이 정말로 존재의 방식으로 있다는 뜻이다. 곧 "자기 바깥으로 나와 서기ex-sistere", 자기 밖으로 나가 이미 항상 이해되고 있던 있음으로 넘어가기의 방식으로 있다는 뜻이다.

세계-속에-있음을 실존으로 보고, 그것을 더욱 정교하게 해석하기 위해 하이데거는 인간의 일상적인 상황을 출발점으로 삼는다. 인간은 맨 먼저 그리고 대부분 자기 자신으로 있지 않고 세계에 부딪혀 부서져 있다. 그는 그 자신이 아니라 "사람들, 그들man"일 뿐이다. 그는 "사람들"에게로 넘겨져 있다. 하지만 그의 과제는 이런 얽힘에서 벗어나 정말로 자기 자신이 되는 일이다. 그것은 특정한 근본정서들에서 그에게 분명해진다. 자기가 근본에서 어떠한지를 알려주고, 그럼으로써 반성 없이 멍하니 사는 것과 온갖 망상에서 벗어나게 만드는 정서들 말이다.

근본정서 중 가장 고귀한 것을 하이데거는―키르케고르의 용어를 빌려서―불안이라 부른다. 불안에 사로잡힌 사람에게서 모든 현실은 미끄러져 사라진다. 불안 속에서 그는 죽음을 피할 수 없다는 것과 세계가 어쩌면 아무것도 아니라는 점을 정면으로 바라본다. 모든 일시적인 받침대들, 표면을 덮은 것들이 다 떨어져 나간다. 인간은 자신이 "죽음에 던져졌고" "아무것도 아님에 들어가 박혔음"을 체험한다. 양심이란 "여기있음의 섬뜩함에서 나오는 외침"인데, 양심은 인간을 일상에 사로잡힌 상태, 곧 본래의 것이 아닌 것에 부딪혀 부서진 상태에서 끌고 나와, 아무런 가림도 없이, 가장 고유한 본래 자기Selbst의 가능성 앞으로 데려간다. 인간은 본질적인 결정인 자유에서 본래의 자기를 실현해야 한다. 인간은 "죽음을 각오한 단호함"으로, 그리고 자신의 "아무것도 아닌 실존"을 받아들임으로써 자기 자신이 된다. 그는 낯선 법칙에 따라서

가 아니라, 자기 자신으로부터, 가장 고유한 바탕으로부터 실존하기로 결심함으로써 자기 자신이 된다.

이런 인간의 모습이 두 차례의 세계대전 사이에 들어 있던 시대를 감동케 했다는 것이 놀랍지 않다. 이 시대의 바닥없음과 내면의 위태로움이 여기서 더 깊은 철학적 해석과, 또한 사유에서 올바르다고 확인된 탈출 가능성을 얻은 것처럼 보였으니 말이다. 그래서 하이데거가 단번에 그 시대 철학 운동의 선두에 섰고, 모든 방향에서 제자들과 추종자들이 그에게 몰려들었다는 것도 이해가 된다.

인간의 여기있음의 근본구조 — 시간성

그러나 하이데거는 단순히 인간적 상황의 서술만을 문제로 삼은 것이 아니다. 그는 인간의 본질에 대한 물음에서 위에 설명한 실존 상황이 무슨 의미가 있느냐고 묻고, 인간의 여기있음의 근본구조인 시간성을 강조한다. 그 결과 이미 많이 토론된 시간의 현상에 대한 새로운 해석에 도달한다. 시간은 그 안에서 [사건의] 단계들이 일어나는 도식이 아니다. 그것은 원래 어떤 객체가 아니다. 시간이란 본질적으로 인간 삶의 시간성이다. 인간은 자기 죽음을 향해 미리 앞서 달려가지만, 그러나 또한 일상의 행동에서도 "미리 앞서" 있다. 그는 자신의 미래가 자기에게로 와서 자신의 현재 삶을 결정하게 한다. 그것도 그 자신이 미래의 가능성들을 기획함으로써 그렇게 한다.

동시에 인간은 모든 순간에 자신의 과거에 의해 규정되고 지배받는다. 인간은 자신의 관여 없이 구체적인 삶에 던져진다. 그것은 그가 "이미 안에 있음"이다.[*] 마지막으로 그는 자기를 둘러싸고 있는 것을 끊임없이 현재화하며, 그래서 "지금 있음"은 그의 본질에 속한다. 이 세 가지 계기들, 곧 "미리 앞서"와 "이미 안에 있음"과 "지금 있음"은 인간의 삶의 특수한 시간성을 이룬다. 이 세 가지 계기들은 삶의 "망아경忘我境"들이다. 곧, 그의 삶이 저 자신의 밖으로 나가 서는 방식들이다. 인간은 자신의 본질적인 유한성을 이 계기들 안에서 실현한다. 이런 계기들은 또한 시간에 대한 그의 앎의 원천이기도 하다.

《존재와 시간》 이후로 빠른 속도로 하이데거의 풍성한 저술들이 쏟아져 나온다. 그중 일부는 철학의 역사를 다룬다. 아낙시만드로스, 플라톤, 데카르트, 칸트, 헤겔, 그리고 특히 니체 등을 다룬다. 매우 다의적인 니체의 사상에 대해 새롭고도 놀라운 관점들이 열린다. 다른 저술들은 시인들과 시문학 작품의 해석을 포함한다. 특히 횔덜린이 주제로 잡혔지만, 릴케와 게오르게Stefan George, 트라클Georg Trakl과 벤Gottfried Benn 등도 여기 들어간다.

센세이셔널한 강연 〈형이상학이란 무엇인가?〉, 〈휴머니즘에 대한 편지〉, 그리고 심오한 글《동일성과 차이》 등에서는 새로운

● 인간은 끊임없이 미래를 기획하지만, 그의 현재 상황을 보면 그 스스로 어떤 관여도 하지 않은 채로 그는 "이미 그 안에 있다". 일부는 자기가 한 기획의 덕이겠으나, 어쨌든 눈을 떠보면 인간은 이미 상황 안에 있는 것이다.

사색을 위한 토대 놓기의 문제들이 언급된다. 마지막에 하이데거는 오늘날에도 특히 절박한 문제들에 대해 자신의 관점을 밝힌다. 언어, 예술, 기술의 본질에 대한 글들이다.

이런 모든 저술에서 하이데거가 다음의 사실을 통찰한 것이 분명해진다. 맨 처음에 잡았던 길, 곧 인간과 여기있음(삶)을 통해 가는 길로는 그의 생각이 의도한 그것, 곧 있음에 도달하기가 불가능하다. 그래서 이제 관점을 뒤집는 과제가 나타난다. 인간과 그의 있음 상황으로부터 있음을 생각하지 않고, 있음으로부터 인간과 그의 전체 유한한 현실을 관찰한다는 과제다. 그것은 하이데거의 "생각 뒤집기"의 요구로 표현된다. 이것이 어떻게 가능하냐 하는 물음을 붙잡고 그는 수십 년 이상이나 고독한 싸움을 벌인다.

이런 사색의 길에서 본질적인 통찰은 다음과 같다. 있음이 문제가 된다면 인간에 대한 말은 변두리에 있게 된다. 근대의 주체론과 현대의 실존주의에서 인간이 도달한 중심의 지위를 하이데거는 인간에게서 빼앗는다. 현대의 본질적인 특징인 기술도 이런 관점에서는 잘못된 것이다. 기술 안에서 그리고 기술을 통해 인간이 세계를 정복했기 때문에 기술은 주체성의 마지막 승리다.

후기의 하이데거가 주장하는 바에 따르면, 인간은 자율적인 존재라고 할 수가 없고 인간에 관해서는 오직 있음과의 연관성에서만 말할 수 있다. 인간은 있음에 종속되어 있다. 모든 것은 있음에 달려 있다. 인간이 있다는 것은 그 자신을 위해서가 아니라 오로지 있음을 위해서만 의미가 있다. 인간을 통해 있음의 드러남이 완성될 수 있기 때문에, 오직 그런 한에서만 의미가 있다.

후기 하이데거에서 있음과 없음

하지만 하이데거가 그토록 다양하게 가리키는 이 있음이란 대체 무엇인가? 그는 그것에 대해 자주 거의 신비적인 말들을 한다.

"하지만 있음—있음이란 무엇인가. 그것은 그것 자체다. 미래의 사유는 이것을 체험하고 말하기를 배워야 한다."

이런 말로는 하이데거가 "있음"으로 대체 무엇을 뜻하는지가 오히려 더욱 모호해진다. 그것을 명료하게 하려면, 그가 있음이라는 말로 신이나 세계 근거를 뜻하기를 분명하게 거부했다는 사실에 주목해야 한다. 그 이상이다. 있음(존재)이란 그에게는 전혀 있는것(존재자)이 아니다. 어떤 식으로도 있음을 객체로 생각해서는 안 된다. 하이데거는 이것을 가장 중요하게 여겼다. 우리는 무엇보다도 있음과 있는것의 차이를 생각해야 한다. "존재론적 차이", "있음과 있는것의 서로 다름" 등을 말이다. 하이데거의 생각에 따르면, 지금까지 형이상학 전체가 이 차이를 분명하게 보기를 소홀히 했다. 그래서 형이상학이 "헷갈리고" 말았다. 하지만 하이데거는 이런 사실에서 상당히 광범위한 결과가 나왔다고 본다. "서양의 불운"이 거기에 뿌리를 두기 때문이다.

하지만 그렇다면 있음이란 긍정적으로는 무엇인가? 이 표현은 하이데거에게는 밝혀짐, 드러남 등을 뜻한다. 인간은 어떤 것에 대하여, 그것과 그것이 처해 있는 상황이 자기에게 밝혀지고 드러나면, 그것이 "있다", 그것이 그렇게 "있다", 그것이 어떻게 "있다" 라고 말한다. 그러므로 하이데거에게 "있는Seiend"이란 "존재하는" 이라는 뜻이 아니다. "있는"이란, "숨겨지지 않고 빛 속에 서는, 현 상으로 나타난"이라는 뜻이다. "있음"은 "밝히기"의 과정이다.

그렇다면 세계의 이런 드러남은 어떻게 일어나는가? 하이데 거의 첫 번째 답은 이렇다. 없음Nichts의 발견을 통해 일어난다고 말이다. 불안 속에서 우리는 없음을 만나지 않던가? 그리고 없음 이 우리에게서 세계 전체를 미끄러져 떨어지게 하기에, 모든 있는 것이 있을 수 없게 되는 것을 경험하지 않던가? 그러면 우리는 무 엇이 있다는 것에 도저히 주목하지 못하지 않던가?

"불안의 없음의 밝은 밤에 비로소 있는것이 있는것으로 근원적으로 밝혀지는 일이 일어난다. 그것이 있는것이라는 것 — 없음이 아니라 는 것."

있음 물음의 절실함, 그러나 또한 있음에 더 가까이 다가갈 가능성도 없음의 체험에서 나온다.

하이데거의 관점에서 결정적인 것은 없음이 인간에 의해서 도입되는 것이 아니라 그것이 인간을 엄습한다는 것, 그것이 인간 에게 일어난다는 것이다. 마치 인간이 손수 자신을 불안 속으로 데려가지 않는 것과 같다. 그래서 "없음이 활동한다"라는 것도 아 주 안 어울리는 말은 아니다. 하이데거는 이렇게 표현한다. "없음 이 없어진다Das Nichts nichtet."* 하지만 여기서 형이상학적인 어떤 주체를 연상해서는 안 된다. 없음은 하나의 과정이다. 곧 없어짐이 일어나는 것일 뿐이다.

그러나 이로써 하이데거의 원래 노력이 지향하는 있음에 도달한 것은 아직 아니다. 그렇다면 없음이 인간이 경험할 수 있는 최종의 것인가, 그리고 일반적인 니힐리즘[여기서는 없음이즘]이 올바른 사고방식이 된단 말인가, 하는 물음이 나온다. 하이데거는 이 질문에 부정으로 답변한다. 없음이즘이 서양인의 운명임을 부인할 길은 없지만, 인간이 계속 머무는 곳은 아니다. 그것은 없음 자체의 본질에서 나온다. 없음은 오로지 "있음의 베일"일 뿐이다. 그래서 이 물음은 앞으로 더 나아가야 한다. 말하자면 없음 뒤에서 있음 자체를 볼 수 있는가를 관찰해야 한다.

하이데거에게서 있음은 없음과 동일한 기본구조를 가진다. 그것은 사건이 일어남, 하나의 "기본적 일어남", 하나의 "사건"이

● 실제로는 도이치 원문으로 문장의미가 성립되지 않으며, 따라서 번역이 불가능하다. 여기서는 하이데거의 원래 의도를 우리말로 옮겼다. 하이데거는 'Sein'에 대립하는 개념 'Nichts'가 존재함을 인정하고 있다. 다만 Nichts의 술어로 ist를 쓰면 언어적으로 자체 모순이 일어난다. ist는 sein의 한 형태이기 때문. 그래서 하이데거는 nichts라는 말에서 따온 동사 nichten을 억지로 만들어서 Nichts의 술어로 붙였다. 하이데거 철학의 이 부분에서 그의 핵심 사유가 말놀이라는 것이 분명하게 드러난다. 만일 서양의 언어가 우리말처럼 '있다'와 '있음' 말고 '없다'와 '없음'이라는 말을 따로 가지고 있었더라면 이런 일은 절대로 일어나지 않았을 것이다. 그리스 시대 이후로 그들은 자기들의 언어에 우리말의 '없다' 형태가 없기(=있지 않기) 때문에 생겨난 '없음' 개념의 부족으로 계속 애를 먹었고, 그래서 이런 법석이 일어났다. '없다'와 '없음'이라는 훌륭한 낱말을 원천적으로 가지고 있는 우리는 하이데거가 이렇게 어렵고도 거창하게 설명하는 내용이 우리말로 옮기면 그다지 법석을 떨 필요가 없는 것이라는 것을 알고는 어이가 없어진다. 서양 형이상학의 핵심 개념은 'sein' 동사와 'nichts(=nicht ein Ding, 문법어+뜻낱말)'의 언어 형태분석과 깊은 관계가 있다. 이것을 제대로 이해하기 위해서는 한자어 아닌 순우리말로 접근해야 한다. 하이데거가 말을 가지고 이렇게 법석을 떨면서 이해하기 힘든 소리를 떠들었으니, 비트겐슈타인의 등장은 이미 예고된 것이나 다름이 없다.

다. 그러니까 있음은 없음처럼 말로 이해될 수 있다. 이미 암시했지만, 그것은 있는것과 인간이 그 과정에서 밝혀지는 결정적인 일어남(사건)이다. 있음은 일어나는 중인 드러남이다. 있음이 완성된다는 것은 다음과 같은 뜻이다. 있음이 이 세계에서 여러 가지 방식으로 드러난다. 있음은 자기 자신으로부터 이런 "드러남"인 자신을 역사적 인간에게 보낸다. 없음처럼 있음에 대해서도 이렇게 말할 수 있다. 그것은 인간의 은총으로 살아가는 것이 아니라 자기 자신으로부터 활동한다고. 있음은 "인간의 피조물이 아니다." 있음은 세계의 드러남이라는 사건의 진짜 주체다. 있음이 주도권을 갖는다. 이것은 인간이나 있는것을 위해 일어나는 일이 아니라, 오로지 있음 자신을 위해서만 일어나는 일이다. 있음은 제 안에 자신의 의미를 지닌다.

있음 스스로 주도권을 지닌 '있음'의 역사

있음은 이런 방식으로, 각각의 역사 시대에 각기 다른 관점에서 있는것과 인간을 드러내주었다. 그래서 하이데거는 "있음의 역사"를 말한다. 즉, 스스로 완성하는 있음 말이다. 중국 사람들의 있음과 그리스 사람들의 있음, 혹은 중세의 있음은 현대인의 그것과는 다르다. 현대인에게서 있음은 주로 부정적인 방식으로 나타나는데, 현대인이 지나치게 있는것에 매달리기 때문이다. 그래서 있음은 "모든 있는것을 흔듦"으로, "고향 상실"로 나타난다.

그것은 특히 기술이라는, 낯설게 하는 실체로 현대인에게 침입해온 운명에서 잘 보인다. 기술도 있음으로부터 인간에게 보내진 것이다. 우리 시대에는 있음 자체가 거의 잊혀졌다. 현대는 "있음을 잊음"의 시대이고, "있음을 떠남"의 시대이다. 바로 그래서 "없음이즘"의 시대다. 없음이즘이란 "있음이 나타나지 않음의 역사"이기 때문이다.

그러나 극단적으로 있음을 잊음이라는 현대의 있음 상황은 극복될 수 있다. 물론 인간과 인간의 활동을 통해서는 아니다. 있음이 저 자신으로부터 새로워져서, 헤매고 있는 인간 쪽을 향하고, 이렇게 있음의 새로운 체험이 가능해지는 것이 필요하다. 이것이 미래를 위한 하이데거의 희망이었다. 그 순간을 위해 인간이 "있음의 부름"에 "귀 기울임"을 소홀히 하지 않고, 자기가 "있음의 양치기"라는 사실을 다시 알게 되는 것이 꼭 필요하다. 인간은 있음이 말하도록 도와야 하고, "있음의 전설"을 크게 만들어야 한다. 이것이 인간의 최고 과제이며, 인간은 여기서 자신의 본질적인 품위를 얻는다. 그러나 다시 이것이 성공하는 것은 궁극적으로는 인간에게 달린 일이 아니다. "있음이 이리로 오는 것은 있음의 운명 속에 자리 잡고 있다."

이것이 극히 진지하게 일어난다면 현대에 나타난 "신이 멀어짐"이라는 밤이 극복되는 것도 가능하다고 하이데거는 말한다. 그러면 새로운 신이 있음의 빛을 받고 나타날 수도 있다. 인간이 "있음 가까이"에 이른다면, 그는 다음의 결정이 이루어지는 시점에 이르게 된다. "신과 신들이 실패하고 밤이 그대로 계속될지와 어떻게 그러한지, 그리고 신적인 것의 등장에서 신과 신들의 현상이 새로 시작될 수 있을지와 어떻게 그러한지"가 결정되는 시점 말이다. 그러나 이것은 다시 인간의 일이 아니라 있음 자신의 일이다.

물론 그것에 대해 말하는 것은 전통적인 의미에서 철학의 가능성에 속하는 일이 아니다. 하이데거는 그것을 의식했다. "미래의 생각하기는 더는 철학이 아니다. 그것은 저보다 앞선 본질의 가난함 속으로 내려가는 길에 있다. 생각하기는 언어를 모아 단순한 말하기로 만든다." 하지만 현재의 순간에 인간에게는 "이름 없이 존재하기"라는 참을성을 배우는 일이 중요하다.

러셀
혹은
저항으로서의 철학

31

1872-1970

BERTRAND RUSSELL

버트런드 러셀은 1872년에 오래된 귀족 집안의 후손으로 태어나 뒷날 자신도 귀족 작위를 받았다. 그는 다음과 같은 문장으로 자서전을 시작한다.

"단순하지만 매우 강력한 세 가지 정열이 나의 삶을 결정했다. 사랑을 향한 동경, 인식을 향한 열망, 인류의 고통에 대한 참을 수 없는 공감이 그것이다."

사랑이 맨 먼저 언급된 것은 분명 우연이 아니다. 사랑에 대한 동경은 상세한 이유를 달고 있다.

"내가 사랑을 갈망하는 것은 첫째 그것이 희열을 만들어내기 때문인

데, 그 희열이 아주 강렬해서 이런 충만함의 몇 시간을 얻기 위해서
라면 앞으로 남은 내 삶 전부라도 바쳤을 것이다. 사랑을 갈망하는
이유는 둘째로, 그것이 끔찍한 고독에서 구원해주기 때문이다. 이런
끔찍한 고독에서 개체 의식은 세계의 가장자리 너머로 차갑고 생명
없는, 측량할 길 없는 심연을 내려다본다. 그리고 마지막으로 내가
사랑을 갈망하는 것은 사랑의 합일 상태에서, 성인聖人들과 시인들
의 표상 속에 살고 있는 하늘의 예감을, 작게 줄어든 신비로운 모상
模像으로나마 볼 수 있기 때문이다."

러셀의 삶에 나타난 행동들은 이 말에 잘 어울린다. 물론 여기
서도 그는 시작부터 철학자의 면모를 보인다. 열두 살 때 동급생이
그에게 "자유연애만이 유일하게 분별 있는 체계이고 결혼이란 기
독교 미신의 영향"이라고 알려주자마자 그는 즉시 그것을 일반원
칙으로 받아들였기 때문이다. 하지만 러셀은 실제로는 이 기독교
미신을 아주 싫어하지는 않았다. 네 번이나 결혼했으니 말이다.

열일곱 살에 1번 아내를 만났는데, 그녀는 알리스라는 이름의
상당히 해방된 여학생으로서 적어도 이론적으로라도 자유연애를
꿈꾸었다. 오랫동안 순결한 약혼 기간을 보낸 다음 그들은 결혼했
다. 신문 기사에 따르면 그녀는 "상상할 수 있는 가장 아름다운 여
성의 하나"였다. 하지만 몇 년이 지나자 러셀은 혼자서 자전거 여
행을 하다가 자기의 사랑이 사라졌음을 발견했다.

이어서 오톨린이라는 이름의 숙녀와의 관계가 나타난다. 그
러나 그녀는 남편과 아이와 재산에 몹시 집착했기에 꽤 오래 지속

된 사랑 이야기 이상이 될 수는 없었다. 하루짜리 애정 사건이 몇 번 지난 다음 콜레트라는 숙녀가 러셀의 삶에 등장해서 그의 "존재 구석구석에 따스함을" 가져다주었다. 이어서 2번 아내 도라가 나타난다. 러셀은 그들이 알게 되던 처음에 곧바로 그녀에게 "내가 누군가에게서 자식을 얻는다 해도 당신은 아닐 겁니다"라고 말했는데도 불구하고 아들 하나와 딸 하나가 태어났다.

그다음 아들 피터는 3번 아내가 낳아주었다. 하지만 이 결합도 오래가지는 않는다. "아내가 1949년에 나한테 지쳤다는 결론을 내렸을 때 우리 결혼은 끝났다." 마지막으로 이미 여든 살이 되어서 러셀은 4번 아내 이디스와 맺어진다. 그녀와의 결합에 대해 그는 평생 사랑을 향한 동경에서 자기가 구하던 것을 마침내 찾아냈다고 고백했다. 그렇다고는 해도 그것이 그가 미美의 여왕들에게 둘러싸여 있을 때 기분이 좋아지는 것까지 막지는 못했다.

세상과의 갈등

러셀이 이토록 사건 많은 삶에서 광범위한 학술 활동과 출판 활동을 할 시간이 있었다는 것은 놀라운 일이다. 하지만 그는 자유 문필업을 자신의 과제라고 보았다. 아주 일찍이 베를린 동물원을 산책하고 있을 때 그런 결심을 한다. 그러는 한편 그는 케임브리지 대학, 소르본 대학과 미국의 여러 대학에서 잠깐씩 강사 노릇을 하기도 했다. 그리고 전 세계에서 온갖 다양한 주제들로 강연했다.

수학의 기본 문제들에 대한 논의가 러셀의 학문적 노력의 시작이다. 그는 철학자 화이트헤드와 힘을 합쳐서 이해하기 어려운 세 권짜리 《수학의 원리》를 썼다. 이것은 현대수학의 기본서로 여겨진다. 그 작업이 러셀에게 몹시 힘이 들어서 그는 이 시기에 자살까지 생각했다. 그러나 그다음에는 수학이 그를 우울증에서 구원해준다. "수학은 평화의 장소다. 나는 그것 없이 어떻게 계속 살아야 할지 모르겠다."

수학 연구에서 이미 러셀의 철학적 관심이 표현된다. 왜냐하면 수학에서 무엇보다 그의 관심을 끈 것은 논리학과 수학의 관계였기 때문이다. 그다음에 그는 특별히 철학의 문제들로 관심을 돌린다. 다양한 철학 분야 출판물들은 철학사에서 인식론을 거쳐 윤리학에까지 이른다.

이 모든 것들보다도 러셀은 정치적 참여를 통해 더 유명해졌다. 정치적 참여는 일찌감치 시작된다. 여성해방을 옹호하다가 썩은 달걀과 쥐들을 잔뜩 벌어들였다. 사회주의 이념들과도 친밀한 관계를 맺는다. 또한 일종의 "신비적인 깨달음"을 통해 근본주의적 평화주의자로서 싸우기로 결심한다. 그러다가 2차 세계대전 중에 히틀러 독재의 제거가 중요해지자 평화주의 이념을 수정한다.

그가 공개적으로 어디에 나타나든, 폭력적인 공격에까지 이르는 항의들이 나타난다. 그는 영국이 1차 세계대전에 개입하는 것에 반대했다. 또 전쟁 복무 거부자들을 후원했다. 그는 지구상에서 자기가 악이라고 생각하는 모든 것에 맞서 싸웠다. 베르사유 조약에 반대하고, 히틀러의 독재에 반대하고, 스탈린 정권의 잔인함에 반대하고, 고루한 반공사상에 반대하고, 사유재산의 남용에 반대하고, 핵전쟁에 반대하고, 베트남 침공에 반대했다. 또한 억압받는 개인들을 위해서도 적극적으로 개입했는데, 이 모든 일을 위해 그는 지치지 않고 연설과 라디오 강연을 하고, 편지를 쓰고, 전보를 보내고, 위원회를 조직하고, 국제회의를 준비하여 실천하고, 재원을 마련하고, 결의문과 선언문을 작성했다.

러시아로, 중국으로, 일본으로, 오스트레일리아로 광범위한 여행을 하고, 또 미국에 오래 머문 일들이 그가 자신의 관점에 대해 근거를 밝히는 것에 도움이 되었다. 이 모든 것이 엄청나게 많은 글로 표현되고, 또한 많이 읽혔다. 온건하게 권위적이지 않은 정신으로 운영되는 학교를 세우는 등의 교육적 시도들도 관심을 자극했다. 그러나 이런 모든 활동들은 또한 상당히 많은 적대세력을 만들어냈다.

러셀은 세상과 끊임없는 갈등 관계에 있었다. 어떤 고소인이 법정에서 진술한 것처럼, 그의 저술들이 "색色 밝히고, 리비도를 따르고, 음란하고, 순결하지 못하고, 색정광이고, 성욕을 따르고, 존경심이 없고, 편협하고, 거짓이고, 그 어떤 도덕도 없다"고 여겨졌기에 그는 미국에서 교수직을 잃는다. 전쟁 복무를 거부하는 사람들을 옹호하다가 케임브리지 교수직도 뺏겼다. 1차 세계대전 중 정부를 공격한 것 때문에 심지어 반년 동안 감옥에 갇히기도 했다. 물론 원하는 만큼 글을 읽거나 써도 되는 1급 감옥이기는 했지만. 그리고 자주 재정적으로도 쪼들렸다. 러셀은 상당한 재산을 상속받았지만, 곤궁에 빠진 사람들과 정치적 조직을 위해 큰돈을 썼다. 그래서 마지막에는 자기가 쓴 글의 수입에 의존했는데, 이는 몹시 불규칙한 수입이었다. 때로는 너무 가난해서 버스 탈 돈도 없었다.

그러나 그다음에는 여러 명예들이 그에게 쏟아져 들어왔다. 왕의 손에서 영국 최고의 훈장을 받았다. 노벨 문학상도 받았다. 당시 정신과 정치 영역에서 내로라하는 사람 거의 모두와 접촉했다. 아인슈타인, 러더퍼드, 닐스 보어, 아이젠하워, 케네디, 흐루쇼프, 네루, 저우언라이 같은 사람들이었다. 세계적인 명성은 그가 1970년 아흔일곱의 나이로 죽을 때까지 계속되었다. 그런데도 고독감은 여전했다.

"우리는 대양의 가장자리에 서서 빈 밤을 향해 소리지른다. 이따금 어둠 속에서 어떤 목소리가 대답한다. 하지만 그것은 물에 빠져 죽어가는 자의 목소리. 바로 다음 순간 침묵이 다시 돌아온다."

확실성의 문제 ─ 수학적 논리학과 감각자료

일찍이 러셀의 마음을 특별히 사로잡은 것은 확실성의 문제다. 이것 때문에 그는 수학을 통한 길로 철학에 접근하게 된다. 수학이 그에게는 모든 철학하기에서 기준이 될 수 있는 확실성을 보증해주는 것으로 보였기 때문이다. 러셀의 정신적인 첫사랑도 수학을 향했다. 열한 살에 유클리드 기하학을 읽은 것을 두고 뒷날 "내 삶에서 가장 큰 사건의 하나, 첫사랑처럼 숨 막히는 사건"이라고 썼다. 그러나 당시 벌써 그의 내면에서 "전제들에 대한 의심"이 나타난다. 그는 다음 수십 년의 작업에서 전제들을 정교하게 파악하기 위해 노력한다.

수학을 위한 탐구는 러셀을 곧장 논리적 문제성의 영역으로 데려갔다. 그는 수학 공리들이 모두 논리학의 원리들로 환원될 수 있음을 확인했다. 논리학이 수학의 토대임을 밝히는 것은, 그 자체가 이미 수리철학과 수리논리학의 원천이 될 수 있다. 그러나 그 과정에서 논리학은 원래 논리학 전통의 특성과는 달라진다. 그것은 주어와 술어의 관계만이 아니라 모든 가능한 관계들을 대상으로 삼는다. 논리학은 보편적 "관계 논리학"이 된다. 일상어로는 도달할 수 없는 절대적 정확성을 논리학에 보장해주기 위해 러셀은 특별한 기호언어를 고안한다. 주체에서 나온 것이 아닌, 객관적 타당성을 지닌 순수 논리학을 만들어내려는 관심이 러셀의 사유를 일평생 지배한다. "내가 이해하는 한 철학의 할 일은 본질적으로, 논리적 종합에 이르는 논리적 분석이다."

러셀은 논리학에만 머물지 않는다. 그는 폭넓은 의미의 철학자다. 그래서 "철학이 어떤 가치를 가지는가?"라는 물음을 자기 자신에게 내놓는다. 철학은 분명 일상의 의미에서의 "쓸모"를 가진 것이 아니기 때문이다. 그것의 목표는 "인식"이다. 그러나 우리가 철학에서 "어떤 식으로든 확고한 윤곽의 지식수준"에 도달할 수 없다는 것이 어려움이다. "반대로 철학의 가치는 본질적으로 그것이 지닌 불확실성으로 이루어져 있다." 그러나 바로 그것이야말로 러셀에게는 높은 의미를 지닌다.

"한 번도 철학적 변화를 겪지 않은 사람은 삶을 통과하면서 감옥 속
에 갇혀 있는 것과 같다. 건강한 인간의 지성이 지닌 선입견들의 감
옥, 자기 시대나 민족에게 습관이 된 의견들의 감옥, 사색하는 이성
의 공동 작업이나 동의 없이 자기 안에서 자라난 관점들의 감옥 말
이다."

그다음 철학의 과제는 논리학에서 현실로 넘어가는 길을 찾
는 것이다. 왜냐하면 논리학 체계는 그 자체로 현실과의 연관성을
갖지 않기 때문이다. 그는 이런 물음을 내놓는다. "이 세계에서 이
성적인 인간이 의심하지 않을 만큼 뒤집을 수 없이 확실한 인식이
있는가?" 러셀은 이 질문에서 극단적으로 비판적이다. 우리가 눈
앞에 보는 책상은 현실 속에 정말로 존재하는 것처럼 보이기는 한
다. 그러나 러셀은 다음과 같이 지적한다. 정확히 말하면 오로지
관점에 따라 끊임없이 변하는 색채나 형태 따위의 "어떤 감각 자
료들"만 있을 뿐이다. 그래서 이런 물음이 남는다. "진짜 책상이 있
는가?" "바깥 세계는 어쩌면 그냥 꿈일 수도 있다." 그것은 터무니
없는 말처럼 보일지 모르지만, 러셀은 이렇게 강조한다. "철학자가
되고자 하는 사람은 터무니없는 것[부조리]을 보고 두려워해서는
안 된다."
　러셀은 이제 "진짜 책상이 있다는 가설을 위한 근거들"을 탐
색하기 시작한다. 이 주장은 "엄밀하게 입증되지 않는다." 삶 전체

가 하나의 꿈이고, 꿈속에서 우리가 자신의 상상력으로 대상세계를 만들고 있다는 추측은 "논리적으로 불가능한 것이 아니다." 그러나 그것이 참이라는 증거도 없다. 게다가 "이런 가설은 우리에게 종속되지 않은, 우리 안에 감각들을 만들어내는 진짜 사물들이 있다는 통상적인 가정보다 훨씬 덜 단순하다." 그러므로 러셀이 바깥 세계의 현실성에 대한 물음에 긍정적으로 대답할 수 있는 것이라고는 "단순성의 원칙"들뿐이다. 여기서도 근본적인 회의주의가 남아 있다.

그렇다면 감각 자료들을 만들어내는 현실이란 무엇인가? 여기서 생각이 막힌다. 대상들의 공간성이 벌써 문제가 있다. 관찰의 공간이 아니라 "물리적 공간"이 현실이다. 그러나 물리적 공간에 대해 우리는 그것이 "그 자체로 어떤 특성인지" 절대로 알 수 없다. 물질적인 대상 자체를 바라볼 때도 마찬가지다. "우리는 대상이 푸른색 또는 붉은색으로 드러나게 하는, 그것의 고유한 성질을 직접 알기를 기대할 수 없다." 러셀은 여기서도 온건한 회의주의의 관점에 머문다. 현실적인 어떤 것이 있기는 하지만, 그것이 참으로 무엇인지 우리는 모른다.

두 가지 인식방법

이것은 인간이 사물들의 인식에 도달하는 방법과 방식 때문에 일어나는 일이다. 러셀은 인식을 두 종류로 구분한다. 직접 만남에서 오는 인식과, 서술을 통한 인식. 앞의 것은 직접 인식, 뒤의 것은 간접 인식이다. 직접 만남에서 나온 인식, 곧 직접 인식은 감각자료이며 내면의 느낌이고, 나아가 기억이며, 특수한 방식으로는 '나'다. 이 모든 것을 나는 직접 안다. 그래서 이 모든 것은 그 자체로부터 참이다.

　　그에 반해 서술을 통한 인식은 직접 주어진 것만을 파악하는게 아니다. 그것은 사물들, 사물들의 관련성, 다른 사람들, 그들의 상호관계들을 포함한다. 하지만 이것은 그 자체로부터 참은 아니다. 그것의 참됨은 그때그때 직접 만남에서 나온 인식에 근거한다. "우리가 이해할 수 있는 명제는 모두 완전히 우리에게 알려진 구성 성분들로 짜여야 한다."

　　여기서 러셀은, 우리가 그 원리들의 도움을 받아 주어진 것(소여)들로부터 결론을 끌어내고 또 지식을 확장하기도 하는 저 원리들의 관찰에 합세한다. 여기서 특히 귀납의 원리가 중요한 역할을 한다. 그러나 그것은 매우 그럴싸함(개연성)만 만들어낼 뿐 절대적 확실성을 만들어내지 못한다. 지금까지 매일 태양이 떠올랐으니까 내일도 다시 떠오르리라는 것은 확실하지 않다. 자연법칙도 오로지 매우 그럴싸할 뿐이다. 자연법칙은 자연의 동일한 형식에 대한, 아마 그럴 것이라는 믿음에 뿌리를 두기 때문이다.

　　"우리가 직접 경험하지 못한 사물들에 대해 경험을 토대로 말하는 모든 지식은, 경험으로는 확인될 수도 부정될 수도 없는 확신에 근거하는데, 이런 확신은 ―적어도 구체적으로 사용될 때는― 수많은 경험적 사실과 똑같이 우리 안에 깊이 뿌리박혀 있다.

그와 나란히 경험에는 직접적이고 분명하고 확실한 일련의 원리들도 작용한다. 이를테면 논리학의 기본원리들과 기하학의 명제들 같은 것이다. 이런 것들에서 "우리가 감각 자료들로 돌아가 증명할 수는 없지만 의심의 여지가 없는 지식을 가질 수 있다는 사실"이 드러난다. 러셀의 "보편 개념들Universalien", 이를테면 비슷함, 올바름, 어두움, 삼각형, 지금jetzt 따위도 어느 정도 여기 속한다. 그런 것들은 단순히 의식에만 존재하는 것이 아니고 오히려 "사색이 파악하기는 하지만 만들어내지는 못하는 저 독립된 세계에" 속한다.

이런 회의적인 태도로 보면, 러셀이 철학의 존중할 만한 중심이던 형이상학에 그 어떤 본질적인 인식 가치도 인정해줄 수 없었다는 것은 아주 당연한 일이다. 물론 어린 시절에 종교의 문제들과 관련해서 형이상학이 그의 마음을 사로잡았다. 그는 고통스러운 죄의식을 자기 자신에게서 확인한다. 어린 시절 그가 좋아하던 노래는 〈땅에 지쳐 죄가 무겁고〉였다. 그러나 열다섯 살에서 열여덟 살 사이에 그는 이런 의식에서 자유로워진다. 당시 벌써 그는 형이상학의 세 가지 큰 주제, 곧 신, 자유, 죽지 않음에 대한 믿음을 잃었다. 그에 대한 학문적 근거를 찾아보았으나 전혀 찾지 못한 것이다. 그래서 그는 무신론자가 된다.

나중에도 러셀은 형이상학을 좋아하지 않았다. "우주 전체에 대한 인식이 형이상학을 통해 이루어질 수는 없어 보인다." 그러나 형이상학의 답변들이 불충분한 것이라 해도 러셀은 형이상학의 물음들을 포기하지는 않았다.

> "답변을 찾아낼 희망이 아무리 적다고 해도 이 물음들에 계속 정진하고, 스스로 그 의미를 의식하고, 모든 가능한 접근법을 시험해보고, 세계에 대한 사변적 관심을 일깨우는 것이 철학의 일이다. 우리가 오로지 확실한 인식들에만 관심을 제한한다면 사변적 관심은 아마도 완전히 사라질 것이다."

윤리적 확신에서 나온 현실참여

러셀의 인식론을 지배하는 냉철한 정신은 윤리적 문제들에 대한 그의 노력에도 나타난다. 그에게는 "교리적이지 않은 윤리"가 중요하다. 순수하게 주관적인 것이 아니라 어느 정도 객관적 타당성을 지닌 것이어야 한다. 그래서 그의 관점은 유토피아적인 인간의 모습, 즉 인간이 마땅히 그래야 할 모습이 아닌 인간의 실제 모습이 어떠한가다.

러셀은 이런 맥락에서 인간이 "자신의 소원들을 강제로 충족시키기"를 갈망하는 존재라고 이해한다. 그가 생각하는 윤리에서는 순수하게 합리적인 것보다 감정적인 것이 중요하기 때문이다. 윤리의 "바탕을 이루는 주어진 것들(소여)"은 "감정과 감각들"이다. 그렇다고 물론 이성이 배제된다는 말은 아니다. 그러나 본질적으로 이성의 과제는 소망하는 목적들을 제시하는 것이 아니라 그런 목적들을 위한 수단을 생각해내는 것이다. 그러므로 윤리적인 의미에서는, 소망이 지향하는 것은 좋고, 소망에 반하는 것은 나쁘거나 악하다.

러셀은 소망이라는 말로 개인의 행복을 향한 열망만을 뜻하는 것이 아니다. "사랑과 우정", "예술과 학문"도 소망의 성취를 열망하는 것들이다. 그 밖에도 자식을 위한 부모의 소망처럼 이타적인 소망들도 있다. "공감과 불쌍히 여김"도 있다. 여기서 "한 개인의 소망을 성취하는 것은 다른 사람의 소망을 성취하는 것과 똑같이 좋다"는 명제가 타당하다.

윤리적 행동이 뿌리박고 있는 소망들은 개인의 복리뿐만 아니라 일반의 복리도 목적으로 한다. 두 가지는 가능성으로 보아 서로 일치할 수 있어야 한다. 이 점에서부터 러셀은 구체적인 윤리적 요구에 도달한다. "미움이 아니라 사랑, 경쟁이 아니라 협력, 전쟁이 아니라 평화가 열망할 가치가 있는 것들이다."

이로써 러셀은 인간의 공동생활이라는 현실적인 문제들에 접근한다. 윤리적 바탕을 지닌 그의 정치 참여는 극히 직접적인 느낌들에서 나온다.

"고통의 외침의 메아리가 내 마음을 가득 채운다. 굶주림으로 죽어가는 아이들, 억압자들에게 고문받는 희생자들, 자식들에게 증오스러운 짐이 된 가난한 노인들―버림받음, 가난, 고통의 세계는, 인간의 삶이 마땅히 그래야 할 모습에서 벗어난, 조롱으로 가득한 풍자

만화를 만들어낸다."

러셀의 정치적 요구의 가장 내적인 동기는 인류의 존속에 대한 염려다. "인간의 역사에서 처음으로 인류의 존속은, 사람들이 도덕적 사유에 굴복하기를 어디까지 배울 수 있느냐에 달려 있다."

"우리 시대는 어둡다. 하지만 어쩌면 이 시대가 우리에게 넣어주는 불안들이 지혜의 원천이 될지도 모른다. 그것이 현실이 되려면 인류는 자기 앞에 놓인 위험한 시기에, 절망에서 벗어나려고 노력해야 하고, 과거 어느 때보다도 더 나은 미래라는 희망을 보존해야만 한다. 그것은 불가능하지 않다. 사람들이 원하기만 한다면, 그것은 현실이 될 수 있다."

러셀은 그것을 언제나 거듭, 점점 더 가차 없이 다듬으면서 자기 시대를 위한 가장 인상적인 경고자가 된다. 마지막에 그의 정치적 호소는 다시 철학하기의 영역으로 합류한다. "행복해지기 위해 세계에 필요한 가장 필수적인 것은 통찰력이다."

비트겐슈타인
혹은 철학의 붕괴

32

1889~1951

LUDWIG
WITTGENSTEIN

역사상 이따금 자신의 모든 재산을 가난한 사람들에게 내준 성인
聖人들이 있다. 철학자 중에는 그런 경우가 드물다. 그러나 대규모
로 비슷한 일을 한 사람 하나가 있는데 바로 루트비히 비트겐슈
타인이다. 1889년에 빈의 철강업자의 아들로 태어난 그는 자신
이 물려받은 엄청난 액수의 유산을 남에게 선물했다. 물론 가난한
사람들에게 준 것은 아니다. 넉넉한 기부금을 받은 릴케나 트라클
같은 시인들을 가난한 사람이라고 보지 않는다면 말이다. 비트겐
슈타인은 어차피 엄청나게 부자인 형제자매들에게 자기 재산을
넘겨주었다.

　어째서 그런 일을 하는지는 밝히지 않았지만, 소유물에 내면
이 종속되지 않길 바라는 소망에서 이런 이상한 행동을 한 것이
아닐까 추측될 뿐이다. 바로 이 점에서 그는 진짜 철학자임을 입

증한다.

가난을 선택한 천재

비트겐슈타인은 적어도 겉으로는 문제없는 어린 시절을 지냈다. 그는 아버지의 시골 영지와 도시의 저택에서 성장했다. 하지만 당시 이미 속으로는 편치가 않았다. 스물세 살에 그는 자기가 9년 전부터 끔찍한 고독 속에서, 거의 자살의 가장자리에서 살았다고 고백한다. 이런 근본정서는 평생 그에게 남았다. 그는 언제나 작품을 완성하기도 전에 지성을 잃거나 아니면 죽어버리지 않을까 두려워했다. "언제나 비틀거리다 넘어지고 비틀거리다 넘어지고, 그러면 스스로 일어나 다시 계속 가려고 노력할 수 있을 뿐이다. 어쨌든 나는 평생 그래야만 했다."

그 밖에 비트겐슈타인의 부모 집에서는 대단히 세련된 분위기가 지배했다. 무엇보다도 음악이 열렬한 후원을 받았다. 클라라 슈만, 말러, 브람스 등이 집안의 친구들이었다. 비트겐슈타인 자신도 클라리넷을 배웠는데 재능이 없지 않았고, 한동안은 지휘자가 될까 생각하기도 했다. 나중에 그의 음악성은 친구들 앞에서 교향곡과 협주곡 전체를 휘파람으로 들려주는 것으로 제한되었다. 짐작하건대 친구들만을 위한 일은 아니었다.

고등학교를 마치고 비트겐슈타인은 베를린 공대에서 공학을 공부했다. 기술도 그의 사랑의 대상이었기 때문이다. 소년 시절에 벌써 그는 새로운 종류의 재봉틀을 고안했다. 이어서 맨체스터 대학에서 공부를 계속하면서 당시 뜨고 있던 항공술의 물음들로 관심을 돌렸다. 이를 계기로 수학에 대한 흥미가 깨어난다. 그는 러셀 밑에서 공부하기 위해 케임브리지로 갔다. 다음 몇 해 동안 그는 러셀과 진솔한 우정을 맺는다. 러셀 자신이 다음과 같이 말한다. "비트겐슈타인을 알게 된 것은 내 삶에서 가장 흥분되는 정신적 체험의 하나였다." 그는 비트겐슈타인을 "천재의 완벽한 예"라고 불렀다.

하지만 비트겐슈타인은 대학에 오래 머물지 않았다. 1차 세계대전이 터지기 전의 마지막 1년을 노르웨이의 한적한 농장에서 보냈다. 1914년에 그는 질병으로 군복무를 면제받았는데도 오스트리아-헝가리[당시 이중왕국] 군대에 자원해 들어가 장교로 동부 전선과 남부 전선의 전투에 참전하고, 이어서 이탈리아의 전쟁포로가 되었다. 이 시기에 그는 첫 번째 중요한 작품《논리 철학 논고》를 썼다.

전쟁이 끝난 다음 비트겐슈타인은 심각한 내면의 위기에 빠졌다. 시골 서점에서 복음서에 관한 톨스토이의 책 한 권을 만났는데, 이 책이 그의 마음을 깊이 흔들어놓았다. 그는 앞으로 단순한 삶을 살기로 결심하고 니더오스트리아[오스트리아 북부의 주州]의 시골 초등학교 교사가 된다. 시골에서의 생활에 대해서는 그의 전기를 쓴 사람 하나가 이렇게 보고한다.

"(그는) 수줍게 물러난 태도와 몹시 낡은 옷차림으로, 극히 단순한 환경을 거처로 삼았다. 수도사의 방처럼 보이는, 벽지를 바르지 않은 작은 방에서 지냈다. 그렇지 않으면 어떤 집의 작은 방에서 지냈다. 그가 세든 주점이 춤곡으로 소란해지자, 한동안 학교 부엌에서 지내기도 했다. 그런 다음 한 시골 주민의 집에 딸린, 사용되지 않는 작은 세탁실에서 살았다."

그래도 비트겐슈타인은 시골 사람들 사이에서 존경받을 수 있었다. 공과대학에서 공부한 게 쓸모가 있었다. 시골 공장의 고장 난 증기기관을 고치고 또 농부 아낙네들의 재봉틀을 손보아주었다. 그는 학교에서의 임무를 극히 진지하게 받아들였다. 그리고 새로운 학습 방법을 실험했다. 다만 동료 교사들과는 사이가 좋지 못했다.

몇 해 뒤에 비트겐슈타인은 학교 일을 포기한다. 새로운 우울증이 그를 사로잡은 것이다. 한동안 수도원에 들어갈까 생각했다. 그러다가 수도원의 보조 정원사로 일했다. 도구들을 보관하는 헛간이 그의 침실이었다. 그런 다음에 건축으로 관심을 돌려서 여동생을 위해 당시 가장 현대적인 건축 방식으로 저택을 설계했다. 그러나 마침내 그는 친구들의 재촉을 받고 케임브리지로 돌아갔다. 그곳에서 박사학위를 받고 명예 교우(펠로)로 강의를 했다. 그의 강의에는 동료들도 몇 사람 들어왔다. 이곳에 참석했던 한 사람은 다음과 같이 서술한다.

"비트겐슈타인은 방 한가운데 있는 소박한 나무 의자에 앉았다. 이곳에서 그는 우리 눈앞에서 자기 생각들과 싸웠다. 자주 그는 자기가 명료하게 생각하지 못했음을 알아채고 그것을 말했다. 그는 자주 이런 말을 했다. '내가 바보다', '여러분은 끔찍한 선생을 만났다', '나는 오늘 너무 멍청하다.' 이따금 그는 강의를 계속할 수 있을지 의구심을 표현했다. 하지만 7시 전에 강의가 끝나는 경우는 드물었다. 비트겐슈타인이 그렇게 부르기는 했지만, 이 모임을 '강의'라고 부르는 것은 잘 맞지 않는다. 첫째로, 그는 이런 만남에서 자신의 탐구를 진행했다. 그는 특정한 문제들에 대해서 혼자서 했을 것과 똑같은 방식으로 깊이 생각했다. 둘째로, 이 모임은 주로 대화로 진행되었다. 비트겐슈타인은 보통 여러 참석자들에게 질문하고 그들의 답변에 반응했다. 이 모임이 주로 대화로 진행되었지만, 그러나 그가 자기 속에서 생각을 끄집어내려 할 때면 그는 단호한 손짓을 해서 모든 질문과 발언을 금지했다. 흔히 아주 긴 침묵이 나타났는데, 다른 사람들이 조용히 주목하면서 기다리는 동안 비트겐슈타인은 이따금 중얼거리기만 했다. 이런 침묵의 시간에 비트겐슈타인은 극도로 긴장하여 활동적으로 되었다. 그의 눈길은 완전히 집중되고, 얼굴은 생생해지고 두 손은 매혹적으로 움직였다. 그의 표현은 답답했다. 참석자들은 극단적인 진지함, 긴장된 집중, 가장 강력한 정신적인 쥐어짬을 마주보고 있음을 알고 있었다."

강의가 끝나면 비트겐슈타인은 완전히 지쳐서 영화관으로 달려갔다. 아무 영화나 보면서 잠시 철학을 잊기 위해서였다.

강의하는 동안에도 비트겐슈타인은 단순한 생활방식을 유지했다. 그의 방에는 안락의자도 독서용 램프도 없고, 사방 벽도 완전히 텅 비었다. 복장도 케임브리지의 엄격한 예의범절이 요구하는 것과는 극히 달랐다. 잿빛 플란넬 바지에 넥타이 없이 셔츠만 입고 모직 작업복이나 가죽 재킷을 입었다. 전기 작가는 이렇게 말한다. "비트겐슈타인이 양복을 입거나 넥타이를 매거나 모자를 쓴 모습을 상상할 수도 없었다." "그는 단순한 식사를 좋아했다. 그가 콘플레이크만 먹고 산다는 소문은 좀 과장된 것이지만." 오랫동안 그는 식사로 빵과 치즈만 먹었다. "비트겐슈타인은 항상 똑같은 것이기만 하다면 자기가 뭘 먹든지 상관이 없다고 말했다."

중간에 1년 동안 노르웨이에 머문 것을 빼고 케임브리지에 머무는 동안 비트겐슈타인은 자신의 두 번째 중요한 책인 《철학적 탐구》를 쓰기 시작했다. 이것은 그가 죽은 다음에야 출간되었다. 그 사이에 그는 철학 교수직을 받았지만, 2차 세계대전이 시작될 무렵이었다. 전쟁이 터지자 그는 다시 자원입대하여 야전 병원에서 환자를 나르는 일을 하다가 의학 연구소에서 실험 조수를 했다. 전쟁이 끝난 다음 케임브리지로 돌아왔지만 머지않아 교수직을 그만두었다. "철학 교수라는 맞지 않는 지위"에 "산 채로 파묻힌 것"처럼 느껴졌기 때문이다. 그는 이제 아일랜드에 있는 외딴 농가에서, 그리고 나중에는 더블린의 호텔에 살면서 온갖 병에 시달리며 오로지 연구에만 헌신했다. 1951년 예순두 살의 나이에 비트겐슈타인은 암으로 죽었다. 그의 마지막 문장은 다음과 같다. "그들에게 내가 멋진 삶을 살았다고 말해주십시오."

말할 수 없는 것에 대해서는 침묵해야 한다

비트겐슈타인의 사색에서 서로 다른 두 단계를 구분할 수가 있다. 첫째는《논리 철학 논고》(이하《논고》로 표기)로 대변되는 시기로, 이 것은 앵글로색슨 세계에서 지배하는 논리 실증주의 흐름에 결정적 영향을 준 작품이다. 두 번째 단계는《철학적 탐구》로 대표되는데, 이것 역시 영국과 미국에 큰 영향을 남겼고, 얼마 전부터는 유럽 대륙으로도 넘어오고 있는 언어학[형이상학에서 언어철학으로 넘어가는] 방향을 도입한 책이다.

《논고》는 극단적으로 어려운 책으로서, 거의 수학적인 냉정한 형식 아래 정열적이고 근원적인 사색이 감추어져 있다. 이 책에서 비트겐슈타인은 "있는 것을 말하기"를 문제로 삼는다. 이것이 그에게 정직한 철학하기의 과제로 여겨졌다. 그러나 있는 것이란 무엇인가? 비트겐슈타인은 "사실들"이라고 대답한다. "세계는 사실들의 총합이다." 그러니까 세계는 전통적인 의미에서 사물들의 총합이 아니라 사실들의 총합으로 이해된다.

그 차이는 다음과 같이 설명된다. 사물이란 책상 같은 것이다. 사실이란, 책상이 갈색이다, 아니면 책상이 방 안에 있다, 등과 같은 것이다. 사실이라는 말 대신 비트겐슈타인은 "'일'(사태)이 있음Bestehen von Sachverhalten"*이라고도 말한다. "[문장 내용이 될 수 있는]

• 여기서 'Sachverhalten'은 '문장의 내용이 될 수 있는 일'을 뜻한다. 다시 말해 "문장으로 표현할 수 있는 어떤 것". 그것이 우리가 사는 현실에 정말로 있으면 일이 있음, 그것이 현실에는 없으면 일이 없음 Fehlen von Sachverhalten이 된다. 따라서 '있는 일der bestehende

일Sachverhalte"이란 그 자체로 "대상들의 결합"이다. 대상들은 "세계의 실체를 이룬다." 세계 안에는 복잡한 일들과 단순한 일들이 있다. 복잡한 일들은, 더는 다른 것으로 환원되지 않는 단순한 것들로 환원될 수 있다. 근본의 현실은 이렇게 단순한 일들에 있다.

일은 문장(명제)의 대상이 된다. 복잡한 일은 복잡한 문장의 대상, 단순한 일은 단순한 문장이나 요소 문장(요소 명제)Elementsatz의 대상이 된다. 이렇게 문장의 분석을 통해 일들의 세계의 현실을 파악하는 것에 도달할 수 있다. 여기서도 복잡한 문장들은 "직접 연관성을 지닌 이름들로 이루어진" 단순한 문장들로 환원될 수 있기 때문이다.

요소 문장들과 단순한 일들 사이에서 원래의 접촉, 따라서 현실의 확실성이 기원한다. 비트겐슈타인은 이것의 근거를 제시하지 않고 이것을 전제로 삼는다. 하지만 그는 이렇게 말할 수 있다. "모든 참된 요소 문장들의 진술이 세계를 완전히 서술한다." 왜냐하면 기본문장들에서 모든 참된 문장들을 이끌어낼 수 있기 때문이다. "모든 문장은 요소 문장들을 가지고 참이 되도록 작업한 결과이다."

비트겐슈타인은 문장과 일의 관계를 더욱 정확하게 서술하면서 그림 개념을 도입한다. "우리는 사실들의 그림을 만든다." "문장

Sachverhalt'은 '사실Tatsache'과 같은 뜻이 된다. 비트겐슈타인은 결국 현실에 있는 것을 말하고, 현실에 없는 것은 말하지 말아야 한다고 주장하고 있다. 현실에 없는 것을 생각하는 것은 몰라도, 그것을 말하면 없는 일을 말하는 것이므로 검증할 길이 없지 않은가. 지극히 평범하게 들리지만, 형이상학의 설 자리를 무너뜨리는 무게를 지닌 발언이다.

은 현실의 그림이다." 물론 이것은 사진처럼 모사한다는 뜻은 아니다. 그보다는 문장이 단순히 일의 논리적 구조를 되풀이한다는 뜻이다. 논리 형식들은 세계나, 세계에 대한 문장들에서 서로 공통되기 때문이다. 그래서 비트겐슈타인은 이렇게 말할 수 있다. "문장은 현실의 논리적 형식이다."

그로써 철학의 영역은 극단적으로 축소된다. "철학의 목적은 사상의 논리적 해명이다." 비트겐슈타인이 다음과 같이 주장하는 것은 거기 어울린다. "생각될 수 있는 모든 것은 명료하게 생각될 수 있다. 진술되는 모든 것은 명료하게 진술된다." 이런 원칙은 궁극적으로는 오로지 자연과학에만 들어맞는다. 그래서 비트겐슈타인도 분명하게 이렇게 말한다. "참인 문장들의 총합은 전체 자연과학이다." 하지만 "철학은 자연과학이 아니다." 그래서 그것을 넘어서는 모든 철학적 말하기, 특히 형이상학적인 말하기가 배척받는다. 그것은 명료하게 생각할 수도 없고 명료하게 말할 수도 없는 것이다.

"철학적인 사물들에 대해 쓰인 대부분의 문장들과 물음들은 잘못된 것이 아니라, 의미가 없는 것이다."

형이상학의 답변들만이 아니라 형이상학의 물음들이 이미 거부된다. 이런 의미에서 비트겐슈타인은 《논고》 머리말에 다음과 같이 썼다. "이 책은 철학의 문제들을 다루고, 이런 문제들의 의문 제기가 우리 언어 논리의 남용에 근거한다는 것을 보여준다―고

나는 믿는다." 그래서 《논고》의 유명한 마지막 문장이 타당성을 얻는다. "말할 수 없는 것에 대해서는 침묵해야 한다." 요약하면 그것은 다음과 같은 뜻이다.

> "철학의 올바른 방법은 원래 이러하다. 말이 되는 것, 곧 자연과학의 문장들―그러니까 철학과는 아무런 상관도 없는 것―말고는 아무 것도 말하지 않기. 그런 다음 다른 사람이 형이상학적인 어떤 것을 말하고자 하면 언제나, 그가 자신의 문장들에서 어떤 언어 기호들에는 아무 의미도 주지 못했다는 것을 증명하기. 이런 방법이 상대방에게는 만족스럽지 못하겠으나―그는 우리가 제게 철학을 가르쳤다는 것을 느끼지 못할 것이다―그것만이 유일하고 엄격하게 올바른 방법이다."

물론 비트겐슈타인은 자연과학적인 명료함으로 발언되지 않은 모든 것이 존재하지 않는다고 생각 없이 주장하지는 않는다. "우리는 모든 가능한 학문적인 물음들이 답변된다 해도, 우리의 삶의 문제들이 전혀 건드려지지 않았다고 느낀다." 삶의 문제들은 물론 엄격한 척도에 따르면 생각할 수도 없고 말할 수도 없는 것들이다. 그러나 철학은 그것을 건드린다. "철학은 생각할 수 있는 것의 경계를 긋고, 그로써 생각할 수 없는 것의 경계도 그어야 한다. 생각할 수 있는 것을 통해 생각할 수 없는 것을 속에서부터 제한한다." 분명히 존재하는 생각할 수 없는 것을 비트겐슈타인은 "신비로운 것"이라 불렀다. "물론 말할 수 없는 것이 있다. 이것이제 모습을 드러내는데, 그것은 신비로운 것이다."

독특한 알려지기의 방법이 신비로운 것에 주어진다. 즉, 파악될 수 있는 게 아닌데도 자신을 드러낸다. 그러나 철학은 "말할 수 있는 것을 명료하게 표현함으로써 말할 수 없는 것을 암시한다." 첫째, 윤리적인 것이 말할 수 없는 것이면서 자신을 드러내는 것, 곧 신비로운 것이다. 그것은 "일이 아니지만" 모습을 보인다. 둘째로는 삶이 신비로운 것이다. 비트겐슈타인은 이렇게 주장한다. "공간과 시간 속에 있는 삶의 수수께끼의 해결은 공간과 시간의 밖에 있다." 셋째로, '나'가 신비로운 것의 영역에 있다. "주체는 세계에 속하지 않는다. 그것은 세계의 경계다." 신비로운 존재이긴 하지만 그 존재는 논란의 여지가 없다. "나, 나는 깊이 신비에 싸인 것이다." 넷째로, 여기있음에서 전체 세계가 신비롭다. "세계가 어떻게 있느냐의 모습이 아니라 그것이 있다는 '사실'이 신비로운 것이다." 다섯째로, 세계의 의미에 대해서도 같은 말이 타당하다. 세계의 의미는 "세계 바깥에 놓여 있음이 분명하다."

세계의 의미를 표시하기 위해 비트겐슈타인도 "신"이라는 표현을 쓴다.

"신을 믿는다는 것은, 삶의 의미에 대한 물음을 이해한다는 뜻이다. 신을 믿음은 세계의 사실들이 아직 끝나지 않았음을 본다는 뜻이다. 신을 믿는다는 것은 삶이 의미를 갖는다는 것을 본다는 뜻이다."

그러니까—과학적으로 파악할 수 없고 따라서 신비로운—신의 개념은 신을 세계의 의미로 본다는 말이다. 비트겐슈타인은 눈에 보이는 현실 안에서는 이런 세계 신을 찾을 수 없다고 분명하게 강조한다. "신은 세계 안에 자신을 드러내지 않는다." 하지만 신은 세계 밖에 있는, 세계의 의미다.

　이런 생각의 다른 표현으로 비트겐슈타인은 신을 세계의 총합이라고도 이해한다. "신은 모든 것이 행동하는 방식이다." 엄격하게 보면 물론 그것은 생각할 수 없고 말할 수 없는 것이다. 그러나 우리는 그런 신을 받아들일 수는 있다. 인간이 종속되어 있다는 사실이, 스스로를 드러내는 신비적인 것, 곧 신을 가리켜 보이기 때문이다. 우리는 "특정한 의미에서 종속되어 있다. 우리가 거기 종속된 그것을 우리는 신이라 부를 수 있다. 신은 이런 의미에서는 단순히 운명, 혹은 같은 것인데―우리 의지에서 독립된―세계다."

철학의 종말

《논고》를 완성한 다음 비트겐슈타인은 "문제들을 본질적으로 해결했다"라고 확신했다. 그러나 자기 작품이 그에게 의심스러워지는 이상한 일이 일어났다. 그 책에서 그는 너무나도 자명하게 세계가 사실들로 쪼개진다고 발언했다. 하지만 똑같이 올바르게 세계는 사물들로, 혹은 사건들로 쪼개진다고도 말할 수 있다고 그는 이제 생각한다. 현실의 분석에는 여러 가능성들이 있고, 단 한 가지 분명한 것만 있는 것이 아니다.

그러나 이로써《논고》의 기본전제 하나가 무너졌다. 또한 문장들을 요소 문장들로 쪼개면 문장들의 의미가 분명해진다는 주장도, 언어에서 다의성多義性이 지배한다는 사실에 맞지 않는다. 그러니까 분석이 반드시 참된 현실에 도달하는 것은 아니다. 그것을 넘어 비트겐슈타인은 복잡한 일과 단순한 일의 구분과 문장들의 구분도 문제가 많다고 보았다. 절대적 단순성이란 아예 없다. 나아가 그림 이론도 의문스럽다. 단순한 일이나 사물들이 없고, 단순한 문장들도 없다면, 단순한 문장들이 단순한 일이나 사물들을 모방한다고 말할 수도 없다. 마지막으로 비트겐슈타인은 신비로운 것의 이론도 포기한다. 이렇게《논고》의 전체 건물이 안으로 무너져 내렸다.

비트겐슈타인은 이제 새로운 시작을 찾아야 하는데,《철학적 탐구》에서 그렇게 한다. 여기서 그는 철학의 어려움과 사색에서의 "혼란"은 언어가 뜻이 여럿이라는 데서 생긴다는 것을 출발점으로 삼는다. 그래서 비트겐슈타인은 언어를 탐색한다. 그것도 이제는 논리적 문장이 아닌 일상 언어가 문제다. 일상 언어가 가장 근원적인 현실이다. 인간은 이 현실 안에 살고 있고, 그러니 철학도 이 현실을 잡을 수 있고 잡아야 한다. 일상 언어의 도움을 받아 우리는 철학적 용어의 효력을 없앨 수가 있다. "우리는 낱말들을 형이상학의 용도에서 일상의 용도로 환원한다."

말이 단일한 의미가 아닌 것은 그 말들이 등장하는 문맥에 따라 의미가 바뀌기 때문이다. 그래서 그 어떤 낱말에 대해서도 단일한 철학적 정의를 내릴 수 없다. "우리는 한 낱말이 어떻게 기능하느냐는 것을 알아낼 수 없다. 우리는 그 사용을 보고 거기서 알아내야 한다." 그러니까 이를테면 "시간"이란 표현은 통일된 개념이 없이, 그 표현이 사용되는 언어의 문맥에 따라 특별한 의미가 된다. 내가 약속이 있을 때, 시계를 읽을 때, 시간의 길이를 잴 때 각기 다른 의미를 지닌다. 짧게 말하면 "한 단어의 의미는 언어에서의 그 사용이다."

이제 여기서 철학적 노력이 개입되어야 한다. 그것은 말의 여러 가지 가능한 의미들을 밝힌다. "철학은 우리 오성이 마법에 걸리는 것에 대해 언어라는 수단으로 맞서는 싸움이다." 이처럼 마법에 걸리는 것은, 없음이나 정신 등과 같은 보편 개념들을 사물로 보기 때문에, 아니면 우리가—플라톤의 의미에서—모든 현실의 말馬들이 동참하는 "말"이라는 본질성[이데아]이 있다고 보기 때문이다. 비트겐슈타인에게 그것은 근본적인 오류다. 나무로 만든 말이나, 초원에 있는 말을 모두 가리킬 수 있는 "말馬"이라는 낱말은 통일된 본질을 가리키지 않는다. 여기서 결정적인 것은 같은 점이 아닌 차이점이다. 본질의 동일함이라 추정된 것은, 여러 맥락에 서 있는 낱말이 가지는 "가족유사성" 정도로 축소된다.

낱말들이 등장할 수 있는 삶의 영역들은 풍부하다. 많은 언어 세계들이 있다. 그들의 다양함에 따라, 말의 뜻이 변한다. "너"라는 표현은 사랑의 관계에서 쓰일 때는 협박으로 말해졌을 때와는 전혀 다른 의미가 된다. 낱말들이 각기 다른 의미로 나타나는 삶의 형식들을 비트겐슈타인은 "말놀이"라 부른다. 말놀이는 그 낱말들이 각기 다른 뜻으로 말해지는 구역들이다. 그에 대한 예로 비트겐슈타인은 다음과 같은 것을 내놓는다.

"명령하기와 명령에 따라 행동하기 ─ 대상을 보이는 대로 서술하기와 측량대로 서술하기 ─ 서술(도안)에 따라 대상을 만들기 ─ 진행 과정의 보고 ─ 진행 과정에 대해 추측하기 ─ 가설을 내놓기와 검토하기 ─ 실험의 결과를 도표와 그림으로 표현하기 ─ 이야기를 꾸며내기와 읽기 ─ 연극을 공연하기 ─ 노래(윤무곡)를 부르기 ─ 수수께끼 풀기 ─ 농담 만들기와 이야기하기 ─ 응용 계산 예시 문제 풀기 ─ 한 언어에서 다른 언어로 번역하기 ─ 청하기, 감사하기, 저주하기, 인사하기, 기도하기."

비트겐슈타인이 이해하는 철학의 과제는, 사색이 언어가 쳐놓은 함정들에서 벗어나도록 보살피는 일이다. 전통에서 전해진 철학적 문제들을 엄청난 혼란에서 구원하는 일은, 말놀이들을 밝히고 묘사하는 것이다. "우리가 파괴하는 것은 공중누각일 뿐이다. 우리는 그런 건물들이 세워진 언어의 바탕을 드러낸다." 그러므로 철학은 최종적으로 풀 수 없는 문제들을 언급하는 것이 아니다. 철학은 "현실에서 '순수하게 기술記述하는'" 것, 곧 낱말들의 사용을 서술하는 것이다.

"모든 설명은 사라지고, 서술이 그 자리를 대신해야 한다."

비트겐슈타인에게는 마침내 "철학의 문제들이 완전히 사라져야 한다"라는 것이 중요하다. 이로써 전통적인 철학은 역할이 끝났다. 비트겐슈타인에게서 나타난 것은 철학의 붕괴다.

에필로그
혹은 올라감과 내려감

지금까지 서른네 번이나 철학의 뒷계단을 올라가서 철학에서 위대한 인물들 서른네 명을 방문했다. 물론 철학자들이 살고 있는 층에서 일부만 우리 눈에 들어왔다. 어떤 이는 이런 또는 저런 사상가가 있었더라면 하고 아쉬울 것이다. 책은 이렇듯 미완성의 표지를 지닌다.

그러나 어쩌면 철학의 뒷계단을 밟은 것이 전혀 소용없는 일이 아닐지도 모른다. 어쩌면 그때마다 완전하지 못하게 서른네 번이나 올라갔던 것이 하나의 가능성을 알려주는 일이 될지도 모른다. 많이 사용되는 앞계단보다 더 직접적으로, 철학의 역사에서 위대한 사람에게 무슨 일이 일어났는가 하는 것에 다가갈 가능성 말이다. 이 책에서 올라간 철학의 뒷계단이 완전하지 못하게 남은 것은 결국은 주제 자체에 원인이 있다. 완전함이 인간의 여기있음에서 도저히 이루어질 수 없는 일이라면 어떻게 철학하기가 완전함에 이를 수 있겠는가?

그러나 한 가지만은 확실하다. 서른네 번을 올라간 사람은 내려가기를 잊어서는 안 된다는 것 말이다. 내려가기가 그냥 무심하게 내려가기 아니면 심지어 그냥 떨어지기가 되지 않으려면, 올라가면서 경험한 것이 속에 간직되어야 한다. 조심스레 간직하며 내려가야만 철학자들의 층에서 얻은 통찰이 일상의 삶이라는 지층地層에서, 혹은 심지어 현실이라는 지하실에서도 쓸모가 있을 테니 말이다.

그렇다면 내려감도 올라감과 똑같이 철학적이다. 왜냐하면 뒷계단에서도 헤라클레이토스의 수수께끼 같은 말이 맞기 때문이다.

"올라가는 길과 내려가는 길―같은 길."

덧붙이는 말

필자는 님펜부르크 출판사의 소유자인 베르톨트 슈팡겐베르크에게 이 책의 처음 두 판을 주의 깊게 다루어준 일과, 또 증보판을 발간할 용기를 내준 것에 대해 많은 감사를 드린다.

옮긴이의 글

1

이것은 서양 철학을 대표하는 34명 철학자들의 삶과 사상을 그야 말로 에스프레소 커피의 맛처럼 짧고 강하게 압축해놓은 책이다. 2500년 서양 철학의 대표자들을 다루다 보니 자연스럽게 서양 철학의 흐름을 읽는다는 느낌도 강하다.

　이들 철학자들도 약점 많은 다른 보통 사람들처럼 한세상 살다가 허무하게 가버린 사람들이니만큼 그들의 삶의 에피소드 또한 약점도 많고 인간적이다. 원래 말발이 센 사람들이라 욕발도 그만큼 강했고, 서로를 향해 퍼붓는 욕설도 철학적이고 현학적이다. 그 밖에도 많은 철학자들이 엉뚱한 괴짜 천재들이라는 점까지 합쳐서 그들의 삶의 이야기 부분은 이따금 정말로 웃긴다.

　그러나 이 책의 진짜 매력은 철학 내용을 안내하는 부분에 들어 있다. 이 분야 글에서 흔히 만나게 되는 그리스어, 라틴어, 도이치어로 된 온갖 전문용어들을 최소한으로 줄여서 일반 독자들의 접근을 가능하게 만들었다. 그러고도 각각의 사상가들의 체계를 소화하기 위해 필요한 어려운 개념적 준비단계를 전부 생략해버리고 읽는 이를 한 철학자의 중심사상으로 곧장 데려간다. 절대로 쉽지 않은 대가들의 사상이 쉬운 일상어로 얼마 안 되는 분량에 핵심만 간략하게 압축되어 우리 앞에 놓여 있다. 워낙 대단한 체계들이라 아직도 이해가 꼭 쉬운 것만은 아니지만 그래도 이게 대체 얼마나 굉장한 축복인가!

그동안 이런 것에 대한 엄청난 갈증을 갖고는 있었으나 이들 대가들의 사상의 핵심을 이렇듯 알기 쉽게 요약해서 한데 모아놓은 책을 경험해보지 못했던 터라 나는 이 책의 번역 작업을 진행하면서 신비적이고 망아적인 정신적 희열을 몇 번이고 거듭 체험했다.

이 책을 쓴 빌헬름 바이셰델은 베를린 자유대학교 철학 정교수로 일하다가 1970년에 은퇴했고, 이마누엘 칸트의 역사비평 판본本本의 발행인으로 이름을 남겼다. 이 말은 도이칠란트에서 칸트를 연구하는 사람은 바이셰델 판본으로 연구해야 한다는 뜻이다. 대단히 정직하게 학문 활동을 했던 학자로서, 그의 전공 분야는 개신교 신학과 철학과 역사학이었다.

그가 죽은 뒤로 칸트 정판본 말고도 일반 독자들 사이에서는 여기 소개하는 우리의 책《철학의 뒷계단》(1966)이 더욱 유명하게 살아남아 도이치 사람들을 철학의 세계로 안내하는 역할을 하고 있다. 지금도 양장본과 포켓판이 각기 따로따로 해마다 여러 쇄를 거듭하여 발간되면서, 철학의 나라 도이칠란트에서 그야말로 철학 분야의 "사회교육 과정"(《라인 메르쿠르 신문》)의 역할을 하는 책이다.(양장본 1996년까지 17쇄, 그 이후로 25쇄, 총 42쇄; 문고판 1975년부터 총 34쇄)

2

우리의 삶은 길다고 해도 짧기만 한데 세상은 한없이 어지럽다. 뒷날 돌아보면 아무것도 아닌 것으로 바뀌어 있을 무상한 것들을 잠시 얻기 위해 우리는 목숨 걸고 싸운다. 그러나 분명하게 정해져서 시시각각 눈앞으로 다가오고 있는 나의 죽음을 정면으로 바라보고 세상일을 다시 본다면 아마 모든 것이 다르게 보일 것이다. 나의 존재 자체가 그렇듯 무상한 것이 아닌가? 내가 떠난 뒤에도 마치 내가 한 번도 존재한 적이 없었다는 듯이 세상이 계속될 것임을 우리는 안다.

이런 생각에 잠깐만 몰두해도 심한 어지럼증이 일어난다. 나는 무엇이고 세계는 대체 무엇인가? 그리고 어째서 모든 것은 지금과 같은 이런 모습인가? 왜 나는 가야만 하는 거지? 그렇게 허망하게 가야만 할 거라면 무엇 때문에 여기 온 거지? 그리고 나와 똑같이 스스로 '나'라고 느끼는 존재들은 왜 이렇게나 많은 거지? 또 많은 사람들은 어째서 이리도 뻔한 사실을 보지 못하기라도 하는 것처럼 그렇게 어리석은 싸움에 몰두하는 걸까? 이 많은 '나'들을 잠시 여기 내놓았다가 도로 거두어가는 이 세계는 본래 무엇일까? 무엇 때문에 이 모든 것들이 있는 걸까?

잠깐만 생각해도 물음은 끝없이 이어지고 이렇듯 답변할 수 없는 엄청난 의문 앞에서 너무나 작은 존재인 나는 눈앞이 새카매지면서 주체할 길 없는 어지럼증을 느낀다. 다른 한편 우리는 이따금 자연의 경이로운 모습에 큰 경탄을 느끼기도 한다. 밤하늘을 가득 채운 수많은 별, 아름다운 꽃, 가을의 나뭇잎, 산과 들, 강과 바다, 작은 곤충의 경이로움, 허망하기 이를 데 없는 수많은 것들이 잠시 보여주는 숨 막히는 아름다움. 이런 경탄 사이로도 다시 앞서와 비슷한 물음들이 순간적으로 머리를 스쳐 지나간다.

누구라도 체험해본 적이 있는 이런 물음과 경탄들은 곧바로 철학의 주제들로 이어지는 길이다. 많은 사람들은 이런 물음이 나타나면 깊이 따지고 생각하는 것을 골치 아프게 여기고 슬쩍 외면해버린다. 하지만 살면서 어쩔 수 없이 우리에게 닥쳐오는 평범한 물음의 끝을 내려놓지 않고 계속 생각한다면 그것은 곧 '철학'으로 통한다. 철학이란 이런 물음을 포기하지 않고 그에 대한 답변을 계속 찾아보는 것을 말하기 때문이다. 물론 답이 하나로 떨어지지 않는 물음에서 어떤 답변도 완전히 만족스럽지 못하기 때문에 하나의 답변은 다시 다음 물음의 시작이 된다.

우리 자신과 세계에 대해 이렇게 꼬리를 물고 이어진 물음들과 그에 대해 깊이 생각한 끝에 나온 답변들의 역사가 철학의 역사이다. 우리에게도 물론 이런 철학의 역사가 있다. 불가나 도가, 유학 사상의 흐름이 그것이다. 다만 한문으로 철학을 한 우리 조상들의 사유의 길이 우리에게 친숙하면서도 동시에 아주 친숙하지 않을 뿐이다.

이 책은 2500년에 걸친 서양 철학의 물음과 답변들을 다루고 있다. 서양 철학의 처음 물음도 우리가 일상에서 부닥치는 물음들과 그다지 다르지 않았다. 죽어야 할 인간의 존재와 인간을 포함하는 온 세계의 바탕에 대한 물음이 서양 철학의 시작을 이룬다.

3

났다가 스러지는 무상한 것들이 무수히 스러져가도 사라지지 않고 언제나 똑같이 남아서 이 모든 변화와 순환의 바탕이 되고 있는 것을 고대 그리스 사람들은 '신'이라고 불렀다. 서양인들이 가진 것과 동일한 '신' 개념이 우리에게 존재하지 않기 때문에 '신'은 서양 철학에 접근할 때 우리가 이해하기 어려운 최초의 걸림돌이 된다. 세계의 근본바탕이자 우주의 작동원리인 '신'은 오늘날의 개념으로 이해하자면 자연과학이나 수학의 기본원리들과 비슷한 측면을 가진다. 현대 물리학의 개념과 지식을 갖지 못했던 고대인들은 세계를 설명하기 위해 거룩한 '신'의 개념을 받아들였던 것이다. 고대 그리스 사람들의 신 개념을 이렇게 조금 더 폭넓게 생각하면 그들의 세계관에 합리적으로 접근하는 것이 그렇게 어렵지만은 않다.

생겨나고 스러짐을 거듭하는 허망한 세계에서 모든 것의 근본원리는 전혀 변하지 않고 언제까지나 그대로이기 때문에 그것은 시간의 흐름에도 변치 않는 '있음Sein'이라고 여겨졌다. 세계의 근본바탕인 '신'의 특성은 바로 '있음'이다. 뒷날 기독교는 기독교의 신 증명을 위해 이런 그리스 사람들의 세계관과 개념들을 이용했다. 하지만 우리 눈에는 구분하기가 쉽지 않아도 기독교의 신은 그리스 사람들의 신 개념과 동일한 것이 아니다.

그리스 사람들이 가졌던 '신' 개념의 철학적 의미를 이해한다면 이런 '신' 개념의 역사가 서양 철학의 역사와 상당히 일치한다고 해도 하나도 놀랍지 않다. 우리가 흔히 생각하듯이 '신'이란 우리를 창조한, 그래서 우리가 예배하고 우리 소원을 구할 수 있는 절대적 존재만을 뜻하는 것이 아니기 때문이다. 말하자면 명칭이 같아도 서양 철학에서 '신'이라는 말은 쓰는 사람과 시대에 따라 그 의미가 상당히 달라지는 개념이라는 점을 분명히 기억해야 한다는 뜻이다.

4

철학적 물음과 답변을 찾는 그리스 사유에서 '신' 개념 말고 또 다른 특징이 되는 것은 그것이 철저히 논리적인 언어로 이루어진 것이라는 점이다. 그들은 정밀한 사색을 펼치기 위해 개념들의 의미뿐만 아니라 그 언어표현도 문제로 삼았다. 문법과 논리적 체계를 확립하고 문장과 개념들의 범주를 나누었다. 사상의 내용만 문제로 삼지 않고 그것을 표현하기 위한 언어라는 '도구Organon'(아리스토텔레스)도 철학의 과제로 삼은 것이다.

철학의 시작에 등장하는 탈레스나 피타고라스가 수학자였다는 점, 그리고 플라톤과 특히 아리스토텔레스에게서 논리학의 중요성을 생각해보면, 서양 철학은 처음부터 수학적인 정교함을 갖춘 논리체계를 바탕으로 한 것임을 알 수 있다. 고대 그리스어 자체가 상당히 정교한 수학적 특성을 가진다. 그 이후 시대에도 여러 중요한 철학자들이 수학 분야에서 업적을 남긴 것 또한 절대로 우연한 일이 아니다. 그리고 도구인 언어에 대한 정밀한 성찰로부터 철학의 붕괴가 진술되고 있다는 사실도 서양 철학의 이런 전통을 염두에 두어야만 이해가 된다.

인간이 언어를 사용해서만 깊은 사색을 계속할 수 있다는 점에서 언어에 대한 관심은 당연한 일로 보인다. 그러나 우리 동아시아의 전통에 말에 대한 강력한 불신이 존재하고 있었고, 또 중국어(한문)에 정교한 어휘와 문법이 확립되어 있지 않았던 점을 생각해보면 서양 철학의 철저한 논리적 성격은 우리와의 차이를 가장 분명히 드러내는 부분이기도 하다. 서양 철학도 물론 말로 분명하게 표현하기 힘든 까다로운 주제들을 다루었다. 신과 자유와 영혼의 죽지 않음이라고 칸트가 요약한 형이상학의 주제들이 그 예다. 그러나 그런 내용도 다시 언어로 표현되었다. 그렇기 때문에 체험을 과제로 삼는 신비주의 철학마저도 강력한 언어적 진술을 남겼다.

그들이 이토록 정교한 개념과 논리를 사유의 도구로 삼았고 또 그에 대해서도 치밀한 연구를 했기 때문에 서양 철학의 주요 개념들에 접근하기 위해서는 뜻 말고도 언어 자체까지 문제로 삼지 않을 수가 없게 된다. 이 책에서는 그동안 우리나라 철학계에서 널리 사용해온 용어 일부를 사용하지 않고 서양의 언어 형태를 바탕으로 쉬운 우리말 용어로 바꾸어 번역하고, 중요한 용어들에 대해서는 그렇게 번역한 이유를 각주에 달아놓았다. 철학에 관심을 가진 일반 독자들의 이해를 쉽게 하기 위해서였다. 또한 옮긴이 자신이 원문 텍스트를 명료하게 이해하기 위해서도 그것은 꼭 필요한 일이었다. 저자의 원래 의도가 이미 그러했듯 철학적 주제들을 보통 사람들의 일상의 담론으로 만들기 위해서는 번역에서도 반드시 이런 노력이 필요하다고 믿는다.

5

유명한 서양 철학자 34명을 다룬 이 책은 '철학의 탄생'부터 '철학의 붕괴'까지 서양 철학 2500년의 역사를 담고 있다. 이름을 그렇게 붙이지는 않았어도 고대와 중세와 근대, 계몽주의와 경험론, 이어서 도이치 관념론과 20세기의 실존주의 철학까지 주요한 서양 사상의 흐름이 들어 있다. 주의 깊은 사람이라면 쉽게 그것을 알아볼 수 있을 것이다. 이미 말했듯이 대개의 사상이 논리적 체계에 따라 설명되어 있기에 누구라도 담론에 뛰어들 수 있도록 객관화된 것이 서양 철학의 역사이다. 명료한 언어를 사용하는 것의 분명한 이점과 한계를 여기서 볼 수 있다.

그러나 그뿐만은 아니다. 플로티노스와 마이스터 에크하르트 같은 신비주의 계열 철학자들의 사상, 스피노자의 범신론, 또 약간 허황되게 보이는 도이치 관념론 철학자들의 사유세계가 일부는 그 약점까지 훤히 보이는 형태로 이 책에 소개되고 있다는 점도 상당히 특이한 부분이다. 덕분에 단편적이나마 동양 사상과 맥이 통하는 부분을 짚어볼 수 있다. 특히 플로티노스와 에크하르트가 전개하는 망아적인 상태와 고립의 길은 선禪불교의 수행과정에 나타나는바 오감이 열리면서 우주의 기운과 하나가 되는 신비적인 명상의 상태와 그다지 다르지 않아 보인다.

실제로 서양 철학자들의 사상은 우리에게 낯선 언어로 되어 있으나 내용만 잡아 이해한다면 동양 사상의 어떤 부분과 매우 비슷해지곤 한다. 불가에서 스님들이 불공드릴 때마다 낭송하는 유명한 〈반야심경〉의 한 구절 "세계는 비어 있음(없음)이고 비어 있음(없음)이 곧 세계(색즉시공 공즉시색)"라는 구절은 에크하르트의 "신이 아닌 신"이나 피히테의 "비어 있는 나", 혹은 "없음에서 없음을 만들어내는 장난스럽고 비어 있는" 오성이 만들어내는 사유세계와 아주 비슷한 것을 표현한 것으로 보인다.

그 밖에도 누구나 자신의 체험에 따라 각각의 철학자에게서 동양 사상과 맥이 통하는 어떤 부분을 찾아낼 수도 있고, 혹은 자신의 이상理想과 비슷한 삶의 방식을 발견할 수도 있을 것 같다. 그것은 그야말로 읽는 이의 취향의 문제이다.

6

"부자가 되는 것이 모든 사람의 꿈이 되어버린 시대에 웬 철학?" 하고 누군가 묻는다면 별로 할 말이 없다. 그러나 분명히 철학자들은 무상한 존재인 인간의 행복과 인간에게 정말로 좋은 것(선善)이 무엇인가 하는 것도 탐구한 사람들이다. 어쨌든 나는 이 책을 읽으며 정말 행복했고, 지금도 무언가 잔뜩 수지맞은, 그래서 엄청 부자가 된 느낌이다. 세상이 아무리 어지러워도 한동안은 버텨나갈 에너지를 다시 얻은 것이다.

그리스어와 도이치어 단어들을 우리말로 바꾸는 힘든 씨름 과정에서 한국 외국어대학교 독일어과 교수이며 언어학자인 서그내 황종인 선생님의 도움이 컸다. 절대로 호락호락하지 않은 그의 독자적이고 논리적인 사상을 오랫동안 존경해왔거니와 내가 나름의 번역 틀을 찾아나가는 과정에서 그는 나의 스승이었다. 그가 지금 수학과 논리학 분야에서 세계의 학자들을 상대로 홀로 고독한 싸움을 벌이고 있는 것을 지켜만 볼 뿐 아무런 실질적인 도움도 되지 못하면서 오로지 마음의 응원을 보낼 뿐이다.

빈 대학교에서 철학을 전공했고 현재 외국어대학교 독일어과 교수로 재직하고 있는 사랑하는 벗 브리기테 레더러Dr. Brigitte Lederer 선생님에게도 이 기회를 빌려 감사를 드린다. 그는 늘 깊은 관심을 품고 나의 작업을 지켜봐주었고, 특히 이번 작업의 세밀한 부분에서 내가 부딪히는 문제들에 대해 기꺼이 토론이나 자문에 응해주었다. 사랑하는 벗들이 있음이 얼마나 행운인가.

그 밖에도 이 책의 작업과정에 젊은 벗들이 함께했다는 것도 내게는 많은 힘이 되었다. 모두에게 감사드린다.

2004년 11월

이 책은 2004년에 《철학의 에스프레소》라는 제목으로 세상에 나와 철학에 관심 있는 독자뿐 아니라 논술을 준비하는 청소년들 사이에서도 널리 읽힌 바 있다. 그간 몇 개의 출판사를 거쳐, 결국 절판되었던 책을 김영사의 도움으로 다시 펴낸다. 독일의 서점에서 원서를 발견해 집으로 가져와 정열을 쏟아부어 번역을 했던 당시의 기억이 아련하다.

작년부터 책을 여러 번 거듭 읽으며, 서양의 전통적인 철학이 정밀한 언어로 논리 문제를 다루고 있다는 것을 다시 깊이 느꼈다. 논리의 일관성이 있으면, 혹은 논리의 일관성을 위해서 언뜻 상식에 어긋나 보이는 주장도 끝까지 밀고 나간다. 그리고 그 극단에서 신 또는 절대성, 혹은 '없음'을 만나고, 그 없음에서 다시 신을 찾아낸다. 그리고 그런 사실을 남김없이 표현한다.

다시 읽어도 책은 여전히 마음을 사로잡는 매력을 지녔다. 세상이 아무리 어수선해도 이름 높은 철학자들의 사유는 범상치 않으며, 그것을 우리에게 전하는 저자의 안목과 일관성과 표현력 또한 뛰어나다. 내가 젊었을 때나 나이 든 지금이나 세상은 한결같이 어지럽기만 하다. 여기 수록된 철학자들의 삶의 시간에도 아마 그랬을 것이다. 세상을 탓하는 대신 깊이 사색에 잠겼던 그들의 끈질긴 집중력에 경탄하며 감사하는 마음이 된다. 이 세상과 삶의 길에서 현기증을 느끼는 사람이라면 잠시 이 사색의 길을 걸어보시라고 초대하고 싶다.

2024년 8월
안인희

Die Philosophische Hintertreppe

"뒷계단을 통해 올라간다면 화려한 허식이나
고귀한 척하는 과장이 없는 그들을 만나게 된다.
어쩌면 그들의 본래 인간적인 모습을 볼 수도 있다.
그들의 인간됨, 또 인간적인 것을 넘어서려고 애쓰는
위대하고도 약간 감동적인 노력도 보게 된다.
그렇게 되기만 한다면 뒷계단으로 올라온 무례함은 없어지고
오히려 철학자들과 진지한 대화를 할 수도 있다."